国外政策评估文件与手册选编

李志军 等◎编译

经济管理出版社
ECONOMY & MANAGEMENT PUBLISHING HOUSE

图书在版编目（CIP）数据

国外政策评估文件与手册选编/李志军等编译．—北京：经济管理出版社，2022.7
ISBN 978-7-5096-8625-6

Ⅰ.①国…　Ⅱ.①李…　Ⅲ.①公共政策—评估—文件—汇编—世界　Ⅳ.①D523-31

中国版本图书馆 CIP 数据核字（2022）第 129739 号

责任编辑：胡　茜
责任印制：黄章平
责任校对：张晓燕

出版发行：经济管理出版社
　　　　　（北京市海淀区北蜂窝 8 号中雅大厦 A 座 11 层　100038）
网　　　址：www. E-mp. com. cn
电　　　话：（010）51915602
印　　　刷：唐山昊达印刷有限公司
经　　　销：新华书店
开　　　本：787mm×1092mm/16
印　　　张：31. 25
字　　　数：666 千字
版　　　次：2022 年 8 月第 1 版　　2022 年 8 月第 1 次印刷
书　　　号：ISBN 978-7-5096-8625-6
定　　　价：98. 00 元

前　言

　　为了学习借鉴国外政策评估的经验和做法，推动我国政策评估工作的规范化、制度化和程序化，我们选择主要国际组织和主要国家公共政策评估的文件和工作手册，组织编译出版。

　　有关的编译工作由李志军牵头组织，王群光、郭炜晔、赵玮、王莺潼、白雪松、刘琪、陈芊锦、陈晓易、杨超、张友浪等承担具体翻译工作。

　　本书在编译出版过程中，得到了单位领导、同事和朋友的指导、关心和帮助；参与本书编辑出版的同志付出了心血和汗水，尤其是王群光同志做了大量的组织协调工作；责任编辑胡茜同志认真负责、精益求精，保证了本书编辑出版的高质量。谨此一并表示衷心的感谢！

目　录

第一篇

主要国际组织有关政策评估文件

第一章

联合国评估小组政策评估文件

一

道德评估准则

Ethical Guidelines for Evaluation

联合国评估小组谨感谢其成员将知识和专长投入本修订版的《道德评估准则》中。感谢本文的合著者及联合国评估小组工作组起草更新资料的联合召集人——Gabrielle Duffy（联合国世界粮食计划署）和 Tina Tordjman-Nebe（联合国儿童基金会），感谢合著者——Simon Bettighofer（联合国国际贸易中心）和 Deqa Ibrahim Musa（联合国开发计划署），感谢同行评审专家——Aditi Bhola（联合国人权事务高级专员办事处），Sabrina Evangelista（联合国妇女署），Arild Hauge（联合国开发计划署），Marcel van Maastrigt（联合国难民署），Josephine Mwenda（联合国反恐委员会）以及 Alejandro Sousa Bravo（联合国法律事务厅）。还要感谢 Leslie Groves-Williams 为工作组出谋划策，助推写作进程，撰写和编辑草案，感谢 Michael Morris（纽黑文大学心理学荣誉退休教授），Adan Ruiz Villalba（WIPO）和 Lisa Sutton（联合国妇女署）提供了他们宝贵的专业知识；还要特别感谢 Green Communication Design 公司的设计制作，Anastasia Warpinski 公司的润稿以及 Mariel Kislig 公司对出版过程的协调。

目　录

1. 引言

2008 年，联合国评估小组在联合国系统内部正式批准了其道德评估准则和评估行为准则①。本文件是经修订后的评价道德的规范准则。下文概述的道德准则根植于 2016 年联合国评估小组颁布的评估规范和标准，以此为基础，它提供了在执行、管理和治理评估的过程中应遵循的一致同意的规范性原则②。

"忠实、问责、尊重以及善行的道德准则具有前瞻性，有助于联合国评估组织成员履行其共同使命，支持 2030 年可持续发展议程，并造福于世界各国人民。"这些准则是相互联系和相辅相成的。2016 年颁布的 UNEG 评估能力框架和 2014 年颁布的 UNEG 关于将人权和性别平等纳入评估指南等为这些准则奠定了基础并提供了信息。这些建议来自 2019 年 UNEG 颁布的《关于描绘和审查评估伦理》（*Mapping and Review of Evaluation Ethics*）一文。

修订后的准则与《联合国宪章》《联合国工作人员条例和细则》《国际公务员行为标准》《关于非秘书处官员和特派专家的地位、基本权利和义务的条例》的行为准则相一致③。它们也符合联合国忠诚、专业和尊重多样性的核心价值观，人道、中立、公正和独立的人道主义原则以及《世界人权宣言》所载的价值观。

理论基础

道德困境是评估的固有难题。在实际评估过程中，评估者可能需要在特殊并且动态的情况下做出复杂的判断。通常有一种不言而喻的假设，即评估人员和专员有共同的道德规范，因此会以特定的方式处理道德困境。然而，伦理道德具有文化特殊性。不同的个人、团体和组织对于什么是在特定文化背景下"正确的"行为有他们自己的解释。因此，对"正确的"或者"道德的"行动方针的理解和判断各不相同。

在联合国面临的多种情景下，界定道德准则和预期的道德行为尤为重要。在全球发展、维持和平和人道主义的工作中，权力悬殊，态度、信仰和行为是关联因素组成的复杂网络的作用结果。参与评估的所有人的优先次序可能相差很大。在危机情况下，差异尤其明显。

---

① 联合国评估小组是一个由联合国系统的评价单位和办事处组成的机构间专业网络，包括联合国各部门、专门机构、基金和计划署以及附属观察员。

② 这些指南支持执行联合国评估小组的若干准则和标准，同时非常具体地涉及道德准则 6 和道德准则 3.2。

③ 这些准则不取代《联合国宪章》（或有关组成文件）、《联合国工作人员条例和细则》以及据此正式颁布的行政文件所规定的义务和指导。如果准则与《联合国宪章》（或有关组成文件）、《联合国工作人员条例和细则》以及根据其正式颁布的行政通知相冲突，以《联合国工作人员条例和细则》及根据其正式颁布的行政通知为准。

系统地关注道德评估有助于维系评估的目标与多元参与者及团体的权益诉求之间的平衡。反之，如果在整个评估周期中没有系统地考虑道德评估问题，可能会对那些本应在评估中受益的人以及承担联合国任务的人产生不利后果。

因此，道德准则对于联合国评估小组的成员、观察员、承包商和分包商在评估周期的每个步骤中大致作出"正确"行为的决策至关重要。系统、持续的道德考量能够确保定期反思，并帮助评估者质疑假设和行为；它能使人们恰当地适应和回应新出现的情况和危机。这能使参与评估的人更好地控制自己，并使其他人对预期的行为标准负责，完成道德的评估，即使在不断变化和复杂的联合国运作环境中也是如此。作为联合国风险管理战略的一部分，这十分重要，同时也是维护联合国价值观的关键所在。

联合国评估小组对"道德准则"的定义

联合国系统尚无关于"道德"的全面一致的定义①。然而，就本文而言，尤其是对于联合国评估小组而言，道德准则是指在特定文化的评价体系下，一系列约束个人行为的、正确的或被广泛认同的原则和价值取向。

本文宗旨

本文件有助于确保理事领导、理事机构以及为联合国组织和进行评估的人员以道德视角为依据指导日常评价实践。

本文提供：

· 评估的四项道德准则；

· 针对理事领导、理事机构、评估组织者和评估从业者量身定制的指导准则；

· 所有参与评估的人员都应讨论并签署的一份可分离的承诺书，承诺在评估过程中遵守道德规范。

这些准则旨在使联合国所有机构都可以使用并且适用，而无论其任务（业务与规范）、结构（集中与分散）、工作背景（发展、维和、人道主义）或所进行评估的性质（监督、问责与学习）的差异如何。

目标受众

这些准则主要是为了支持联合国实体的领导人②和其他人员，包括从事或委托进行评价的工作人员、实习生、志愿者、承包商和分包商。此外，准则还能作为一种沟通工具，向被评估者和参与评估的其他人提供有关道德期望的信息（见专栏4）。在评估实践中确保道德规范是各方的共同责任。这些准则是公共物品，可以在联合国之外进

---

① 反之，道德是通过联合国忠诚、专业和尊重多样性的核心价值观定义的。

② 包括联合国、联合国各基金和方案以及各专门机构的领导。

行修改和使用。

实施问责制

联合国评估小组所有成员都应运用本文所述的道德准则，以一致、协调的方式不断改进联合国评价系统。

尽管没有正式的执行机制来执行这些准则，但联合国评估小组成员应考虑多种问责机制。下面提供了一份说明性建议清单：

·建立一个外部审查机构（机构审查委员会或其他机构），负责确保准则的实施。

·将道德准则纳入联合国评估小组同行评审工作和模板中。

·将这些准则整合到特定实体的道德机制中。

·将准则整合到特定实体的质量保证机制中。

·利用组织现有的行为准则对被视为不道德的行为采取纪律处分。

·确保定期进行对话，讨论和反映这些原则及其应用的具体情况，如果可能的话，共同签署道德行为保证书。

·确保在联合国评估小组年度大会上有一个关于道德伦理的常设项目（这些准则的应用）。

·将这些准则纳入联合国评估小组的能力框架和个人绩效评估中。

·确保理事们和评估负责人在任命后审查并签署了《道德行为保证书》。评估专员、管理人员和实施评估的人员在每次评估时都应审查并签署评估中的《道德行为保证书》，讨论其影响，并正式和公开承诺遵守本指南中规定的准则。誓约内容可参见附录1①。

2. 评估中的道德准则

联合国评估小组的四项道德准则是忠实、问责、尊重和善行。

·**忠实**

忠实是对道德价值观和专业标准的积极遵守，这对于负责任的评估实践至关重要。在评估中忠实要求：

·在沟通和行动中诚实守信。

·基于能力、承诺、持续的反思实践和可靠的、可信赖的行为的专业精神。

----

① 《道德行为保证书》并不具备法律效力。它只是一个指南，用以指导所有进行评估的人的职业行为和个人行为。但是，如果工作人员因为任何作为或者不作为的情况而违反《联合国工作人员条例和细则》，考虑到案件的所有情况，员工不遵守保证书等同于行为不端。值得注意的是，一些实体可能已经有了自己的此类文件，这些文件可以根据联合国评估小组新的道德评估准则进行更新。

·独立、公正和廉洁。这些是相互依存和相辅相成的。它们减轻或防止了利益冲突、偏见或他人的不当影响，否则可能会损害负责任的、专业的评估实践。

· **问责**

问责是指：对所有决策和采取的行动负责的义务；负责履行承诺，无条件履行并且不存在例外的情况①；报告通过适当渠道观察到的潜在或实际危害。

在评估中问责要求：

·在评估目的和采取的行动方面保持透明度，建立信任并加强公众对效能的问责，尤其是受评估影响的人群。

·在出现问题或事件时做出反应，按需调整意图和计划。在查明腐败、欺诈、性剥削或性虐待，或者其他不当行为或浪费资源的情况下，必须将其提交适当渠道。

·对达到评估目标、采取行动、谨慎行事、确保必要的纠正和承认负责。

·证明并公正、准确地向利益相关者（包括受影响的人）报告决策、行动和意图。

· **尊重**

尊重包括以尊重其尊严、福祉和个人能动性的方式与评估的所有利益相关者接触，同时对其生理性别、社会性别、种族、语言、原籍国、LGBTQ 地位、年龄、背景、宗教、族裔、能力以及文化、经济和自然环境做出反应。

在评估中尊重要求：

·所有利益相关者（无论能力强弱）均涉足评估流程和产品，并适当注意可能阻碍进入的因素，如生理性别、社会性别、种族、语言、原籍国、LGBTQ 地位、年龄、背景、宗教、种族和能力。

·在从设计到传播的评估过程中，所有利益相关者都能有意义地参与和被公平对待，因此他们能够积极地告知评估方法和产品，而不仅仅作为数据收集的主体②。

·在评估结果中公平地表达不同的声音和观点。

· **善行**

善行意味着努力造福人类和地球，同时将评估作为一种干预措施所造成的危害降到最低。

在评估中善行要求：

·明确、持续地考虑评估过程、产品和长期后果带来的风险和收益。

·在系统（包括环境）、组织和计划层面实现利益最大化。

·在无法减轻伤害的情况下，请勿伤害③并且不进行评估（见专栏 1）。

·确保评估对人类和自然系统以及联合国的使命做出全面的积极贡献。

---

① 改编自联合国大会第 64/259 号决议。
② 这一原则应与忠实的原则保持平衡和一致，特别是在独立、公正和廉洁方面。
③ 伤害可能是立刻的或长期的，身体的、社会的、情感的或心理的，并且可能与个人、机构或团体的福利和安全或自然环境有关。

专栏 1　与利益相关者共事和"请勿伤害"（非恶意）

善行意味着，要在利益相关者在评估中面临的风险与保持评估的社会变革目标之间取得折中。应采取一切可能的措施，确保评估过程中没有利益相关者处于危险之中。在评估中有许多类型的危害需要预测和考虑。例如，不适、尴尬、入侵、贬值、未满足的期望、污名化、人身伤害、痛苦和创伤。政治和社会因素也可能在评估之前、期间或之后危及参与者的安全。虽然"请勿伤害"适用于所有环境和所有利益相关者群体，但在冲突环境中与最弱势的人合作时，这是一个特别重要的概念。在这种情况下，需要建立双重安全网。这涉及一般的考虑因素和附加考虑因素，以避免排斥、未满足的期望和痛苦进一步延续。

除了对参与者造成伤害以外，"请勿伤害"原则还要求考虑对评估人员本身的潜在伤害，尤其是在安全性、潜在的创伤、文化冲击和可用的情感支持方面。

相反，在某些情况下，强大的利益相关者会试图以"请勿伤害"为名，将评估人员的注意力从面对或审查不舒服的领域或真相转移开。评估人员需要秉持着专业的怀疑态度，警惕风险，但也不要心存恐惧和偏见，同时谨慎、尊重和明智地继续揭示这些事实。反过来，评估人员必须确保他们恰当地使用该原则，而不是为了回避困难的对话。

---

3. 实施准则的指导方针

执行这些准则是一项共同的责任。所有参与委托、主持、设计、执行以及管理评估活动的人和被评价的人都应当理解和坚持这四项道德准则。

本节为每项准则都提供了指导方针，并针对联合国评估小组不同利益相关者群体（实体领导人和理事机构、评估组织者和评估从业者）的职责进行了调整。此外，本节还提到了评估人员应该考虑的一些方面，以确保他们自己在评估过程中运用上述道德准则。在某些情况下，一个人可能会扮演多个角色，此时，这个人需要参考所履行的每个角色的准则。

实体领导者指南

实体领导者和理事机构全面负责确保有利的环境，使专员、管理人员和评估人员可以按照道德准则开展工作。

实体领导者及其管理机构的职责如下：

· 忠实

· 独立性：通过将评估职能与管理职能分开处置，将其委托给有权独立履行职责的评估负责人，能够为评估职能提供足够的组织独立性，并确保进行评估的人能够在不承受过度压力的情况下这样做。这一要求应在实体的评估政策中明确规定。

·组织文化：促进并确保组织文化牢固植根于并能够充分体现道德准则。这可以通过以下措施来实现：以身作则；促进公平、透明和学习的文化；调整组织的结构和流程，使它们真正受到道德考虑的指引和启发；确保将道德操守纳入入职培训计划，并确保对所有员工，特别是对组织或执行评估的员工进行定期的专业培训和发展。

·能力：确保负责对组织评估的工作人员具备良好的评估能力，包括对评估道德的掌握。

·**问责**

·嵌入道德：确保将道德准则嵌入评估框架，包括评估政策、章程和策略。

·组织文化：促进重视道德行为的组织评估文化，将其作为问责、学习和循证决策的基础。

·用途：作为公共问责制的一部分，展示发布、使用及对评估证据和建议采取行动的承诺，并在组织内外推动积极的变革。

·资源：投入足够的资源（人力、财力和物力），以确保评估职能能够履行其任务并达到既定的道德标准。这应包括安排一个足够高级的道德协调中心/报告机构，其主要职责是：就与评估的独立性和其他道德问题有关的事宜向利益相关者和工作人员提供建议；向利益相关者及工作人员报告有关评估的独立性以及其他道德问题的投诉①。

·**尊重**

·资源：为评估职能分配足够的资源以确保在评估过程中适当、包容地代表和对待各个利益相关者。

·制度环境：根据国际人权公约，建立一个有利的制度环境，突出并优先考虑评估参与者的权利和尊严，包括管理和进行评价的参与者的权利和尊严。

·**善行**

·一致性：与联合国评估小组成员更广泛的任务相一致，要求评估职能部门与联合国实体内的其他职能部门合作时，努力实现人权、两性平等和可持续发展的目标，这些成果应载入各自的评估政策。

·风险与收益：出现以下情况时要考虑风险和收益：要求对某些主题或背景进行评估；认可各级组织的评估政策、战略和计划；起草管理层的回应；执行管理、响应行动。

·资源：为评估职能提供充足的资源（财力、人力、时间），以便在评价中采用参与性和赋权方法（共同创造、双向反馈、促进人权、两性平等、公平和社会正义）。

·支持：在相关情况下，确保在评估过程中为利益相关者和评估人员提供身体、心理和医疗支持。

---

① 如果投诉指的是联合评估、审计和检查办公室的工作情况，则该投诉不应经过审计或检查。

· 标准：确保所有员工了解并反思不伤害的组织标准，包括不歧视政策和对性骚扰、虐待、剥削和污名化的零容忍；实施提升认知的措施，包括围绕现有的报告机制和程序。

· 碳中和：要求所有评估活动在 2030 年前逐步实现碳中和，并明确组织和部门/部门范围的目标以降低差旅成本①。

组织评估者指南

组织评估的人员包括评估主任和负责人、评估专员（例如，项目经理委托对其项目进行评估）以及本身不参与评估的评估管理人员和工作人员。

· 忠实

· 工作文化：促进并确保评估参与者的工作文化和人际动态与道德准则相一致。营造诚实、公平、尊重的氛围。了解并反思人们对待彼此的方式。在有帮助的情况下，与他人交换意见以建立共识。

· 坚持原则和标准：确保评估执行者的行为和工作受到道德准则和专业标准的指导并能遵守它们。这需要充分了解道德准则和职业行为标准，定期审查这些准则，并不断反思如何以最好的方式履行这些准则。

· 确保自身能力：不断进行专业发展和交流，为胜任工作和道德评估实践增强资格和专业知识。这可以通过正式培训、专业交流、监督或非正式的集体讨论来实现，特别是在评估中的道德挑战方面。

· 确保评估者能力：仅招聘具备所需资格、专业知识和经验的评估人员，以确保能够胜任评估工作，包括了解道德准则的相关知识。这包括意识到我们自己的偏见以及这些偏见如何影响了选择过程。

· 独立性和利益冲突：避免利益冲突，包括自己以及雇佣的员工/顾问应最大程度地避免利益冲突，包括与未来可能的发展有关的利益冲突。如果这些利益冲突比较明显或正在不断发展，则应如实披露和处理（见专栏 2)②。

专栏 2　独立性、公正性和利益冲突之间的关系

独立性和公正性可防止偏差，因此对评估的可信度至关重要。两者之间的主要区别在于，独立性与外部压力或对组织评估的人/进行评估的人的影响有关，而公正性是对被评估主体的一种态度。换言之，独立性意味着评估者应该能够在没有外界

---

① 碳中和意味着不向大气净释放二氧化碳。例如，可以通过植树来抵消排放量，或者干脆完全消除碳排放。这也被称为"净碳足迹为零"。碳中和和减少差旅应该从全组织的角度来处理，并且繁重的差旅甚至会抑制评估人员充分执行任务的能力。

② 这也符合《联合国工作人员条例和细则》（ST/SGB/2018/1），特别是第 1.2（m）款关于利益冲突的规定。

干扰的情况下自由地工作，而公正性意味着评估者在被评估的内容上不应该有偏见。

利益冲突通常表现为缺乏独立性或公正性。当主要利益（如评估的客观性）可能受到次要利益（如个人考虑或财务收益）的影响时，就会发生这些冲突。

评价人员特别容易受到潜在利益冲突的影响，因为他们的评价可能会对被评估对象产生重大影响，如方案执行情况的变化或对组织声誉/资金的影响。因此，无论是工作人员还是咨询顾问，评估者的评估都可能受到诸如金钱或职业前景等因素的影响而采取折中的做法。例如，这可能会导致评估人员提供比实际情况更积极的分析结果。人们认为利益冲突通常带有很大的偏见风险，因此必须尽可能避免。

为避免利益冲突，应特别注意确保保持独立性和公正性。例如，人们认识到评估人员不应评估他们最近在处理或负责的项目，或他们在经济上参与的项目。同样，他们也不应评估他们正在申请的或在不久的将来很有可能被聘用的任何组织、部门或团队。但是，利益冲突可能会超出这些基本规则。它们可以是多种多样的，而且常常模棱两可。因此，更加重要的是要时刻了解任何明显的或可能发生的利益冲突，并做出适当的反应。

· **问责**

· 适用原则：确保在整个评估过程中系统地应用评估政策、章程、战略和指南中所包含的联合国评估小组道德准则，从将它们纳入评估职权范围开始。

· 道德审查：在进行评估之前，启用非正式或正式的道德审查程序，特别是计划在潜在的弱势群体或敏感环境中收集主要数据时。

· 道德专业知识：确保实体评估职能部门的评估人员接受道德培训。此外，可以指定一名工作人员作为道德协调中心，当道德困境需要讨论以找到最合适的解决方案时，能为评估管理者和评估执行者（无论是内部还是外部）提供支持。

· 质量保证：确保在开始时和评估报告中对道德风险及缓解建议有一个明确的评估，并考虑在质量保证流程中做一个评估后是否尽职的道德审查。

· 资源：分配足够的资源（人力、财力和物力）进行评估，并确保能负责任地使用资源。

· 数据管理：为负责任的数据管理使用明晰的组织协议，以确保遵守忠实、尊重和善行的道德原则（见专栏3）。

· 补偿：建立清晰易用的程序，以报告评估期间发现的利益冲突、虐待、不当行为或其他严重的道德问题，并在适当的时机寻求补救（例如，通过在评估单位外部建立投诉机制的转送路径）。这一机制将能够解决问题，并提供支持和建议。

· 公开透明：在评估过程中，与评估者以及其他利益相关者用易懂的形式和语言进行公开、透明的交流，使所有人充分了解期望、过程和结果。这包括确保以透明的方式进行评估审核和检验流程，在促进反馈的同时维护独立性。

· 工作文化：创造并确保一个能够安全提出并解决道德问题（包括对独立性的挑

战）且团队和参与者能够了解相关投诉渠道的环境。

专栏 3 有道德的、负责任的数据管理①

负责任的数据管理指的是确保能够安全地收集、存储和使用数据。要考虑数据泄露或违反机密性的风险，这些风险可能会伤害弱势群体。

负责任的数据管理应包括以下具体准则：

·只收集真正需要的数据，并且能够创造价值。

·无论以何种方式处理何种形式的个人数据的保护和保密问题，尤其是在处理弱势或边缘化个人或群体的数据时要格外小心。

·治理数据以阐明数据的角色、职责、标准和协议，并确保对数据资产、见解和行动负责。

·通过确保评估结果的可理解性和可追溯性，对数据和产品分析进行透明管理。

·安全可靠地收集、存储和使用数据，谨慎管理数据泄露和违反机密性的行为。

·负责、公正地使用数据，以尊重、保护和促进人权作为合适的国际标准。这包括消除偏见，不基于性别、种族、宗教或任何其他因素而怀有歧视。

·数据管理的其他方面，如适用，请参考联合国管理问题高级别委员会通过的《个人数据保护和隐私权原则》。

· **尊重**

·资源：在可行的情况下，投入足够的资源和时间，确保在评估过程中的所有阶段（包括设计和验证阶段）能适当和包容地代表和对待各种利益相关者，包括最弱势的人。这包括一开始就不要故意做不足的预算。

·多样性和代表性：确保评价小组在性别方面有适当的代表性，并应具有广泛的背景、技能和观点，包括国家和国际专门知识。

·解决权利失衡：意识到权利失衡的问题并尝试努力解决。确保评估设计可以听到最弱势群体的声音。

·机密性和匿名性：尊重评估者的职责，即保护参与者不希望透露给他人的敏感信息，在其权限范围内确保机密性和匿名性。

·有意义的传播：确保将评估设计纳入计划，以易理解的格式和语言，有意义地向参与者尤其是所评估的干预措施的预期收益人传播评估结果。

·协作：以协作的方式工作，尊重参与者和利益相关者的知识和经验。

· **善行**

·明显的收益：将评估定位为努力实现对人类和地球最大利益的干预措施。明确

---

① United Nations 2020, *Data Strategy of the Secretary-General for Action by Everyone, Everywhere with Insight, Impact and Integrity* 2020-22.

指出这些好处（例如，在评估职权范围内），承诺提供这些好处，将这些新知识作为全球性公共物品提供给公众。确保每次评估都有明确的目的并且是相关的。

·权衡利弊：在系统（包括环境）、组织和计划层面上，持续评估并尝试预测评估过程和预期/非预期结果。这应该是正在进行的风险评估和缓解措施的一部分。在整个评估过程中仔细权衡危害和好处，例如，远程数据收集的好处（在效率、碳中和、对行动受到限制的情况的适应性等方面），以及获取最弱势和边缘化群体观点的需要（远程获取可能很难）。

·请勿伤害：避免因作为或不作为的情况而造成伤害或不适——在敏感环境和弱势群体中工作时，应特别谨慎（与数据/隐私相关）。确保举报人及其数据的安全以及国家和国际评估人员的安全。这包括对性骚扰、污名化、虐待和剥削的零容忍。如果无法减轻危害，则不应进行评估。如果发现了意外伤害，确保启动补救渠道。

·碳中和：逐步实现所有评估活动的碳中和，例如，在专业可行的情况下，尽可能多地远程开展评估活动，与当地评估人员合作，使用创新工具收集数据。如果必须出行，确保以最佳人数出行。

执行评估者指南

本节为执行评估的人员提供了指南。

·**忠实**

·符合道德准则：确保你的行为和工作受到道德原则和职业标准的指导并与之保持一致。这需要确保你充分了解道德准则和职业行为标准，定期审查这些准则，并不断反思如何以最好的方式履行这些准则。

·交流：与客户和利益相关者开诚布公地就评估的各个方面进行沟通，例如评估结果、程序、局限性或者可能发生的变化。在估计必要的工作量、相关的报酬和实际完成的工作量时，诚实地进行谈判。

·职业发展：持续推进职业发展和交流，以强化称职的、道德的评估实践的资格和专业知识。这可以通过正式培训、专业交流、监督或非正式的集体讨论来实现，特别是在评估中的道德挑战方面。

·能力：仅在现有能力范围内进行评估。评估者应该对他们掌握的方法或技术知识保持透明和诚实。他们不应该在自己的专业领域之外发表主张。

·避免利益冲突：应最大程度地避免利益冲突，包括与未来可能的发展有关的利益冲突。如果这些利益冲突比较明显或正在不断发展，必须对其如实披露和处理（见专栏2）。

·**问责**

·赔偿：确保参与者了解如何针对评估中发现的任何不利或伤害寻求补救，以及如何投诉执行/组织评估者的不道德行为。

·评估判断：在开始时和评估报告中表明，评估是以严格、公平和平衡的方式进行的，并且所做的任何判断均基于可以验证的可靠和完整的证据。

·资源：以高成本效益和高时间效益的方式管理分配给评估小组的资源（人力、财力和物力）。

·公开透明：就评价过程的各个方面，包括局限性，与专员和其他利益相关者进行公开透明的沟通。这包括尽早提出道德困境以进行讨论和/或采取行动，并在评估报告和其他产品中传达道德考量是如何处理的。

·不法行为：了解并遵循与严重不法行为有关的既定政策和协议（尤其是财务不端行为、虐待和骚扰），并通过适当渠道举报重大问题。

·数据管理：按照委托方指示，将协议应用于负责任的数据管理。

·坚持：严格遵守所有道德准则，并确保在整个过程中遵守这些准则。

·**尊重**

·告知：确保评估的潜在参与者知晓咨询他们的内容及原因，以及预期的产出是什么，并有足够的信息以征得他们的知情同意。这包括明确指出他们有权在评估过程的任何阶段跳过问题或撤回同意，而不必担心受到处罚。

·保密性：尊重参与者秘密提供信息的权利，确保参与者充分了解保密的范围和限制。评估人员必须确保敏感信息无法追查其来源，以便保护个人免遭报复。

·包容、不歧视：确保所有参与者都能公平地参与、享有公平的待遇，并且拥有公平地表达观点的机会。尊重文化、地方习俗、宗教信仰和习惯、个人互动、性别角色、能力、年龄和种族的差异，并在开展评估和报告评估结果时注意这些差异的潜在影响。如果评估涉及弱势群体成员的参与，评估人员必须了解并遵守有关尊重和保护这些群体权利的国际和国家法律法规（例如，调查和采访儿童和青少年的指南）①。

·共情：与所有利益相关者产生共鸣并协同工作，以尊重其专业知识和个人尊严的方式对待评估参与者、评估者和评估专员。

·**善行**

·明显的好处：尽可能将评估定位为一种旨在实现人权、性别平等和可持续发展目标的干预措施，并明确这一定位的含义。推动并全面实施参与式和赋权的方法以及其他形式的利益相关方咨询，以最大程度地提高评估及其参与者的潜在利益。

·解决权利失衡：确保能够听到最弱势群体的声音，包括远程收集数据时。在所采用的评估方法中，认识、报告并尝试解决或减缓潜在的权力失衡。

·请勿伤害：确保进行中的风险评估能够澄清并减轻可能出现的、超出参与者同意范围的潜在/已经实际存在的危害。这种风险评估必须持续进行，在不可能减轻风险（如通过使用替代方法的方式）的情况下，不应继续评估，否则会产生危害。如果发现了意外伤害，确保启动补救渠道（有关"伤害"的示例请参见专栏 1）。

---

① 另见 2014 年 8 月联合国评估小组发布的关于将人权和两性平等纳入评价的指导意见。

虽然这些指南针对的是领导层和负责组织、执行评估的人，但它们也对那些作为评估对象（即被评估人）的人有所帮助。专栏4强调了评估对象需要注意的一些事项，以确保他们在评估过程中也遵守道德准则。

专栏4　评估对象指南

· **忠实**

· 信息：提供真实、可信、完整的账目，以告知评估结果。

· **问责**

· 公开透明：与组织和实施评估的人开诚布公地交流。积极响应并公开分享所有相关信息。

· 独立性：尊重评估的独立性，避免影响评估的人或对其施加过度的压力。

· 用途：掌握所有权，并根据评估建议采取行动。

· 报告：报告不当行为或不遵守道德准则的情况。

· **尊重**

· 途径：提供/便利所有相关利益相关者（无论是无权还是有权）进入评价过程和产品的机会，并适当注意可能妨碍进入的因素，如生理性别、社会性别、年龄、背景、宗教、种族和能力。

· 关系：以尊重其专业知识和个人尊严的方式对待评估参与者、评估者和评估专员。

· **善行**

· 反省：主动提出对评估流程以及权利所有者、现有方案和服务的结果的潜在影响。

· 收益：支持利益相关者的参与，最大限度地提高评估和参与评估的人的潜在利益。

· 安全：确保线人和评估人员的安全，包括：对性骚扰、虐待和剥削的零容忍；遵守社交隔离的要求等。确保遵守恰当的安全协议，并在现场数据收集之前完成必要的培训。

· 支持：为评估期间认定的任何弱势或高危人群提供相关的身体、心理和医疗支持。

· 碳中和：在安排当地出行日程时，可选择火车出行（如果有）和碳抵消航空出行。

附　录

附录 1　道德行为保证书

通过签署此保证书，我特此承诺将讨论和应用联合国评估小组颁布的《道德评估准则》，并采取相关的道德行为。

·忠实

我将积极遵守联合国评估小组颁布的《道德评估准则》中概述的评估实践的道德价值观和专业标准，并遵循联合国的价值观。具体来说，我将做到：①在沟通和行动中保持诚实和真实；②专业、行为可靠且可信，以及胜任工作、奉献和持续的反思实践；③独立、公正、廉洁。

·问责

我将对所做的所有决定和采取的行动负责，并履行承诺，无条件履行并且不存在例外的情况；我将报告观察到的潜在或实际的危害。具体来说，我将做到：①使评价目的和采取的行动公开透明，建立信任，加强对公众（特别是受评估影响的人群）效能的问责；②在出现问题或事件时及时回应，根据需要调整计划，并在发现腐败、欺诈、性剥削或性虐待，或者其他不当行为或浪费资源的情况时，参考适当渠道；③为达到评估目的和采取的行动负责，必要时予以纠正和承认。

·尊重

我将以尊重所有利益相关者的尊严、福祉、个人能动性和特点的方式与其接触。具体来说，我将确保：①提供所有利益相关者（无论是无权还是有权）进入评价过程和产品的机会，并适当注意可能妨碍进入的因素，如生理性别、社会性别、人种、语言、原籍国、LGBTQ 地位、年龄、背景、宗教、种族和能力；②在从设计到传播的评估过程中，让所有利益相关者都能有意义地参与并享受公平的待遇，这包括让各种利益相关者（特别是受影响的人们）参与进来，以便他们能够主动为评估方法和产品提供信息，而不仅仅只是作为数据收集的主体；③在评估结果（报告、网络研讨会等）中公平地表达不同的声音和观点。

·善行

我将致力于造福人类和地球，同时将评估作为一种干预措施所造成的伤害降到最低。具体来说，我将确保：①明确和持续地考虑评估过程中的风险和收益；②在系统（包括环境）、组织和计划层面上实现效益最大化；③不伤害，如果伤害无法减轻，我将不再继续；④评估对人类和自然系统以及联合国的使命做出了全面的积极贡献。

我承诺将尽我所能，确保根据《联合国宪章》、前文所述道德要求以及联合国评估小组颁布的《道德评估准则》进行评价。如果无法做到这一点，我会将情况报告给我的主管、指定的协调中心或渠道，并积极寻求适当的回应。

（此处签名并标注日期）

附录2 组织评估者在每个评估阶段都需要考虑的道德问题清单

本项目清单是一个需要考虑的支持工具，并不强制使用此清单，但是我们建议在每个评估阶段都系统地使用它，以确保您的工作符合道德期望。如果您对答案感到不确定，请与其他人讨论，明确答案后勾选"是"或"否"。您需要平衡对不同问题的答案，然后运用道德思维来决定最合适的前进方式。如果您的回答是"否"，您应该准备在报告评估结果时与团队（包括报告的职员/直属上司）一起证明您的"否"。

（1）委托、计划和设计阶段。

		是	否
忠实	进行评估的人是否具备胜任评估所需的资格、专业知识和经验，包括对道德准则的认识和知识？		
	考虑到未来可能的发展和机遇，您是否避免了与执行评估者之间的利益冲突？您是否在存在明显或可能发生利益冲突的情况下，如实地披露和处理了利益冲突？		
问责	您是否检查过类似的工作正在委托或已经委托过您的机构或其他机构？		
	所提议的收集证据的方法是否最具成本效益？		
	为实现预期目标和成果制定的时间表、投入的资源是否切合实际，包括让当地利益相关者参与并将调查结果传达给不同的利益相关者群体？		
	在起草职权范围和评估技术提案时，您是否考虑并处理过联合国评估小组颁布的《道德评估准则》？所有参与评估的人员是否都正式签署了《道德行为保证书》，并且签约进行评估的公司是否有足够的道德指南？是否有道德协调中心，评估人员是否清楚与谁联系讨论道德问题？		
	您是否应用了系统的标准以确定将要评估的计划应不应该进行道德审查？		
	如果违反了道德准则，是否有专业知识和机制可以及时采取行动？		
尊重	您是否为评估计划和职权范围分配了足够的资源和时间，以确保所有利益相关者参与整个评估过程，并提供有关设计和实施路径的反馈？		
	您的评估计划和职权范围划分是否为评估结果确定了合适的受众，并分配了足够的资源以适当的渠道和形式进行传播？		
善行	您是否确定并明确指出了评估可能带来的好处？这些好处（对参与者、联合国社区、其他利益相关者、环境和整个社会）是否证明了当前评估的合理性？		
	您正在进行的风险评估是否已确定如果参与此次评估会对线人、评估人员或环境造成重大危害，将会采取缓解措施？风险可以是身体上的、社会上的（例如，失去隐私、地位、名誉、污名）或心理/情感上的（例如，失去自信、心理创伤、污名等），这些都可通过参与本次评估的线人和评估人员来预测。		
	是否会对参与者、更广泛的社区或环境造成其他可预见的危害？		

续表

		是	否
善行	您是否确定，如果无法完全避免/减轻的危害超过了对参与者的好处，那么评估就会停止？		
	评估的好处是否大于风险？		
	是否需要保护协议（例如，为弱势群体和评估人员提供相关支持、转送、保护和服务）？		
	您是否采取了必要的、提高认识的措施，如参加道德评估和防止性剥削、性虐待（人身安全装备局）的课程？		

（2）实施阶段（包括收集数据）。

		是	否
忠实	您是否告知员工和承包商需要报告的责任和机制，以解决评估过程中可能出现的利益冲突和其他道德问题？		
问责	是否制定了纠正计划，以便利益相关者和/或评估人员能够报告任何不遵守道德准则的情况？		
	评估参与者（包括所有可能受影响的人群）能否在评估过程中提供反馈和/或寻求补偿？		
	您是否确保评估者和被评估者遵守有关尊重、善行和忠实的准则？		
	负责任的数据管理：评估后，您是否有明确的数据存储和销毁协议？在整个评估过程中（包括定性和定量数据收集、数据存储、分析和报告），评估参与者的身份和机密性是否得到保护？您是否告知了用户/参与者在收录信息时，数据收集/研究计划遭受的数据泄露/黑客攻击/数据丢失的情况？		
尊重	您的评估人员是否受过培训，了解当地环境、评估主题、性别和其他文化规范，以确保在进行评估时保持适度的敏感？		
	调研、焦点小组或访谈的问题是否具有中立性、文化适宜性和年龄适宜性，并且不太可能给参与者造成压力？		
	评估人员是否以协作的方式工作并尊重参与者和利益相关者的知识和经验？		
善行	在制定出行安排时（例如，选择火车出行或碳抵消航空出行）是否将评估的碳足迹降至最低？		
	在整个数据收集过程中，是否有计划监测和处理发现的不利情况（如药物滥用、不适或疾病、家庭暴力）？		
	在整个数据收集过程中（如健康/情绪状态恶化、精神创伤影响），是否有计划监测和处理产生的不利情况（参与者的反应）？		
	是否认识到并解决了权利失衡问题？参与式和赋权的方法是否受到青睐？		

（3）报告阶段。

		是	否
忠实	您是否向负责起草报告的人表明他们有义务对结果作出清晰、透明的说明？		
问责	是否制定了质量保证程序，以确保最终报告充分反映评估人员的发现和结论，并且未经其同意不得修改？		

		是	否
问责	初始报告是否包括明确的道德风险评估和拟定的缓解措施？评估报告中是否进一步阐述了该评估，以描述出现的道德问题并酌情采取了缓解措施？		
尊重	您是否在评估方法或方法大纲中概述了利益相关者是如何参与整个评估过程的？		
	报告的结论是否适当地反映了所涉及的各种利益相关者的不同观点和声音？		
善行	是否明确考虑了评价结果、结论和建议的潜在负面影响？有没有权衡利弊？		
	如果发现了不当行为的证据，您是否会谨慎地向相关主管机构和/或代表报告？		

（4）传播与沟通阶段。

		是	否
忠实	是否将结果传达给利益相关者，并明确指出了局限性？		
问责	您是否在公开传播所有的评估产品时，考虑使用最合适的形式和语言，以确保不同的受众（包括当地人）都能使用？		
	是否及时传播评估产品以优化其使用和相关性？		
	评估后，您是否有明确的协议来存储和销毁数据？		
尊重	评估结果是否以适合所有受众的形式和渠道呈现？		
善行	您是否已向参与者、联合国共同体、其他利益相关者、外界环境和整个社会清楚地传达了评估（或将来可能会产生）的好处，以及面对潜在的风险和危害如何证明评估的合理性？		

（5）与评估所有阶段都相关的道德问题。

		是	否
忠实	您是否在提倡和确保一种由道德准则（如诚实、公平和尊重）塑造的工作文化？您和您的团队是否了解并反思过自己是如何对待他人的？您是否寻求对话以建立共识？		
	您的沟通和行动是真实可信的吗？它们是否一致并符合道德准则和专业标准？		
	您和您所监管的所有员工是否具有评估工作所需的资格、专业知识和经验，包括对道德准则的认识和相关知识？		
	您是否会利用专业交流来应对道德挑战，如通过与现场工作人员集体讨论或汇报？		
	您是否确保尽可能地避免了利益冲突，无论是对您自己还是对您所监管的所有员工，抑或是对未来可能的发展？您是否诚实地披露和处理了那些明显的或正在形成的利益冲突？		
问责	在整个评估过程中（包括定性和定量数据收集、数据存储、分析和报告），评估参与者的身份和机密性是否得到保护？		
	沟通在整个评估过程中是否公开透明，以确保所有利益相关者都充分了解评估目的、期望、过程和结果？		
尊重	您是否促进并确保评估团队培养了一种关注社会价值观和文化差异的文化？		

		是	否
善行	是否监测和处理了评估过程和（预期/非预期的）结果的影响（对参与评估的人类主体、既有计划和服务、环境）？整体效益是否大于风险？		
	是否建立了预防和解决线人和评估人员安全保障问题的机制（包括强调和解决潜在的性骚扰、污名化、虐待和剥削问题的机制）？		

附录3　实施评估者在每个评估阶段都需要考虑的道德问题清单

本项目清单是一个需要考虑的支持工具，并不强制使用此清单，但是我们建议在每个评估阶段都系统地使用它，以确保您的工作符合道德期望。如果您对答案感到不确定，请与其他人讨论，明确答案后勾选"是"或"否"。您将需要平衡对不同问题的答案，然后运用道德思维来决定最合适的前进方式。如果您的回答是"否"，您应该准备在评估报告流程中与团队（包括报告的职员/直属上司）一起证明您的"否"。

（1）委托、计划和设计阶段，包括评估团队的选择和组成。

		是	否
忠实	您是否具备胜任评估工作所需的资格、专业知识和经验，包括对道德准则的认识和相关知识？		
	在估计必要的工作量和相关报酬时，您是否诚实地进行了谈判？		
	在接受任务时，您是否确保避免了利益冲突并解决了独立性问题，也考虑到了未来可能的发展？您是否诚实地披露和处理了明显或潜在的利益冲突？		
问责	您是否在提议的途径/方法中识别、评估并明确了道德风险和缓解措施？以及/或者您是否概述了明确的保护协议，以确定这些问题和缓解策略？		
	您是否已确定并同意了用于识别和报告不道德行为或其他不当行为以及遵守道德准则的明确协议？		
	拟议的设计是否能够满足评估的预期用途？该方法论是否代表了对财务资源和团队专业知识的最有效利用？		
	您是否采取了必要的、提高认识的措施，如参加道德评估和防止性剥削、性虐待（人身安全装备局）的课程？		
尊重	评估计划和职权范围是否反映了系统的利益相关者分析，是否能够确定评估的所有利益相关者以及这些利益相关者之间的权力动态变化？		
	评估计划和职权范围是否都分配了足够的资源和时间，以确保所有利益相关者都能参与评估的设计和实施？		
	评估计划和职权范围划分是否为评估结果确定了合适的受众，并分配了足够的资源以适当的渠道和形式进行传播？		
善行	您是否阐明了评估干预措施可能产生的潜在益处和危害？并就缓解措施达成一致意见？例如，您是否要求专员在进行出行安排时尽量减少您的碳足迹（例如，选择火车出行或碳抵消航空出行）？		

（2）实施阶段（包括收集数据）。

		是	否
忠实	数据收集的信息来源是否具有适当的独立性和严谨的方法论，而不过分依赖利益相关者的建议？		
问责	数据收集的信息来源是否具有适当的独立性和严谨的方法论，而不过分依赖利益相关者的建议？		
	您是否了解对可能出现的道德问题的报告机制和路径？您是否报告了实施过程中出现的所有道德问题？		
	针对预期用途的评估设计、数据收集和分析是否足够严格？您是否采用了最高有效性和可靠性的标准，以最大限度地提高评估判断的准确性和可信度？		
	您是否考虑过数据收集方法和工具的道德含义？收集到的数据是否受到保护、是否安全？是否有措施确保数据的机密性并且使数据不归属于参与者，特别是受影响人群？		
	您是否签署并参考了《道德行为保证书》？		
	评估参与者（包括受评估影响的人群）能否在评估过程中提供反馈？是否有适当的程序来促进这一点？		
	数据管理：您是否有权使用通过照片、视频或音频收集的所有数据？您是否保持了中立和公正，并防止您的个人成见或观点干扰数据收集的过程？您是否指定了谁有权访问数据？		
尊重	是否选择了符合评估目标的评估参与者，而不仅仅是因为他们的可用性？应当注意确保给相对弱势、受排斥或被边缘化的群体提供被代表的机会和途径。		
	获得知情同意的过程是否与个人的机构、文化水平和语言相符，并在适当的环境中进行，以便个人可以在保密和不受胁迫的情况下自由行事？		
	知情同意程序是否告知评估目的、因参与而产生的可预见风险或不适、信息将被如何使用以及对方可以在评估过程的任何阶段撤回同意而没有后果或惩罚的选择？		
	评估小组的组成是否按照评估职权范围的目标和要求在生理性别、社会性别以及国家和国际专业知识方面足够多样化，并且包括会说评估参与者的语言的团队成员（们）？		
善行	您是否已推动并充分实施参与式和赋权的方法，以最大限度地提高评估和参与评估人员的潜在利益？		
	你是否以互惠的方式与线人合作，不仅只是提取信息，还会提供一些回报，无论是分享学习、优秀的做法，还是以适当的形式传播结论或其他相关活动？		
	调研、焦点小组或访谈的问题是否具有中立性、文化适宜性和年龄适宜性，并且不太可能给参与者造成压力？		
	您是否清楚监测和解决在数据收集过程中发现的不利问题的规定（例如，药物滥用、不适或疾病、家庭暴力）？		
	您是否清楚监测和解决在数据收集过程中可能产生的不利问题（参与者反应）的规定（例如，健康/情绪状态的恶化，心理创伤的影响）？		

（3）报告阶段。

		是	否
忠实	您是否在最终的报告中披露了潜在的利益冲突以及您是如何处理这些冲突的？		
	数据是否可验证？是否已明确说明方法论、数据收集、分析和局限性？		
问责	您是否对道德风险和建议的缓解措施进行了明确的评估，并在评估报告中予以描述？		
	您是否相信评估是通过严格、公正和平衡的方式进行的？评估结果和结论能否得到可靠证据的证实和支持？		
	评估报告是否解释了为遵守道德准则而采用的程序以及任何违反本准则的行为？		
尊重	评估报告是否解释并提供了将利益相关者排除在评估咨询过程之外的理由和影响？		
	评估报告和其他产品是否保护了参与者的身份和机密性？		
善行	您是否明确考虑过评估结果、结论和建议的潜在负面影响？在起草之前，您是否权衡了利弊？		
	如果发现了不当行为的证据，您是否会谨慎地向相关主管机构和/或代表报告？		

（4）传播与沟通阶段。

		是	否
忠实	是否将评估结果传达给利益相关者，并确保明确地指出了局限性？		
问责	评估结果是否以一种平衡的方式呈现，语言清晰、简单，且易于利益相关者理解？		
尊重	评估结果是否以适当的形式和渠道呈现给受众？		
善行	您是否清楚地阐述了评估给参与者、联合国共同体、其他利益相关者、外界环境和整个社会带来的（或将来可能会产生的）好处，以及面对风险和危害如何证明评估的合理性？		

（5）与评估所有阶段都相关的道德问题。

		是	否
忠实	您的沟通和行动是真实、可信的吗？它们是否一致并符合道德准则和专业标准？		
问责	您是否一直遵守联合国评估小组颁布的《道德评估准则》以及其他有关道德行为的政策，包括对性骚扰、性剥削和性虐待的零容忍，以及实地的安全保障？		
尊重	您是否在提倡并确保您和您的团队拥有一种关注社会价值观和文化差异的团队文化？		
	在整个评估过程中，您是否清楚地与利益相关者沟通了评估的目的和用途，以及评估的方法、途径和局限性？		
善行	您是否持续地考虑了评估过程和结果（预期和非预期）对参与评估的人类主体、既有计划和服务，以及环境的影响？整体效益是否大于风险？		

二

联合国系统评估行为规范

Code of Conduct for Evaluation in the UN System

1. 联合国系统中评价人员的行为在任何时候都应是无可非议的。因为他们职业操守的任何缺陷都可能损害评价的完整性，更广泛地说，会损害联合国或联合国本身的评价，并使人们对联合国评价工作的质量和有效性产生怀疑。

2. 联合国评估小组①《行为规范》适用于联合国系统内的所有评价人员和顾问。《行为规范》的原则与联合国所有工作人员都应遵守的国际公务员行为规范完全一致。联合国工作人员在进行咨询服务时也须遵守联合国评估小组成员的具体工作人员细则和程序。

3. 联合国评估小组《行为规范》的规定适用于评价过程中的所有阶段，包括从评价的构思到评价的完成、评价结果的发布和使用的全过程。

4. 为增进公众对联合国评价工作的信任和信心，所有从事评价工作的联合国工作人员和为联合国系统工作的评价顾问都必须签订《评估行为规范》② 承诺书（见附件 1 和附件 2），具体包括以下义务：

独立

5. 评价人员应确保保持判断的独立性，能完全独立地提出评价结果和建议。

公正

6. 评价人员应公平、公正地开展工作，并兼顾所评价的政策、计划、项目或组织单位的优缺点。

利益冲突

7. 评价人员必须以书面形式披露自己或直系亲属的任何可能导致潜在利益冲突的以往经历，并诚实地处理可能产生的任何利益冲突。在开展联合国系统内的评价工作之前，每位评价者都将填写一份利益声明表。

诚实和诚信

8. 评价人员应诚实、诚信地对待自己的行为，诚实地就评价成本、任务、局限性、可能获得的结果的适用范围进行商讨，同时准确地陈述其程序、数据和结果，并强调评价中任何解释上的局限性或不确定性。

能力

9. 评价人员应在其所受的专业培训和能力范围内，准确地表达其基本能力和知识

---

① UNEG 是联合国评估小组的英文代称，它是一个专业网络，汇集了联合国系统中负责评价的单位，包括专门机构、基金、项目和附属组织。目前，联合国评估小组有 43 个这样的成员。

② 虽然《行为规范》的规定适用于所有参与评价的联合国工作人员，但签署《行为规范》的联合国工作人员应保证有足够时间用于评价工作，包括员工的评价、监督或绩效管理单位直接参与管理或进行的评价。所有评价顾问都必须签署通过才会成为联合国评估小组的成员。

水平，并拒绝超出其能力和经验的任务。

责任性

10. 评价人员有责任在商定的时限和预算范围内完成商定的评价结果，同时以具有成本效益的方式运作。

参与者的义务

11. 评价人员应依照联合国《世界人权宣言》和其他人权公约，尊重和保护人类主体和团体的权利和福利。评价人员在使用适合文化背景的评价工具时，应尊重文化、当地习俗、宗教信仰和实践、个人互动、性别角色、残疾、年龄和种族等方面的差异。评价人员应确保潜在的参与者拥有自主权，可以自由选择是否参与评价，同时确保有人代表相对弱势者。评价人员应了解并遵守法律规范（国际或国家），例如，采访儿童和年轻人。

保密性

12. 评价人员应尊重人们秘密提供信息的权利，并使参与者了解保密的范围和限度，同时确保敏感信息无法溯源。

避免伤害

13. 评价人员应在不损害评价结果完整性的前提下，将参与评价人员的风险、伤害和负担降至最低。

准确性、完整性和可靠性

14. 评价人员有义务确保评价报告和陈述的准确性、完整性和可靠性。评价人员应明确证实判断、结果和结论的合理性，并说明其基本原理，以便利益相关者能够对其进行评价。

透明性

15. 评价人员应向利益相关者明确传达评价的目的、适用标准和结果的预期用途。评价人员应确保利益相关者在评价过程中有发言权，并确保利益相关者可以获取和理解所有文件。

遗漏和错误

16. 如果评价人员发现了不当行为或不道德行为，并有充分的证据证明，那么他们有义务向相应的监督机构报告。

（每个联合国评估小组成员创建自己的签名表格）

附件1 联合国评估小组——联合国系统评估行为规范

评估人员协议书

在合约开始时，所有从事评估工作（全职或兼职）的工作人员都需要签署。

同意在联合国系统内遵守《评估行为规范》

工作人员姓名：＿＿＿＿＿＿＿＿＿＿＿＿＿＿＿＿＿＿＿＿＿＿＿＿＿＿

本人确认已收到并理解联合国评估小组《行为规范》，并将遵守该规范。

签署地点、日期

签名：＿＿＿＿＿＿＿＿＿＿＿＿＿＿＿＿＿＿＿＿＿＿＿＿＿＿＿＿＿＿＿

（每个联合国评估小组成员创建自己的签名表格）

附件2　联合国评估小组《行为规范》

评估顾问协议书

所有顾问以个人身份（非顾问公司或其代表）签署，方可签发合约。

同意在联合国系统内遵守《评估行为规范》

顾问姓名：＿＿＿＿＿＿＿＿＿＿＿＿＿＿＿＿＿＿＿＿＿

顾问机构名称（如有关）：＿＿＿＿＿＿＿＿＿＿＿＿＿＿

我确认我已收到并将理解和遵守联合国评估小组《行为规范》。

年　　　月　　　日于（地点）签署

签名：＿＿＿＿＿＿＿＿＿＿＿＿＿＿＿＿＿＿＿＿＿＿＿

三 | 评估的后续行动实践指南

Good Practice Guidelines for Follow up to Evaluations

引 言

1. 评价在以下方面发挥着关键作用：有关成果和制度绩效的证据来源，用以支持问责制；变革的推动者，有助于建立知识和组织学习。

2. 评价对成果管理和组织范围内的学习管理有重要作用，以此可以改进方案拟订和执行工作。但是，评价的价值取决于其用途，而用途又取决于一些上游的关键因素，包括（但不限于）：

·在不同时间段上评价的相关性，以便在决策时提供评价结果。

·评价的质量/可信度，这源于评价方法的独立性、公正性、合理性和包容性的方法。

·对评价建议的接受程度，部分取决于以上两点。

·管理层回应、传播和使用评价结果的恰当做法。

3. 2007 年，联合国评估小组（UNEG）要求当时的评价质量增强（EQE）工作组编写一份关于管理层回应机制和流程的良好实践的文件。

4. 随后委托独立顾问进行以下工作：概述联合国系统内管理层对评价建议的回应和后续行动，并从中吸取教训[①]；根据共同点和不同点以及联合国系统内的评价部门、国际金融机构、双边机构和非政府组织在应对评价的后续流程时面临的主要挑战，制定良好实践标准[②]。

5. 2009 年的"评价实践交流研讨会"讨论了顾问公司的报告，所得出的结论为特别工作组完成其工作提供了指导。会议一致认为，联合国评估小组应首先为评价的后续行动制定出良好的实践指南，而不是制定规范性标准。良好的实践来自不同环境下运行的各种评价职能所运用的经验和方法，目的是使联合国各组织根据其个人需求和组织环境对其进行调整。

6. 广泛借鉴独立顾问的前两份报告，本文旨在概述管理层应对评价的良好实践，开发（正式和非正式）跟踪和报告评价建议执行情况的系统及评价机制，以及通过评价促进学习和知识发展的机制。良好的实践应涵盖问责制和评价的学习维度，包括鼓励在今后的规划和管理中运用评价结果。

---

① A. Engelhardt 2008, *Management Response and Follow - up to evaluation recommendations：overview and lessons learned.*

② O. Feinstein 2009, *Institutional practices for Management Response and Evaluation Follow-up.*

评价的后续行动的先决条件

7. 如图1所示，有一些先决条件有助于有效评价管理方面的反应和后续进程。尽管对高质量评价计划和实施过程的属性的描述不在本文讨论的范围之内，但必须强调它们对后续管理方面的反应和后续进程的有效性非常重要。

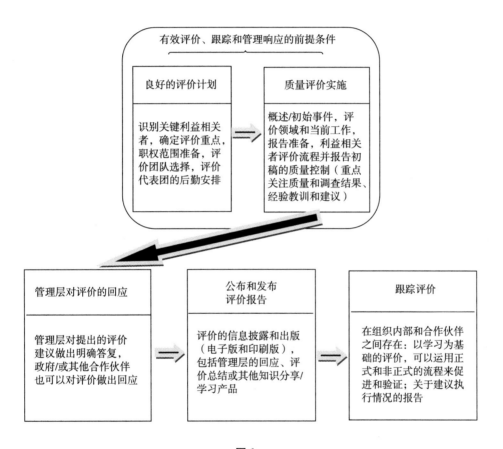

图1

8. 在整个评价过程中，内部利益相关者（以及外部利益相关者）的参与增加了对评价的感知相关性和利益相关者的自主权。设立参照及协商小组就评价方法提供意见，并在评价的关键步骤中提供反馈，可以提高评价的质量，并增加评价建议被接受和采用的可能性。更重要的是，在开始工作之前明确界定这样的参照或协商小组，可以促进评价结果和建议的自主权与不损害评价的独立性之间取得适当的平衡。

9. 评价的后续行动的另一个先决条件是质量评价建议。建议应以证据和分析为基础，根据调查结果和结论进行逻辑推理，并应以目标受众容易理解的方式拟订和提出。无论是战略建议还是操作性建议都有望得到实施①。

10. 评价的可信性是影响评价效用的第三个因素。可信性反过来取决于所运用方法的独立性、公正性、透明性、质量和适当性②。评价单位的报告方式和结构是影响评价的独立性、可信性以及评价的效用的关键因素。

处理评价的后续行动的政策声明

11. 联合国系统中的联合国评估小组制定的评价规范和标准③指出，需要管理层做出回应并进行系统的后续行动，以此促进知识建设和组织改进。标准1.4建议，"联合国各组织应确保适当的评价跟踪机制，并有详细的披露政策"，以确保及时运用和执行评价建议，并将评价结果纳入计划或项目规划。详细的披露政策可确保评价报告的透明性。

12. 可以根据两个单独但在实践中通常相关的维度（流程的规范程度和评价所产生的知识的共享方式）来区分管理层回应和后续行动的不同机制。一方面，存在正式和非正式的流程，后者的特征是评价人员和评价用户之间进行更多的临时交互。另一方面，显性知识与隐性知识是有区别的，当评价人员与潜在的评价用户互动并进行对话时，隐性知识便会共享，但不会体现在文件中。

13. 尽管已经表明，管理层的回应和后续机制的规范性和透明性有助于管理层更系统化和更严格地执行建议，但这两种模式也是兼容的。相反，每一流程都增强了其他流程的价值，加强了管理层对评价结论和建议的自主权，同时能够确保组织内外的问责制。正式和非正式的管理层回应和后续报告的机制强有力地激励着问责机制发挥作用并促进组织学习。在此程度上，评价政策必须明确规定正式和非正式的后续机制。

14. 侧重于评价后续行动的评价政策应体现的主要原则包括自主权、协商和透明度。

15. 与利益相关者在评价过程中参与的重要性相似，利益相关者在整个后续过程中的融入和参与不仅对于问责制而言很重要，而且还可以建立自主权，增加评价对组织学习产生的影响。

16. 组织应运用评价结果的相关性和支持性激励措施，包括：建立一种重视评价的价值文化；强调遵守规则的必要性；确保评价建议与组织议程相关并及时；确保部门议程与评价提出的建议紧密结合；高级管理层的支持；将良好的评价实践与基于结果

---

① 一些机构对建议给出优先级，并/或要求指定一个时间范围。

② Feinstein Osvaldo 2002, *Use of Evaluations and Evaluation of their Use*, Evaluation, No. 8.

③ 资料来源：www.unevaluation.org。

的规划相结合；将结果用于基于证据的沟通策略。

17. 该政策应明确定义评价办事处或部门、管理人员和一般工作人员的作用和职责。在不影响评价职能独立性的前提下，与组织领导机构和其他技术部门保持建设性关系也很重要，这可以通过在政策起草过程中与利益相关者进行磋商实现，以确保他们明确并支持自己的角色，同时还应强调反映所有利益相关者意见的独立评价的重要性。

18. 评价的后续行动的要求和机制（见图 2），包括分发评价报告、管理层的回应和后续行动报告，必须通过政策予以明确，该政策还应为非正式活动留出空间。另一个需要重点强调的是管理层回应和执行其他后续行动的时间范围。

图 2

资料来源：A. Engelhardt（2008）。

19. 在这种情况下，管理层回应和后续行动的制度化是利用所创造的知识和促进发展效率的必要条件，一方面，可以帮助我们了解哪些方法有效，哪些方法无效，以及产生这些结果的原因；另一方面，可以作为问责制的工具（反过来，这也成了学习的动力）。

管理层对评价建议的回应

20. 联合国评估小组制定的行为规范和评价标准建议管理层和/或理事机构对所提出的评价做出正式回应。标准 3.17 规定，"评价要求管理机构及其建议所涉及的管理层做出明确的回应"。

21. 本节概述了为促进管理层对评价建议做出有效反应而制定的方法、机制和流程方面的原则和良好实践。

22. 管理层对联合国机构评价的回应通常体现在编制正式文件中。联合国大多数机构（以及其他双边和多边组织）以矩阵形式制定管理对策，要求对每项建议（即接受、不接受、部分接受）进行反馈，并列出行动列表，负责的单位需要在规定时间内完成。这些对策也可以包含叙述性的内容。为确保相关性，管理层的回应通常需要在发布评价报告后的特定时间段内完成。

	1996年	1997年	1998年	1999年	2000年	2001年	2002年	2003年	2004年	2005年	2006年	2007年
联合国亚洲及太平洋经济社会委员会（ESCAP）												■
联合国粮食及农业组织（FAO）							▨				■	
全球环境基金（GEF）									■			
国际农业发展基金（IFAD）				▨				■				
国际移民组织（IOM）			■									
联合国开发计划署（UNDP）											■	
联合国环境规划署（UNEP）	■											
联合国工业发展组织（UNIDO）											■	
联合国人口活动基金会（UNFPA）						▨						
联合国儿童基金会（UNICEF）							■					
世界粮食计划署（WFP）					▨				■			
世界卫生组织（WHO）								■				
	关键											
		▨ 非正式管理层回应										
		■ 正式成为评价政策的一部分										

图3　每年以正式或非正式方式做出的管理层回应

23. 管理层响应矩阵是监测已接受的建议和商定行动的基线，而这些建议和行动又反过来为执行情况的后续报告提供信息。虽然管理层响应矩阵是一种重要的问责工具，但是严格和紧迫的最后期限需要充分考虑在某些情况下（如联合评价）不同利益相关者和/或组织各级参与所需的时间。建议运用电子检测工具来跟踪文件的及时接收情况，特别是在评价部门需要管理大量报告和后续文件时。

24. 虽然评价职能不应对答复的实质内容负责，因为这是有关管理人员的责任，但它必须检查管理层答复的质量，以确保建议确实得到了答复，并有机会得到执行。为促进这一流程，应建立评价协调中心，以协调管理层回应的准备工作。此外，应建立内部监测制度，以增强管理人员的责任感，并确保及时提交管理层的答复。

25. 对于联合国和各国政府共同进行的国家级评价，有时是项目级评价，管理层和各国政府应对评价做出回应，并与评价报告一并披露。在联合评价下，明确的任务和职责尤为重要，并且需要机构间的协调，以便有效地做出管理反应并采取后续行动①。

26. 管理层对由代理办事处和/或区域局、专题局或政策局管理的分散评价的回应应遵循上述程序②。

管理层应对措施的良好实践要素

27. 通过管理层的回应可以促进有效的后续行动，下面尝试提炼出良好评价实践的关键要素。

28. 在评价过程中，注重通过正式和非正式程序来提高评价结果和建议的自主权，可以提高管理层做出有效反应和评价后续行动的可能性。

29. 在处理管理层回应和后续行动的过程中，需要明确界定任务和职责，并将其传达给所有关键的利益相关者，包括管理人员、干事和理事机构成员。

30. 商定截止日期，管理层或其他关键利益相关者（如政府和其他合作伙伴）应在截止日期之前对评价做出正式回应。

31. 管理层应指定一个协调中心来协调管理层的回应。在评价涉及多个业务部门和不同管理级别的情况下，这一点尤为重要。

32. 在涉及多个机构/合作伙伴联合评价的情况下，为得到管理层的协调响应，应成立一个由不同机构/合作伙伴的管理代表组成的特设小组。

33. 如果有关管理人员缺乏制定管理对策的经验，中央评价部门应提供支持，方法是提供良好的管理对策实例、明确解答任何疑问，并参考本组织的评价政策（如果有）。对于设有分散评价办事处或分散评价协调中心的机构而言，中央评价部门的支持作用尤为重要。

34. 管理层的回应应清楚表明管理层是接受、部分接受还是拒绝这些建议。如果是后者，则应提供拒绝的理由。在前一种情况下，应详细提及要采取的行动，指明实施计划行动的时间范围和具体单位。当涉及一个以上的单位时，应明确哪个单位负责哪个行动。为保证相关信息清晰可见，应以管理层响应矩阵的形式呈现。

35. 管理层的回应应与评价一起公开。但是，如果在约定的期限内无法获得管理层的回应，并且没有合理的理由延长（或进一步延长）最后期限，则将披露评价报告，并指出管理层未在规定期限提供答复。

36. 应鼓励评价人员寻求机会，就评价建议和管理层的回应与管理层进行交流，以便促进管理人员完成任务，但同时应谨慎确保其独立性，并促进管理层对其回应的自

---

① OECD, DAC, *Guidance for Managing Joint Evaluations*, 2006.

② 这是对世界粮食计划署和联合国开发计划署所运用的定义的调整，该定义也适用于联合国儿童基金会和大多数组织。此外，该定义与 Hildenwall 和 öbrand（2008）中的定义一致。

主权和承诺。评价过程中各个层级的交流可以提高评价的相关性和利益相关者的自主权。

后续流程与学习

37. 将评价后续程序制度化的主要目的是：加强评价的运用；增加利益相关者和管理层的支持，以提高绩效；促进有关评价结果和后续行动的深入交流，以此促进战略、计划和项目的规划和实施。

38. 事实证明，公开透明的管理层回应和后续程序可以提高建议的执行率[①]。联合国评估小组标准1.5要求评价职能部门根据已经进行的评价所产生的建议的执行情况编写后续行动报告和定期进度报告，并提交给理事机构和/或各组织负责人。尽管这可能不是联合国系统中所有评价职能的做法，但所有评价职能都应考虑执行促进评价建议后续落实的机制。

系统跟踪评价

39. 如上一节所述，管理层响应矩阵清晰地概述了评价的建议、管理层的回应以及将要采取的行动，包括明确指示负责该行动的部门和完成时间范围。

40. 应定期报告评价的后续行动，如每年或每两年一次。每个组织都应确定适当的时间间隔，并确保将其告知员工和利益相关者，并且报告间隔最好与组织的计划流程保持一致。为确保后续建议执行情况所需的成本（包括财务和人力）与收益相平衡，最好有一个默认的限定期限，用于追踪对评价建议的后续行动[②]。同样重要的是，在已商定的变动的行动方面要保持灵活性，以确保这些行动在不断变化的环境下具有相关性。

41. 以下是几个具有良好实践结果的系统的后续行动机制：

· 电子平台是追踪对评价建议采取的行动的一种成功机制。电子平台的优点包括：能够生成报告并完成整个组织执行情况的分类分析，并且有助于利益相关者获取所生成的信息。有兴趣开发电子追踪平台的组织应从已实施的平台处吸取经验教训。

· 每年或半年向理事机构（进而向整个组织及其利益相关者）汇报建议的执行情

---

① Achim Engelhardt, *Management response and follow-up to evaluation recommendations: overview and lessons learned*, p. 5.

② 例如，每次违约联合检查组都会追踪各项建议的后续行动，为期4年。

况，是确保问责制实施的有效手段。该报告可以采取年度评价报告的形式，其中涵盖本组织评价工作的多个方面，也可以是专门针对评价建议和后续行动的实施状况的报告。报告可以激励相关人员及时采取后续行动。

·对评价的后续行动以及建议的执行情况进行讨论，对于确保利益相关者了解评价结果以及计划和/或采取的行动至关重要。讨论可以使利益相关者为今后的发展提出意见和建议。关于评价的后续行动的讨论可以在理事会的年会和/或通过高级管理团队系统地进行。此类讨论应侧重于具有重要意义的战略问题以及项目评价的周期性调查结果和建议。讨论将在组织内部建立自主权，并进一步激励利益相关者及时采取后续行动。

学习及对知识发展的贡献

42. 对评价建议采取后续行动的系统性机制是使后续行动制度化的积极步骤。但是，为了确保有效和适当的后续行动，应辅之以其他奖励措施和非正式机制。

43. 以下是几个具有良好实践结果的促进学习和知识发展的评价机制：

·知识产品可以包括真实的评价报告、评价摘要、具有简短摘要的电子通信或其他产品。知识产品应包含关键的调查结果和建议，针对受众量身定制，并通过清晰易懂的语言提高信息的运用率，同时保持与组织预期结果的联系。知识产品的传播战略至关重要，事实证明，一项有效的战略取决于：正确瞄准目标用户，获取评价结果的手段是否得当，特别是评价的时机。此外，利用 Wiki 和 YouTube 等新媒体和技术传播知识也很重要。

·会议和研讨会有助于共享评价中的隐性知识。隐性知识是评价报告中未包含的知识，例如，个别工作人员对评价结果和建议的解释。隐性知识对组织充分理解和有效地执行建议是必不可少的。评价文件、后续报告和经验教训的讨论和分享程度，对评价结果的运用会产生重大影响，它可以确保公开透明，并在文件向公众披露和/或提交理事机构时，对本组织工作人员起到激励作用。

·实践社团是非正式机制，有可能为评价的运用创造有利的环境，为评价人员和工作人员提供机会，通过分享知识和良好实践说服管理人员执行建议。

关于运用良好实践的结论和建议

44. 由于联合国的评价职能在独立性、能力和组织评价文化方面有很大的不同，影响了任务和职责、评价的接受程度，因此本指南应根据每个组织的具体情况及相关的后续行动适当地进行调整。

45. 管理层的评价和对评价的后续行动应反映在机构评价政策中，该政策应阐明评价职能相对于管理层的各自任务和职责。尽管最终应由管理层负责，但评价单位至少应促进与评价后续行动有关的进程和活动。

46. 评价流程的目标应是通过正式和非正式的方法提高对调查结果和建议的自主权。为充分掌握评价流程和结果并将其作为组织的经验教训，为每一次评价制定一项有针对性的传播或交流战略至关重要。

47. 管理层的回应应明确表明管理层是接受、部分接受还是拒绝这些建议，进而充分协调后续行动，并商定行动时间表。良好的实践表明，管理层的回应应与评价一起披露。为建立一种利用合规以外的评价文化，有必要通过促进评价中的学习和知识开发来补充正式的管理对策。在评价政策中使管理层的回应流程正规化并系统地加以应用，是促进组织范围内的学习、改进业务规划和实施的有效途径。

48. 采取一种结合口头和书面、正式和非正式沟通的综合办法是非常必要的，这可以确保评价的后续行动有助于加强组织问责制和提高学习效率。

附件1 联合国开发计划署管理层回应模板

[评价名称] 日期

编制: 位置: 单位/部门:

签收人: 位置: 单位/部门:

在 ERC 中输入并更新: 位置: 单位/部门:

总体评价:

评价建议或问题 1:

管理层回应:

关键行动	时间范围	负责单位	追踪*	
			状态	评论
1.1 描述行动，然后根据需要详细说明。 a. b.				
1.2				
1.3				

评价建议或问题 2:

管理层回应:

关键行动	时间范围	负责单位	追踪	
			状态	评论

续表

	时间范围	负责单位	追踪	
			状态	评论
2.1 描述行动，然后根据需要详细说明。 a. b.				
2.2				
评价建议或问题 3: 管理层回应:				
关键行动	时间范围	负责单位	状态	评论
3.1 描述行动，然后根据需要详细说明。 a. b.				
3.2				
3.3				

* 在 ERC 中追踪执行情况

附件 2　联合国亚太经社理事会管理层回应模板

管理层回应模板

➤ 要求在评价报告的开头发布管理层的一般性评论以及管理层对评价或评价性审查的每项建议的回应。

➤ 以下具有后续行动的管理层回应模板将作为评价报告的附件，详细的后续行动计划，以及负责单位和预计完成日期应提交给PMD。

评价标题		
	签名	日期
执行秘书 （或其他适当的管理个体）		
部门主管或区域机构负责人（视情况而定）		
部门主管或区域机构负责人（视情况而定）		
管理层总评		

报告建议	管理层回应	后续行动
1.		
2.		
其他		

四

评估报告质量检查清单

UNEG Quality Checklist for Evaluation Reports

联合国评估小组评价报告质量检查清单

本检查清单旨在帮助评价管理人员和评价人员确保评价的最终成果（评价报告）达到预期的质量；为评价其质量，也可以在进行评价之前或在评价报告定稿之后作为职权范围的一部分进行共享

评价标题：

调试办公室：

1. 报告结构

1.0	报告结构合理，逻辑性强，清晰完整			
1.1	报告的逻辑结构清晰且具有连贯性（例如，背景和目标在调查结果之前呈现，调查结果应在结论和建议之前呈现）			
1.2	标题页和开篇提供关键基本信息 1. 评价对象的名称 2. 评价的时间范围和报告的日期 3. 评价对象的位置（国家、地区等） 4. 评价人员的姓名和/或机构 5. 委托评价的组织名称 6. 目录，也包括表格、图表、数字和附件 7. 缩写列表			
1.3	摘要是2~3页的独立部分，其中包括①： 1. 评价对象概述 2. 评价目标和预期受众 3. 评价方法 4. 最重要的发现和结论 5. 主要建议			

① 摘要是联合国评估小组在评价标准中列出了关键因素（UNEG/FN/Standards［2005］），具体参见文件第18页，标准4.2，第三点。

续表

1.4	附录提高了评价报告的可信度，包括①： 1. 职权范围 2. 受访者名单和访问地点 3. 参考文件清单 4. 关于方法的更多细节，如数据收集工具，包括其可靠性和有效性的详细信息 5. 评价人员的更多细节和/或团队组成合理性 6. 评价矩阵 7. 成果框架
2. 评价的对象	
2.0	对评价的"对象"进行清晰、完整的描述②
2.1	清楚描述评价对象的逻辑模型和/或预期结果链（输入、输出和结果）
2.2	描述与目标直接相关的关键的社会、政治、经济、人口和制度因素的环境。例如，政府合作伙伴的战略和优事项、国际、区域或国家发展目标、战略和框架，有关机构的共同目标和优先事项（视情况而定）
2.3	明确描述评价对象的规模和复杂性。例如： • 组成部分的数量（如果多于一个），以及每个组成部分直接或间接服务的人口规模 • 地理环境和边界（如地区、国家和区组织以及组织/管理） • 评价对象的目标和目的（如目标以及其他捐助者的捐款） • 包括人力资源和预算在内的资源总额（如有关机构，政府合作伙伴和其他捐助者的捐款）
2.4	参与描述评价对象的关键利益相关者，包括执行机构合作伙伴，以及其他关键利益相关者
2.5	确定评价对象的执行情况，包括其执行阶段以及任何重大变化（如计划、战略、逻辑框架、主题、项目组、项目、软援助等），并解释这些变化对评价和评价结果的影响

① 附录的内容载于《联合国系统评价规范》（UNEG/FN/Standards［2005］），第20页，标准4.9和第23页，标准4.18。
② 评价的"对象"是干预措施（如成果、计划、项目、项目组、主题、软援助等），它们是报告中提出的评价和评价结果的重点。

3. 评价目的、目标和范围	
3.0	充分说明评价的目的、目标和范围
3.1	明确定义评价的目的，包括为何需要评价，谁需要评价，需要哪些信息，信息将如何使用
3.2	明确说明评价的目标和范围，并说明评价所涵盖和未涵盖的内容
3.3	描述并解释所选择的评价标准、绩效标准或评价人员使用的其他标准①
3.4	视具体情况，评价目标和范围包括处理性别和人权的问题
4. 评价方法	
4.0	以易懂的方式描述评价的方法，清楚地说明评价标准是如何设计的，如何回答评价问题并达到评价目的
4.1	描述数据收集方法和数据分析，选择它们的理由及其局限性
4.2	描述数据来源，选择它们的理由及其局限性，讨论如何使用混合数据源来获得多样化的观点，以确保数据准确并克服数据限制
4.3	描述抽样框架（所代表的地区和人口），选择的理由和机制，从潜在对象中选择的数量以及样本的局限性
4.4	完整描述评价中利益相关者的咨询过程，包括选择具体咨询活动的理由
4.5	所采用的方法适用于评价性别和人权问题
4.6	所采用的方法适用于在评价范围内分析性别和人权问题
4.7	提供证据证明已充分采取措施确保数据质量，包括支持数据收集工具（如访谈协议、观察工具等）的可靠性和有效性的证据
5. 调查结果	
5.0	调查结果直接回答报告的范围和目标部分中详细列出的评价标准和问题，并以报告方法部分所述的数据收集和分析方法得出的证据为依据
5.1	调查结果反映对数据当适当的分析和解释
5.2	调查结果涉及评价标准（如效率、有效性、可持续性、影响和相关性）以及评价范围中定义的问题
5.3	根据证据客观地报告调查结果

① 最常用的评价标准如下：经济合作与发展组织/发展援助委员会关于相关性、效率、有效性、影响和可持续性的五项标准。每项评价可能有不同的重点（并非每项评价都涉及所有标准）。为了评价每一项标准在评价中所涉及的程度，每个机构不妨添加一个指标。

续表

5.4	报告并讨论数据和/或未预料到的结果之间的差距和局限性
5.5	尽可能查明成功和失败的原因，特别是持续的制约因素
5.6	总体调查结果以清晰、逻辑和连贯的方式呈现
6.结论	
6.0	根据调查结果，结论提出合理的判断，并通过证据证实判断的合理性，提供与评价目的和目标相关的见解
6.1	结论反映对关键问题的合理评价判断
6.2	所提供的证据应充分证实结论，并与评价结果有逻辑联系
6.3	所述的结论为识别和/或解决重要问题或评价与用户预期决策和行动有关的问题提供了见解
6.4	根据所提供的证据，并且适当地考虑不同利益相关者的观点，提出评价对象（政策、方案、项目或其他干预措施）的优缺点
7.建议	
7.0	建议与评价的目标和目的相关，并得到证据和结论的支持，且在利益相关者的参与下制定
7.1	描述制定建议所遵循的流程，包括与利益相关者的协商
7.2	建议是基于证据和结论的
7.3	建议与评价目标和目的密切相关
7.4	建议清楚地确定每项建议的目标群体
7.5	建议明确提出行动的优先次序
7.6	建议是可行的，且能够反映对调试组织的理解以及后续工作的潜在制约因素
8.性别与人权	
8.0	报告说明目标的设计和执行，结果评价和评价过程在多大程度上纳入了性别平等观点和基于人权的方法
8.1	报告始终都使用性别敏感和基于人权的语言，包括按性别、年龄、残疾等分类的数据
8.2	评价方法和数据收集，分析方法对性别平等和人权具有响应性，适用于分析范围内确定的性别平等和人权问题
8.3	评价目标的设计是否以健全的性别分析和人权框架为基础，并通过性别平等和人权方面的性别分析，以及性别平等和人权方面的实际结果监测结果的执行情况
8.4	报告的调查结果、结论、建议和经验教训充分提供关于性别平等和人权方面的信息

五

联合国系统评估标准

Standards for Evaluation in the UN System

序　言

　　作为专业的从业者，联合国评估小组定义了评估规范和标准以推进评估功能专业化，并为评估机构在评估准备或行动过程中的其他方面提供指导。这一首创基于 2004 年 12 月联合国大会决议 A/RES/59/2501①，用于促进联合国评估小组在评估中更好地系统协作，尤其是方法论、规范、标准和评估循环的协调和简化。

　　这些标准建立在联合国评估小组《联合国系统评估规范》（联合国评估小组/FN/标准［2005］）的基础上，由小组成员从实践中总结而来②，旨在指导制度框架的建立、评估功能的管理和评估标准的实施和使用。同时，它们也作为评估者能力和工作道德标准的参考，在各组织中合理使用。联合国评估小组将在对系统内组织的服务过程中定期更新、详解并延伸这些标准的范围③。

---

　　①　2004 年 12 月 17 日 A/C. 2/59/L. 63 号文件，第 69 段。
　　②　联合国系统的多个机构中都存在评估政策和纲领，本报告中的标准来源如下：OECD/DAC 评估准则、OECD 国家评估标准、国际金融组织的评估标准、欧盟评估组织的评估政策。
　　③　下文的联合国机构是指联合国系统的所有组织、基金、项目和特殊代理机构。

一、制度框架及评估功能管理

制度框架

标准 1.1：
联合国组织应拥有完善的制度框架以确保评估功能的有效管理。

1. 为确保有效的评估功能和评估实施，综合制度框架至关重要。

2. 制度框架应符合如下要求：

①提供制度及高标准管理理解和支持，以实现评估功能在组织有效性中的关键角色；

②确保评估成为组织管理功能的一部分，评估是管理的根本；

③推行视评估为学习基础的文化；

④确保评估功能的独立性，以促进独立全面的评估，评估核心应直接向组织负责人或管理者报告；

⑤确保充足的资金和人力，以保证有效评估的效率和服务，从而为提高评估能力创造可能；

⑥鼓励联合国系统内以及同其他相关机构在评估方面进行合作。

标准 1.2：
联合国组织应结合《联合国系统评估规范》制定评估政策并定期更新。

3. 评估政策应经过各组织的理事机构和/或组织负责人批准，并与《联合国系统评估规范》以及组织合作目标和战略相一致。评估政策应包括：

①对评估概念及在组织内角色的明确解释；

②对评估专家、高级管理和流程管理员角色和责任的明确定义；

③对组织评估指导方针的重视；

④对评估优先性和组织形式的解释；

⑤对评估组织、管理及预算的描述；

⑥对评估配套要求的强调；

⑦对公开和宣传的清晰陈述。

标准 1.3：
联合国组织应确保评估活动计划服从于负责人或管理者通过或批准。

4. 评估计划以及评估延展建议的实施进展报告应报送负责人或管理者。

> **标准 1.4：**
> 联合国组织应确保恰当的评估配套机制和明确的披露政策。

5. 组织中应确立恰当的评估配套机制，确保评估建议及时以合适的方式得到利用和实施，并对未来的活动产生影响。

6. 披露政策应确保评估结果的透明性，包括向负责人和公众广泛发布可读的报告，有合理保护利益相关人隐私要求的除外。

> **标准 1.5：**
> 评估开始时应该保证评估过程是在专业的评估标准设计下并且有足够可执行性。

7. 在制度框架下，评估流程的管理应该包括：

①及时更新的评估政策；

②有效的预算管理；

③及时更新、有效和专业的评估方法体系；

④及时地汇报给高层管理人员；

⑤评估获得的经验教训有效合理。

> **标准 1.6：**
> 评估开始时应为评估原则做好准备。

8. 评估原则应该包括如下方面：

①评估体系应反映最专业的评估标准；

②评估过程应该基于足够、可靠的事实，评估执行应该有明确的目标、足够公开，从而保证结果是可信的。

> **标准 1.7：**
> 评估开始时应确定机构内外的新变化和发展都能够被评估程序适应。

9. 评估过程的管理应该特别包括：

①重视评估能力；

②保证评估网络的便利性；

③设计评估体系和系统。

二、能力和道德标准[①]

1. 所有参与设计、执行和管理评价活动的人都应该渴望在专业标准和伦理道德原

[①] 分别参见联合国评估小组文件 UNEG/G/2（2008）、UNEG/G/JD（2008）、UNEG/FN/ETH（2008）、UNEG/FN/CoC（2008）。

则的指导下，进行高质量的伦理工作。

能力

标准2.1：
参与设计、执行和管理评价活动的人应该具备核心的评价能力。

2. 评价能力是指受雇于评价部门的人，在执行规定的义务并确保过程的可信度时，所要求具备的资格、技能和特质。

3. 所有人在参与设计、执行和管理评价活动，管理评价员，从事培训和能力开发，设计和执行评价方法、系统时，都要求具备能力。

4. 对于作为"评估员"从事评价活动的人而言，一些技能是极为有用的，而另一些技能则是作为"评估经理"来管理评价的人所需要的。下面使用的术语"评估员"包括两种角色。

5. 在启动一个评价项目之前，以及在利益冲突发生的任一时刻，评价员都应该向客户宣布此类利益冲突的存在。此处的利益冲突或是在评价员一方，或是在利益相关者一方。

6. 评价应该准确代表评价员的技能和知识的水平。与此相类似，评价员应该在其职业培训和能力限度内行事，并且应该谢绝从事明显是在其能力限度之外的评价活动。

标准2.2：
评估员应具备相关评估的教育背景、资历和培训。

7. 评估人员最好拥有社会科学或其他相关学科的高等教育学历或同等背景，评估、项目管理、社会统计及高级数据调查和分析等领域的评估员优先。

8. 为在评估中展现最高水平，评估员应通过研讨会或研讨班、自学、实践评估以及向其他评估员学习技能和专业知识来保持并不断提高其能力。

标准2.3：
评估员应拥有评估的相关职业工作经验。

9. 评估员应具备相关的工作经验：
①设计和管理包括多个利益相关者在内的评估过程；
②调查设计和实施；
③社会科学调查；
④项目或程序或政策计划、监督和管理。

标准2.4：
评估员需具备并能在具体评估过程中熟练运用评估方法论、相关方法、特定的管理和个人技能等。

10. 专业经验、方法论、技术的知识，包括一些具体数据的收集和分析能力，在以下所述领域中尤其适用：

①理解实施项目的人权中心方式；

②理解性别考虑；

③理解结果导向型管理的原则；

④逻辑模型或逻辑框架分析；

⑤阅读时间、实用导向、联合、综合和与成长相关的评估；

⑥定量及定性的数据收集及分析；

⑦快速评估流程；

⑧供分享的方法。

11. 评估员的责任包括评估管理，这需要具备具体的管理能力：

①评估流程管理；

②计划、制定标准并监督工作；

③人力和财务资源管理；

④团队领导；

⑤全球战略思维；

⑥先见之明和问题解决。

12. 评估员也应具备在评估过程中所需的个人能力：

①团队合作；

②联合不同利益相关者；

③沟通；

④扎实地选才用人；

⑤分析；

⑥谈判；

⑦适应评估地区语言。

道德标准

> 标准 2.5：
> 评估员应对信仰、习俗和风俗敏感并廉洁诚实行事。

13. 遵循《世界人权宣言》和其他人权条约，评估员应根据国际价值观行事。

14. 评估员应意识到文化、当地习俗、地区信仰以及实践、私人交往和性别、残疾以及种族属性的差别，并在评估的实施和报告过程中对这些差别潜在的暗示保持警惕。

15. 评估员应保证整个评估过程的廉洁诚实。评估员也负有保证整个评估过程独立、全面和准确的责任。

> 标准 2.6：
> 评估员应确保他们在和个人的接触中保持足够尊重。

16. 评估员应避免冒犯评估过程中所联系到的人的尊严和自尊。

17. 考虑到评估可能常常给利益相关人带来负面影响，评估员应以尊重利益相关者的尊严和自尊的方式实施评估和交流。

> 标准 2.7：
> 评估员应保证个人信息的匿名和机密。

18. 评估员应提供最大程度的包容，最低程度的要求，并尊重人们的隐私权。

19. 评估员须尊重提供机密信息的权利，并保证敏感信息不能被追本溯源。他们也应该将机密的范围和限制告知相关人员。

20. 评估员并不针对评估对象个人。

21. 评估员应发现和报告委托范围不直接相关的问题。当对于这类问题存在疑点时，他们应该向相关监督实体咨询。

> 标准 2.8：
> 评估员应对他们的评估流程和结果负责。

22. 评估员应对清晰、准确和工整书写或口头汇报的研究的局限性、发现和描述负责。

23. 评估员应对评估流程在合理计划时间内完成负责，并承认前所未有的延误是由不可抗力造成的。

三、评估实施

设计

> 标准 3.1：
> 评估应确保相关信息的及时、有效和真实。

1. 评估的实施参照各个水平的计划，包括计划、设计、实施和跟踪等环节。

> 标准 3.2：
> 委托范围应当表明评估的过程、目标和结果。

2. 评估的设计应在委托范围中被尽可能准确地描述，应包括以下元素：
①评估背景；
②评估目的；
③评估范围；
④评估原则（相关事物、效率、效果、影响和可持续性）；
⑤关键评估问题；
⑥数据收集和分析以及利益相关方涉及的方法论和方式；

⑦工作计划、组织和预算；

⑧结果和报告；

⑨评估结果的用途，包括此类用途相应的责任。

> **标准 3.3：**
> 清晰地陈述评估的目的和背景为在特定时间实施评估提供充分理由。

3. 清晰和准确地定义评估目的，包括评估目标使用者的主要信息需求，以及评估原因和实施方式。评估目的也与评估管理循环的多个交接点的时间选择相关。这有助于进行明晰的评估，并且评估目的需要在多个方面进行描述，包括想要实现的效果、设计者认为可能产生效果的方式等。

> **标准 3.4：**
> 评估主体应被清晰描述。

4. 评估主体应包括目标、已有想法、实施形式和任何有意或无意的实施改变。

5. 其他元素包括评估主体参数的重要性，以及它的成本和相关受尊重度。另外，描述应该包括实施涉及的参与者数目。

> **标准 3.5：**
> 评估目标应以实施背景下可搜集到的信息为依据，并清晰定义评估的范围。

6. 评估目标应服从于评估目的。它们应该很明确并且获得所有利益相关方的同意。

7. 评估的界限应适应特定情况下的目标和评估原则，范围也应当明确，包括时间段、实施阶段、地区和利益相关方将被检查的方面。评估的局限性也应当被指出。

8. 根据评估问题开展评估，这可以为目标提供更多细节并有助于定义范围。

9. 评估目标和范围是决定评估方法论和所需资源的重要参考。

> **标准 3.6：**
> 评估设计应当明确说明对评估对象的评估标准。

10. 最普遍使用的评估原则有如下几种：相关原则、效率原则、有效原则、影响原则、物有所值原则、顾客满意原则和可持续原则。人道主义回应的原则还应该包括适用范围、逻辑、关联和保护原则。并不是所有的原则对评估都适用。

11. 根据被评估主体选择适用的数据收集和分析以及利益相关方的评估方法论，以确保收集的信息有效、可信且与目标相关，确保评估的完整、公平和公正。

> **标准 3.7：**
> 评估方法应足够严谨，以评定被评估对象，并确保评估的完整、公平和公正。

12. 评估方法取决于收集到的信息和用于分析的数据类型。数据应当来源广泛以确保其准确、有效和可信，并且考虑到了所有利益相关方。方法应清晰说明性别问题和弱势群体。

13. 所选方法的局限也应说明。

> 标准 3.8：
> 评估应在一定成本下取得尽可能多的成果。

14. 使用一定范围的成本分析方法，从详细阐述成本—有效性和成本—收益分析，到成本—效率分析，再到快速成本比较，一项评估应该在可能的情况下回答以下问题：

①实际成本和类似基准是怎么对比的？

②达到预期的最廉价或最有效率的方式是什么？

③扩大或缩小范围的成本可能的结果是什么？

④在不同环境下复制被评估主体的成本是什么？

⑤被评估的主体有评估的必要吗？经济效益是否超过成本？

⑥成本如何影响结果的可持续性？

15. 评估的成本分析建立在财务信息的基础上，但也涉及计算"经济成本"，比如人力资源、不同劳动力、机会和成本等。

16. 分析的范围取决于评估目的和评估问题的提出。

17. 成本分析并不总是可行的。在评估不包含成本分析时，应该在目标或方法论中包括对这一例外情况的理性分析。

18. 应指出资源明显没有充分利用的地方。

> 标准 3.9：
> 评估设计应当包括联合国人权承诺在评估中实现的程度等内容。

19. 联合国组织应遵照联合国共同纲领行事，并担负协助成员国实现其司法权辖区内人权义务的责任和使命。人权条约、机制和命令给联合国实体提供了可参照的指导框架以及伦理和道德原则的法律基础。性别问题、弱势群体也应当被考虑到。

20. 除此以外，评估设计可能还包括一些对待评估企业的初始设计进行伦理审查的过程，具体包括：

①参与者成本和收益的平衡，包括潜在的负面影响；

②评估包括或不包括的伦理以及实施方式；

③隐私和机密的处理；

④达到一致的实践；

⑤给参与者的反馈；

⑥塑造和管理评估者、数据收集者行为的机制。

过程

> 标准 3.10：
> 评估中评估员和受委托人之间应始终保持相互尊重和信任。

21. 同意实施评估（具体包括内容、方式、人员、时间及安排）的一方的责任应通过书面形式督促缔约方完成，如有分歧则重新协商。条约应至少涉及如下方面：金融、时间框架、相关方、待出具或出版的报告、内容、方法和流程。这类条约减少了缔约方之间产生误解的可能性，即使产生了也更容易解决。在评估开始时提供开题报告并保证委托范围有利于建立这样的条约。

22. 评估方应当和受委托方就诸如保密、隐私、沟通和发现及报告的所有权的归属进行磋商。

> 标准 3.11：
> 利益相关方是评估计划、设计和跟踪的磋商对象。

23. 在计划评估（关键问题、方法、时间和责任）时必须确认与利益相关方磋商，并保证其在整个评估过程中享有知情权。评估手段应考虑到学习和机会成本（例如，研讨会、学习组、询问和访问），以确保关键的利益相关方完全参与到评估过程中。

24. 如果可行，必须由评估中不同利益相关方的代表组成核心学习组或指导组。这一小组扮演被征询、实施和回顾评估工作的角色。除此之外，这一小组还可以承担传播和执行结果以及其他跟踪行动等工作。

> 标准 3.12：
> 由外部专家组成的同行审查或咨询组将非常有用。

25. 考虑到评估的范围和复杂性，建立由外部技术专家组成的同行审查或咨询组可能非常有用。这一小组将对评估过程提供重要指导（比如，为委托范围提供投入或为报告草稿提供质量控制）。

团队选择

> 标准 3.13：
> 评估需由高素质评估团队实施。

26. 一个特定评估组的评估员数量由评估的规模决定。多领域的评估须由经过多重训练的团队承担。

27. 评估员应通过透明的基于能力的选拔。

28. 被选中的成员应为团队带来不同的专业知识和经验。如果可能，团队中应至少有一名成员在评估所涉及的行业或技术领域具有丰富经验，或者有评估所需的扎实学科知识。另外，至少有一位评估员是评估专家或具备使用评估过程所需的具体评估方法论的相关经验。评估团队应具备与实施评估的国家或地区的经济或社会发展相关的知识。对背景和突发情况的熟悉也可能是需要的，不仅针对评估本身，也包括对特定评估背景的了解。

> 标准 3.14：
> 评估团队的组成应该男女平衡，保持地区多样性并且包括相关国家和地区的专家。

29. 除此以外，在任何地点，应涉及来自相关国家的有能力和经验的专业公司或个人，以确保充分考虑到国家或当地的知识和信息。评估的实施可能也吸收私有部门和公共社会组织的外部资源。提倡与政府或其他利益相关方的联合评估。

30. 评估组的成员自身也应当熟悉评估接受者或特定利益关联方的文化和社会价值及特点。这样在评估过程中，他们可以更好地理解和尊重当地的习俗、信念和实际情况。

实施

> 标准 3.15：
> 评估的实施应专业并合乎道德规范。

31. 评估应以共同参与和合乎道德规范的方式展开，利益相关方的福利（人权、尊严和公平）应得到恰当的尊重。评估应对性别和文化保持敏感并尊重隐私、原始资料的保护和被采访人的尊严。

32. 评估应以实际、有策略、低成本和有效收益的方式进行。

33. 评估须精确和有材料支撑，并有效使用具有法律效力和可信赖信息的透明手段。评估团队的成员应有回避特定评价和建议的机会。任何团队内未解决的意见分歧应在报告中说明。

34. 评估应以完整和平衡的方式进行，提出并分析不同的观点。关键的发现必须通过严密推断获得。任何利益冲突应被公开和坦诚地提出以防止对评估结果的破坏。

35. 评估人员应讨论对评估有重要影响的价值、假设、理论、方法、结果和分析，并将其应用于最初概念到最终结果的整个评估过程。

36. 个人权利和利益不应在计划和实施评估的过程中受到负面影响。这需要与评估的所有相关方进行沟通并就可预见的评估结果进行讨论。

报告

> 标准 3.16：
> 最终评估报告应逻辑清晰，包含基于证据的发现、结论、教训和建议，并且应当对在整个分析过程中不相关的信息保持开放。报告应以使信息可接触和可理解的方式呈现。

37. 报告的阅读者应该能够理解：
①评估的目标；
②确切的评估对象；
③评估的设计和实施方式；
④发现的证据；
⑤得出的结论；
⑥给出的建议；

⑦吸取的教训。

38. 若评估员有造假、违规、滥用职权或侵犯权利的行为，应将这一情况汇报给相应的联合国部门并组织调查。

39. 评估员应确保所有利益相关方享有获取恰当评估信息的权利，在可能的情况下还应该向利益相关方积极传达信息。与特定利益相关方的交流应包括与其相关的所有重要结果。评估员在任何情况下都应该尽可能清晰和简洁地展示结果，以便于委托方和其他利益相关方更容易地理解评估的过程和结果。

跟踪

> 标准 3.17：
> 评估要求获得管理者或其全权代表的明确回复。

40. 针对每一项原则，都将采取管理、行动计划或清晰阐述责任的形式。

41. 被管理者所接受的评估建议应该成体系地被执行。

42. 对评估建议实施地位的周期性报告也应被执行。该报告应呈交负责人或组织管理者。

四、评估报告

> 标准 4.1：
> 标题和开篇应提供关键的基本信息。

1. 报告开始的几页应该涉及如下信息：

①被评估的主体名称（即活动、项目和政策等）；

②日期；

③目录，包括附录；

④评估员的名字和所属组织；

⑤委托评估单位的名称和地址。

> 标准 4.2：
> 评估报告应该包括一份执行总结。

2. 执行总结应该提供评估报告重要成分的概要。为方便更高层次的读者，报告应简短，通常2~3页为宜，并且应独一无二。信息应该可以在发现了什么、建议是什么和此次评估的教训等方面提供可供缺乏经验者理解的清晰描述。

3. 执行总结应该包括：

①对被评估主体的简要描述；

②背景、现状和关于评估主体其他方面的描述；

③评估目的；

④评估目标；

⑤报告的受众；

⑥包括方法选择的根本原则、使用的数据源、使用的数据收集和分析方式以及主要局限在内的关于方法的简要描述；

⑦最重要的发现和结论；

⑧主要建议。

> 标准4.3：
> 应清晰描述被评估主体，包括逻辑模型或预期结果、预期影响、实施战略和关键假设等。

4. 评估报告应该清晰地描述评估该主体的目的和设计者认为这样做可以发现问题的原因。其他重要的因素包括：被评估主体的重要性、范围和规模；目标受益者和利益相关方的描述以及预算金额。

5. 在确保提供所有相关信息的前提下关于被评估主体的描述应该尽可能地简短。若有其他必要的细节，包括逻辑模型在内的描述可以在附录中提供。

> 标准4.4：
> 应清晰描述联合国组织和其他利益相关方在被评估主体中的作用和贡献。

6. 报告应当描述涉及的人群，他们的角色和贡献。在可能的情况下应当细化每一个参与者的贡献。

7. 使用者将会想要对比此次评估的牵连者以评价包含的观点有哪些不同。

> 标准4.5：
> 评估目的的背景应当被描述。

8. 评估目的中应该讨论评估原因、使用方式和评估完成后的决定。评估目的的背景应当被描述以便于对评估目的的理解。

> 标准4.6：
> 评估报告应当提供关于评估员所采用的评估原则的解释。

9. 并不是所有的原则都适用于任何评估。应在报告中说明采用某一评估原则的局限，以及不采用某一原则的依据。

10. 使价值评价的基础透明化十分重要。

> 标准4.7：
> 评估报告应该提供关于评估目标和评估范围的清晰解释。

11. 评估原始目标和评估设计中的任何调整均应被描述。

12. 应描述评估范围以明确评估覆盖范围和局限。

13. 应解释原始的评估问题和评估过程中增加的问题。

14. 评估的范围和目标同样可以用来判断评估方法体系和资料来源是否充足。

> 标准 4.8：
> 可能的情况下，评估报告应该表明性别问题和相关人权问题具体化的程度。

15. 除此以外，评估报告应该提供如下描述：

①性别问题在项目实施中如何实施，被评估主体是否在推动性别平等和性别敏感上予以足够重视；

②被评估主体是否对边缘化、易受伤害群体的收益予以考虑；

③被评估的主体是否与人权条约和机构相关；

④被评估主体辨识相关人权宣告和义务的程度；

⑤如何识别权利人宣告权利与责任承担者履行义务间的差距，包括对个别和边缘化、易受伤害的群体的分析，以及被评估主体的设计和实施是怎样处理这些差距的；

⑥被评估主体在权利框架内是怎样管理和对待结果的。

> 标准 4.9：
> 所应用的方法论应以透明的方式描述，包括此方法论的所有局限。

16. 评估报告应包括一个全面但精炼的方法论原则描述，以让评估员们对数据质量有自己的结论。方法描述应包括：

①数据来源；

②数据收集方法和分析的描述（包括数量方法所要求的精确度水平、价值规模或数量分析所使用的编码）；

③抽样的描述（所要展示的地区和人口、选择的原因、潜在主体中选择的数量和抽象的局限）；

④相关参考指标标准（过去的参考指标、国家数据等）；

⑤评估团队，包括涉及的参与评估的个人；

⑥评估计划；

⑦关键局限性。

附录中应包括如下内容：

①上述内容的更多细节；

②数据收集工具（调查、清单等）；

③通过监管数据收集和监督以确保数据质量的系统；

④必要的情况下对于局限的进一步讨论。

> 标准 4.10：
> 评估报告应完整描述利益相关方的参与。

17. 应当描述利益相关方在评估中的参与程度。由于并不是所有评估的参与程度都相同，对于利益相关方的考虑很重要。项目实施中基于人权的方式也强调了基本利益相关方的参与。同样，包括特定利益相关方的群体对于完整和公正的评估来说是必要的。

> 标准4.11：
> 评估报告在适当的地方应该包括针对伦理道德保障条款的讨论。

18. 报告应该在适当的地方对伦理考虑有一个良好的描述，包括评估设计背后的根本原则和保护参与者的机制。

> 标准4.12：
> 结果中应尽可能对投入、产出、结果和影响进行评价（或给出适当的理由来说明为什么不好）。

19. 考虑到活动中的投入，评估的发现应当明显区分于产出、结果和影响。

20. 不论好坏，结果和影响应包括所有非预期结果。此外，应包括被评估对象的任何乘数或下游效应。可能的话，应该对上述内容进行定性或定量分析。

21. 报告应该对评估做逻辑区分，以一种合适的方式分析展现从实施到结果的进展，或者某项结果分析没有被提供的根本原因。

22. 并不要求数据绝对完整，只要支持一项发现即可，其余数据可放在附录中。此外，报告不应将发现和数据来源分离。

23. 评估发现应当涵盖所有的评估目标并且使用收集到的数据。

> 标准4.13：
> 分析应该包括关于利益相关方对结果作出的恰当讨论。

24. 由被评估主体带来的结果应该追溯到做出此贡献的不同利益相关方。应该保持每个利益相关方的相关贡献与所观察到的结果间的合适的关系。这是明确合伙人、捐赠和基本利益相关方的不可缺少的元素。

25. 如果报告中未包括以下分析，应明确说明原因：如果一项评估在早期实施，其结果或与某一利益相关方的联系将无从得知。

> 标准4.14：
> 被评估主体取得成绩或遇到困难的原因，尤其是阻碍或促进因素应尽可能指出。

26. 一项评估报告不应只是实施和结果的简单描述，而应基于发现分析诱发因素、障碍、优势和机会等。凡是对结果有贡献或造成困难的外部因素，包括社会、政治和环境情况等，都应该尽可能地指出并分析。

27. 关于背景的介绍有利于评估的实用性和准确性。理解对被评估主体成本有贡献的外部因素，将有助于决定这些因素是否以及如何影响被评估主体。

> 标准4.15：
> 根据收集到的数据运用合适的方法来证明评估结论，并识别需要解决的重要问题。

28. 结论应当使发现更有价值。结论背后的逻辑和现实发现之间的联系应很清晰。

29. 结论须紧扣对被评估主体有重要意义的议题，这是由评估目标和关键评估问题决定的。简单的、已经广为人知的或者显而易见的结论是没用的，应避免。

30. 合理推测暂时性的、需细化的事物能够使逻辑更加透明，增加结论的可信度。

> **标准 4.16：**
> 建议应紧紧依附于证据和分析，有相关性和现实性，明确行动重点。

31. 在准确度和可信度方面，建议应当是关于结果和结论的逻辑暗示。建议也应当与被评估主体、委托范围和评估目标相关，并且应当以清晰和简洁的方式规划。另外，建议应尽可能地被优先考虑。

32. 建议应当尽可能地陈述责任和实施评估的时间框架。

> **标准 4.17：**
> 如果要展示教训，应从当前被评估主体中进行总结抽象，指明供参考的范围。

33. 并不是所有的评估都有教训。只有对一般知识有贡献的时候教训才应该被记录，并以评估的发现和结论为基础。

34. 一份合格的评估报告会展示从发现中得到的经验教训，分析如何将这些经验教训应用于不同的背景或不同的部门，并考虑到证据的局限性，如从单点观察得出的结论。

> **标准 4.18：**
> 附录应当具有完整性和相关性。

35. 其他与评估相关的补充信息应当包含在附录中，具体包括：

①被采访的人员（在保密允许的情况下）和走访地的名录；

②数据收集工具（问卷、调查提纲复印件等）；

③评估委托范围的原件；

④缩略词列表。

36. 附录将增加报告的可用性和可信性。

六

联合国机构评估体系中的影响评估：
关于选择、规划和管理的指导（节选）

Impact Evaluation in UN Agency Evaluation System

影响评估的定义和作用

　　试图建立一个关于影响评估的普遍认可的定义的努力并没有取得成效。这是因为不同的利益攸关方都强调了此类评估中不同但相互重叠的因素。此外，关于影响评估的方法的讨论提出了社会科学中定性方法和定量方法之间关系的基本问题和敏感问题，这些问题在评估领域无法得到解决。

　　全球发展中心在 2006 年发表的一篇论文中表示，没有强有力的证据能够表明什么在国际发展领域起作用或不起作用。这在从业者中引发了激烈的争论，特别是在那些声称因采用随机对照试验方法而被认为"严格"的人和那些认为也可以严格采用广泛的其他方法的人之间。随着时间的推移，讨论变得更加平衡，最近的几篇论文对影响评估中常用的各种方法提供了有用的概述。本文借鉴了最近的一些文件，并试图利用那些与 UNEG 成员最相关的元素。

　　在定义方面，主要的争论集中在两种类型上。其中，第一个被称为"DAC 的定义"。这并不是一个由 DAC 正式批准或规定为正确的定义。相反，这是一个方案，当时的 30 个 DAC 成员国和机构（包括联合国系统和开发银行的代表）同意（或至少没有反对）将其纳入他们的评估条款术语表。DAC 将影响定义为："发展干预直接或间接、有意或无意地产生的积极和负面、主要和次要的长期影响。"DAC 对影响的定义构成了发展机构所采用的许多影响评价定义的核心，通常只需稍加修改或补充。

　　这个定义有几个重要的元素。影响是关于"发展干预所产生的影响"。因此，它是关于因果关系的，因此特别处理了包含贡献概念的归因问题。后一个概念已被联合国实施者和评估者广泛采用，因为它提供了一种准确的方法来评估大多数联合国干预措施所造成的差异。但是，应当指出的是，基于归因的影响定义并不要求影响完全或完全由干预产生。他们预计其他原因会同时存在，因此干预将有助于已证明的影响。DAC 影响定义特别包括通过次要影响和间接影响进行部分归因或贡献的可能性。

　　DAC 影响定义的另一个重要方面是，它关注"长期效应"。根据 DAC 术语表，结果是"干预产出可能产生或实现的短期和中期效果"。因此，DAC 的定义注重更长的时间尺度，其中短期和中期效应（结果）在产生长期效应（影响）中发挥了一定作用。应当指出的是，长期效应的概念并没有定义在整个结果链中何时可以开始，而是强调其持续时间。

　　任何影响评估都需要解决的定义的其他方面是干预的负面和非预期的后果。这些都是不同的，两者在任何干预中都很重要。作为一个负面但预期影响的例子，我们可以考虑基础设施项目，如道路、水坝和雨水沟。事先知道，实施此类项目可能需要有人搬迁，因而会在总体实施计划中制定措施，通过补偿和支持措施减轻有害影响。因此，任何影响评估都需要评估负面影响得到适当解决的程度。

GEF 的一个生物多样性项目提供了一个意想不到的负面后果的例子。该项目旨在通过生态旅游活动为保护区和周边社区创造收入。然而，这些活动的一个分支是，当地土著人参与酗酒和性服务，对健康有相关影响。该项目的 GEF 影响评估委托了一项额外的专家研究来评估这些影响，以便将其纳入对干预结果的整体评估。

第二个主要定义的重点是通过说明某种形式的"反事实"，具体比较实际发生的事情和没有干预就会发生的事情之间的差异。

国际影响评估倡议（3 impact evaluation，3ie）在其影响评价词汇表中对影响的定义与 DAC 的定义类似，即"干预如何改变世界状态"。影响评估通常集中于干预对受益人群结果的影响。与此方法相关的核心概念是归因，3ie 术语表将其定义为："观察到的结果变化在多大程度上是干预的结果，并考虑到所有其他可能也会影响相关结果的因素。"

虽然 DAC 术语表和 3ie 评估术语表都没有特定的贡献项，但它们的归因定义都包含了这一概念。因此，在考虑与影响评价有关的现有术语时，显然没有必要对贡献作出单独的定义，因为它已经被归因所包括在内了。

然而，DAC 词汇表对影响评估没有具体的定义，而 3ie 词汇表对其进行了定义："对干预结果变化的归因的研究。"影响评估有实验设计或准实验设计。因此，它规定，为了符合影响评价的条件，必须使用基于"事实"和通过实验设计或统计控制建立的反事实之间的比较的方法。近年来关于影响评估的争论主要集中在这个问题上。一些主张统计反事实的人声称，他们的工作享有被视为"严格"的专有权利。根据这一观点，只有特定的定量社会科学方法才具有"严谨性"，而定性或简单统计分析的结果可以被认为是不精确的或印象主义的。

因此，在考虑关于影响评估的激烈辩论时，可以说，（至少）有两种常见的方法，它们的支持者认为它们是影响评估的例子。其共同点是，重点关注追踪因果关系，以证明干预是否真的产生了结果。然而，根据 DAC 的定义，原则上可以完全根据事实评估影响，但根据 3ie 术语表，影响的确定需要与反事实进行明确比较，无论这是如何构建的。

影响评价的两种方法并非相互排斥，而是在某些方面存在重叠。因此，在项目实施过程中，可以立即在项目结束时（在终端评估阶段）和/或几年后，使用一种利用统计反事实的方法。DAC 的定义也可以应用于不同的阶段，因为在任何时候都可能产生"长期效应"。此外，它既没有具体规定也没有排除使用基于反事实的方法，无论是统计方法还是其他方法。

大多数联合国机构都采用了 DAC 对影响的定义，他们将其应用于影响评估，并通过一些调整来说明其主要目标群体的细节，包括：

· 从输出到影响的因果路径（可能相当简单或更复杂），以及相对快速或在更长时间范围内显现出来的影响。

· 不同层次的分析：国家、机构、社区、家庭等。

·不同类型的干预，需要专门定制的方法来评估影响（从行政改革、支持国家立法到农民补贴和人道主义援助）。综上所述，影响评估的重点可能会因评估的不同而大不相同；相应地，在评估中采用的方法组合可能存在重大差异，从而探索干预的"原因"和"如何干预"，也可能捕捉间接影响和次要影响的形式和程度。

·影响评估的作用。

·影响评估最好是嵌入到更广泛的监测和评估系统中。与基于结果和产出水平的评估一起，影响评估有助于证明干预措施相对于其目标的有效性，告知继续（或停止）、扩展或复制的决定，并为"什么有效"和"在什么情况下对谁有效"的全球证据基础做出贡献。

此外，影响评估有助于更好地理解实现影响的过程，并能够确定促进或阻碍影响实现的因素，作为持续或未来倡议的重要反馈，包括调整成功的干预措施以适应新的环境。

理想情况下，影响评估可以建立在现有信息的实质性基础上，以考虑它能最佳解决的具体问题。影响评估可能提供宝贵的（也可能是独特的）答案的"关键问题"，包括：

·干预有影响吗？

·该项目做出了什么具体的贡献？（或者表述为"这种影响的哪个具体部分可归因于该项目？"）

·影响是如何产生的？

·这种干预措施能在其他地方产生类似的结果吗？

这些问题涵盖了广泛的问题，从问责（特别是性价比）到经验教训（用于复制和扩大干预的影响）。

问责问题可能会鼓励人们关注前两个问题，并指明因果关系，而不是解释变化是如何发生的以及变化为什么会发生。关于干预措施贡献了多少的问题通常通过基于反事实的统计方法来处理，这至少是其方法论的一个方面。第三个和第四个问题适用于详细审查过程、机制和背景。它们最好通过定性的方法来回答，以揭示潜在的过程及其与国家或制度文化等背景因素的关系。

所有这些问题都不能被简单地回答，每个问题都可以通过一种或多种评估方法来解决。影响评估文献中出现的共识似乎是，大多数问题最好用"混合方法"来回答。这可能涉及定量和定性方法的混合，或者两种类别中的特定方法的混合。此外，混合方法，如量化定性数据的某些方面也越来越被视为有价值的方法。

联合国各机构对影响评估的使用范围各不相同，其使用范围也在扩大。2009年，UNEG影响评估工作组对UNEG成员目前的影响评估做法进行了调查，并从28个成员组织中获得了答复。其中，有九个组织已经进行或即将进行具体的影响评估。其他组织认为，作为其他类型评估的一部分，他们已经部分地解决了影响问题。这九个组织是：粮农组织、全球环境基金、国际农业发展基金、劳工组织、内部监督事务厅、环境署、儿童基金会、联合国工业发展组织和世界粮食计划署。自2009年以来，这些机构和其他联合国机构开展的影响评估的数量有所增加。

七

联合国系统规范工作评估手册（节选）

UNEG Handbook for Conducting Evaluations of Normative Work in the UN System

第五章 跟踪评估结果

任务 5.1 发布评估报告

116. 虽然联合国各组织在传播评价报告方面都有自己的政策，但评价管理人员可以采取步骤以加强传播和使用。传播和使用需要在计划评价时经过深思熟虑，不能留到最后。在理想情况下，它们应该在评估的外联策略中得到解决，如第二章所述。早期计划对于以学习为主要目标的规范性工作的评价尤为重要。传播不应与使用混淆；传播可以促进使用，但与决策、改进编程或产生知识不同（Patton，2008）。同样重要的是，要记住评价报告的不同受众。虽然联合国管理人员往往是主要受众，但对规范性工作的评估，以协助各国政府实施基于国际规范和标准的立法、政策和发展计划，可能会有针对政府代表的建议，在这种情况下，传播策略应该包括政府的后续会议，也许还包括一些持续的监控。

117. 如前几章所述，当高级管理人员收到报告时，在理想情况下，他们应该已经通过参与评估参照小组和/或其他汇报方式了解了报告内容。在评价报告中避免出其不意的因素是一个很好的策略，特别是在内容可能有争议的时候。

118. UNEG 标准建议各组织制定明确的披露政策，以确保"评估结果的透明传播，包括向理事机构和公众广泛提供报告，但需要对某些利益相关者进行合理保护和保密的情况除外"（UNEG，2005a）。

119. 一旦报告获得批准，就向参与评估的人员提供一份报告副本，这是尊重和符合 UNEG 的推荐做法的表现。本着透明度的精神，那些从繁忙的日程中抽出时间提供信息的人应该有机会看到结果。在组织的网站上发布最终报告是现在的普遍做法。报告的副本也可通过联合国区域和国家办事处提供。如果存在语言障碍，评估经理应翻译执行摘要以便广泛分发。

120. 如果评价报告中包含关于改进正在进行的规范性工作的建议，并且当地利益相关方愿意接受改进，则评价管理者应考虑执行后续任务，讨论这些建议及其执行情况。虽然这不是标准做法，但它有可能加强当地的自主权，使其学习和采纳评估者的建议。

任务 5.2 准备管理响应

121. UNEG 鼓励成员组织建立适当的评价后续机制，以确保评价建议得到适当利用和及时实施，使评价结果与今后的活动相联系（UNEG，2005a）。UNEG 规范要求机关和管理层对评估建议做出回应，并要求成员组织对管理层和/或机关已接受的评估建议的执行情况进行系统的后续行动，并且出具关于执行情况的定期报告（UNEG，2005b）。

任务 5.3　使用评估结果

122. 管理部门的反应和后续行动的正式机制旨在确保这些建议得到执行，但它们并不能保证。为了充分利用在评价过程中获得的知识和在评价过程中产生的教训，往往需要采取更多的行动。

123. 鉴于对联合国系统规范性工作评价的需求可能增加，评估管理者应考虑分享其评价报告，并在联合国家庭中建立一个实践社区。虽然信息最初可以非正式地共享，但如果兴趣增加，它可以扩展为一个由电子仓库支持的知识网络，所了解到的一些情况可以纳入今后评价管理人员的专业发展方案。共享一个由擅长评价规范工作的顾问组成的数据库可能是另一个建设性的分支。

124. 对规范工作的评估是目前许多专业评价协会感兴趣的。联合国评估办公室可以与它们建立联系，加强专业实践。

任务 5.4　评价评估工作

这项任务不常执行，但有相当大的潜在价值。评估经理可以在几个月或更长时间之后，从寻求评估反馈中学习。这些发现被使用了吗？利益相关者在评估中发现了什么有价值的东西？在评估设计、方法和实施过程中，哪些工作做得好，哪些做得不好？经验教训对今后规范工作的评价有哪些借鉴意义？其中一些问题可以通过存档的信息迅速得到回答；其他的可以在电话会议、简短调查、电子邮件交流或会议中探讨。这样的后续行动不需要花费太多成本。在必要的情况下，评价管理人员可以对规范性工作的评价进行同行审查，以加强学习并巩固整个联合国系统开展这些工作的方法。

八

国家评估能力建设：关于如何加强国家评估
体系的实用技巧（节选）

National Evaluation Capacity Development

理解 NECD 的框架

定义和术语

7. 与 NECD 相关的许多术语的定义有无数的来源要参考。

8. 然而，与 NECD 相关的一些关键概念存在一些歧义。为了帮助阐明它们的用法，我们在下面的专栏 1 中讨论了 NECD 的四个基本概念。具体包括：

① "评估" 和 "监测" 之间的区别；

② "绩效管理" 和 "基于结果的管理"；

③ "国家评估体系" 和 "监测和评估（M&E）系统"，一个经常使用的术语；

④ 广义而言，"国家评估能力发展" 对一个国家意味着什么。

专栏 1　明确国家评估能力发展的术语

"评估" 和 "监控" ——衡量绩效的两种工具

"评估" 这个词并不总是能被很好地理解。它可以采取多种形式，解决各种问题，潜在地服务于多种用途和用户，以支持一个国家的发展目标。它通常也是衡量与项目、方案或政策有关的成果的最具成本效益的方法。

"绩效监测" 也可以在提高对政府绩效的理解和衡量国家发展目标的进展方面发挥重要作用。它需要确定 "绩效" 的相关指标，建立不间断的测量系统，并提供可靠的数据来填充这些指标。一旦投入运行，监测信息可以成为关于 "输出" 和（潜在的）短期 "结果" 的现成信息来源，并为进行评估提供重要的输入。

但是，监控并不能提供对绩效的深度理解，而这可以从评估中获得。此外，通常需要评估来衡量更高层次的结果（"中长期结果" 和公共部门干预的 "影响"）。但是，作为一门基于社会科学研究方法的学科，评估需要更高的技能和经验水平，而这在一个国家的背景下往往是缺乏或不足的。

能力建设工作需要认识到上述区别以及加强这两个方面的重要性，因为它们是有效和可持续的国家体系的关键组成部分。

"绩效管理" ——"基于结果的管理"

这两个术语可以被认为是可互换的，它们都是指 "一种关注绩效和产出、成果和影响的成就的管理策略"。其广泛的目标是推进健全的管理实践，加强所有组织的问责制和良好的治理。

在国家一级，实施 RBM（Results-Based Management）可能需要某种程度的公共部门改革，这应该称为 NECD 的广泛推动力，即在政府规划、预算编制、管理和决策方面采用更有系统性和注重结果的办法来创建和使用绩效信息。

它意味着管理方案和组织要注重所取得的实际成果。要做到这一点需要：明确界定对要实现成果的期望；提供方案或服务；衡量和评价业绩；作出调整以提高效率和效果。它也意味着向公民报告绩效。

无论是组织还是国家，向 RBM 系统的转变都是长期的和迭代的。这两种监测工具和评估工具是关键的组成部分。

"绩效管理"和"绩效衡量"这两个术语经常被混淆。绩效管理（RBM）的基础是准确、及时的绩效信息。因此，NECD 需要做出努力，支持发展一种衡量、评价和报告方案执行情况的信息制度，使管理者对实现结果负责，并确保公正的分析和报告。

"国家评估体系"或"监测和评估（M&E）系统"

这些术语有些模棱两可，并不总是能被很好地理解。所谓的国家评估体系（NES），实际上可能与"评估"的实践本身没有什么关系。事实上，对发展中国家更广泛使用的术语是"监测和评估（M&E）系统"，在谈论一个国家的 NES 时，它经常被互换使用。

此外，在许多情况下，国家监测和评估系统的重点是"M"（监测），对"E"（评估）很少或没有投资。因此，重要的是要评估和了解国家的情况，确保联合国机构的 NECD 做出的任何努力都是支持国家系统的最有效的干预措施。它还强调了一个事实，即在某些情况下，NECD 的努力可能需要承认，在开始时可能很少有或根本没有评估的业务能力（当然肯定有其他方面也需要建立）。

但是，一个国家的评估（或 M&E）系统需要被认为不仅仅是产生"绩效"信息。评估（或 M&E）本身并不是一个"目的"。需要从一种系统方法来看待这一概念，该方法认识到提供可靠证据的能力（供应方）和系统内个人和机构使用信息的能力（需求方）的重要性。

因此，在支持 NECD 时，重要的是要反思：由谁进行监测和评价活动？谁将在整个系统中使用"结果"信息？

"国家评估能力发展（NECD）"

"国家评估能力发展"建立在上述概念的基础上。然而，它的基本理念是，基于成果的监测和评估是产生信息的公共管理工具，可用于更好地管理政策、方案和项目，向公民和利益相关方展示国家发展目标方面的进展，并在此过程中作为关键的问责工具。

不过，NECD 需要考虑的不仅仅是技术官僚式的术语。国家所有权意味着一种特定的文化、社会和政治背景。建立国家评估（或 M&E）体系的驱动力应该是良好的治理，而且，这可以与政府现代化举措、为公共部门积极引入基于成果的管理框架和/或其他形式的公共部门改革相联系。这可能由政治变革引起，或者可以由国际机构和捐助者的行动和支持予以鼓励。如果它要归国家所有，它需要与国家发展计划联系起来，并纳入政府机构和部委的运作和文化。然而，要实现可持续发展，政府必须相信 NES 的效用，并理解其好处。要做到这一点，他们最终必须拥有这个系统。

第二章

联合国环境规划署评估手册（节选）

（UNEP Evaluation Manual）

摘　要

背景

1. 2006 年 9 月，评估和监督单元（EOU）完成了一项特别的研究，研究的题目叫作《多边机构中对评估研究的内部和外部需要：在联合国环境规划署将供给与需求匹配起来》。这个研究通过探索需求，不同类型的责任的效用，以及不同利益相关方"学习导向"的评估产品的效用，旨在帮助联合国环境规划署建立一个需求驱动导向的评估功能。出于这一目的，该研究探索如何在联合国环境规划署内使用评估，并在一定程度上探索评估如何影响捐赠资金的决策。

2. 该项研究的成果基于联合国环境规划署理事会的常任代表委员会、联合国环境规划署的捐赠机构以及联合国环境规划署的项目和规划经理的一项调查，研究成果证明，尽管受访者认识到当前评估活动的重要性，但对研究的进一步需求被认为是重要的，这些有进一步需求的研究包括被证明技术的吸收、政策、新知识和管理实践以及影响的评估。按照相同的脉络，该项研究发现受访者重视影响的指标，并且联合国环境规划署的项目需要根据"减少的风险""脆弱性""对国际环境政策过程的影响""人类能力和授权杠杆的变化""项目/评估产出的吸收和使用""环境因素变化的经济评估"进行更为细致的评估。

3. 由于联合国环境规划署的捐赠方和雇员都会受到指标和文件影响，再加上关于如何处理评估和监督单元收到的评估，需要多方面的信息，促使评估和监督单元思考如何对提供的评估结果给予更多的指导。这个手册旨在明确联合国环境规划署项目周期内的评估活动的目的。该手册还旨在明确评估活动以及使用相关工具和方法的作用、责任。

4. 这个手册的目的是记录联合国环境规划署项目评估的程序和指引，不过，项目评估可能没有监督或监督质量很差。在联合国环境规划署，质量保证处（QAS）负责子规划的监督。项目监督被认为是项目管理功能。监督和评估是内在联系在一起的，并且监督提供了严格可信的评估所需的大部分证据。因此，只要监督是与评估相关的，对监督的讨论就贯穿于该手册的始终。该手册反映了当前联合国系统内监督和评估的规范和标准[①]。

5. 该手册最主要的读者是联合国环境规划署的雇员，不过，我们期望该手册也将为联合国环境规划署的合作伙伴和顾问提供有价值的洞见，因为他们要对联合国环境规划署的项目进行评估。这一指导的焦点在于评估项目，但许多同类的原则也将适用

---

① United Nations Evaluation Group 2005，*Norms and Standards for Evaluation*，Annex 1.

于子规划的评估和联合国环境规划署工作规划的总体评估。

6. 这一手册展现的理念不都是强制性的。监督和评估的工具和方法不是"固定的"。联合国环境规划署的项目活动的宗旨是在一个变化的世界中解决问题，因此，项目干预必须适应所要求的情况的变化。监督和评估体系必须包括此类适应。不过，好的监督和评估的确需要达到最低限度的要求和标准。该手册将讨论这些要求和标准，当有选择可能时我们会标明。

7. 该手册将定期更新，以反映"最佳实践"的变化、优先重点的变化以及关键的利益相关方集团的利益。

一、监督和评估框架

（一）监督和评估的目的和范围

9. 对开发活动进行监督和评估（M&E）可以为资助机构、项目经理、贯彻/执行机构和公民社会提供更好的手段，从过去的经验中学习，改进服务提供，规划和分配资金，并作为负责任的一部分向关键的利益相关方展示成果。监督和评估的目标是：同时在项目和资产组合两个层面，通过将合适的、结构化的信息带入决策和管理过程，为管理提供支持。

10. 联合国环境规划署内部的监督和评估包括一系列活动，开展这些活动有助于：

①开发那些强调联合国环境规划署的比较优势和制度价值的项目；

②设计那些可能产生最大影响、与联合国环境规划署使命一致的项目；

③监督活动的进展，使之朝着提供或完成产出、结果和影响的方向迈进；

④对项目设计和执行的成果进行评估，并对结果和影响的重要性进行评估。

11. 联合国环境规划署的评估受一些原则的指导，其中，有三个原则是联合国环境规划署评估政策的关键①：

负责任

12. 负责任贯穿于评估过程的始终，要求对评估结果有很强的披露成分，并且要决定本组织规划活动的影响，以通知捐赠方和公众。所有最终的评估都要通过评估和监督单元的网页让公众知晓。

独立性

13. 为避免利益冲突，评估方绝对不能参与被评价规划、项目和政策的开发、执行

---

① United Nations Environment Programme（UNEP）2006, *Draft Evaluation Policy*, *Evaluation and Oversight Unit*, July.

和监督。评估和监督单元有权制定评估的授权范围，选择评估方，以及管理组织内分配给评估的资源，不作过度干预。

学习

14. 学习功能涉及对从规划和项目执行中获得的教训进行确认和传播，具体途径是通过评估和基于评估结果，改进项目和规划的运作绩效，制定出建议。评估和监督单元基于报告中确认的教训，确保启动一个进程，收集教训，并将教训纳入设计、执行和管理活动。

（二）项目监督

15. 监督："为监督项目执行过程，对信息进行的常规采集、分析和分发。"[①] 项目监督是在项目启动之前和在项目执行期间对信息进行采集。分析这些数据时，会尽早查明进度和限制因素，使得项目经理能根据需要对项目活动进行调整。监督是一个持续的过程，贯穿于项目执行的始终，并且经常延伸到项目完成之后。

16. 监督功能：

①记录执行过程（为今后的评估提供信息）；

②通过项目管理（例如，采取补救的行动）为决策提供便利；

③便于从经验中学习，并为计划提供反馈。

17. 监督的理由：

为了决策，要给管理提供准确和及时的信息。这是为了控制时间、人力资源、物质资源、质量和资金，旨在确保项目执行努力的焦点适应于取得的结果和影响。

监督是项目/规划管理功能，因此不是评估的首要责任。

（三）项目评估

18. 评估："对正在进行的和已经完成的援助活动及其设计、执行、结果，尽可能系统、客观地评估。"[②]

19. 评估有两大主要目的：

①给结果提供证据，以满足负责任的要求；

②在联合国环境规划署及其合作伙伴之间促进学习、反馈，以及对学习到的教训和结果的知识进行分享。

20. 对联合国环境规划署的项目和规划进行评估的主要原因是让政策制定者或项目/规划经理能够展示和度量绩效，确认设计或传递方法有哪些地方可以改进，确认好的做法和可供未来借鉴的教训，并在总体上为适应性管理和正面学习提供工具。评估

---

① 这段话引自课程"项目计划和规划管理"（Project Planning and Programme Administration，July 1998），授课方是发展管理基金会（MDF）。

② Organisation for Economic Cooperation and Development's Development Assistance Committee 2002, *Glossary of Key Terms in Evaluation and Results Based Management*.

的另一个关键目的是决定联合国环境规划署如何影响到国家层面、区域层面和全球层面环境政策的制定和管理。联合国环境规划署的评估为本组织的治理团体和其他利益相关方提供了实质性负责任的基础。

21. 尽管开展评估有多重目的，但重要的是在一项评估启动之前，目的就要确定，并且在评估的所有阶段（从规划和执行到结果的发布和传播）都要明确这一目的。按照这一思路，评估所需的资源要在最有效率、最行之有效的方式下被利用。

22. 评估研究经常集中在一个项目"生命"中的好几个关键阶段，例如：

①在项目准备期间要评估建议的质量和重要性；

②在项目执行期间要审核进展，确认未来行动的最佳过程（评估的中期审核）；

③项目完成后，要评估项目执行阶段、产出质量和项目结果相对于初始目标的本质和重要性（最终评估）；

④项目完成数年后，要对项目的可持续性、项目收益的规模和分布进行评估（结果评估、采纳研究和影响评估）。

23. 如果项目的真实影响要被评估，则基准是重要的。在项目启动之前或在项目刚启动之后，就要求进行基准研究，为的是在结果和目标层面建立起现状和趋势与关键指标之间的关系。因此，在项目设计期间，计划进行基准数据采集是一个重要方面。这一信息一旦被项目/规划经理获得，评估将可以更好地进行，按照基准来度量进展，并进行比较。这是因为，影响评估取决于对三个关于初始趋势和基准的关键问题的回答：

①发生了什么（需要项目/规划经理干预）？

②不管怎样将发生什么（也就是如果没有干预，"与事实相反的情况"会是什么）？

③会有什么不同（上述两种情况之间的不同）？

评估绩效

24. 每个评估都涉及一个或多个标准，通过这些标准，接受评估的干预的优点或价值明确地或隐含地被评估。联合国环境规划署的评估通常要应对一系列的标准，这些标准被设计出来，对范围广泛的项目/规划绩效进行准确度量。这些标准通常是可以应用的分析度量，可以用于大多数类型的评估。近年来，联合国环境规划署使用的评估标准的重要性得到联合国环境规划署雇员和捐赠方的再次肯定，因此，这些标准将继续成为未来评估的基础[①]。这些标准如表 1 所示。

表 1

目标和计划结果的完成：项目的总体目标和结果、项目的近期目标和结果是否已经完成？是如何完成的？为什么不能完成？
影响：项目有助于（例如）减少环境脆弱性/风险、减少贫困（或其他长期目标）吗？项目如何有助于完成这些目标？如果没有，为什么？项目有哪些未预期到的正面或负面结果？项目是如何引发这些结果的？

---

① United Nations Environment Programme（UNEP）2006, *Internal and External Needs for Evaluative Studies in a Multilateral Agency: Matching Supply with Demand in UNEP.*

产出和活动的获得：项目计划的直接产品或服务完成了吗？是如何完成的？如果没有完成，为什么？
成本有效性：资源是以可能的最好方式被利用的吗？资源是如何以最好的方式被利用的？如果资源没有以最好的方式被利用，为什么？怎样采取不同的做法才能改进执行，因而在可以接受的、可持续的成本下最大化影响？
国家所有权：项目对于国家发展和环境日程、接受国的承诺、区域和国际协议是重要的吗？项目是在处理目标集团的优先目标吗？项目是如何处理目标集团的优先目标的？如果项目没有处理目标集团的优先目标，为什么？
财务计划和管理：通过活动、财务管理（包括付款项目）和共同出资，实际项目成本是什么？财务审计开展了吗？
项目执行（使用的途径和过程）：计划（目的、产出和活动）完成了吗？干预逻辑正确吗？采取了什么步骤来适应变化的情况（适应性管理）、执行安排中的伙伴、项目管理？
监督和评估：监督和评估设计的质量如何？监督和评估计划执行得如何？对于监督和评估活动提供的资金和预算恰当吗？如何恰当为监督和评估活动提供资金和预算？如何没有恰当提供，为什么？
可复制性：复制和催化结果表明有更大的规模效应或更大的可持续性、可能性的例子吗？例如，一个项目得出的经验和教训，可以在其他项目的设计和执行中复制或提升。
利益相关方的参与：通过信息分享和咨询，通过寻求利益相关方参与项目的设计、执行、监督和评估，使项目涉及重要的利益相关方吗？
可持续性：项目资金用完后，项目结果将会带来持续的正面影响吗？项目结果如何带来正面影响？如果项目结果没有带来正面影响，为什么？

25. 使用评估标准的原因有两个方面：一是提供全面信息，让评估方对干预价值形成一个全面的意见；二是提供共同的标准，使得不同项目之间、不同资产组合之间有更大的可能性进行比较。一些标准将有助于提供与项目执行的运作方面相关的信息，而其他一些标准将提供与战略问题相关的信息。

26. 这些标准中，有一些在某些点上是重叠的。例如，当研究"可持续性"时，由于已在"国家所有权"或"结果和目标的完成"下处理过，我们会遇到一些相同的效应。不过，这很少成为一个问题。尽管以上提到的标准已被赋予特别的地位，但是我们不会排除使用别的标准来适应特定评估的特别情况。

27. 理想的情况是，相同的标准应该成为项目设计讨论的组成部分，因而在评估阶段对于项目经理而言应该不是新鲜事物。

（四）指标

28. 绩效指标是工具，它能帮助度量进展、产出、结果以及开发项目、规划和战略的影响。当得到健全的数据采集支持时——也许涉及正式的调查——分析和报告以及指标能够使经理追溯项目进展，展示项目结果，并且采取集体行动改进服务传递。关键的利益相关方参与指标的定义是重要的，因为之后他们为了进行管理决策，更有可能理解和使用指标。

29. 虽然一套固定的指标对于解决联合国环境规划署各个种类的项目而言将是不合

适的，但需要将重点更多地放在影响和"影响"指标上，如那些与"减少风险和脆弱性""对国际环境政策过程的影响""人类能力和授权水平的改变""吸收和使用项目/评估产出"以及"环境因素改变的经济估价"有关的指标。与定量产出相关的指标在评估联合国环境规划署的项目/规划时，应该被视为具有较低的重要性[①]。

30. 为了恰当监督和评估一个项目，有两点是重要的：一是设定的指标不能模棱两可，要使各方都同意指标覆盖的范围；二是有切实的途径对指标进行度量。影响和结果层面的指标对于监督和评估目的而言尤其重要（见表2），但如果对指标的定义不当，指标对成功的度量效果会不佳。其中的风险在于，定义了过多的指标或者没有可以获得数据来源的指标，这使得指标成本昂贵、不切实际，并且有可能利用不足。

表2 指标的例子

目标和结果	关键的绩效指标
开发目标： 　　要开发并且实际展示一种机制，以鼓励企业采取行动，增加其生产过程中能源使用效率，因而减少相关排放，尤其是温室气体排放	证明温室气体（CO_2）排放减少，200个工业工厂每年CO_2排放量减少50%，从X吨减至Y吨

二、联合国环境规划署的评估类型

以下是联合国环境规划署所做的关键类型的评估：

（一）项目评估

31. 项目评估旨在检查一个特定项目的重要性、有效性、效率、可持续性和影响。项目评估可以是中期评估，也可以是最终评估。

（1）中期评估在项目执行到大约一半的时候进行（理想的时机是刚好在项目中点之前）。这些评估分析项目是否处于正轨，项目正遇到哪些问题和挑战，以及要求采取何种集体行动。对于大项目（预算超过500万美元）而言，由于项目持续期较长（超过4年），评估和监督单元会在有选择的基础上开展中期评估。此外，评估和监督单元还将在一事一议的基础上，应项目经理请求（项目经理认为评估有用）[②]，对中等规模的项目进行中期评估。对大多数中型规模的项目（预算为100万~400万美元）而言，

---

① United Nations Environment Programme（UNEP）2006，*Internal and External Needs for Evaluative Studies in a Multilateral Agency：Matching Supply with Demand in UNEP*，Special Study Papers No. 1.

② 或者在全球环境基金（GEF）的项目情况下，应资产组合经理的请求进行。

中期评估被认为是内部项目管理的工具，可以称之为中期审核。中期审核的责任落在项目/规划经理身上。

（2）最终评估在项目结束的时候进行，目的是评估项目绩效，决定项目产生的结果和影响。最终评估为实际的和潜在的项目影响、项目的可持续性和项目执行的运作效率提供判断。最终评估还确定了与未来的项目制定和实施相关的操作经验和教训。

（3）自评估是由管理这些活动的雇员对项目活动进行的评估。这些评估对结果完成的程度、项目执行的现状和挑战、预算管理问题、性别问题、可持续性安排、影响和风险进行监督。针对正在进行的、运作时间超过6个月的项目，每年完成一次自评估报告。

32. 除项目评估外，评估和监督单元还承担下列类型的评估：

（二）子规划评估

33. 规划旨在完成中期计划设定的一个或几个联系紧密的目标，子规划是由一个规划中的活动构成的。从历史上看，子规划的结构对应于一个组织单元，通常是在部门层次[1]。不过，最近的决议规定，子规划可以跨多个组织单元[2]。子规划评估每隔4~5年进行，要检查各种子规划的规划工作的重要性、影响、可持续性、效率和有效性。子规划评估的调查结果经常有团体的含义，并且要在子规划和高级管理层面进行讨论，高级管理层对建议要么接受，要么拒绝。

（三）自评估

34. 子规划的自评估[3]是强制性的，在每两年进行一次的规划预算文件批准的逻辑框架下进行。自评估的结果要提交高级管理层，并用于各种目的，包括管理决策和准备每两年进行一次的规划绩效报告。自评估从本质上讲是监督机制。虽然评估和监督单元将通过帮助制定自评估计划来对自评估过程提供支持，但开展自评估的责任落在子规划上。

（四）管理研究

35. 管理研究会检查那些对整个组织具有特别重要性的问题。管理研究的焦点是管理实践、工具和内部动态的进展和改进。管理研究的具体领域涵盖政策、战略、伙伴和网络，这些具体领域由管理层或政府来确认。

（五）联合评估

36. 联合评估是对各类合作伙伴都订阅的共同结果或结论的评估，并且要让所有相

---

① ST/SGB 2000, *Regulations and Rules Governing Programme Planning*, *the Programme Aspects of the Budget*, *the Monitoring of Implementation and the Methods of Evaluation*.

② 参见2007年11月1日，联合国环境规划署执行主任写给部门主任的题为 *Preparation of the Strategic Frame-work*（*biennial Programme Plan*）*for* 2010-2011 的备忘录。

③ *Managing for Results*：*A Guide to Using Evaluation in the United Nations Secretariat*, June 2005.

关的合作伙伴都参与评估过程。联合评估可以避免重复，还可以避免联合倡议中各组织之间的归属问题。联合国环境规划署与特定的捐赠方一起从事选定项目和合作规划的联合评估。

（六）跨部门、跨区域研究和主题研究

37. 跨部门、跨区域研究和主题研究涵盖了对多个部门、国家或区域共同的干预。这些研究包括能力建设、参与、政策和性别主流化等领域。

（七）影响评估

38. 影响评估试图决定规划/项目活动的全部范围内的效应，包括未预见到的效应、长期效应以及在近期目标集团/区域之外对人们或环境的效应。影响评估试图建立可以归因于干预的此类变化的数量。影响评估的焦点一方面在于朝着更高水平的目标前进的过程，另一方面在于为发展影响提供估计。影响评估在两个方面尤其有用：一是评估项目在完成环境治理长期改善方面的总体绩效；二是评估影响相对于国家目标的可持续性。影响评估费用昂贵，在一事一议的基础上开展，目标是从经验中学习，或展示与联合国环境规划署的使命一致的显著好处。

三、将项目设计、计划、执行和监督与评估联系起来

（一）监督和评估的最低要求

39. 联合国评估集团从 2005 年开始在评估中采用专业规范和标准。这些规范和标准不仅建立在双边团体（在经济合作与发展组织的发展援助委员会的评估网络中）的最新经验之上，而且建立在银行协调集团的评估之上。这些规范和标准极大地启发了联合国环境规划署的评估政策。

40. 双边团体、联合国和银行界还没有制定出监督的专业规范和标准。这在一定程度上是因为人们认识到监督体系是针对具体项目的。不过，共同的做法是为监督体系制定最低要求。例如，对项目进行监督时，监督和评估体系需要足够的资源，监督体系需要融入逻辑框架中，监督应将焦点放在结果和随后的跟进上。

41. 全球环境基金（GEF）已经确认监督和评估的三个最低要求（见表 3），这三个最低要求已经被改编，以适合于联合国环境规划署，并且将用于在项目层面进行监督和评估①。

---

① Global Environment Facility（GEF）2006, *The GEF Monitoring and Evaluation Policy*, Evaluation office, p. 20.

表 3

第一个最低要求：对项目设计进行监督和评估

　　所有项目在项目正式批准前将包括一个切实的和完全预算的监督和评估计划。这个监督和评估计划包括下列最低要求：

　　①结果或影响的指标。如果没有指标可以确认，要提供一个替代计划，向管理层提供可靠有用的信息。

　　②项目基准。项目基准要对解决的问题进行描述，并带有关键指标的数据。如果没有主要的基准指标可以确认，要在一年内提供一个可替代的计划来解决这一问题。

　　③对将要承担的审核和评估进行确认。例如，中期审核或最终评估。

　　④监督和评估的组织安排和预算

第二个最低要求：申请项目监督和评估

　　项目监督和监管将包含监督和评估计划的执行，包括：

　　①要积极使用执行用的指标。如果没有，要提供一个合理的解释。

　　②项目基准要完全建立起来，数据要编纂进入进展审核报告中，评估要按计划进行。

　　③监督和评估的组织设立要可以运作，预算要按计划支出

第三个最低要求：项目评估

　　所有预算在 50 万美元以上的项目都要在项目执行完毕后接受评估。这一最终评估将包括下列最低要求：

　　①评估独立于项目管理。

　　②评估将运用联合国评估集团的规范和标准。

　　③评估将使用联合国环境规划署的评估绩效标准。

　　④评估报告将包含以下最低要求：

　　评估的基本数据，评估何时开始，谁进行评估，关键提问，方法论，项目的基本数据，包括联合国环境规划署的实际支出，更为广泛应用的教训，评估的授权范围（在一个附件中）。

　　⑤要与项目经理讨论从报告中得到的教训，并且如果可行的话，还要与其他利益相关方进行讨论。如果评估可以付诸实施，将与项目经理讨论执行计划的建议

42. 好的项目设计和计划对于遵守三个最低要求非常关键。初始的项目设计以多种方式影响监督和评估，包括：①项目战略的逻辑和可行性；②分配给监督和评估的资源（资金、时间、经验）；③内在灵活性的程度；④监督和评估的操作指引；⑤参与进来的相关利益方的承诺①。

（二）早期设计阶段

43. 通过将好的做法运用于项目设计和启动过程，当对项目在诸如中期审核期间进行修订时，项目成功的可能性可以得到显著提高。国际农业发展基金（IFAD）② 确认了很多好的做法，可以运用到联合国环境规划署。

44. 项目设计的良好做法包括：

（1）在项目设计的过程中要让所有重要的利益相关方参与进来。在联合国环境规划署，这意味着确认要解决的环境问题、可能的受益方和利益相关方的利益和需要，

---

　　① International Fund for Agricultural Development（IFAD）2022, *Managing for Impact in Rural Development：A Guide for Project M&E*, section 3, p. 29.

　　② International Fund for Agricultural Development（IFAD）2022, *Managing for Impact in Rural Development：A Guide for Project M&E*, section 3, p. 4.

然后还意味着要设定一个进程，确保他们参与项目。

（2）要和最重要的利益相关方共同进行一次彻底的形势分析，要尽可能多地对项目背景进行学习，并以此为基础，设计一个项目战略和与之相关的执行过程。在联合国环境规划署，这通常意味着要分析环境形势，理解现存问题与所需行动之间的因果和联系。

（3）制定一个有逻辑的、可行的项目战略，清楚地表达：什么将完成（目标），如何完成（产出和活动），以及从活动和产出直至完成想要的结果和影响的"因果路径"。

（4）对长期能力开发和可持续性进行计划，以确保项目有助于当地人民和政府的授权和自力更生。在设计项目时使用参与方法能帮助确保受益方的所有权。

（5）建立机会支持学习，使得执行期间项目战略得到适应。例如，召开年度协调委员会会议，会议要审核迄今为止的执行情况，还要讨论任何偏离目标的原因。通过召开这类会议可以从中进行学习。

45. 一个广泛的监督和评估计划应该在项目设立期间制定出来，并且被包括在项目文件中。监督和评估计划可以补充高度概括的监督和评估信息，后者就是逻辑框架。项目启动期间，监督和评估计划将需要修订和改编。这一计划应该包括：

（1）逻辑框架；

（2）指标；

（3）结果和影响监督；

（4）基准信息（或是获得基准信息的计划)① 和方法论；

（5）运作监督（进展监督），包括风险和质量控制措施；

（6）财务监督，项目支出监督，共同融资贡献和支出，实物贡献，财务审计；

（7）监督和评估的作用和责任；

（8）中期审核和最终评估；

（9）监督和评估的全成本预算。

（三）准备逻辑框架

46. 联合国环境规划署的所有项目都要求使用逻辑框架方法（LFA），逻辑框架方法对于指导项目设计和执行非常有用。但是，逻辑框架方法有一些局限性。例如，逻辑框架方法可能是僵化的、官僚主义的。出于这一原因，逻辑框架方法最重要的部分实际上是计划过程，用于改进项目设计的清晰度和质量。逻辑框架方法的书面产出是逻辑框架矩阵图（见图1）。逻辑框架方法背后的基本理念简单明了，对于任何设计过程而言都是常识。

---

① A 和 B 执行需要确保基准信息将被采集，还要确保监督和评估问题将在作为结果的 MSP 或 FS 项目文件中得到解决。如果基准信息在工作计划提交时没有完成，应包括一个计划，指明这一问题在项目执行的第一年将如何获得解决。

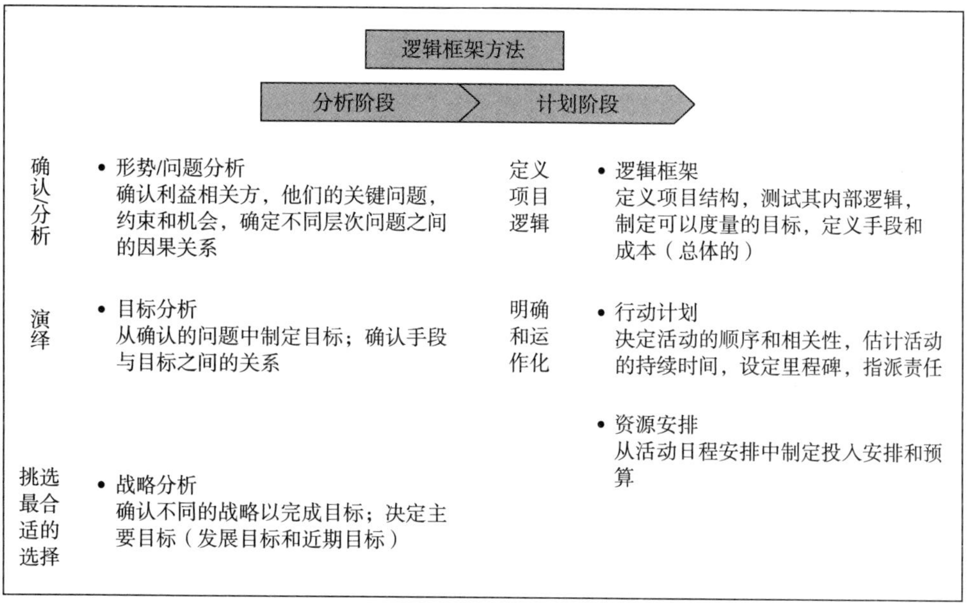

图1

（1）尽可能清晰地表达你试图完成的目标和这个目标将如何完成。

（2）决定你将如何知道你是否正在完成你的目标，并将监督体系设置到位。

（3）明确项目直接控制之外，对于项目成功而言是关键的条件（假设），如果这些条件未能发生或改变，要为项目评估风险[①]。

> "对逻辑框架方法不恰当的使用是仅仅在项目已经设计完毕后才画出矩阵图。在这种情况下，逻辑框架方法没有用于对整个项目设计过程进行指导。相反，只有程序被用来描述预先存在的设计，而不是创造一个逻辑上坚实的设计。结果是在盒子里进行填空练习。"

47. 有效设计的第一步是确认要解决的问题[②]。下一步要明确：该问题将通过什么手段来解决？该项目要做什么？项目干预的直接和间接后果将是什么？这叫作项目的"干预逻辑"。

48. 在这一背景下，逻辑框架方法是项目设计和管理的一个工具或一套开放的工具。它包括一个反复的分析过程和一个展示这一过程的程序。逻辑框架方法系统、有逻辑地设置了项目或规划的目标，以及这些目标之间的因果关系，一方面是为了指明

---

① International Fund for Agricultural Development（IFAD）2022, *Managing for Impact in Rural Development: A Guide for Project M&E*, section 3, p. 12.

② 要获得更多的联合国环境规划署逻辑框架咨询指导，可参见下列网址：http://www.unep.org/pcmu/project_manual/manual_chapters/project_document.pdf.

这些目标是否已经完成，另一方面则是为了确定项目或规划之外有哪些外部因素会影响项目或规划的成功①。

49. 不同的合作机构、支持组织和捐赠方，例如，欧盟委员会、全球环境基金和一些联合国基金和规划，使用不同版本的逻辑框架矩阵图。联合国环境规划署采用一个简化的逻辑框架矩阵图。联合国环境规划署逻辑框架的最主要构成定义在表 4 中②。

表 4

目标	谁来做这个项目 项目影响 受益方从结果中得到的好处（例如，农民生活状况的改善和完成的森林保护）
结果	项目目标的关键构成 因产出战略和关键假设而导致的发展情况的变化 结果应该导致被陈述目标的完成（例如，在何种程度上，那些接受训练的人正在有效使用新技能）
产出	项目将要产生什么？ 项目提供的商品和服务（例如，受训练的人的数量） 实际提供的产出，投入/活动的直接结果
活动	产出提供所要求的行动（例如，项目秘书处的形成，相关利益方会议的组织，等等） 要完成产出，必须发生的主要活动

（四）目标的水平

50. 在形成干预逻辑之后，确定问题的标准做法最为经常地体现在逻辑框架中，但这种标准做法对于项目活动、产出或提供机制将如何产生预定的结果和影响，经常缺乏准确的界定。

51. 联合国环境规划署鼓励所有项目都要制定详细而全面的"影响路径"或"产出映射"，来描述项目干预逻辑。影响路径和产出映射的技巧可以帮助确认和指明关键的干预过程和项目产出的使用者，并描述项目干预如何导致合意的结果。任何既定的项目都将有一系列潜在的或预定的结果，并且其中一些会要求多件事情发生以完成这些结果，这意味着完成想要的结果，可以有各种各样的"路径"。一些通向预定好处的"路径"将是直接的，一些路径将不是那么直接。"影响路径"和"结果映射"框架提供了一种有用的监督和评估工具。如果这类工具作为项目计划过程的一部分而制定出来，这类工具可以被频繁审核，并用于告知一个不断演化的"影响战略"③。

52. 这在实践中意味着什么？

在项目生命中，从产出转型至完全程度的结果和影响将是不完全的。不过，绩效

---

① Commission of the European Communities 1993, *Project Cycle Management*, *Manual*, February, p. 18.

② UNEP Project Manual 2005, *Formulation*, *Approval*, *Monitoring and Evaluation*.

③ 对结果映射咨询更为详细的描述，可参见下列网址：http://www.idrc.ca/en/ev-26586-201-1-DO_TOP-IC.html。

监督将要求：确认关键使用者或特定条件下的目标集团（谁将使用这些产出）；使用者或目标集团的规格要求，例如，关于项目产品的形式和内容的偏好（目标集团将如何使用产出？或者他们的行为将如何改变）。

监督执行过程：

（1）产出的生产；

（2）产出的传播；

（3）"吸收"的分析、影响，或使用者的满意度；

（4）对直接好处的评估。

（五）决定关键绩效指标和相关的监督机制

53. 逻辑框架方法有一些关键步骤，其中之一就是制定指标。这涉及决定需要什么信息来恰当度量你的目标或结果是否正在被完成。对于复杂的目标而言，为了恰当解决这些目标是否已经达到，有必要制定多个不同类型的指标。

54. 虽然有很多不同类型的指标，从简单的定量指标（例如，在进行的 X 个项目中，受训练的人·天数），到更为复杂的指标（例如，获得水和卫生服务的人所占比重的增加），再到定性指标（例如，当地政府展示出的领导力的增加），但大多数项目的工作人员承认确定清晰的指标通常是困难的。例如，如果你想要的结果是改进部门间的合作，以确保环境政策与国家发展和减贫战略文件（PRSPs）一体化和一致，你的指标就应该是 PRSPs 所反映的部门之间的合作水平。但部门间合作到底意味着什么呢？

55. 通过问你自己一些问题，例如，"如果项目朝着失败的方向前进，我将如何知道？"并将这些失败的指标以肯定的方式写出来，你将对于你想要看到的变化有一个良好的认识。

56. 负面制定指标的例子：如果没有部门间的合作，将发生什么？

对发展规划和方案的部门关注较为狭隘，鼓励将贫困与环境结合起来的激励框架较弱。

57. 正面制定指标的例子：

（1）非环境部门的政策数量。这些非环境部门的政策将环境和贫困考虑（例如，卫生、教育、农业和交通等）结合在一起。

（2）不同部门分配给环境问题的资源水平。

（3）建立有效的环境单元的部门和地区的数量。

58. 此外，可以通过包括适当的核验者和合格者进一步精炼上述指标。核验者和合格者与目标和基准互补，用于辅助绩效衡量功能。一个有效的指标系列包括：

（1）核验者：指变量或参数，不仅保留了目标的基本含义，而且能够当场度量。

（2）合格者：有助于描述核验者，使之可以对发生了什么、什么时候发生、在哪里发生做出回应。

（3）目标/基准：与核验者有关的价值，这些价值定义了相比于项目启动前的状况，目标有多少是计划或预期完成的。近期目标（里程碑）允许对进展进行评估。

例子：

目标指标：重点物种的保护

在第五年的末尾（合格者：何时）

人口规模（合格者：有多少）

物种 A、B、C（核验者）

在公园的边界范围内（合格者：在哪里）

保持不变（目标）

相比于 X，项目启动的水平（基准）①

59. 一些指标是直接的，而另一些指标更为复杂。表 5 提供了环境项目中共同种类的指标（有例子）的样板。

表 5

环境	贫困	制度环境	妇女授权
归结为人类卫生/环境的风险/脆弱性，例如，矢量控制项目覆盖的社区爆发疟疾，5岁以下儿童的平均死亡率的基准水平为每出生 1000 人中有 90 人死亡，到项目结尾时，死亡率已经下降到每出生 1000 人中有 35 人死亡，又如，环境因素（腐蚀率、物种多样性、温室气体排放）改变	①人类生计状况的改变；②获得自然资源的改变	①人类能力的改变；②政府对项目评估产出的吸收和使用；③由于联合国环境规划署干预而导致的立法数量的改变	①在项目/当地层面妇女参与决策过程的改变；②在项目区域妇女集团数量的改变

（六）基准信息

60. 基准被用于学习当前和最近成就的水平，并且提供项目经理证据来度量项目绩效（见表 6）。基准为你提供了手段来比较在一段时间内改变了什么，这一改变是否对项目有帮助。基准被用作一个出发点或指导，通过基准来监督未来的绩效。基准是对指标的第一个关键度量②。

表 6

结果	指标	基准
到 XX 年，大型濒危哺乳动物保护要包括在 80%的相关国家的森林政策中	国家和国际森林政策要包含大型濒危哺乳动物保护的正面参考和行动	要准备好一个评估相关国家现有森林政策和管理程序的文件，目前有 10%的国家为大型濒危哺乳动物保护制作了正面参考

---

① Deutsche Stiftung fur Internationale Entwicklung, *Introduction to the logical framework approach（LFA）for GEF financed projects.*

② The World Bank 2004, *Ten steps to a Results-based monitoring and Evaluation System - a Handbook for Development Practioners*, J. Kusak, R. Rist.

61. 要为每个绩效指标建立足够的基准信息，这样可以迅速转化为一个复杂的过程，并且指标需要仔细选择。同样重要的是，选取的指标不能过于耗费精力，因为所有指标都需要数据采集、分析和报告系统来予以告知。

62. 建立基准所需的资源每个项目有所不同。一般而言，大多数项目都纠结于确定基准。问题经常是关于基准研究的时机（即基准研究做得太迟了；基准研究过于详细；或是基准研究过于概括，以至于不相关）。

63. 制定基准时有不少问题需要考虑：只采集你将需要的。一项经验法则是，只采集你已经确认的、与指标直接相关的基准信息。不要将时间花在采集其他信息上。

64. 要像任何其他调查一样组织基准信息的采集，包括：

（1）确认现存的信息来源；

（2）确认数据采集方法；

（3）指派责任以及数据采集和分析的规律性；

（4）对数据采集的成本进行估计。

65. 保持基准的现实性，并使用基准。没有基准是"永远完美的"。更为重要的是有一个简单的基准可以使用，而不是有一个广泛的基准，并束之高阁[①]。

66. 不是所有的项目在项目启动前都有资源用于开展恰当的基准调查。解决这一问题的一个方式是使用现有的数据，无须采集现场数据。其他选择包括：从监督的第一年开始，就使用文件记录，与你的目标进行对比。

（七）运作监督（进展监督）

67. 为采集、分析和分发信息，以便在连续的基础上监督项目/规划进展，需要应用许多机制。

68. 监督可以通过会议、实地走访或书面报告来完成，表 7 提供了一些不同的监督机制。

表 7

报告和分析	验证	参与
项目年度报告 进展报告 工作计划 自评估 实质性的项目记录	实地走访 现场检查走访 外部审核 评估	指导委员会 利益相关方会议 年度审核
通过监督工具或机制使学习发生		

69. 联合国环境规划署手册提供了简化的指引和不同类型书面报告要求的必要程

---

① International Fund for Agricultural Development (IFAD), *Managing for Impact in Rural Development: A Guide for Project M&E*, Rome: IFAD Section 5, p.32.

序。不过，虽然遵守监督要求是好的，但这本身是不够的。正如我们在此前所看到的，监督和评估极其依赖好的项目设计，以及对采集的数据和信息的恰当使用和分析。联合国环境规划署通过评估认识到，尽管许多项目遵守了监督要求，但进展报告、最终报告等的质量较差，难以用于评估或其他管理目的。

70. 很多好的做法被普遍确认为是对项目的有效监督：

（1）对比工作计划将精力放在进展上，活动和产出是如何反馈到结果（更为广大的图画）以及随后的跟进上的。

（2）好的项目设计是监督的前提；一个设定良好的逻辑框架矩阵图应帮助确保监督报告是简明的，并且将注意力放在指标、对基准和期待的结果的描述上。

（3）要注意追踪重要风险的行为和在逻辑框架中确认的假设。

（4）好的监督依赖于经常性的走访和沟通来核实和验证结果，还依赖于对问题领域的分析。项目经理应确保对成就和挑战发生的持续记录，并且不要等到最后一刻才试图在以后的某一个时点去回想事件。

（5）对数据的监督应该在一个常规的基础上进行恰当的分析，得出的教训应该纳入进来，并且与利益相关方讨论，不仅为了确保学习和对战略进行调整，还为了避免重复错误。

（6）对参与性监督的使用有助于确保承诺、所有权、随后的跟进和绩效的反馈①。

71. 联合国环境规划署区分了内部执行的项目与外部执行的项目，相应的报告要求也不同。对两类项目而言，其共同之处是要求提交进展报告、最终报告和自评估。对于外部执行的项目，还要求进行额外的报告，如表8所示②。

表8

报告类型	由谁来准备	责任	准备频率/时期	提交
活动报告	合作机构/支持组织	（联合国环境规划署）项目经理	每年1~6月/截止日期为7月31日（或经过捐赠方同意，作为每个报告的周期）	送：项目经理 附送：公司服务处和质量保证处
进展报告	项目协调员/合作机构/支持组织	（联合国环境规划署）项目协调员的监督者/项目经理	每年1~12月/截止日期为1月31日（或经过捐赠方同意，作为每个报告的周期）	送：部门主任 附送：质量保证处和公司服务处
最终报告	项目协调员/合作机构/支持组织	（联合国环境规划署）项目协调员的监督者/项目经理	项目末尾/截止期限为完成后的60天内	送：部门主任 附送：质量保证处和公司服务处

① United Nations Development Programme (UNDP) 2002, *Handbook on Monitoring and Evaluating for Results*, Evaluation Office, chapter 4, p. 12.

② 对不同类型报告及其程序的完全描述，可以在联合国环境规划署项目手册中找到，网址为：http://www. unep. org/pcmu/project_ manual/Manual_ chapters/monitoring_ reporting. pdf。

报告类型	由谁来准备	责任	准备频率/时期	提交
自评估情况说明书（EFS）	项目经理	（联合国环境规划署）项目经理	对每个当前或已经完成的项目每年进行一次/到1月底	送：评估和监督单元 附送：项目经理
季度财务报告和预付现金表	合作机构/支持组织	（联合国环境规划署）项目经理	季度报告截止日期分别为4月30日、7月31日、10月31日和1月31日	送：项目经理 附送：公司服务处
经审计的财务报告	支持组织	（联合国环境规划署）项目经理	到6月30日每年进行两次/在项目完成后的180天内	送：项目经理 附送：公司服务处
最终对账单	合作机构	（联合国环境规划署）项目经理	到2月15日每年进行一次/在项目完成后的60天内	送：项目经理 附送：公司服务处
非消费设备存货（1500美元以上的物品）	项目协调员/合作机构/支持组织	（联合国环境规划署）项目经理	到1月31日和项目完成后的60天内每年进行一次/附上进展报告	送：项目经理 附送：公司服务处

（八）财务监督

72. 季度财务报告应该评估财务管理，并应该由合作机构或支持组织提交给联合国环境规划署的公司服务处（CSS）主管。这些报告从年初开始就应对比实际支出列出当年的预算金额，并单独列出未清算的债务。

73. 此外，每季度应将联合国环境规划署提供的现金支出报表，与项目支出报告一起提交给公司服务处的主管。

74. 财务管理问题应该由资金管理官员标示出来，并且反映在联合国环境规划署财年末尾的强制性的项目修订中。所有外部执行的项目都要求每两年提交一次经审计的财务报告。

75. 报告应该陈述与执行进展相关联的项目支出。实物贡献应该进行系统记录。

（九）监督和评估的作用和责任——制度安排

76. 监督的主要责任落在项目协调员身上。不过，执行机构也应扮演关键角色，因为执行机构通常在项目执行国家采集必要的数据。在联合国环境规划署，质量保证处（QAS）负责提供指引和对监督过程进行监视。评估和监督单元与项目经理一道负责进行最终评估，并且在得到请求和满足一定标准的情况下，开展中期评估。此外，评估和监督单元还要通过年度评估报告提供一份对自评估的分析。只有所有的报告要求得到满足，项目才能终止。

77. 虽然对不同的项目而言，监督和评估的责任也不相同，但表9所列举的内容可以提供一些通常的指引。

表 9

项目监督和评估中主要角色的责任
执行机构（请填写） ①对监督活动进行协调； ②协调针对数据采集员的数据采集和数据分析培训； ③监督和评估数据采集和分析（并且要定期向项目经理/项目治理结构提供进展报告）； ④信息管理系统的维护，包括基准数据在内； ⑤必要时对执行进行调整
总体执行机构（如果不同于当地执行机构） ①如果当地执行机构多于一个，要对监督和评估进行协调； ②准备进展报告、中期报告和最终报告； ③对监督和评估的人事进行监管，包括招聘和培训； ④按活动提供项目支出报表； ⑤对项目共同出资和相关支出进行记录； ⑥对项目执行的实物贡献进行记录； ⑦支出记录； ⑧采购记录； ⑨财务和技术审计； ⑩确保反馈给项目管理层。 将信息和得到的教训传播至所有的其他利益集团，包括当地集团和全球集团
联合国环境规划署 ·项目监督； ·执行机构的信息顾问（请填写）； ·通过（自评估）形成的年度评估； ·决定中期审核的本质和焦点； ·总体受托人的责任——对支出/采购进行验证； ·对报告机制的准确性和完整性进行证实； ·对独立的最终评估进行准备和监督

（十）　建立一个指标性的监督评估预算和计划

78. 一个有效的监督和评估体系要求有一个具体的且有足够资金的监督和评估计划。该计划需要确认从现有的可靠来源能得到什么数据，什么数据将是可以采集的。它还要进一步确认需要由谁来采集数据，在什么地点采集数据，在什么时间采集数据，以及使用何种方法采集数据。联合国环境规划署的项目应将监督和评估活动的全部成本纳入进来，包括运作监督和基准评估在内。监督和评估预算包括中期审核和最终评估的全部成本。据初步估算，预算为一项独立的最终评估的全部项目成本的 2%～5%。如果预计要进行一次独立的中期审核，则还要进行类似的额外预算（见表 10）。评估成本因项目的复杂性而异——评估一个复杂的大型多国项目所需资源要多于评估一个标准项目。

表 10

项目全部预算	指标性的评估成本	评估成本占全部预算的比重
少于 50 万美元	1.5 万~2 万美元	3%~4%
50 万~100 万美元	2 万~3 万美元	2.5%~6%
100 万~200 万美元	3 万~4 万美元	1.5%~4%
200 万~400 万美元	7 万~10 万美元	1.1%~3.5%
400 万美元及以上	14 万美元	低于 3.5%

79. 下列指引基于联合国环境规划署的评估经验，此处使用一个顾问就足够了：

（1）1.5 万~2 万美元面上评估；

（2）2 万~3 万美元深入评估（此时顾问将走访一个地区的一个或多个国家）；

（3）3 万~4 万美元深入评估（每个顾问走访多个地区）；

（4）7.5 万~10 万美元影响评估。

80. 评估的大概成本与一个项目的规模和复杂性相关（更大的项目将使用一个小规模的评估团队，而不是只使用一名评估者）。

81. 由于许多项目延期到初始的时间框架之外，评估和监督单元建议在项目设计时对评估分配资源要慷慨，这是因为经验证明，执行期间评估成本有可能增加——由于通货膨胀因素导致咨询费用和运作成本（机票和每日出差津贴）增加，在项目启动时似乎是慷慨的预算，到评估时会不足。项目设计的最好做法要求基于当前成本进行估计，向后预测到评估活动的计划期，假定每年因通货膨胀导致的成本增加幅度为 4%（见表 11）。

> 对题为"通过以社区为基地的生态系统管理来改进卫生结果：在社区建立能力和创造当地知识"的项目的最终评估而言，只有 15000 美元预算用于该项目评估。该项目是一个多地区项目，覆盖了亚洲、西非、中东和拉丁美洲的国家，该项目由加拿大的一个组织执行。该项目的设计是在 2000~2001 年，执行则是从 2001 年底至 2006 年。最终评估是在 2007 年上半年进行。基于联合国环境规划署对最终评估的最低要求，要找到一个顾问愿意做这项工作并且在规定的预算内完成必要的旅行是极为困难的事情。评估和监督单元要求任务经理从未支出的项目资金中寻求额外的资金，来开展这一评估。这一评估的全部成本为 22100 美元。

表 11

监督和评估活动的类型	责任方
项目启动研讨会	项目协调员 联合国环境规划署

续表

监督和评估活动的类型	责任方
项目启动报告	项目协调员 联合国环境规划署
采集基准信息——对项目目的指标的验证手段进行度量（理想的情况是，这一行动应该在项目启动前就完成）	项目协调员将监督对具体研究和组织的雇佣，并指派责任给相关的团队成员
对项目进展和绩效的验证手段进行度量（以每年为基础进行度量）	由项目技术顾问和项目协调员进行监督 由区域现场官员和当地执行机构进行度量
季度进展报告	项目团队 联合国环境规划署的规划官员
指导委员会的会议	项目协调员 需要时受雇的顾问
技术报告	项目团队 需要时受雇的顾问
中期审核	联合国环境规划署的规划官员 项目团队 评估团队
最终报告	项目团队
最终评估	联合国环境规划署官员 评估和监督单元 项目团队 外部顾问

（十一）项目启动

82. 在这一阶段，要进行项目工作人员的雇用，并且项目启动时通常要召开一次启动研讨会，在研讨会上，项目管理、监督和报告要求要在所有相关方之间进行明确划分。通常的做法还包括：审核和更新逻辑框架矩阵图，准备一个年度工作计划。这一工作的逻辑拓展是由（例如）咨询合作机构和相关利益方审核和运作监督与评估计划。

83. 在实践中，这意味着项目团队确认指导项目战略所需的信息，确保有效的运作，以及达到报告的要求。

84. 下一步骤涉及决定采集和分析什么信息，如何将这些信息纳入监督和评估体系中。通过使用参与性方法创造一个学习环境的机会增加了。与此相联系的重要一点是，参与性不是仅指直接受益方，还包括捐赠方和其他关键的利益相关方。

85. 一旦所有的绩效指标获得同意，用于报告进展或缺乏的数据来源和方法也需要予以规定。许多项目的一个共同的问题是它们将注意力放在数据采集而不是知识产生上。

下列步骤可以为这一过程提供有用的指导（见表12）。

表 12

步骤	要回答的关键问题
数据样本选择	一个样本是必要的吗？
数据采集	你将如何发现你的信息：通过度量、访谈、集体讨论还是观察？
数据记录	你将使用什么程序来写入观想，记录数据和印象？
数据存储	数据（原始数据和经过分析的数据）将存储在哪里，如何存储，以及由谁存储？
数据核对	谁将使用什么方法来对数据进行分类，使之逻辑上有序？
数据分析	谁将使用什么方法检查数据，来给予这些数据意义，并将数据综合成对发生了什么、现在需要做什么的一个连贯的解释？
信息反馈和传播	在什么阶段使用什么手段将信息与项目工作人员、合作伙伴的工作人员、初步的利益相关方、指导委员会和资助机构进行分享？

资料来源：改编自 IFAD Managing for Impact in Rural Development 2002, *A Guide for Project M&E*, section 6, p. 5.

86. 对于监督和评估目的而言，用于采集和分析数据的方法有很多种。在很多情况下，需要将各种方法结合起来使用，使之适应于特定背景。虽然对数据采集方法[①]的讨论超出了本手册的范围，但是下面的例子为组织信息提供了一个逻辑框架（见表13）。

表 13

总体目标：
通过可持续使用和恢复季节性牲畜移动，在摩洛哥物产丰富的大阿特拉斯山南侧保护生物多样性

目标	指标	数据采集的参与性方法	数据何时需要采集评论
具体目标： 维持生物多样性保护和季节性牲畜移动的、已证明的、应用的激励	在关键地点（泉水、再植的草地）通过当地控制的采集体系进行采集的使用者费用	对畜牧场主进行调查，半结构化的访谈/焦点小组讨论，记录保存	项目期间和项目末尾
	使用的牧羊犬 保护原理 竞争	半结构化的访谈/焦点小组讨论，畜牧场主保留的日记 投票箱、评估表、记录保存、横断面行走和测绘	项目执行的开始、期间和末尾

87. 项目不是静态的，因此，在项目执行期间，信息需求和指标会发生变化。不过，如果事先未得到资助机构的批准，在目标水平上的绩效指标的改变，正常情况下

---

① 更为全面的描述参见网址：http：//www.ifad.org/evalution/guide/6/index.htm。

是不被允许的。

88. 可以通过问一个简单的问题"谁将使用信息？"来对指标进行再评估。如果回答是"没人使用信息"，应该考虑改变指标。同样，如果注意到了信息差距，这些差距应该被弥补。

（十二）执行监督和评估计划

89. 在这一阶段，受益于良好的监督和评估过程，项目应该启动。良好的监督和评估过程将通过思考、指导委员会会议和监督使命，对项目战略进行调整。

90. 应该特别考虑到将监督和评估结果通报给不同的听众，例如，指导委员会、项目工作人员、合作伙伴的工作人员以及主要的利益相关方。通报监督和评估结果的目的在于激励利益相关方行动，并且确保负责任。

四、评 估

（一）评估过程的阶段

91. 评估过程可以分为三个阶段，分别是：①计划；②执行；③使用评估结果。下面的内容将通过记录评估过程的关键方面，为联合国环境规划署的工作人员提供指南。

（二）对评估进行计划

步骤1：通过评估的焦点进行思考

92. 监督和评估单元的专业工作人员与项目/任务经理讨论了评估的细节：

（1）计划进行评估的目的是什么？

（2）评估应该回答的关键问题是什么？

（3）谁应该参与评估？——是联合国环境规划署的其他工作人员、合作机构、其他捐赠方代表，还是项目/规划的直接受益方？

（4）评估的时机是什么？从理想的角度看，中期评估应该在项目执行的中点之前进行，而最终评估应该在项目完成后的6个月内进行。影响评估通常在项目完成后2年或2年以上进行。其他与时机相关的考虑因素包括：何时对关键人物进行访谈？或者何时让关键人物参与评估？

（5）可用的资源是什么？——这决定了评估的范围。

（6）评估的范围和规模？——仅用项目产生的数据进行面上研究吗？是开展面上研究还是对关键的利益相关方进行访谈？是现场走访咨询一群利益相关方还是进行一次完全参与的评估，包括召开会议和对很多不同地点的直接受益方进行访谈？

（7）评估者从事评估要求什么类型的资格？——是技术资格还是管理资格？例如，是需要了解国家背景的人，还是需要了解联合国环境规划署政策和程序的人，抑或是需要一个性别研究专家？

（8）谁是目标听众？目标听众如何才能最好地获得？要讲的主要内容是什么？

步骤2：起草参考条款

93. 与项目/任务经理和项目涉及的组织进行协商，评估起草参考条款（ToRs），是评估和监督单元的责任。参考条款规定了来自评估的期望和要求，并构成与评估者签订协议的基础。

94. 在起草参考条款的时候，焦点应放在既定的时间框架内，期望从一个或多个评估者那里获得什么，为的是避免过于模棱两可的评估。评估可以指明问题，并提出一些建议，但期望评估能解决一个项目中的所有问题是不现实的。这一点对于影响评估而言尤其重要，在影响评估中，评估者将寻求把对环境或贫困减少的影响归因于联合国环境规划署。标准的参考条款包括以下几方面：

起草参考条款的清单

（1）项目背景和概述：对总体目的背景和项目背景进行概述。

（2）评估的参考条款：①评估的目标和范围：焦点的基本水平（运作、影响和政策）。通过询问与重要性、有效性、效率和绩效相关的问题，来制定目标。此外，绩效指标能帮助建立评估问题（例如，"该项目已推动在目标地区安装750个以上太阳能光伏用系统吗？"）。②方法：正常情况下，评估者要对运用的研究方法负责。明智的做法是描述有关方法的最低期望。例如，访谈（谁应该被咨询）、对项目文件（有什么文件）的面上评估等。

（3）项目评估标准：对于标准的评估而言，有很多评估标准可以运用，例如：达到目标和计划结果；对项目结果的可持续性进行评估；刺激因素的作用；产出和活动的完成；对监督和评估体系进行评估；对影响项目结果完成的过程进行评估（准备和准备就绪，国家所有权/驱动力，利益相关方的介入，财务计划，联合国环境规划署的监督和支援，共同出资，延误）。

（4）评估报告程序和审核程序：评估报告的结构和主要内容，包括评估将如何被审核。提交最终评估报告：最终报告将送给谁。

（5）资源和评估日程表：要为提交草稿和最终报告确定最后期限，最终报告要清楚列出基于活动、时间、人数、专业人员费用、旅行和其他相关成本的项目成本。这一部分也要指明是否要求现场走访和评估者的资格（教育、经验、技能和开展评估所要求的能力）。

（6）支付日程表。

---

95. 最终评估的参考条款应明确提出，对于在独立的中期评估或项目/规划管理的中期审核中提出的任何建议，项目/规划都应遵守，评估者要对遵守情况进行评估。

96. 表达明确的参考条款可以防止评估者/评估团队与联合国环境规划署评估和监督单元之间发生误解。因此，应在评估启动时尽可能严格地对建议参考条款进行明确规定。评估和监督单元要审核对参考条款草案所做的任何评论，并拿出最终版本。

步骤3：初始成本估计——有足够的资金用于委托评估吗？

97. 项目应该一开始就有一个分配给评估的预算。如果没有预算，任务/项目经理应该获得开展评估所需的财务资源。对评估进行预算取决于评估项目的复杂性和评估的目的。这些因素决定了时间框架和所需的评估者的数量。

98. 对大多数项目计划期在3年以上的项目而言，作为最低要求，应该为中期审核和最终评估进行预算。

99. 在制定评估预算时，要考虑到下列因素：

（1）顾问的费用：项目持续时间和对顾问资格和经验的要求。估计要求的咨询天数和顾问每天的报酬①。在一些复杂的评估或联合评估中，一个评估者是不够的。

（2）旅行：旅行距离和要到访的地点数量，乘坐什么交通工具，以及每日出差津贴（DSA）。对于初始预算估计而言，要显示出顾问旅行的初始点，并对标示出的飞机票价进行估计。

（3）沟通和传播：编辑、印刷、邮寄、电话、现场走访的翻译以及翻译服务。

（4）要计算初始评估成本估计，将其与现有的财务资源对比。当资金短缺时，通常要考虑下一步行动。

（5）任务/项目经理要试图获取额外的资金来源。

（6）评估范围/现场走访/重新考虑支付的咨询费用，使成本估计与现有资源保持一致。

步骤4：选择评估者/评估团队

100. 当参考条款和预算获得同意，需为评估确定3个或3个以上合适的顾问。

101. 评估和监督单元要进行搜索，并在评估者的选择上做出最终决定。不过，评估和监督单元通常的做法是，就可能的候选评估者征求项目/任务经理、联合国环境规划署的同事、机构的建议。

102. 当选择评估顾问时，重要的是确保以下方面：①评估者必须参与到项目/规划设计和项目执行中；评估者拥有要求的技术和语言技巧；②顾问拥有国家/地区的评估经验。

---

① 要获得进一步的指导，请参阅 UNON Interoffice Memorandum 2005, *new remuneration scale for consultants and individual contractors*, 8th August.

参考条款摘录

"评估者不应该与项目设计和执行相关联。评估者将在联合国环境规划署评估和监督单元负责人的总体监督下开展工作。评估者应该是一个国际专家，在太阳能光伏家用系统项目管理、太阳能家用系统评估和使用者融资以及项目评估和财务管理方面拥有广泛的经验。有关联合国环境规划署规划和活动的知识要令人满意。必须英语口语和书面语能力流利。"

103. 对复杂的评估而言，由于需要一名以上的顾问，正常的情况下要招聘一个团队领导，以确保评估的主要责任是明确的。团队领导将做以下事情：①在整个过程中与评估和监督单元、项目经理密切合作，确保达到期望值；②管理团队以确保参考条款的所有方面都得到满足；③监督评估工作计划的准备情况；④监督数据采集阶段要遵守联合国评估集团（UNEG）的规范和标准；⑤推动团队成员之间在评估发现、结论和建议方面达成一致；⑥将报告草稿收集起来，并提交上去；⑦在研讨会上陈述报告，并推动反馈；⑧拿出最终报告，并根据评论进行修改。

104. 团队领导的责任要求团队领导不仅要有评估领域的技术性技能，还要有良好的与人交往、管理、写作和陈述的技能。

105. 联合国环境规划署评估和监督单元在选择顾问和评估者的过程中，要给予当地顾问足够的机会，还要照顾到性别平衡。一旦评估和监督单元完成了选择过程，项目/任务经理和其他利益相关方（恰当的）应该得到通知。

步骤5：准备一个详细的评估成本估计

106. 一旦选择了评估团队，就能最终确定经同意的咨询费用和旅行费用，就能计算出每日出差津贴成本，并准备好最终评估成本估计。

表14是一个详细的评估成本估计的例子。

表14

项目名称××××

顾问姓名	每日费用		
×××××	450 美元		

A. 专业人士的酬金

活动	天数（天）	费用（美元）	总金额（美元）
第一阶段：准备和计划			
文件审核和准备	3	450	1350
第二阶段：现场使命			
巴哈马	5	450	2250
牙买加	5	450	2250

续表

活动	天数（天）	费用（美元）	总金额（美元）
多米尼加	6	450	2700
英国剑桥	1	450	450
国际旅行	4	450	1800
第三阶段：报告写作			
起草报告	6	450	2700
最终报告	2	450	900
全部活动	32		14400
B. 可支付的费用			

可支付的费用	数量	成本（美元）	全部（美元）
国际飞机票			
巴哈马	1	4000	4000
牙买加	1	1000	1000
多米尼加	1	1000	1000
最终费用			
总部	1	100	100
其他国家	3	50	150
当地交通（现场使命）			
项目现场照顾	0		0
联合国每日津贴（食宿和杂费）标准			
巴哈马	5	274	1370
牙买加	5	198	990
多米尼加	6	186	1116
英国剑桥	1	396	396
通信			
通信（电话、印刷、复印、信使、互联网接入）	1	200	200
签证	2	50	100
总费用			10422
全部活动和费用			24822

107. 最终的成本估计要反映在特别服务协议（SSA）规定的条款和条件中，该协议由联合国内罗毕办事处准备，并成为联合国评估集团与评估顾问之间的协议。

步骤 6：组织后勤

108. 评估和监督单元要在项目/任务经理和执行组织的合作下，为实际后勤的组织提供便利。记住下面这点十分重要：组织后勤，包括联合国内罗毕办事处为顾问准备协议，是非常耗费时间的，并且应该在评估之前的 2~3 个月就准备好。

109. 项目/规划经理和资金管理官员（恰当的）的责任是：①将评估的范围、焦点和日程通知给项目工作人员和关键的利益相关方。②为顾问收集关键文件，以审核进度报告、最终报告、技术性投入等。③向关键的项目工作人员和利益相关方提供评估顾问的详细联系方式。④协调执行机构，为任何评估现场走访进行后勤安排，例如，前往现场走访地点的当地交通，与关键的利益相关方召开会议。⑤为了使评估者获得签证/要求的旅行许可，要为评估者准备邀请函。

步骤 7：向评估团队介绍基本情况

110. 评估和监督单元要与顾问仔细计划好一个初始的简介会。可能的话，项目经理要参与这个简介会。在这一简介会上，评估和监督单元作为协议方将清楚地指出自己对于评估的期望，并指出需要特别关注的领域。这通常包括以下相关部分：目标的完成和阶段性影响，可持续性，建议以及得到的教训。评估和监督单元强调，一方面，评估报告要"用证据说话"，另一方面，有关项目绩效、调查结果和建议的关键判断应有可证实的信息来源作支撑。

111. 在这一简介会上，还将清楚指出关键问题沟通的联系点，表 15 对此进行了概述。

表 15

问题	联系点
项目融资	项目工作人员/联合国环境规划署的资金管理官员
技术性/实质性	项目工作人员/联合国环境规划署项目/任务经理
后勤问题	项目工作人员，项目/规划经理，联合国环境规划署评估和监督单元
评估参考条款	联合国环境规划署评估和监督单元
准备/提交评估报告	联合国环境规划署评估和监督单元
协议问题	联合国环境规划署评估和监督单元

（三）执行评估

112. 评估现场工作和评论期间，评估和监督单元以及项目/任务经理一般要与评估者定期保持接触。

步骤 8：收到草稿和提供评论

113. 对于更大、更复杂的评估而言，评估者要在项目过程的特定阶段末尾准备中期报告。这些中期报告包括在利益相关方的研讨会上为了展示调查结果和接受反馈而做的陈述。在为利益相关方准备陈述任何"不受欢迎的"调查结果，以及鼓励对最终报告的兴趣方面，中期报告尤为有价值。

在对联合国环境规划署与比利时发展合作理事会伙伴协议的评估中，评估团队向联合国环境规划署的工作人员陈述了自己草拟的调查结果和结论，并收到了反馈。这一过程不仅有助于确保建议是可行的，还有助于确保最终报告中没有不受欢迎的惊讶之言。

114. 评估者首先向评估和监督单元报告。草拟的报告因而应总是首先送给评估和监督单元，用于初始阅读以及对调查结果和结论进行讨论。评估和监督单元不仅要在方法论的正确性、调查结果和结论的坚实性、评估等级的坚实性、报告评论的逻辑性方面提供指导，还要评估所陈述建议和所得到教训的可行性和有用性的水平。对于最终评估和中期评估而言，评估和监督单元要按照具体的标准对报告进行评估，以确保参考条款真正得到满足，绩效评估得到证实。然后草拟的报告要与项目经理和关键的项目利益相关方进行分享，后者要为事实错误提供评论，并且，如果可行的话，还要证实建议是可执行的。评估和监督单元向报告提供统一的评论，并在项目经理或执行机构不同意调查结果的情况下，对评估者进行指导。评估和监督单元还要审核对评估者费用的初始支付。

阅读草拟报告时的核对表

①检查报告结构合理，表达清晰，语言简洁；②检查调查结果、结论、建议和得到的教训被正确地表达，并且有证据予以证实；③检查结论、建议和得到的教训是从调查结果中有逻辑地得出的；④确保对报告页数的限制没有被严重超过。

115. 要在参考条款中安排好收到草拟的评估报告的最后期限，并应允许草拟的报告在所有关键的利益相关方范围内传阅，以获取评论。

步骤9：收到最终报告

116. 一旦评估和监督单元对质量和报告符合参考条款的情况感到满意，将会授权进行最终支付。一个好的评估报告要清晰、准确、恰当地发布调查结果、建议和得到的教训，并且，作为项目的客观陈述，要确保参与各方的担忧和评论都得到正确反映。

117. 下面陈述的报告基本点是标准的，除了自评估之外，这些基本点适用于所有评估。

（1）执行摘要：对大多数利益相关方而言，执行摘要是报告的基本部分。执行摘要应简短和易于消化，并且要对重要结论、建议和从评估中得到的教训提供一个简单的回顾。例如，评估的目的、背景和范围（一段）、方法（一段），接下来的各段分别是主要调查结果、教训和建议。

（2）导言或背景：要对被评估的项目给出一个简要的回顾。例如，项目逻辑和假设、活动现状、评估的目标，以及要解决的问题。

（3）方法：数据采集的各个阶段（面上研究、现场走访等）。

1）在项目生命中时间选择的原因，选择哪些国家和案例进行详细考察的原因。

2）信息如何采集（使用问卷调查、官方数据、访谈、焦点集团和研讨会）。

3）方法和遇到问题的限制。例如，关键人物无法进行访谈，或文件无法获得。

（4）调查结果：有关数据的报告（发生了什么？为什么发生？与想要达到的结果相比较，达到的实际结果是什么？正面或负面的影响是什么？想要获得的影响或意料之外的影响是什么？对目标集团或其他人的效应是什么？），以及所有的调查结果都应尽可能有证据作支撑。

（5）结论：对照评估标准和绩效标准，给出评估者对于项目的结论性评估。结论要对项目是否被认为成功与否的问题提供答案。

（6）教训：要基于已建立的、有更广泛应用和使用的做法，做出一般性结论。教训还可以从问题和错误中得出。教训适用的背景应该明确指出，并且教训应该总是陈述或隐含一些处方性质的行动。一个教训应该写明，使得从项目中得到的经验能被运用到其他项目。

（7）建议：要为利益相关方提出可操作的建议，以纠正不利的现状，提出并就类似性质的项目提出相关的建议。在每项建议之前，应明确陈述建议所要解决的问题或疑难。

一个高质量的建议是可操作的：①在框架和现有资源范围内执行是可行的；②与项目团队和合作伙伴的现有能力是相称的；③具体规定什么人什么时候将做什么事情；④包含以结论为基础的语言（即一个可以度量的绩效目标）；⑤包括一个权衡分析（当执行这个建议需要利用重要的资源，而这些资源本可以用于其他项目的目的时）。

（8）附件：包括参考条款、受访者名单、要审核的等。不同的观点或管理层对评估的调查结果所做的回应要放在附件中。

（四）随后的跟进和对评估的使用

步骤10：对建议做出回应并反思得到的教训

118. 如果可行的话①，评估和监督单元将为每个建议准备一个执行计划，这些计划代表规划或项目经理承诺确保建议得到执行。对于项目评估而言，这些计划对于中期评估是最重要的，因为中期评估时，仍留有金钱和时间用于执行建议。建议的执行及其随后的跟进有五个步骤。

（1）评估和监督单元准备了项目执行计划，项目执行计划明确指出了评估报告所陈述的调查结果和建议。为了完成项目执行计划，评估和监督单元要将项目执行计划

---

① 在一些情况下，项目即将结束，并且无意继续该项目，此时将建议包括进来就是不合适的，因为建议将难以有随后的跟进。

发送给规划或项目经理。

（2）规划或项目经理要明确指出建议是否被接受，是否已采取任何行动来执行建议，将采取什么行动，相应的截止日期，以及谁负责执行。规划/项目经理的回答构成管理层的正式回应。

（3）评估和监督单元要审核执行计划，检查建议是否得到全面解决，并且如果需要的话，要将评论发送回来。

（4）评估和监督单元要每6个月对正在完成之中的执行计划的进展进行监督，并向执行副主任报告。

（5）此外，评估和监督单元还要通过年度评估报告发布建议的执行速度。

119. 对于最终评估而言，评估和监督单元要鼓励评估者获取学习到的教训。

120. 评估和监督单元要基于对教训的定义，筛选出可以应用最低质量标准的教训，并用问题树框架对教训进行分类。

（五）什么构成教训

121. 一个高质量的教训必须符合以下几个方面：①简洁刻画教训得出的背景；②可以适用于不同的背景（通用的），有一个清晰的"应用领域"，并且要确认使用者；③应该提出一个处方，并且应该指导行动。

122. 问题树框架是作为一个数据库而设立的，可以作为一个工具，用于加强联合国环境规划署评估教训的吸收、传播和获得。不过，问题树框架没有提供一个明确的有关因果性的陈述，并且，就重要性而言，框架中对教训的分类相比于项目经理就分类进行讨论和辩论的过程要低得多。当新教训在所有其他的背景下得到考察时，与项目经理在框架内对教训进行分类的过程提供了一个互动的手段，来促进吸收或影响。

步骤11：传播/出版报告

123. 评估和监督单元参与的联合国环境规划署的所有项目评估都要在评估和监督单元的网页上发布（见表16）。此外，报告还要与所有重要的、项目经理所确认的利益相关方进行分享。评估的有意接收者名单包含在参考条款的附件中。

124. 一些特定利益的评估还可以翻译成其他语言。

表 16

	评估作用和责任摘要
联合国环境规划署的规划或项目经理	确保监督和评估有足够的预算 提出潜在的候选人来从事评估 通过提供关键的利益相关方的具体联系方式和为任何现场任务提供便利，来帮助评估安排 在评估过程中起到评估者的联络人作用 为评估者/评估团队搜集和提供相关文件 审核评估报告，与政府和评估团队协商，确保事实的准确性和技术质量，确保建议是可执行的 准备管理层的回应，在建议和教训出来后，召集随后的过程

评估作用和责任摘要	
评估和监督单元	决定评估的范围 为评估团队起草参考条款 准备年度评估工作计划 开展项目/规划评估和具体的评估研究 为评估团队最终敲定参考条款 选择顾问并处理招聘和任务后勤 审核评估报告，与评估者和联合国环境规划署的规划或项目经理协商，确保报告达到要求的最低质量标准
评估和监督单元	确定项目/规划评估的最终绩效评级 为管理层对评估的回应提供指导，并且定期评估对建议的遵守情况 基于得到的教训和建议，为管理层提供分析 促进评估的调查结果、教训和建议的吸收 传播评估报告，并在互联网上公开披露评估
评估者/评估团队	审核参考条款，并询问澄清是否对所期待的存有疑问 审核文件，决定使用什么方法来最好地解决评估问题和参考条款 与项目相关人员、项目利益相关方和最终使用者进行联络，以获得有关项目真实的/事实上的结果和影响的信息 在项目相关人员的支持下，计划和从事任何所要求的现场任务 起草评估报告并等待反馈 修订草案并确保及时提交令人满意的最终评估报告

第三章

世界卫生组织评估实践手册（节选）
（WHO Evaluation Practice Handbook）

目　的

本手册旨在补充世卫组织的评估政策，并通过为世卫组织评估提供循序渐进的实用指南来简化评估过程。本手册作为一种工作工具，将随时间进行调整，以便更好地反映世卫组织不断发展的评估实践，并鼓励人们思考如何利用评估来完善项目和计划的实施以提高组织效率。本手册的目标是通过以下方式在本组织内促进和推动质量评估：

－推进整个世卫组织内的评估文化、对评估的承诺和使用；

－协助世卫组织工作人员遵守最佳实践和联合国评估小组（UNEG）的评估准则和标准；

－确保世卫组织在各级委托开展的所有评估工作的质量控制；

－加强世卫组织评估的质量保证方法。

本手册侧重于符合评估标准的各项评价工作，并未深入讨论世卫组织开展的其他形式的评估工作。

目标受众

本手册从三个不同角度面向世卫组织工作人员：

■从广义来说，本手册面向全体工作人员和合伙人组织，他们可以将本手册用作一种促进整个世卫组织中评估文化的工具。

■更具体地说，本手册针对的是在本组织的不同层面计划、委托和/或开展评估工作的所有工作人员，他们应将本手册作为一种确保世卫组织开展高质量评估工作的工具。

■本手册尤其以关键评估网络为目标，如世卫组织的高级管理层和全球评估网络（GNE），且应由他们来传播和推广该手册，并鼓励整个组织遵守该手册。

范围和结构

本手册明确了评估的角色和责任，并记录了流程、方法和相关工具。本手册还阐明了评估的主要阶段，即规划、评估实施、报告以及管理和交流结果，并提供了操作指南和模板，以协助评估负责人遵守本组织的评估政策。

本手册分为两个部分：

第一部分（第 1 章和第 2 章）涵盖了世卫组织评估的定义、目标、原则和管理。

第二部分（第 3 章至第 6 章）为准备和实施评估提供了实用指导，并且详细说明了按照世卫组织的评估政策进行高质量评估的主要步骤（见图 1）。

第一部分　原则和组织

第 1 章　世卫组织评估

本手册以世卫组织评估政策为依据，评估政策确立了世卫组织评估的总体框架。本手册旨在促进组织内建立评估文化和落实评估实施，并且促使世卫组织的评估符合最佳实践和 UNEG 的评估准则和标准。

本手册借鉴了世卫组织在评估方面的经验和全球最佳实践，并且结合了 UNEG 和经济合作与发展组织/发展援助委员会（OECD/DAC）、国家评估协会、联合国和其他多边机构、区域政府间组织和国家政府的原则。

1.1　评估定义和原则

1.1.1　定义

世卫组织的评估政策是以 UNEG 的评估定义（UNEG，2012b）为依据，即"评估是指尽可能系统和公正地评价一项活动、项目、方案、战略、政策、专题、主题、行业、业务领域、制度表现……"

■评估侧重于预期的和已实现的成就，审查结果链、过程、背景因素和因果关系，以了解成就或缺乏成就的情况。

■评估旨在确定本组织的干预措施①和贡献的相关性、影响、有效性、效率和可持续性。

■评估提供了可信、可靠和有用的循证信息，能够及时将调查结果、建议和经验教训纳入本组织的决策和管理过程中。

---

①　本手册中的"干预措施"指正在评估的项目、计划、倡议和其他活动。对干预措施的评估本身是一种研究功能，而不是一种管理功能。

■评估是战略规划和计划周期每个阶段的组成部分，而不仅仅是计划结束时的活动。

除了评估工作外，世卫组织还为各种目标在本组织各级进行各种评价工作。

1.1.2　原则

世卫组织的评估政策是基于五项相互关联的关键原则，这些原则是本组织评估方法的基础，并提供了开展评估工作的概念框架。

1.1.3　公正性

公正性是指在正当程序中不存在偏见。它需要严谨的方法，以及对成就和挑战的客观考虑和陈述。公正性有助于提高评估的可信度，减少在数据收集、分析和制定结果、结论和建议方面的偏见。

应在评估过程中的所有阶段公正地开展所有评估工作。设立一个专门的评估管理小组，确保对评估过程实施监督（第3.5条）。

1.1.4　独立性

独立性是指不受他人控制或不当影响的自由。独立性为评估工作提供合法性，并减少在决策制定者和管理者只负责评估自身活动的情况下而可能产生的利益冲突。

必须在三个不同层面确保独立性。

■在组织层面，评估职能必须与那些负责设计和实施正在评估的方案和运作的个人分开。

■在职能层面，必须设立机制来确保评估规划、筹资和报告的独立性。

■在行为层面，必须有一个基于道德的行为准则（UNEG，2008a；WHO，2009a）。这一行为准则将寻求预防和妥善管理利益冲突（第3.6条）。

评估人员不应直接负责被审查对象的政策、设计或整体管理。与此同时，有必要协调评估工作的独立性和参与方法。在评估国家方案时，评估小组的成员往往包括正在评估方案的工作人员，因为他们负责为评估过程和方法提供支持，最重要的是，他们负责执行有关方案变更和改革的建议。实施评估工作的世卫组织工作人员应遵守世卫组织政策汇编（WHO，2009a）中概述的道德原则和行为准则。外部承包商应遵守世卫组织对外部合同协议的要求。评估人员必须在整个评估过程中在专业和个人方面均保持最高标准的诚信态度。他们应确保各项评估解决性别、平等和人权问题，并对诸如当地环境的社会和文化信仰、礼仪和习俗等背景因素保持敏感。

1.1.5　实用性

实用性涉及评估在组织层面对方案和项目管理的影响，以及对决策的影响，这要求评估结果是相关且有益的，以清晰、简明的方式提出该等结果，并对实施情况进行监控。实用性取决于：评估是否及时；与项目、方案、系统和利益攸关方的需求是否相关；过程、方法和成果是否可信；报告是否可得。以实用性为重点的评估构成了评估结果为政策和管理提供依据的基础。

通过在既定标准的基础上系统地确定评估议程的优先次序，与利益攸关方进行磋商，系统地跟进各项建议，公众可获得评估报告和/或其他成果，并与世卫组织基于成果绩效的管理框架保持一致，从而确保实用性。

1.1.6 质量

质量涉及恰当、准确地采用评估标准，公正地呈递、分析证据，以及调查结果、结论和建议之间的一致性。

评估将通过下列方式确保质量：

－持续遵循世卫组织的评估方法、适用指南以及 UNEG 的评估准则和标准（UNEG，2012b）；

－由专门的评估管理小组进行监督（第3.5条）；

－同行评审程序；

－采用评估相关的质量保证体系（第4.3条）。

1.1.7 透明度

透明度要求利益攸关方了解评估的目的和目标，实施评估的标准、过程和方法，以及评估结果所适用的目的。透明度还要求获取评估材料和成果。

实际上，透明度的要求如下所示：

■评估专员应确保在评估过程的各个阶段与利益攸关方持续协商和合作。

■评估报告应包含目的和目标、评估方法、方式、信息来源、建议和产生的费用等细节。

■按照世卫组织的披露政策，应在世卫组织的评估网站上或世卫组织国家和区域办事处（视情况而定）的网站上发布评估计划、报告、管理响应和后续报告。

1.2 评估文化和组织学习

对于评估文化并没有单一的定义。这是一个多因素的概念，在不同的机构环境中应用的方式不同（OECD，1998）。世卫组织认为，评估文化是一种具有如下特征的环境：

－通过在结构和过程方面使评估职能制度化所表示的组织承诺；

－管理人员和决策者愿意有效地利用评估时提出的政策建议，这表明为评估提供了广泛支持；

－内部和外部利益攸关方产生的、指定的和明确表明的对评估的强烈需求；

－重视创新，并认识到本组织需要继续从成果反馈中学习，以保持相关性；

－不断发展评估能力，从而确保评估人员具备相关资质，专员及用户对评估有充分的了解；

－愿意从实际情况中学习，不仅分享成功，也分享不足之处和所犯错误。

为了使这种评估文化和组织学习在世卫组织分散结构中成为主流，本组织需要一种机制来开展相关活动。GNE 作为一个平台发挥着关键作用，其就整个组织共同关心的评估问题进行信息交流，并通过能力建设和开发培训材料及咨询会，促进评估及其成果的应用。因此，GNE 是推广世卫组织评估文化的关键要素。

1.3　参与式方法

世卫组织认为，参与式评估方法是力争培养一种有组织各级利益攸关方和合伙人实体（包括受益人）参与评估的文化的延续。参与式方法是注重公平的评估的重要组成部分之一（UNICEF，2011）。参与式方法使利益攸关方积极参与制定评估及其实施的所有阶段。那些与方案关系最密切者，即方案决策者和执行者、合作伙伴、方案受益者和资助者，发挥着积极的作用，特别是在以学习为重点的评估工作中。

参与式方法确保评估工作解决公平问题，分享知识并提升方案受益者、实施者、资助者和其他利益攸关方的评估能力。这种方法力求尊重实力最弱且受影响最大的利益攸关方和计划受益者的观点、声音、偏好和决定。理想情况下，通过这种方法，参与者在自己的社会经济、文化和政治环境中决定评估的重点、设计和结果。

全面的参与式评估方法需要大量的资源，因此有必要权衡这些方法的优势和局限性，以确定是否或如何最好地使用这种方法来开展评估工作。

1.4　跨领域整体战略的整合：性别、平等和人权

在2007年5月召开的第60届世界卫生大会上，世界卫生大会呼吁以更有效的方式将世卫组织的跨领域优先事项纳入主流（WHO，2007）。性别、平等和人权对几乎所有的健康和发展目标都至关重要。

根据总干事关于优先在世卫组织各级将这些问题纳入主流的决定，并根据《世卫组织章程》，世卫组织关于性别主流化的战略，以及UNEG关于将性别、平等和人权纳入评估工作的指南等规定，未来世卫组织的所有评估工作均应遵循这些原则：

■基于人权的方法需要确保世卫组织的战略有利于权利人的要求和责任人的相应义务。这种方法还强调，有必要说明没有实现这些权利的直接原因、根本原因和结构性原因。公民参与作为一种主张权利的机制，是整个框架中的一个重要因素。在适当的时候，评估工作应评定某一既定措施在多大程度上促进了权利人主张其权利的能力和责任人履行其义务的能力（UNDP，2009）。评估工作还应说明世卫组织在多大程度上倡导了平等和包容性行动的原则，并为赋予特定社会中处境不利和弱势人群的权利以及满足其需求做出了贡献。

■将性别视角纳入主流是评估所有领域和各个层级的任何计划行动，包括立法、规范和标准、政策或方案对男女的影响的过程。它是一项战略，以使与性别有关的关切和经验成为设计、实施、监控和评估政策和方案的一个组成部分，以确保女性和男性平等受益，而不平等现象将不再持续。评估工作应评定世卫组织的行动在多大程度上考虑在倡议设计、实施和结果方面将性别视角纳入主流，以及女性和男性是否能够在预期的程度上平等地获得倡议带来的益处（WHO，2011a）。

■健康公平性。公平是指在社会上、经济上、人口上或地理上界定的人口或群体之间不存在可避免或可补救的差异。健康不平等涉及的不仅仅是不平等问题，无论是在

健康决定因素或结果方面，还是在获得提高和保持健康所需的资源方面，这种不平等问题还包括未能避免或克服以侵犯人权准则或在其他方面属不公平方式的此类不平等问题。

将性别原则、平等原则和人权原则纳入评估工作的主流时，需要在设计评估方法和职权范围时，系统地考虑被评估对象对性别、平等和人权的影响方式。目的是确保如下内容：

■评估计划评定了一项干预措施的公平、人权和性别层面的可评估性，以及如何处理不同的可评估性的场景。

■对性别、平等和人权主流化的评估包括评定问责制、结果、监督、人力和财政资源、能力等要素。

■评估职权范围包括性别、平等和人权敏感的问题。

■方法包括定量和定性方法以及对人权、平等和性别敏感且在评估过程中包容不同利益攸关方群体的利益攸关方分析。

■评估标准、问题和指标都考虑到人权、平等和性别。

■挑选评估小组成员的标准是，他们除了要有丰富的知识和经验外，还要对人权、平等和性别问题敏感。

■评估的方法论允许团队选择和使用工具来识别和分析干预措施的人权、平等和性别方面。

第2章 世卫组织的评估组织

2.1 世卫组织的评估

2.1.1 委托并开展评估

世卫组织的评估政策概述了一个与分散的评估方法共存的整体评估职能，由内部监督事务厅（IOS）开展整体评估工作，组织各级可委托并开展分散化评估工作，例如：

■总部各部门、技术方案和单位；

■区域技术方案和单位；

■世卫组织国家办事处（WCO）；

■IOS，作为评估职能的托管人。

此外，世卫组织执行委员会可酌情委托对世卫组织的任何方面进行评估。其他利益攸关方，如成员国、捐助方或合作伙伴（合伙企业和联合计划），也可以委托对世卫组织的工作进行外部评估，以评定绩效或责任，或者对本组织的工作加以依赖。

世卫组织工作人员、外部评估人员或者二者结合可开展评估工作。

2.1.2 世卫组织的评估类型

根据评估范围，可将评估分为如下几类：

■专题评估侧重于选定的主题，如新的工作方式、战略、跨领域主题或核心职能，或解决企业机构关注的新兴问题。专题评估深入了解相关性、有效性、可持续性和更广泛适用性等方面。这类评估需要对某一主题进行深入分析，并跨越组织结构。这些评估的范围可能包括从整个组织到单个世卫组织办事处。

■方案评估侧重于一个具体的方案。这种评估类型可以深入了解多年来取得成果和结果的方式和原因，并审查其相关性、有效性、可持续性和效率。方案评估涉及与世卫组织成果链有关的成就，需要对所审查的方案进行系统分析。方案评估的范围包括从国家到区域间或全球层面。

根据委托人的不同，方案评估可能是整体的，也可能是分散的。

■具体办事处评估侧重于本组织在一个国家、一个区域或总部的工作，涉及世卫组织的核心作用、职能、目标和承诺。根据其范围和委托人的不同，这些评估可能是整体的，也可能是分散的。

根据"谁委托和谁开展"原则，评估可以进一步分为以下几类：

■内部评估由世卫组织委托开展，有时会有外部评估人员的参与。

■联合评估由世卫组织和至少一家其他组织委托开展。

■同行评估由世卫组织委托，由外部评估人员和方案工作人员组成的小组开展。该等评估将内部理解与外部专业知识结合起来，并且往往侧重于提升选定方案的国家能力。

■外部评估通常由世卫组织或者成员国、捐助者或合作伙伴委托，并由外部评估人员开展。该等评估通常在依赖世卫组织的工作之前评定其业绩和责任。世卫组织在该等评估中给予充分合作，而 GNE 和 IOS 可以通过提供适当的信息，以及将外部评估小组与世卫组织内部单位、部门和其他利益攸关方联系起来，促进这一程序的实施。

2.1.3 评估的使用和方法

评估需要同时解决组织学习和问责问题，而这两个目的之间的平衡将指导评估的职权范围和方法。找到正确的平衡点是评估专员的一个重要作用。与项目生命周期相关的评估时间也很重要，因为它将影响评估的方法和具体重点。根据该角度，可能有三种类型的评估（第3.3条）。

2.2 实施世卫组织评估政策的作用和职责

世卫组织评估方法的特点是拥有分散和透明的原则，以及有一个中央机构评估职能和一个全球评估网络。利益攸关方和利益相关方在实施世卫组织评估政策时的作用和责任概述如下：

IOS 是评估职能的托管人。IOS 通过自身的年度报告，直接向总干事和执行委员会报告世卫组织评估相关的事项。IOS 负责委托机构层面的评估以及下列各项职能：

–牵头制定两年期全组织评估工作计划；

–向高级管理层通报对整个组织具有重要意义的且与评估相关的问题；

–促进评估结果和经验教训对方案规划的作用；

–协调本组织三个层面的评估政策的实施；

–维持一个系统来监测管理层对评估的响应；

–保有一个在线登记册，记录整个世卫组织实施的评估工作；

–保持一份具有评估经验的专家名册；

–为评估的准备、实施和后续工作提供指导材料和建议；

–审查评估报告是否符合评估政策的要求；

–加强世卫组织工作人员的评估能力（例如，提供标准化的方法或评估培训）；

–通过总干事向执行委员会提交一份关于两年期全组织评估工作计划执行情况的年度报告；

–支持对评估政策进行必要的定期审查和更新；

–充当 GNE 秘书处。

GNE 是一个由本组织各级工作人员组成的网络，他们作为协调人，支持评估政策的实施，推动评估文化的发展，并促进信息共享和知识管理。特别是，GNE 成员的职能包括：

–参与编制两年期全组织评估工作计划及其年度更新；

–向评估登记处提交在其职责范围内完成的评估报告；

–跟进管理层对评估建议的回应情况；

–担任各自选区内的评估协调人；

–在整个组织内倡导评估；

–根据需要，就评估问题向世卫组织的方案提供建议。

GNE 成员由总部的助理总干事和区域办事处的区域主任任命，他们可以代表：

■国家办事处一级：世卫组织国家办事处的负责人，他们在评估方面有很强的背景，并有能力在其区域内的国家层面上倡导评估问题。

■区域一级：在区域一级工作的工作人员，其目前的职能包括监测和评估（理想情况下，这些工作人员可能在方案管理主任、区域助理主任或区域副主任办公室工作，具体取决于区域办事处）。

■世卫组织总部一级：在总部工作的工作人员，负责其所在组别内的监测和评估工作。

■全球一级：在世卫组织各部门〔负责解决与评估特别相关的跨领域问题，如国家合作部（CCO），通信部（DCO），性别、平等和人权部（GER），IOS，知识管理和共享部（KMS），信息技术部（ITT）以及规划、资源协调和绩效监测部（PRP）〕内从事监测和评估工作的工作人员。

世卫组织执行委员会的职能包括：

-根据需要确定评估政策及其后续修订；

-对本组织内的评估职能进行监督；

-鼓励实施评估，作为对规划和决策的一种投入；

-为有关会员国特别关心的项目的两年期全组织评估工作计划提供投入；

-批准两年期全组织评估工作计划；

-审议并记录关于两年期全组织评估工作计划执行情况的年度报告。

全球政策小组（GPG）的职能包括：

-在最终确定两年期全组织评估工作计划之前，将就拟议的内容和主题征求意见；

-确保有足够的资源来实施两年期全组织评估工作计划；

-审议关于两年期全组织评估工作计划执行情况的报告。

总干事的职能包括：

-在最后确定两年期全组织评估工作计划之前，应就拟议的内容和主题征求其意见；

-确保有足够的资源来实施两年期全组织评估工作计划；

-审议关于两年期全组织评估工作计划执行情况的报告。

区域主任和助理总干事的职能包括：

-协助确定两年期全组织评估工作计划的主题；

-确保项目和工作计划中包括用于评估工作的财政资源；

-确保与其所在工作/项目领域有关的评估建议得到及时的监测和实施；

-在 GNE 的区域和/或群组中指派一名评估协调人。

项目主任和国家办事处负责人的职能包括：

-确保所有重大项目在其战略规划的生命周期内，按照既定标准至少进行一次评估；

-确保所有项目都制定有明确的绩效框架，其中有一套指标、基线和目标，有助于酌情对其过程、产出、结果和影响进行评估；

-确保按照世卫组织的评估政策开展评估工作；

-确保各项目的负责人员准备好对所有评估做出管理回应，并跟踪各项建议的执行情况；

-确保及时落实所有评估建议；

-利用评估结果和建议为政策制定提供信息，并改进项目的实施；

-通过其在 GNE 的代表，至少每六个月报告一次评估计划、实施进度和建议的后续情况。

总部 PRP 主任负责协调各种工具和系统，视情况提供信息以确定项目、方案和倡议是否具有可评估性。

独立专家监督咨询委员会（IEOAC）负责对评估职能进行监督和指导。

2.3 有关评估工作的筹资、规划和报告

2.3.1 为评估工作筹资

在确定为评估职能提供所需的资金时，其他组织估计应将项目预算的3%～5%用于评估工作。世卫组织已经采用了这些数字，并将在适当的时候对此进行修订。总干事办公室、区域主任、助理总干事、各部门主任和世卫组织国家办事处主任有责任确保有足够的资源来实施全组织评估计划中各自的分工部分。适当的评估预算有必要作为一个部门、方案和项目的运行工作计划中的完整组成部分，并应在工作计划中与资源使用/支出一起可追溯，以方便报告。在每个项目/方案/倡议的规划阶段，应根据需要与利益攸关方讨论适当的评估预算。

2.3.2 评估成本

IOS在2008年对总部的评估工作进行内部审查时，估计外部评估的直接成本在267000美元至130万美元之间（一些影响评估的费用超过300万美元），而项目/国家评估的成本在53000美元至86000美元之间。

2.3.3 两年期全组织评估工作计划

评估政策中将两年期全组织规划和报告过程定义为组织规划和预算周期的一部分。工作计划是在与总部和区域的高级管理层以及国家办事处协商后，根据既定标准予以制定。两年期全组织评估工作计划将根据年度报告每年更新一次。通过规划、预算和行政委员会向执行委员会提交工作计划供其审批。

在制定选择评估主题的标准时，将考虑以下类别：

■与全球、国际或区域承诺有关的组织要求；与利益攸关方、合作伙伴或捐助者达成的具体协议；理事机构的要求（如全球伙伴关系、千年发展目标或捐助者的要求）。

■与总体工作规划的优先事项和核心职能有关的组织意义；投资水平；自上次评估以来的时间；复杂性和相关的固有风险；对声誉风险的影响；可评估性（技术、运作）；与实现预期结果有关的绩效问题或关切，如在监测过程中发现的重大问题。

■与跨领域问题、主题、规划或政策问题有关的组织实用性；复制创新/催化举措的潜力；利用评估结果；工作人员或机构学习（创新）的潜力；世卫组织的相对优势程度；国际卫生领域和/或科学证据的变化。

■当以下条件中至少有一项适用时，对规划和倡议在其生命周期内实施一次强制性评估：

-世卫组织已同意在该生命周期内与有关利益攸关方一起作出具体承诺；

-该规划或倡议超出了一项总体工作规划所涵盖的期限；

-该规划或倡议的累计投资规模超过规划预算的2%。

在选择评估时，需要考虑规划/倡议的期限以及规划生命周期的阶段。

为两年期全组织评估工作计划确定评估内容，将由 GNE 通过有效的协商过程进行协调，其中涉及下列各方：

-针对整体评估：总干事、区域主任、总干事顾问；

-针对分散评估：区域主任、总干事顾问、国家办事处主任和负责人。

2.3.4　向理事机构报告两年期全组织评估工作计划

IOS 协调年度评估报告的编制工作，并通过规划、预算和行政委员会将其提交给执行委员会。该报告在 IOS 定稿前，由 GNE 审查，以征求意见和补充（如适用）。该报告由两部分组成：

■第一部分报告评估政策的落实情况。该报告旨在向本组织的理事机构通报两年期评估工作计划的实施进展情况。它传达了关于在整体和分散层面上计划评估的状态信息，并简要介绍了其主要结果和建议，以及所吸取的经验教训。

报告还介绍了 GNE 在一整年内的运作情况。报告建议，根据对两年期评估工作计划实施进展的分析及由此产生的结果或意见，需对两年期评估工作计划进行修改。

■第二部分涵盖了建议的利用和后续行动。该报告涉及评估登记册中包括的所有评估建议的执行情况，并详细介绍了世卫组织委托实体对其各自评估的后续行动的遵守程度。那些委托评估者最终要对评估结果的使用负责。他们还负责通过总部相关助理总干事或通过区域主任和世卫组织国家办事处负责人及时发布管理层的回应。管理层的回应应包含关于为执行评估建议所采取行动的详细信息。

为了支持分析和报告，IOS 已设立了一个中央跟踪程序，以监测整个组织的管理层回应。

■GNE 系统地监测评估实施的后续工作，并与委托评估者协调各项工作。

■IOS 根据 GNE 的工作内容，定期向高级管理层发布关于建议执行进展的状况报告。

■IOS 在提交给执行委员会的年度评估报告中纳入了有关建议执行情况的章节。

第二部分　准备并实施评估

在《评估实践手册》第二部分中，第 3 章概述了评估规划的步骤，第 4 章回顾了实施评估的必要活动，第 5 章详细介绍了报告的要求，第 6 章介绍了评价结果的利用和跟进（见图 1）。

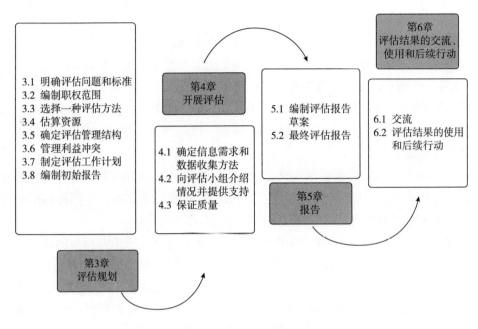

图1　第二部分的结构和评估规划的步骤

第3章　评估规划

本章对评估规划过程进行了描述，并概述了构成委托评估依据的考虑因素。

本章首先审查了定义适当的评估问题并将其与评估标准联系起来的要求。其中还阐明了评估计划的必要组成部分，并为起草明确的职权范围（将使评估小组负有责任）提供了指导。本章介绍了在选择方法学途径和确保资源供应时需要考虑的要点。其中还包括关于确定可行的评估管理结构、选择评估小组和编写初始报告的指导。

3.1　明确评估问题和标准

一项评估的最关键部分是确定评估应解决的关键问题。这些问题应由评估专员拟定，并应考虑到待实施评估的组织背景以及规划或项目的生命周期。关键问题将作为更具体问题的基础。

评估问题可能是：

-描述性的，其目的是观察、描述和测量变化（发生了什么）；

-因果关系，目的是了解和评定因果关系（发生的事情如何以及在多大程度上促成和/或归因于该规划）；

－与绩效有关，其中应用了评估标准（与指标和目标相比，结果和影响是否令人满意）；

－预测性的，即试图预测计划干预措施会产生什么结果（在特定地区应对某一特定问题而采取的措施是否会在其他地区产生负面影响，或是否会以牺牲其他紧迫的公共卫生问题为代价）；

－探究性的，其目的是支持变革，往往是从价值承诺的立场出发（例如，提高女性获得护理机会的有效战略是什么）。

理想情况下，评估问题应具有以下特质：

■问题必须符合对信息的真正需求或确定解决方案。如果一个问题只是在新知识方面有意义，而没有立即投入到决策或公共辩论中，那么它更像是一个科学研究问题，不应该包括在评估中。

■问题涉及一种需求、一种结果、一种影响或一组影响。如果一个问题只涉及资源和产出的内部管理，那么在监测或审计过程中它可能会得到更有效的处理。

■问题只涉及一个判断标准。评估问题的这种特质有时可能难以实现。然而，经验表明，这是一个关键因素；如果没有从一开始就明确说明判断标准，评估报告很少能提供适当的结论。

3.1.1　风险

在起草评估问题时有三个主要风险（European Commission，2012）：

－收集大量的数据，有时在技术方面会产生很复杂的但对实践或政策没有什么贡献的指标；

－拟定无法回答的评估问题；

－对实用性的首要关注界定得过于狭隘，将用户的关注点限制在管理者对评估的工具性使用上，而没有纳入受益人和公民社会组织为支持公共卫生和问责制而可能对评估的使用。

在实践中，并不是所有由评估专员和规划管理者提出的问题都适合作为评估问题；有些问题是复杂的、长期性的和/或需要当前未获得的数据。在某些情况下，问题甚至不需要评估，可以通过现有的监测系统，通过咨询管理者或提请审计或其他控制系统来解决。

3.1.2　评估标准

评估的预期目的将决定需要列入的标准。然后可以用该标准来确定评估问题（见表1）。其中部分标准已经过调整适用于具体评估工作，如与人道主义规划有关的评估（ALNAP，2006）。

术语"有效性"和"效率性"通常为那些试图对一项干预措施的产出和总体表现做出判断的管理人员所用。很可能会有相当多的根据该等标准进行分组的问题。

表 1　评估标准和相关问题

标准	措施	问题示例
相关性	干预措施的目标与受益人的要求、国家需求、全球优先事项以及伙伴组织和捐助者的政策相一致的程度；与相关性有关的问题可以追溯用于评估在变化的情况下，干预措施的目标或其设计是否仍然合适；规划的明确目标与它要解决的社会经济问题的关系是否适当；在事前评价中，相关性问题是最重要的，因为重点是选择最佳战略或证明所提出的战略的合理性；在形成性评估中，目的是检查公共卫生环境是否按预期发展，以及这种发展是否对某一特定目标产生了疑问	规划目标在多大程度上符合需求？它们的存在理由还能得到证明吗？它们是否与当地、国家和全球的优先事项相符？
效率性	如何经济地将资源/投入（资金、专业知识、时间等）转化为产出/结果？ 比较所取得的结果，或者最好是所产生的输出，以及所花费的资源，换句话说，所获得的效果与投入是否相称？（"经济"和"成本最小化"这两个词有时与"效率"的用法相同）	是否以最低的成本实现了目标？是否可以用同样的成本获得更好的效果？
有效性	已经实现或有望实现规划/倡议目标的程度，同时考虑到其相对重要意义；有效性也被用作对一项活动价值的综合衡量（或判断），即规划已实现或有望实现其重大相关目标并产生积极的机构影响的程度	结果/影响达到了什么程度？所使用的干预措施和工具是否产生了预期的效果？使用不同的工具是否可以获得更多的结果？
	规划中制定的目标是否正在实现，获得的成功和遇到的困难是什么，选择的解决方案有多合适，规划外部因素的影响是什么	
可持续性	在主要援助完成后，获益于某项干预措施的持续性，长期持续获得好处的可能性，随着时间的推移，净利益流对风险的抵御能力	结果和影响，包括制度变迁，是否随着时间的推移而持久？如果没有更多的公共资金，这些影响是否会持续？
	干预措施的结果和产出均持久的程度，评估通常考虑制度变迁的可持续性以及公共卫生影响	
影响	对一项发展干预措施直接或间接、有意或无意产生的积极和消极、主要和次要的长期效应进行分组	干预措施完成后，结果是否仍然明显？
	衡量影响是一个复杂的问题，需要特定的方法学工具来评估归因、贡献和反事实（第3.3条）	

资料来源：摘自 OECD（2010b）中的定义。

3.1.3　其他考虑因素

在评估时可能考虑其他因素，具体如表 2 所示。

表 2　其他考虑因素

标准	措施	问题示例
实用性	根据更广泛的公共卫生需求判断项目产生的结果；实用性是一个反映规划官方目标的评估标准；当规划目标不明确或有许多意想不到的影响时，应拟定一个关于实用性的问题；在这种情况下，利益攸关方，特别是预期受益者，应该参与选择实用性问题	从直接或间接受益者的角度来看，预期或意外的效果在全球范围内是否令人满意？
公平性	主要指所有群体公平地、不受任何歧视地获得某种服务，这个概念与男女权利平等和待遇平等的原则有关；首先，它意味着每个人都可以自由地发展个人能力和做出选择，而不受刻板性别角色的限制；其次，男女之间在行为、志向和需求方面的特殊差异都不应被过于看重或过于批判性地考虑 公平原则可能需要不平等的待遇来弥补歧视 对公平的评估包括在所有阶段将性别问题纳入主流，公平可以适用于性别以外的特征，如社会和经济地位、种族、民族或性取向	性别平等、人权和公平的原则是否在整个干预措施中得到了应用？
一致性	需要评估安全、发展、贸易和军事政策以及人道主义政策，以确保一致性，特别是所有政策都要考虑到人道主义和人权因素 一致性可能难以评估，部分原因是它经常与协调相混淆，对一致性的评估主要集中在政策层面，而对协调的评估则更多地集中在运行问题上 在有许多行为者及权限和利益冲突风险增加的情况下，解决评估中的一致性问题很重要	不同的干预措施或干预措施的组成部分在何种程度上是相辅相成或相互矛盾的？
协同作用	多项干预措施（或某一干预措施的多项组成部分）共同产生的影响大于它们单独产生的影响之和 协同作用一般指的是积极影响，然而，也可以指强化消极影响、消极协同作用或反协同作用的现象（例如，一项干预措施为企业的多样化提供补贴，而一项区域政策有助于加强主导活动）	是否观察到任何属于多个组成部分共同产生的积极或消极结果的额外影响？
额外性	因采取干预措施会发生而在没有采取干预措施的情况下不会发生某件事情的程度 额外性是指一项干预措施不会取代其他参与者在同一领域的现有努力，换句话说，其他支持来源至少与干预措施采取前存在的支持相等	干预措施在多大程度上增加了现有的投入，而不是取代其中任何一项，并导致投入的总量更大？
重负	在干预措施后直接受益者中观察到的变化，即使没有干预措施也会发生，重负与反事实的区别在于，前者强调的是资源为活动提供了资金，即使没有公共支持也会发生的事实	规划或干预措施是否产生了在任何情况下都会发生的产出、结果和影响？

标准	措施	问题示例
取代	在某个地区以牺牲另一个地区为代价获得的效果，或在同一领域内由一组受益人以牺牲另一组为代价获得的效果	干预措施是否导致其他地方的公共卫生发展减少？
	当某一干预措施或规划的规模很大时，评估可以最好地帮助回答关于重负和取代的问题	

资料来源：Danida（2012）；European Commission（2012）；OECD（2010a）；UNEG（2012b）。

此外，从这些考虑因素中产生的评估问题可能涉及干预措施所带来的意料之外的消极和积极后果。尽管规划有自己的逻辑和目标，但它们仍被纳入到定义有更广泛目的的政策中。评估人员还应该考虑某一项超出正式目标的方案的结果，例如：

-预期受益者的经验和优先事项，他们有自己的规划有效性标准，而该标准可能与规划设计者和政策规划者的标准不一致；

-不良影响可能与规划意图背道而驰，从而减少而不是增加机会；

-其他研究和评估所建议的结果，可能是借鉴公共卫生理论或其他国家的比较经验。

3.1.4 评估问题的可评估性

一旦确定了关键的评估问题，就必须考虑其可评估性。必须初步评定评估小组在现有的时间内，使用适当的评估工具，是否能够对所提出的问题提供可靠的答案。

对于每个评估问题，都需要检查：

-概念是否清晰；

-是否可以提出解释性的假设；

-在无须进一步调查的情况下，现有数据是否可以用来回答这个问题；

-获取信息来源是否会带来重大问题。

存在诸多因素可能会使某一问题难以回答，例如，如果出现一个新的规划、如果它还没有产生重大结果，或者没有可用的数据或现有数据不合适。这些原因可能导致决定重新考虑评估问题的适当性，推迟评估工作或不进行评估。

其他相关的，甚至在确定关键问题之前就应该考虑的问题，包括以下几个：

■是否会采纳建议？由谁采纳？出于什么目的（决定、争辩、告知）？何时采纳？

■在特定的时间或特定的政治背景下实施该等评估是否合适？是否存在可能影响该等实施工作无法顺利完成的冲突？

■最近的一项研究是否已经回答了大部分的问题？

所有的评估问题都需要缩小范围并加以澄清，以使其尽可能地简洁明了。

3.2 编制职权范围

一旦就评估的目标和需要回答的问题达成一致，就必须通过确定职权范围来正式制定计划。职权范围是整个评估工作的指南和参考点。

虽然职权范围的初稿通常由委托单位负责，但评估的职权范围应在与主要利益攸关方和评估合作伙伴协商之后予以完成，以确保他们的主要关切得到解决，并确保评估的基本受众认为其结果有效且有用。

职权范围应当是清晰明了、重点突出的，且应为评估小组提供明确的权限，说明评估的内容和原因，谁应当参与评估过程，以及预期产出。

职权范围应视评估的情况和目的而定。应投入足够的时间来编制评估的职权范围，特别是由评估管理人员来编制，这是因为职权范围在制定质量标准和评估报告的使用方面起着关键作用。

针对评估所选择的成果、项目、专题领域或其他举措，以及评估的时间、目的、期限和范围将决定职权范围的大部分内容。然而，由于一项评估不可能解决所有问题，因此制定职权范围还涉及在现有资源范围内对评估的具体重点、参数和产出的战略选择。

3.2.1　职权范围的内容

某一项评估的职权范围应当包括下列有关要素的具体信息：

－评估的背景和被评价对象的框架分析；

－评估的目的和目标；

－评估的范围和重点；

－评估标准（相关性、效率性、有效性、可持续性和影响）；

－关键评估问题；

－遵循世卫组织有关性别、平等和人权的跨领域战略；

－评估结果的用户（所有者和受众）；

－方法学（利益攸关方的参与、数据收集的方法，以及回答评估问题所需的分析方法）；

－评估小组（小组规模、评估人员的知识、技能和必要资格），具体提到如何解决利益冲突，以及如何保证评估小组的独立性和客观性；

－具体工作计划（时间表、组织和预算）；

－可交付成果（包括启动/起草/最后报告的时间，报告分发战略，后续行动）；

－如适用，专门评估管理小组的组成（包括相关的技术要求）。

3.2.2　评估背景

通常在项目/方案规划和管理周期的一个关键阶段完成时或在结束时安排评估工作。及时性对于既定评估结果的实用性程度至关重要。根据当地情况评定评估的时间安排也很重要，因为这些情况可能会影响评估的进程，或者对评估结果或其相关性产生重大影响。

此外，在其他评估结果明确表明项目或方案是成功或失败之前，可以推迟某一项评估。

3.2.3 评估目的

规划评估的最初步骤是确定为什么要开展评估，即明确评估目标并确定其优先次序。这就需要确定谁需要什么信息以及评估结果如何使用。

除了委托评估者之外，还应该确定所有潜在的评估用户。通常情况下，根据情况，用户将包括世界卫生组织的负责人员、执行合作伙伴、合伙企业成员、干预措施的接受者、政策制定者、与项目或方案有利害关系者以及与被评估活动有关的组织中的个人。

3.2.4 评估范围和重点

确定评估的范围包括确定活动的性质和评估应涵盖的时间段，这些可能已经在规划期间与项目或方案一起予以指明。

还可以考虑其他的选择，包括研究几个方案中的一项活动，以比较各种方法的有效性，或者研究某个领域的几个项目，以深入了解它们的相互作用和相对有效性。

评估应当做到：

-描述和评定活动或服务完成了哪些产出、结果和影响，并将其与预期实现的目标进行比较；

-分析所发生情况或所发生变化的原因；

-根据对评估问题的回答，为决策者建议应采取的行动。

一项评估可以关注不同层次的服务/项目/方案的投入、产出、过程、结果和影响。评估所依据的一个关键要素是需要审查变化及其在有效性、效率性、相关性、可持续性和影响方面的意义（UNICEF，1991）。虽然任何单次评估可能无法全面审查每一个要素，但仍应考虑到该等要素。

3.2.5 交付成果

职权范围应明确描述评估工作的预期交付成果即评估报告（初始报告、草案和最终报告）。在报告中，需要明确说明谁将对最终报告提供意见，谁对报告有最终控制权，报告的结构和预期内容，以及目标受众。所有这些内容都应在评估过程的早期与评估小组组长明确商定，以便将数据收集的重点放在报告所需的内容上。

职权范围需要考虑以下与报告最终格式和内容有关的方面：

-报告草案和最终报告的时间；

-需要提供执行摘要；

-内容清晰；

-格式是否适合目标受众；

-谁将对报告提出意见，谁对报告的结构和内容有最终控制权；

-报告的分发名单和分发策略。

在评估过程中，可能需要根据实际情况和评估结果改变报告预期结构或格式的某些方面。有时，评估小组可以对职权范围提出修改意见，但必须将评估的进展和修改职权范围的理由告知委托评估者。

虽然需要表现出足够的灵活性以保持评估的相关性，但必须确保对职权范围的任何修正不会对评估的适宜性和有效性产生不利影响。

3.3　选择一种评估方法

3.3.1　评估方法

每项评估都应该有明确的目标，并且应当为了以最适当的方式实现目标而制定评估目的和重点。应当明确是否将重点放在政策、过程和管理问题上，还是放在结果上，包括所研究的干预措施的结果和影响，或者是放在过程问题和各级结果的两方面上（Danida，2012）。

多年来，评估方法已经从传统型分类（如总结性和形成性方法）发展到包含综合方法和影响评估的新的分类。

目的、范围和评估问题决定了为选择评估方法提供信息的最适当方式。

3.3.2　形成性、总结性和实时评估

－形成性评估（通常称为过程评估）一般在实施过程中进行，以提供关于什么是有效的以及效率如何的信息，从而确定如何实施改进。

－总结性评估（通常称为结果/影响评估）在以下时间开展：①在干预措施结束时或接近尾声时，或在干预措施的特定阶段，以评估有效性和结果；②在评定影响的干预措施结束后。时间框架将取决于干预措施的类型，可能从几个月到几年不等。图2概述了在总结性和形成性评估方面常用的方法。这两种方法都需要确保内部一致性，以及与世卫组织结果链的一致性。

－实时评估是尤其适用于人道主义援助的特殊评估，在一个新的重大国际人道主义应援开始后的三个月内进行。实时评估是一种以参与式的方式实时（即在评估实地工作中）向执行和管理人道主义应援者提供反馈为主要目标的评估（ALNAP，2006）。

形成性评估改善政策、服务、方案和项目的设计和/或绩效

形成性评估包括以下几种类型：

- 需求评估确定谁需要这个方案，需求有多大，以及怎样才能满足该需求
- 可评估性评定决定了评估是否可行，以及利益相关者如何帮助塑造其效用
- 有组织的概念化帮助利益相关者确定方案或技术、目标人群和可能的结果
- 实施评估监督方案或技术的交付是否符合既定框架
- 过程评估调查了方案或技术的交付过程，包括替代的交付程序

为未来汲取经验教训有助于确定什么能促进复制和扩大规模或评估可持续性

问责制评估确定有限的资源是否按照计划的方式予以使用，以实现预期的结果

图2　评估方法

总结性评估评定了整体方案的有效性
总结性评估包括以下几种类型： • 结果评估调查了方案或技术是否对具体定义的目标结果产生了明显的影响 • 影响评估的范围比较广，并且评定了整个方案或技术的总体或净效果（有意或无意） • 二级分析重新审查现有数据，以解决新的问题或使用以前没有使用过的方法 • 成本效率和成本效益分析通过在成本和价值方面将结果标准化来解决效率问题 • 元分析整合了多项研究的结果估计，以得出对评估问题的总体或简要判断 为未来吸取经验教训有助于确定什么能促进复制和扩大规模或评估可持续性 问责制评估确定有限的资源是否按照计划的方式予以使用，以实现预期结果

图 2 评估方法（续）

资料来源：摘自 Trochim（2006）。

3.3.3 评估方法论

评估方法论根据所选择的评估方法来制定。该方法论包括对评估的设计以及数据收集和分析的技术进行说明和论证（见表 3）。该方法论还应解决质量问题。

表 3 评估方法论——质量方面和确保质量的策略

标准	策略	应用策略的阶段
构建效度	• 使用多种来源的证据，三角测量法	数据收集
	• 建立证据链	数据收集
	• 让关键信息提供者审查案例研究报告草案	组成情况
内部效度	• 模式匹配	数据分析
	• 解释构建	数据分析
外部效度	• 使用分析性归纳法：单个案例研究中的理论；多个案例研究中的复制逻辑	数据分析
可靠性	• 使用统计学概括（对于相关的嵌入子单元）	数据分析
	• 使用案例研究方案	数据收集
	• 建立案例研究数据库	数据收集

所选择的方法论应该能够用可靠的证据来回答评估问题。需要通过明确的框架分

析或变革理论来明确区分不同的结果层面。框架分析或变革理论应明确干预逻辑。除了包含说明投入、过程（活动）、产出、结果和影响的目标—手段层次外，它还要描述相关行为者的贡献以及发生结果链所需的条件（OECD，2010a）。

评估方法论说明了如下方面的内容：

-评估范围（评估期的长短和涵盖的活动）；

-各个层面（国家、部门、主题、案例）的数据收集技术；

-数据分析以回答评估问题；

-评估工作的质量。

可用的预算和时间框架影响着方法论的选择，而所选择的方法论对预算也有影响。

所选择的评估方法应确保在评估目标和问题方面采用最适当的数据收集和分析方法。评估方法论来源于研究标准和方法。经过测试和创新的研究方法能够激发和加强评估方法论的严谨性（Danida，2012）。

有许多可能的方法组合，混合了定量和定性方法，使得每项评估都具有独特性。世卫组织鼓励在对评估主题有透彻了解的基础上，对方法、数据收集和数据分析进行三角分析。所有评估必须以证据为基础，并且必须明确考虑与所进行的分析有关的局限性（例如，由安全限制或缺乏数据造成的）。

利益攸关方参与评估工作的程度往往对评估的可信度和有用性至关重要。参与式方法很耗费时间，但其好处是深远的。然而，需要权衡参与式评估方法的优势与客观标准以及开展参与式评估所需的成本和时间。

3.3.4　确定回答评估问题所需的信息

评估专员必须确保评估小组首先利用现有信息，审查现有数据并评定其质量。一些现有数据可以用来评定实现项目/方案目标的进展情况，而其他现有数据可能有助于制定比较标准。现有的数据来源可能包括：

■世卫组织理事机构的文件（如执行委员会/世界卫生大会决议、规划、预算和行政委员会指南）；

■世卫组织基于成果的管理框架规划文件（如总体工作计划、规划预算和全球管理系统运行工作计划）、国家一级和/或区域一级的文件（如国家合作战略文件、国家卫生计划和区域规划预算），以及（若适用）联合国发展援助框架和/或伙伴关系文件；

■在评估 2014~2019 年第十二个总体工作计划的新方法背景下，从 2014~2015 年规划预算开始，世卫组织基于成果的管理监测和评估文件；

■年度进展报告和说明、世卫组织不同级别或外部提供的以往评估/评定/审查，以及由项目或规划管理者保存的行政数据；

■用于制定比较标准的数据（可能包括国家、区域和全球层面的常规报告系统、调查、政策分析和调研研究），不同背景下类似计划的记录或评估，以及捐助者、高校、研究机构等的报告和出版物。

作为第二步，必须确定回答评估问题所需的最低数量的新信息。需要在考虑成本、时间、可行性和有用性的情况下仔细决定收集哪些数据。评估小组在规划评估时必须确保具备基本要素。这可以通过以下步骤来实现：

■设计数据收集计划，包括使用哪些指标来衡量进展或评估效果。理想的情况是，应将指标纳入项目或方案的设计，并通过监测定期跟踪。在没有明确指标的情况下，评估工作必须评定哪些指标可以作为代理或基准，且必须决定项目或方案的可评估性。

■评估指标使评估能够判断进展情况的程度，通常是将实际进展与原定目标进行比较，还可以与过去的业绩、国家一级的目标、基线数据以及类似的服务或方案进行比较，以帮助评估进展是否充分。

3.3.5 定量和定性方法

评估专员可能要求解释方案成败的原因。在这方面，评估职权范围要求有衡量方案演变的明确标准。职权范围是与评估小组协商制定的，必须说明所需的定量和定性数据收集方法的适当组合。

■定量数据收集方法使用具体和可衡量的指标，这些指标可以用百分比、比率或比例表示，其中包括调查、调研研究等。

■定性数据收集方法利用技术深入了解人们的想法和感受，并使管理人员能够洞察态度、信念、动机和行为。定性方法在解决原因和方法问题方面具有特别的优势，使评估人员能够提出解决方案。它们包括访谈、SWOT（优势、劣势、机会和威胁）分析、小组讨论和观察。

定性和定量方法的使用应当相互关联和相互补充，定量数据可以衡量"发生了什么"，定性数据可以分析"为什么和怎么发生的"；评估也可以结合使用定量和定性信息来交叉检查和平衡结果。

3.3.6 评估影响

OECD/DAC 将影响定义为："一项发展干预措施直接或间接、有意或无意产生的积极和消极、主要和次要的长期影响"（OECD，2010b）。UNEG 下属影响评估工作组（IETF）对这一定义做了如下改进："影响评估侧重于一项干预措施或一系列工作所产生的短期或长期、直接或间接的持久和重大变化，或者促成这些变化"（UNEG，2013）。在世卫组织基于成果的管理框架和第十二个总体工作计划中，影响指的是秘书处和各国为人口健康带来的可持续变化。

影响问题一直是国际评估界激烈讨论的主题，也是一个特别的挑战。OECD/DAC 发展评估网络、评估合作小组、UNEG 和欧洲评估学会都讨论了解决干预措施影响的适当方式和方法。已经设立评估网络和协会，如影响评价网络联系网（NONIE），特别是国际影响评估倡议，以将重点放在影响评估上（Leeuw & Vaessen，2009）。

世卫组织通过继续积极参与评估合作小组、NONIE、UNEG 和其他评估平台，继续参与和影响评估有关的国际辩论和研究倡议。

世卫组织的每个部门/单位必须根据其方案的性质、复杂性和目标受益者，确定评估影响所需的适当方法和定量与定性方法的最适当组合。

归因

影响评估的重点是由干预措施引起的效果，即"归因"。这意味着不仅仅是描述已经发生的事情，还要研究因果关系。因此，对影响的评估往往需要一个反事实，即评估干预措施所产生的效果与没有干预措施时的情况相比较。

然而，注重结果的归因并不意味着在所有情况下都应首选一套分析方法，而不是其他所有方法。事实上，在 NONIE 关于影响评估的指导意见中强调，没有哪一种方法最适合解决可能成为影响评估一部分的各种评估问题和方面。不同的方法或观点相辅相成，可以更全面地说明影响。应根据特定评估的具体问题或目标，选择最合适、最有用的方法。

很难将项目/规划对社会的影响完全归咎于具体的因素或原因。一方面，一些研究人员呼吁通过对影响进行定量测量，对因果关系进行严格评估，他们提倡使用随机对照试验和其他实验及准实验方法作为影响评估的黄金标准。另一方面，大量的文献表明，这些方法在复杂多变的环境中存在严重的局限性（Patton，2011）。

影响评估通常基于反事实分析（如使用对照组）、前后技术和三角法的结合。随机取样用于选择受益者进行一对一和重点小组讨论，以及为直接观察目的确定项目地点。这些技术的使用为委托收集原始数据的调查和案例研究奠定了基础，特别是在缺乏监测和评估数据限制了对项目影响进行深入评估的情况下。

评估规范性工作的影响

UNEG 将规范性工作定义为：支持在全球、区域和国家层面上制定公约、宣言、监管框架、协议、指南、行为准则和其他标准制定文书中的规范和标准。规范性工作也可以包括支持这些文书在政策层面的实施，即把它们纳入立法、政策和发展计划（UNEG，2012a）。

这一规范性工作的概念也适用于世卫组织在全球范围内制定的科学技术规范和指南，以及它们在国家一级的应用。规范性工作的无定形性质使得对其影响的评估似乎难以捉摸。不过，UNEG 已经制定了指导材料，以协助联合国评估人员和整个评估界构思、设计、规划和开展对联合国规范性工作和机构支持工作的影响评估。

在规范性工作中，反事实的概念毫无意义，因为它在宏观层面的影响是在与他人的活动互动中产生的（VandenBerg & Todd，2011）。UNEG 强调了使用变革理论的相关性：变革理论，也经常被称为方案理论、成果链、方案逻辑模型、干预或归因逻辑，是解释干预措施如何导致预期或观察到的影响的一种模型。它通常形象地说明了一系列的假设和联系，这些假设和联系是各级投入、产出、结果和影响之间假定的因果关系的基础（UNEG，2012a）。

制定变革理论有五个阶段（CTC，2013）：

－确定长期目标及其背后的假设；

－向后映射，找出实现目标（结果/前提条件）的所有必要要求；

－确定实现预期结果所需的干预措施；

-制定指标来衡量成果的进展，并评估绩效；

-撰写说明，解释倡议的逻辑。

UNEG 指导材料强调，需要充分考虑到规范性工作的复杂性，因为这通常涉及长期的因果关系链，其影响很可能是间接发生的，涉及与其他行为者的工作和各种其他因素的相互作用。因此，与其他类型的评估相比，重要的是设计一个明确的、总体性的方法框架，使各个方法能够结合起来，得出有意义的整体分析，可以评估干预措施的贡献，而不是列出一套方法，并试图将因果关系归于一项干预措施。

这种方法不是规范性工作的影响评估所独有的，它适用于一般的公共政策分析，特别是世卫组织的任何工作。在评估有关专题项目的可评估性时，每个具体评估都应有所不同。然而，规范性工作往往性质复杂，评估其影响可能比进行其他类型的评估花费更高且更具有挑战性。在这方面，这类评估可能需要评估人员具有处理复杂情况、广泛战略和政策的经验和技能，且评估人员具备与高级官员和政治领导人互动的经验和技能。

3.4 估算资源

在拟定评估的职权范围时，专员应估算所需资金总额，并确保有必要的资金可用。通常，资金来自分配给各部门、单位、方案或项目的预算，而评估工作将被视为年度或两年期业务工作计划中的一项任务。

在估算评估预算时，需要考虑以下因素：

■评估的时间，这取决于评估目的。在实施的早期阶段进行的评估侧重于设计问题而不是结果，其复杂程度和范围往往低于（小于）需要更多数据的方案或项目周期结束时进行的较繁重的评估。

■评估的范围和复杂性，以及评估是一个过程还是结果/影响评估。评估小组收集和分析数据所需的时间和工作量将影响评估的成本。

■主要数据和次要数据的可用性和可获得性以及所选择的数据收集方法。如果现成的数据不足，评估人员需要花费时间和资源来寻找或生成信息，评估的成本会更高。

在编制评估预算时，专员需要考虑到评估的直接和间接的估计费用。这些费用应纳入评估工作计划中，并由参与评估的不同实体分担。

方框1　在估计评估的直接成本时需要考虑的具体问题

1. 机构或顾问费（评估顾问和专家咨询小组成员，如果有的话）

●一位评估人员还是一个小组？一个小组有多少人？小组组成是什么（国家或国际）？

●每个顾问和咨询人员需要多少天？

●咨询小组成员是否有报酬（日费、酬金）？

- 他们每个人的日费范围是多少？
- 聘用的相关费用是多少？

2. 差旅和后勤

- 评估小组在世卫组织办事处的情况介绍、与利益攸关方的访谈、数据收集活动、会议等方面将需要多少次差旅？
- 差旅的方式是什么（航空、世卫组织或项目车辆)？是否有任何关于交通便利或安全问题的特别考虑？
- 有多少天，津贴是多少？
- 任何杂费？
- 与利益攸关方协商的要求。是否与指导委员会成员举行定期会议，讨论评估进展情况？是否与更广泛的利益攸关方举行会议，讨论评估结果和建议？谁将受邀参加？组织会议的费用是多少（租用场地、与会者的差旅费、茶点等)？
- 数据收集和分析工具和方法。数据收集的方法是什么？如果使用调查和/或问卷调查，目标人群和覆盖区域是什么？需要哪些资源？是否有任何特别的研究需求来补充对所收集数据的详细分析？
- 是否需要任何用品（办公用品、数据分析的计算机软件等)？

3. 报告的印刷和传播

- 评估报告和其他成果的出版和传播，包括翻译费用。

4. 通信

- 电话、互联网和传真的使用要求是什么？
- 如果进行调查或问卷调查，将如何进行（在线、邮寄、电话等)？

在联合评估的情况下，评估专员应与潜在的捐助者/机构或政府对应方商定资源分配方式。

间接成本

与评估有关的其他费用估计就不那么简单了。有时这些费用可能相当可观，在许多情况下可能超过直接费用。它们通常包括间接费用，例如：

-内部方案和项目工作人员的时间（会议、简报、访谈、支持)；

-设施和办公空间；

-秘书支持；

-参与者的时间（例如，回答调查、采访和审查成果的费用)。

3.5　确定评估管理结构

评估专员应在早期阶段决定明确的组织和管理结构。

3.5.1　评估专员

评估专员是评估工作的业主。在一些伙伴关系中，如 UNDP/UNFPA/UNICEF/

WHO/世界银行人类生殖健康研究、发展和研究培训特别项目（HRP）或 UNICEF/UN-DP/世界银行/世卫组织热带病研究和培训特别项目（TDR），专员可以是项目的执行委员会或其下属委员会。因此，专员提供了开展评估工作的总体框架。具体来说，专员负责：

-确定对项目的哪些成果和影响进行评估，以及何时进行评估；

-确定评估工作中的关键问题；

-从工作人员中选择一名评估管理员，与评估小组联络，并承担管理评估的日常责任；

-在一开始就向评估经理提供明确的建议，说明如何使用评估结果；

-在适当的情况下，召集一个专门的评估管理小组；

-保障工作的独立性；

-分配足够的资金和人力资源；

-审核初始报告和最终报告；

-通过准备管理层对策对评估做出回应；

-及时落实评估的建议。

在规模较小的评估中，可能没有必要或没有时间/成本效益来任命一位评价管理员或召集一个专门评估管理小组，则由评估专员在选择和管理评估小组以及批准评估工作计划方面发挥他们的作用。

3.5.2 评估管理员

评估工作往往涉及若干机构级别、国家和行政背景。因此，建议对于大型评估，评估专员任命一名世卫组织工作人员担任评估管理员，作为评估专员和评估小组组长之间的联络人。在小规模的评估中，可能没有必要任命一名评估管理员。

评估管理员将负责日常管理评估工作，并作为连接其他关键参与者的核心人员。评估小组应能够在任何时候就评估的业务或技术方面与评估管理员联系。这将有助于确保沟通的有效性、及时性、共同性和效率。

在评估专员和主要利益攸关方的支持下，评估管理员在以下方面发挥核心作用：

-制定职权范围和评估计划；

-确保评估小组的选择；

-管理合同安排、预算和参与评估的人员；

-组织评估小组的情况介绍；

-为评估小组提供行政和后勤支持；

-为评估小组收集基本文件；

-与专员（和联合专员，如适用）进行联络并做出回应；

-充当评估小组、专门评估管理小组、评估专员和其他利益攸关方之间的联络人；

-确保评估工作按照职权范围规定的时间表进行；

-审查评估工作计划和初始报告；

-汇编给评估小组的关于报告草案的意见；

－确保最终报告草案符合质量标准；

－起草管理层对最终报告的回应；

－监督最后的行政和财务事项，包括付款。

指定的评估管理员应与部门、办公室、计划或项目的相关工作人员密切合作，并尽可能具备评估或监测和评估方面的经验。评估管理员可以酌情向 GNE 在其所在地区的协调人和 IOS 寻求建议。

3.5.3　专门评估管理小组

当评估的规模和复杂程度有此要求时，评估专员应组建一个专门评估管理小组，以协助开展评估工作并进行质量控制。该小组可由外部专家和/或世卫组织工作人员组成。

专门评估管理小组应该由关键的利益攸关方组成，并与评估管理员和评估小组组长密切合作，以指导整个过程。在世卫组织中，专门评估管理小组通常由评估专员在制定职权范围之前的早期阶段选出的至少三个人组成。

在某些情况下，已经存在一个组成评估的利益攸关方群体的实体，如指导小组、规划或项目委员会或专题小组，可以从该实体中选出专门评估管理小组的成员，以确保利益攸关方的充分参与。在这种情况下，应注意潜在的利益冲突或对评估过程的独立性和客观性的损害。如果不存在此类小组，且必须为评估目的建立这样的小组，就必须通过确保代表性的平衡和特定意见群体不占主导地位的方式来维护评估结果的公正性和有效性。应考虑到性别、地理覆盖范围以及方案和技术知识（见方框 2）。

方框 2　专门评估管理小组的选择

甄选专门评估管理小组的主要决定因素如下：

－候选人对被评估对象的熟悉程度；

－候选人的独立性。

由于该小组的主要作用是向评估小组提供关于主题事项的建议，因此在主题和评估方法论方面的技术能力至关重要。然而，需要解决的一个风险是，特别是在对公共卫生问题进行评估时，小组成员可能倾向于某一特定的思想流派，并会影响评估设计的方向。在选择阶段并不总是能完全确定这种偏见，所以评估专员需要在整个评估过程中意识到这种风险。在实际层面上，如果被评估者认为评估的设计和管理存在偏见，那么可能很难确定评估报告的所有权、适当利用和后续行动。

小组的组成还需要由另外两个因素加以平衡。

● 成员对评估过程和方法论的了解，以及他们的经验（年限、相关领域）。重要的是，专门评估管理小组不仅要有熟悉评估过程和方法的成员，而且要有方法论问题的专家，以便他们能够监测数据收集和分析过程，以及方法是否严谨和可接受。在专门评估管理小组中包括几名专题专家和至少一名评估专家是一个理想的组合。评

估专家协助保持评估过程的正常进行。如果只有技术专家，评估工作有可能会偏离工作计划。

● 小组的地域和性别平衡。认为管理小组在地理上和性别上都具有代表性，对接受和使用评估成果有很大影响，在某些规划领域尤其如此。然而，在考虑地域多样性时，必须指出，这可能会增加评估所需的预算。需要从资金效益的角度来考虑让世界各地的成员参与进来的成本。也许可以组织虚拟会议或利用定期会议，以最低的额外费用安排连续会议。

专门评估管理小组的职能包括：

-确定或确认评估管理员的形象、能力、作用和责任；

-参与职权范围的起草和审查；

-批准评估小组的选择；

-批准评估工作计划；

-批准评估的初始报告；

-监督评估的进展和进行；

-审查评估报告草案并确保最终草案符合适当的质量标准。

评估管理员应随时向专门评估管理小组通报进展情况，并应随时答复评估小组的问题。随着评估过程的进展，专门评估管理小组可以向评估小组提出更多的想法和建议供其考虑。

3.5.4 评估小组组长

评估小组组长负责：

-在整个评估周期内实施评估，包括制定工作计划，编写初始报告、草案和最终报告，并根据需要向评估管理员和利益攸关方介绍进展情况和主要结果及建议；

-监督评估小组的工作；

-酌情与评估管理员和专门评估管理小组进行联络。

3.5.5 评估小组

还必须注意评估人员的必要资格和能力。对主题事项的技术能力是基本要求。然而，由于实地考察涉及不同的地理和文化领域，其他"软"技能是一个额外的优势。这些软技能组合包括语言能力、对当地情况的了解以及人际和跨文化交流能力。作为参考，UNEG制定了指导文件，阐明了评估人员的核心能力，其中包括对联合国背景的了解、技术和专业技能、人际交往技能、个人素质和管理技能等标准（UNEG，2008b）。

在甄选评估小组成员时应考虑以下方面：

-技术和行业专长；

-对定量和定性评估方法的深入理解和经验；

-以往开展评估的经验；

-展示分析和写作能力；

-诚信、公正和人际交往能力。

评估小组的甄选过程必须确保小组的人员组成在意见、背景和性别方面保持平衡。此外，还必须确保评估小组所有成员都是公正的，没有利益冲突（见 WHO 电子手册，第 VI. 2. 4 节）。

选择将要开展评估工作的小组对评估的质量而言十分重要。一个评估小组可以由内部或外部评估人员组成，或两者结合。小组中评估人员的数量取决于诸多因素。多方面的评估需要由多门学科的专业团队开展。选定的成员必须为团队带来不同类型的专业知识和经验。理想的团队应代表一种平衡的组合，即对该特定评估所需的评估方法的了解，对待评估对象的了解，对评估发生的背景或对类似情况的熟悉程度，以及对评估中的跨领域问题（如性别）的了解。

根据每项评估的具体要求，在决定评估小组的人员组成时，有三个主要考虑因素：

Ⅰ. 内部或外部评估人员

内部评估人员分为两类：对正被评估的规划/地点具有内部影响的评估人员；世卫组织内部的评估人员，但来自其他规划/地点。外部评估人员是与被评估实体无关的国家和/或国际评估人员。世卫组织可根据本组织的采购规则和条例选择外部评估人员。根据世卫组织的评估政策，IOS 将建立和维护一个可从中挑选评估人员的评估专家数据库，并定期更新。在国家层面的评估中，评估小组应将国家成员（带来的地方观点和经验）和外部成员（带来的外部观点）结合起来。选择外部评估人员与选择内部评估人员相比有优势也有劣势（见表4）。

表4 内部评估人员和外部评估人员的优势和劣势

	优势	劣势
内部评估人员	• 内部评估人员了解世卫组织以及其规划和业务；他们了解并能解释世卫组织工作人员和合作伙伴的行为和态度；他们可能拥有重要的非正式信息 • 他们为工作人员所熟知，因此可能不会造成太大焦虑或干扰的威胁 • 他们可以更容易地接受和促进评估结果的使用 • 他们的费用通常较低，招募他们不需要耗费时间进行谈判 • 他们有助于提高世卫组织的评估能力	• 内部评估人员可能缺乏客观性，从而降低评估结果的可信度 • 他们倾向于接受本组织的立场 • 他们通常太忙而无法充分参与 • 他们是权力结构的一部分，可能受到组织角色冲突的制约 • 他们可能没有足够的知识或经验来设计和实施一项评估 • 他们可能不具备特殊主题的专业知识

	优势	劣势
外部评估人员	• 外部评估人员可能更客观，更容易提出建议 • 他们可能不受组织偏见的影响 • 他们可以提供新的视角和额外的见解 • 他们可以提供更多的评估技能和技术专长 • 他们能够全身心投入评估 • 他们可以作为各方之间的仲裁人或调解人 • 他们可以使本组织接触到更多的技术资源	• 外部评估人员可能不了解本组织以及其政策、程序和个性；他们可能不知道影响建议可行性的制约因素 • 他们可能不熟悉当地的政治、文化和经济环境 • 他们可能倾向于产生非常理论性的评估结果（如果来自学术机构），并可能被视为对手，造成不必要的焦虑 • 他们可能成本很高；他们可能需要更多的时间进行合同谈判、指导和监督；他们可能希望获得更多的合同（从而影响他们的公正性）

资料来源：摘自 UNICEF（1991）。

Ⅱ. 机构或个人的评估人员

雇用个人进行评估的成本一般低于雇用机构的成本；但是，也需要考虑机构的品牌效应和信誉所带来的附加值。在大多数情况下，现有资源决定了是否可以考虑雇用机构。在公共卫生评估中，同样受制于资源的可用性，具有全球范围的大型评估往往由公共卫生学术机构进行。表5概述了机构评估人员与个人评估人员的优势和劣势。

表5　个人评估人员与机构评估人员的优势和劣势

	优势	劣势
个人评估人员	• 个人可能会带来特定主题的专业知识和多年的经验 • 个人团队成员的不同背景有助于辩论和讨论，从而丰富工作内容 • 个人的费用可能比机构低 • 个人可能更容易接受紧要关头对职权范围或其他安排做出的变更 • 特别是对国民来说，评估过程可以为个人专家的能力发展和学习提供机会	• 确定个别顾问是很费时间的，而且仅仅根据其申请中的主张来选择评估小组成员是有风险的 • 一个从未合作过的专业团队可能难以在工作中形成凝聚力和一致性，内部冲突会影响工作进度 • 时间表的变化会导致费用、每日津贴和差旅安排方面的额外费用 • 后勤服务必须由国家办事处提供
机构评估人员	• 除非职权范围发生变化，否则费用是按照套餐商定的，不太可能有变化 • 团队成员习惯于一起工作 • 机构保证成果的质量 • 保证多专业的方法（只有在合同中要求的情况下） • 雇用程序，尽管可能比个人的雇用程序长，但通常更容易 • 机构制定评估的方法或建议 • 如果评估人员突然无法工作（如生病），机构会负责提供替代人员	• 费用可能会更高，因为其中包括机构的管理费 • 如果该机构对该主题或该组织进行了过多的接触，那么该项工作的可信度可能会受到影响 • 团队成员往往有类似的方法和观点，因此失去了不同立场的丰富性 • 竞标程序可能漫长而烦琐 • 机构可能难以提供本国和国际人员

资料来源：摘自 UNDP（2009）。

Ⅲ. 独家采购或竞标

世卫组织的合同财务细则确定了要遵循的程序。如果评估预算超过了既定的门槛（WHO，2012），则必须遵循竞标程序。无论如何，必须有一份确认供应商选择和费用的授标报告。可以考虑全面征求建议书或征求报价。

3.6　管理利益冲突

世卫组织将利益冲突定义为"专家所申报的可能影响或被合理认为影响专家向世卫组织提供建议的客观性和独立性的任何利益"（WHO，2011b）。如世卫组织评估政策所述，可以在组织、职能和行为层面说明独立性问题，以减少潜在利益冲突。

评估专员需要了解任何动态，即评估小组组长除了满足委托组织的要求外，还可能对报告有其他目标（例如，针对评估界的学术文件）。这种潜在的冲突来源需要在评估过程中尽早予以充分解决。

评估人员必须将任何潜在或实际的利益冲突告知世卫组织和利益攸关方。外部评估人员应签署一份利益声明书。世卫组织工作人员必须遵守《世卫组织电子手册》和《工作人员的道德原则和行为：世卫组织政策和实践汇编》（WHO，2009a）。世卫组织工作人员必须根据世卫组织的指南（WHO，2011b），将任何利益冲突告知评估管理员。此外，评估人员必须通过签署《联合国系统评估人员行为守则》（UNEG，2008），遵循 UNEG 评估人员道德指南中所载明的道德原则要求。评估工作计划应解决任何潜在或实际的利益冲突，并说明为减轻其负面影响而采取的措施。

如果在评估过程中发现或出现了利益冲突，评估管理员应决定是否撤换评估人员。如果利益冲突的性质使评估工作受到影响，评估专员应决定是否需要终止评估工作。

3.7　制定评估工作计划

评估小组应完善评估问题和方法，并应在工作计划中明确指明需要开展的工作时间表。

首先，应审查评估目标和问题，并应在工作计划中按主题领域、按逻辑解决这些问题所需的数据，按产出、结果或影响，或者按其他标准进行合理的分组。然后，工作计划应概述将收集的数据以及所收集的信息与每个评估问题的关系。还需要制定时间表来指导工作的进展。评估工作计划的主要目标如下：

-为评估人员提供一个机会，根据职权范围中规定的初步想法和参数确定可行的做法，提出改进建议，并提供具体解释；

-通过确定要遵循的程序、谁该做什么、费用是多少以及何时完成任务，告知评估情况；

-作为在整个评估实施过程中管理交付的主要参考。

重要的是，评估小组和评估专员在开始评估时必须清楚地了解如何进行评估。评估工作计划应得到专门评估管理小组的批准。经批准的工作计划作为评估专员和评估小组之间达成的协议，确定了实现评估目标的最佳方法。

评估工作计划模板的示例指明了目标、活动、数据来源、时间框架和评价小组的负责人。

3.8　编制初始报告

对于较为复杂的评估而言，初始报告是验证工作计划和提供实施路线图的一个有用步骤。初始报告通常根据职权范围、工作计划、初步会议和案头审查进行编写，以说明评估小组对正在评估内容的理解，包括战略、框架分析、活动、产出、预期结果及其相互关系。初始报告应评定以下内容的有效性：

　　-评估的目的和范围，明确说明目标和要审查的主要内容；

　　-用于评定绩效和理由的评估标准和问题；

　　-评估方法，描述将使用的数据收集方法和数据来源，包括选择这些方法的理由和它们的局限性，讨论它们在评估中的可靠性和有效性，以及抽样计划（如适用）；

　　-评估工作计划，确定关键的评估问题，以及如何通过选定的方法来回答这些问题；

　　-修订后的关键里程碑、可交付成果和责任的时间表；

　　-详细的资源要求，与工作计划中详述的评估活动和交付成果相关联。

初始报告提供了一个早期机会，以确保在评估小组和评估专员共同理解的基础上，评估过程按预期进行，并根据需要完善职权范围。为了确保评估的质量和随后的可接受性，评估管理员和评估专员以及专门评估管理小组必须对初始报告进行与报告草案一样的彻底审查。

第 4 章　开展评估

本章概述了确保评估工作按照其职权范围实施的必要步骤，其中描述了如何确定信息需求、选择数据收集工具和向评估小组提供充分的支持。本章还介绍了世卫组织的评估质量保证和控制体系。

4.1　确定信息需求和数据收集方法

4.1.1　数据收集

评估将需要选择符合其目的的数据收集方法。表 6 列示了评估最常用的数据收集方法，并阐明了所述每种方法的优势和挑战。

最常用的方法是文件审查、直接观察和访谈。虽然访谈是评估的核心，但评估人员必须为将列入结论或建议中的问题寻求额外的信息来源和证据。重要的是要区分访谈所具有的价值，这取决于它们所代表的专业知识或信息的水平；在实践中，一些受访者的意见只是比其他人的意见更重要或更明智。访谈可以是结构化的，以同样的方式向所有受访者提出同样的问题。其他的访谈则采用滚雪球的方法，即对下列受访者进行5~10次访谈后观察到的模式，从而丰富了讨论和访谈的内容。

评估小组需要在数据收集时考虑如下因素：

-方法上的严谨性。

-成本效益。

-有效性、可靠性和可信度。

表6　评估中使用的常见数据收集方法概述

方法	描述	优势	挑战
监测和评估系统	●这是由常规的、定点的调查和业务研究组成的；这是对项目、方案和组织进行描述、规划和预算的内在评价系统 ●使用绩效指标来衡量进展情况，特别是对照预期结果的实际结果	●可以成为评估产出和成果进展的可靠的、具有成本效益的、客观的方法	●依赖于可行的监测和评估系统，该系统已经确定了基线指标和目标，并在一段时间内收集了与目标有关的可靠数据，以及与结果指标有关的数据
现有报告和文件	●现有文件，包括关于倡议/项目、产出和结果的定量和描述性信息	●具有成本效益	●文件证据可能很难在回答问题时进行编码和分析 ●难以验证数据的可靠性和有效性
问卷调查	●提供标准化的方法，以从大量或多样化的利益攸关方处获得关于广泛主题的信息，以了解他们的态度、意见、看法和满意度	●有利于以相对较低的成本快速收集关于广泛主题的描述性数据 ●易于分析 ●给予受访者匿名权	●自我报告可能会导致提交片面的报告 ●数据可能提供一个概貌，因此可能缺乏深度 ●可能没有提供足够的背景信息 ●受到采样偏差的影响
访谈	●征求面对面答复预先确定的问题，以获得关于一个人的印象或经历的深入信息，或了解更多关于他们对问卷或调查的回答	●促使某一专题的信息更全面、更广泛及更深入	●可能很耗费时间 ●可能难以分析 ●可能成本很高 ●访谈者有可能对客户的回答产生偏见 ●认知/三角测量要求
现场观察	●必须使用详细的观察表来记录关于项目如何运作的准确信息（包括正在进行的活动、过程、讨论、社会互动以及在活动过程中直接观察到的可观察的结果）	●能看到正在发生的项目运作情况 ●能在事件发生时进行调整	●可能难以对观察到的行为进行分类或解释 ●可能花费较高 ●受到（场地）选择偏差的影响

方法	描述	优势	挑战
小组访谈	• 由6~8人组成的小组一起接受采访，深入探讨利益攸关方的意见、相似或不同的观点或判断，以及关于他们对某项活动的行为、理解和看法的信息或收集有关某项活动带来的有形和无形变化的信息	• 快速、可靠地从不同利益攸关方那里获得共同印象 • 在短时间内获得广泛而深入信息的有效方式	• 可能很难分析答复 • 需要训练有素的引导者 • 可能难以安排 • 认知/三角测量要求
关键知情人	• 对广泛的利益攸关方进行定性的深度访谈，通常是一对一进行，该等利益攸关方对项目的运作和背景拥有一手的资料，这些社区专家可以提供对问题的专门知识和理解，并可以推荐解决方案	• 能对问题的性质提出见解，并给出解决方案的建议 • 能就一个问题或几个问题提供不同的观点	• 受取样偏差的影响 • 必须采用特定方法来核实或验证信息
专家组	• 由外部专家组成的同行评审或参考小组，就评估所涉及的技术或其他实质性专题提供意见	• 增加可信度 • 可以作为额外的（专家）信息来源，提供更广泛的深度 • 可以核实或验证专题领域的信息和结果	• 咨询费用和相关费用（如果有） • 必须确保公正性，且没有利益冲突
案例研究	• 通过对案例的交叉比较研究进行全面审查，以获得深入的信息，目的是充分了解一个项目或方案的运行动态、活动、产出、结果和互动	• 有助于充分探讨促进产出和结果的因素	• 需要大量的时间和通常不能用于委托评估的资源 • 可能难以分析

资料来源：UNDP（2009）。

4.1.2 数据质量

两个主要标准决定了数据的质量（Bamberger，Rugh & Mabry，2006）：

■可靠性是指测量的一致性［例如，确保某一特定的数据收集工具（如问卷调查表），在类似条件下实施的情况下，将得出相同或类似的答复］；

■有效性是指测量的准确性（例如，确保某一特定的数据收集工具实际测出了其所要测量的内容），它还指根据数据中得出的推论或结论均合情合理的程度。

有三个广泛的战略可以提高评估的可靠性和有效性（UNDP，2009）：

■提高取样的质量（以确保更具有代表性）；

■提高数据收集的质量（确保问卷调查、访谈时间表、观察协议或其他数据收集工具经过测试，如通过试点方法，并对收集的证据进行审查，以确保准确性和一致性）；

■使用混合的数据收集方法并建立策略（例如，三角测量或多个数据来源），以使用多个证据来验证或交叉检查数据，而不是只依赖一种来源。

可信度是指评估证据和结果被利益攸关方特别是评估结果的使用者认为是有效的、可靠的和公正的程度。

4.1.3　数据的分析和总结

数据分析是一个系统的过程，包括对所收集的信息进行组织和分类，将其制成表格，进行总结，并将结果与其他适当的信息进行比较，以提取应对评估问题并实现评估目的的有用信息。数据分析旨在发现证据中的模式，或者通过分离重要发现，或者通过结合信息来源来达到更广泛的理解。这是通过系统地对所收集的数据进行编码和整理以从大量证据中解读事实，从而确保其准确性，根据需要进行统计分析，并将数据转化为与每个评估问题相关的可用格式或分析单元的过程。

图3列明了数据分析和总结的不同阶段，包括分析计划、解释评估结果、得出结论、提出建议和经验教训。

分析计划

- 分析计划应被纳入初始报告中详细说明的评估设计和工作计划中；这是一项重要的评估工具，描绘了如何组织、分类、相互关联、比较和显示相对于评估问题所收集的信息，包括如何整合多个来源，特别是那些以叙述形式提供数据的来源，以及任何将用于整合或展示数据的统计方法（例如，计算、总和、比例、成本分析等）；应说明数据分析可能面临的挑战和限制；分析计划应与选择数据收集方法同时编写，而不是事后编写

解释评估结果

- 这是一个赋予分析得出的评估结果意义的过程；它摘自事实、陈述、意见和文件中信息的汇总和总结，并将数据中的发现转化为对结果的判断；在这些结论的基础上提出今后采取行动的建议；解释是确定评估结果意义的工作，使评估过程中收集的证据及其有效性的实际应用具有意义

得出结论

- 结论是在总结经验性结果或与具体情况相对应的事实性陈述的基础上作出的合理判断；结论不是评估结果，而是赋予评估结果以意义的解释；当结论与证据直接相关，并可以在适当的分析和总结方法的基础上进行论证，以总结评估结果时，则视为结论有效且可信

- 结论应该：
- 解决评估的既定目标，并回答评估问题；
- 考虑比较结果的其他方法（如与项目目标、比较组、国家规范、过去绩效或需求进行比较）；
- 对评估结果提出其他解释，并说明为什么不予考虑这些解释；
- 为推荐与结论一致的行动或决定奠定基础；
- 只限于评估结果适用的情况、时间段、人员、背景和目的

图3　数据分析和总结的步骤

> **提出建议**
>
> - 建议是以证据为基础的、针对评估用户的行动建议；建议应以结论为基础；然而，形成建议是评估的一个独特要素，它需要的信息多于形成结论所需的信息；制定建议包括在更广泛的背景下权衡有效的替代方案和政策、资金优先权等；这需要深入的背景知识，特别是关于将做出政策和规划决定的组织背景，以及该倡议实施所在的政治、社会和公共卫生背景；建议的制定应有利于制定管理层对策；建议必须是现实的，且必须反映出对评估专员的组织和后续行动的潜在限制的理解；每项建议都应明确指出其目标群体，并规定所建议的行动和理由

> **经验教训**
>
> - 经验教训包括从特定情况（倡议、背景结果，甚至评估方法）中获得的新知识，这些知识适用于其他类似的环境，并对其有用；经验教训往往突出了准备、设计和实施过程中影响绩效、结果和影响的优势或弱势

图 3　数据分析和总结的步骤（续）

资料来源：CDC（1999）、UNDP（2009）。

如果评估人员发现欺诈、不当行为、滥用权力和/或侵权的证据，他们应根据世卫组织的预防欺诈政策，秘密地将该事项提交给相应级别的直接管理部门和/或 IOS 主任。评估不应取代或用于调查目的以及个人人力资源事项的决策。

4.2　向评估小组介绍情况并提供支持

评估的成功与否取决于评估管理员对评估小组的支持和合作程度。支持评估小组时不应干涉评估过程，以免影响评估的独立性。

特别是对于外部评估来说，保持最终报告的相关性，尤其是其各项建议的相关性是一个主要问题。从评估专员的角度来看，提出渐进式的进展可能比面对更激进的变革更容易被接受、更加有效，后者可能会使整个方案管理面临风险，并影响报告的可接受性。因此，必须确保报告不仅是准确和完整的，而且对被评估者和评估专员都是相关和有效的。

评估小组与方案管理层和执行者之间存在误解的风险。如果方案是在困难甚至危险的政治和地理环境下实施，进展可能非常有限，但仍可能比同一地点的其他方案进展要好。在这种情况下，一份批评方案成果减少或尽管有正当理由但未能按时取得预期成果的无关痛痒的报告可能会造成分歧。

4.2.1　管理评估小组

在这方面，评估管理员必须做到：

■组织向评估小组介绍评估的目的和范围，解释评估专员和评估利益攸关方在评估过程和评估成果的质量标准方面的期望，应向他们提供相关的评估政策指南和质量标准，尤为重要的是应要求评估人员遵循 WHO（WHO，2009a）和 UNEG 的道德原则（UNEG，2008a）；

■确保向评估小组提供所有信息，并在评估小组收集所需数据的过程中遇到困难时提供支持；

■根据评估小组组长的要求，提供小组应会见的利益攸关方的初步名单和联系方式；

■向合作伙伴和利益攸关方介绍评估小组，以促进初步联系；

■安排会议、访谈和实地考察（如适用），但不参与其中，因为这可能妨碍评估的独立性；

■通过评估任务保持沟通，以便在评估小组遇到困难时能够及早进行故障排除；

■对评估小组编写的工作计划和初始报告提供意见和质量保证；

■根据需要，确保顾问、利益攸关方和其他陪同的世卫组织工作人员的安全；

■为评估小组的后勤安排规划提供支持。

4.2.2　运行支持

根据合同条款，在许多情况下，评估专员和/或评估管理员有责任为评估小组提供后勤支持。

良好的后勤和行政管理将有助于评估小组会见相关人员，观察所需的场所和实践。此外，评估小组花在后勤和行政上的任何时间都可能占用其核心工作的时间。

在规划评估小组的实地考察时，需要考虑的后勤方面的事项包括：

-告知国家办事处/被评估人有关评估和要求，并获得其配合；

-提供关键利益攸关方的名单，并说明他们的专业领域和合作程度；

-安排世卫组织的相关工作人员向评估小组介绍当地的情况和条件；

-在完成实地考察之前，安排评估小组进行汇报；

-与评估小组合作，选择利益攸关方进行调查/采访；

-安排与关键知情人的当地会议；

-提供差旅（飞机或其他交通工具）预订；

-提供酒店预订；

-获得签证、安全审查和邀请函；

-在出现任何紧急情况或意外情况时充当后援。

4.3　保证质量

世卫组织的目标是建立一个质量机制，以确保：

-控制措施到位，以核实在本组织内各级开展的个别评估符合专业质量标准（OECD，2010a；UNEG，2012b），同时满足其目标用户的信息需求，以及世卫组织的评估政策；

-保证评估政策在整个组织内得到有效和高效的实施。

4.3.1　个体评估的质量控制

遵循专业质量标准

本手册中描述的评估过程、方法和管理结构旨在确认个体评估的内容和程序符合专业评估标准和职权范围中阐述的具体要求。这种控制在不同的层面上由下列各方实施：

－评估小组组长，负责评估报告的质量和相关性，以达到职权范围的目标，并且必须阐明质量机制，即将作为工作计划的一部分来指导评估工作；

－评估管理员和（如适用）专门评估管理小组，负责审查和批准职权范围、评估工作计划以及初始报告、草案和最终报告。

质量控制是一个持续的过程，贯穿于整个评估过程。评估管理员和专门评估管理小组必须确保 UNEG 的标准得到遵守，同时牢记质量保证安排的确切性质取决于评估的范围和复杂程度，并且应在确定特定评估的组织和管理时予以决定。

当满足以下条件时，即视为实现质量控制（Danida，2012）：

■评估计划和职权范围是一致的，以确保理由、目的、目标和可用于计划评估的资源之间有清晰的逻辑。如果聘请了外部顾问，招标程序将规定质量保证的标准，并明确指出这些标准属于对投标者要求的一部分。投标者的质量保证设置和方法也被列为技术建议书的一部分。

■评估小组的独立性和公正性的原则从甄选到完成都得到了遵守。

■初始报告是清晰的，其方式和方法符合专业质量标准。

■实地工作采用稳健的方法，即采用最能回答评估问题的方法，以确保结果和结论的有效性和可靠性。

■评估报告解决了职权范围中列出的所有评估问题；评估结果是在确凿证据和高质量、一致分析的基础上得出的；评估结果、结论和建议之间有明确的联系。

■相关利益攸关方对报告草案进行评论，并签署/批准初始报告、工作计划、进度报告和评估报告的最终版本。

■在报告定稿时，酌情考虑同行评审员的意见。

评估管理员和专门评估管理小组在审批时应完成"评估职权范围检查表"和"评估报告检查表"，作为验证个体评估工作的参考。完成的检查表应转交给 GNE 的协调人。

遵守世卫组织的评估政策

评估工作还必须遵守世卫组织的评估政策。评估管理结构负责确保按照政策开展评估。

为了实现这一目标，GNE 将进行质量检查，以审查各项评估是否符合世卫组织的评估政策，以及是否遵守了关于性别、平等和人权的相关政策。

4.3.2 世卫组织评估职能的质量保证

评估政策和整体评估职能为世卫组织内的评估工作提供了总体质量保证框架。

GNE 将为定期审查（如每三年一次）评估政策的执行情况和整个世卫组织更广泛的评估质量保障体系制定一项建议。这一建议将与世卫组织的其他问责方式保持一致。它将包括对评估材料和成果的同行审查、元评估，以及对整个世卫组织应统一使用的特定方面的培训，以确保评估成果和评估职能的有效性。评估政策将得到相应的更新。

最终，本组织根据世卫组织的评估政策，通过世卫组织评估网站公开提供所有评估成果（如评估报告和后续文件）。这一机制的透明度使所有利益攸关方有机会获得相关的评估文件，并且促进世卫组织的问责制。

第 5 章　报　告

本章不仅详细介绍了制定高质量评估报告的要求，还描述了世卫组织制定的同行评审程序。

5.1　编制评估报告草案

一份书面报告是评估过程的主要产出。评估报告草案应具有逻辑结构，并应包含基于证据的结果、结论、经验教训和建议。根据 UNEG 质量标准，评估报告应符合下列要求：

-结构合理，内容完整；

-描述正在评估的内容和原因；

-确定用户关心的问题；

-解释用于回答这些问题的步骤和程序；

-针对问题，提出有可靠证据支持的结果；

-承认局限性；

-在证据的基础上得出结论并就结果总结经验教训；

-从结论和经验教训中提出具体的、可用的建议；

-牢记如何应用评估。

图 4 中的报告要素构成了一个标准的结构，而所有的评估都应该考虑到这些要素。

执行摘要

• 对大多数利益相关者来说，执行摘要是报告的重要部分；它应该简短，并应简要概述评估的主要结论、建议和经验教训，即评估的目的、背景和范围、方法、主要结果、教训和建议

引言或背景

• 引言介绍评估的范围，并概述被评估的项目、方案或课题，即逻辑和假设、活动状况、评估的目标和亟待解决的问题

图 4　评估报告结构

方法：数据收集的各个阶段（案头审查、实地考察等）

- 报告的这一节说明在进行评估时选择项目、方案或课题周期中关键点的原因，并解释为什么选择国家或案例研究进行详细审查
- 本章节报告信息的收集方式（使用调查问卷、官方数据、访谈、重点小组和研讨会）
- 本章还介绍该方法的局限性，并描述遇到的问题，如关键人物无法接受采访或无法获得文件，或项目设计中的指标存在局限性

结果

- 数据相关的结果报告（发生了什么，为什么，相对于预期的结果，取得了什么实际成果，发生了什么积极或消极的预期或非预期的影响，对目标群体和其他人有什么影响）；所有结果都应辅有证据予以佐证

结论

- 结论是根据评估标准和绩效标准对项目、方案或课题的总结性评估；结论回答了评估的目标和关键问题

经验教训

- 本节介绍有可能更广泛地应用和使用的一般经验；也可以从问题和错误中吸取经验教训；应明确说明可应用这些经验教训的背景

建议

- 建议应向利益相关者提出可行的提议，以纠正现有的不良状况，并应包括有关类似性质的项目、方案或主题的建议；在实施每项建议之前，应明确说明建议所要解决的问题；一项高质量的建议是一项满足下列条件的可行提议：
    - 在现有的时间框架和资源范围内可以实施
    - 与项目或方案团队和合作伙伴的现有能力相称
    - 具体到谁将做什么，什么时候做
    - 包含基于结果的语言（即可衡量的绩效目标）
    - 包括权衡分析，即建议的实施可能需要利用本该应用于其他目的的大量资源

附件

- 附件应包括评估的职权范围、受访者名单、审查的文件等；对评估结果的不同意见或管理层的对策可在稍后予以附加

图 4 评估报告结构（续）

资料来源：UNEG（2010）。

评估报告的质量检查表必须由评估管理员或评估管理小组完成。一旦经过评估专员的确认，该检查表应与评估报告一起提交至评估登记处。在人道主义项目评估的特殊情况下，人道行动问责和绩效动态学习网络制订了一份世卫组织建议的用于评估报告质量的形式检查表（ALNAP，2006）。

5.2　最终评估报告

在最终报告公布之前，报告草案是向评估小组提供反馈的最后机会。评估管理员和评估专员（如适用，还有专门评估管理小组）应审查评估报告草案的质量，即对事实的不准确之处提出意见，并且（如适用）核实建议是否可行。意见应限于有关应用方法、事实错误或遗漏的问题，以保障评估工作的独立性。

评估专员可以要求 GNE 对评估的技术严谨方面进行评价。

GNE 平台旨在促进同行之间对评估事项的讨论。因此，可以与网络中的同行讨论预估过程中遇到的任何困难，并对可能做出的选择进行思考。

一份高质量的最终报告应做到：

－发送给适当的利益攸关方（根据职权范围并与评估专员达成一致）；

－解决职权范围中提出的所有问题；

－基于对目标用户对成果的需要和需求所做的评估，以确保成果的相关性、有效性、有用性和价值；

－为特定受众设计，同时考虑功能需求和技术水平；

－与决策需要相关；

－及时性；

－以清晰且易于理解的语言编写；

－以评估信息为基础，无任何偏见；

－基于以清晰方式提供的数据；

－通过参与式程序制定，并通过相关利益攸关方的质量审查程序的验证，但要符合职权范围中列出的方法并与评估专员达成一致；

－以最具成效和效率的方式，方便目标受众获取；

－在成果展示时保持一致，以提高知名度和学习效果。

评估小组组长负责根据从评估管理员、评估专员和专门评估管理小组或其他利益攸关方处收到的意见，酌情对报告草案进行定稿。

第6章　评估结果的交流、使用和后续行动

本章介绍了如何使用和跟进评估结果，使评估过程的回报最大化。

本章详细介绍了确保充分传播评估报告的标准，分享评估结果和经验教训的最佳做法，以及向评估小组汇报带来的好处。还概述了管理层回应的要求和世卫组织制定的后续程序。最后，本章描述了评估如何为世卫组织的规划周期提供信息。

6.1 交流

6.1.1 汇报

评估小组组长和相关小组成员与评估专员、评估管理员和专门评估管理小组进行正式或非正式的汇报，这为确保记录报告中未涵盖的重要内容提供了机会。也可以讨论在报告中可能没有明确提出的微妙的发现。这种汇报也提供了一个机会来讨论那些没有重要到可以列入报告但在以后的评估中应多加注意的领域。

评估小组成员经常发现的需要进一步注意的问题，但没有纳入到评估报告中，这类问题可以在汇报会上提及，也可以在评估报告文件（如交割备忘录）结尾处记录下来。

6.1.2 传播评估报告

通常由评估专员负责分发报告。评估的职权范围通常规定了对传播方面的期望。然而，评估过程中的结果可能需要对传播计划进行修改，或对报告的接受者名单进行补充。

虽然主要和最重要的接受者是有权对评估结果采取行动的个人（通常是高级管理人员），但与参与评估过程的人员分享报告，作为对他们投入的反馈，也是一种良好的做法。

常见的传播方法包括印刷报告（用于相关会议）、评估成果的电子版、在世卫组织网站上发布、通过电子邮件信息和列表服务，以及只读光盘驱动器。所有评估成果都将在世卫组织评估网站上提供。如果使用得当，媒体可以成为传播评估结果、建议和经验教训的有力伙伴。

6.1.3 分享结果和经验教训

学习和积极利用评估中产生的知识是评估工作最重要的内容之一。应在方案和项目设计之初就分配好有效跟踪和学习所需的时间和资源。虽然技术方案通过在技术会议上的介绍和出版物分享其评估结果，但评估结果、结论和建议的主要传播渠道则是简报、介绍、GNE、世卫组织评估网站以及向理事机构和世卫组织高级管理层提交的年度报告。

GNE 在分享评估结果和经验教训方面发挥着重要作用。GNE 的虚拟会议专门为此目的安排了特定的时间。

GNE 将协助更新登记程序和世卫组织的评估图谱。登记册将由 IOS 定期更新。登记册将张贴在世卫组织评估网站上。

世卫组织评估网站将提供对整个组织发布的评估报告的访问权限，以及关于评估过程和方法的通用信息，包括本手册。这将确保与评估有关的文件受到所有利益攸关方的监督。

报告还应与评估专员确定的所有利益攸关方共享。建议将评估报告的目标接收者名单列入评估职权范围的附件中。

6.2　评估结果的使用和后续行动

6.2.1　起草管理层回应

评估在以下方面发挥着关键作用：①作为实现计划成果和影响（结果）以及项目、方案和机构绩效的证据来源，从而支持方案改进和问责制；②作为促变因素，促进知识建设和组织学习。

然而，一项评估的价值在很大程度上取决于最终对其建议的利用，这一点由以下因素决定：

-在时间上的相关性，以确保其结果可以为关键决策提供参考；

-报告的可信度，来自报告的独立性、公正性、明确的方法和质量；

-对其建议的接受程度，这与内部和外部利益攸关方的参与以及建议的质量直接相关，这些建议必须是可实施的；

-管理层回应是否恰当，是否传播和使用了评估结果以增进组织知识。

评估报告中的建议构成了评估过程中附加值的综合。每项评估都应该有一个明确的所有者，如一个组群、计划、办公室或项目的负责人员。通常情况下，评估专员是确定的评估所有者。

确定的所有者应确保及时向适当的国家办事处负责人、区域主任、部门负责人、助理总干事或总干事（视情况而定）发出适当的管理层回应。建议商定一个提交管理层对评估回应的最后期限。在制定管理层回应的过程中，应让所有关键的评估利益攸关方参与对关键问题、结果和建议的思考。在这方面，从一开始就建立一个包容性强的专门评估管理小组是很有价值的。在这一过程中，要确定并商定后续行动以及应该执行这些行动的人。

拟备管理层回应并不是一次性的活动。其中应该记录从评估工作中获得的成果，并将其纳入新方案和项目的设计或未来成果的定义中。

管理层回应通常以矩阵的形式拟备，要求对每项建议进行反馈（例如，接受、不接受、部分接受），并列出行动清单。评估的所有者有责任制定一份行动计划，明确落实建议的时间表。

GNE 可以提供支持，展示良好的管理层回应的示例，并在相关管理人员缺乏拟备该等回应的经验时澄清疑惑。管理层回应的实质内容由相关部门负责。但是，GNE 将检查管理层回应的质量，以确保建议得到回应并有机会得到落实。

6.2.2　为世卫组织的方案周期提供参考

将评估的后续进程制度化的主要目的之一是影响战略、方案和项目的规划和实施。因此，本组织各级评估专员应考虑评估在为干预措施或政策的后续阶段提供必要见解方面所发挥的作用，确保做到以下几点：

■计划评估内容说明了有关今后在紧要关头规划干预措施、政策或战略的关键问题，并为后续阶段或新的干预措施提供参考；

■评估的时间足以提供一份最终报告，可在设计未来的干预措施或政策时予以考虑；

■应用的方法足以提供正确的数据，以为今后的规划提供参考；

■正确的行动者参与其中，以确保他们对今后干预措施的承诺；

■最终报告中的结论和建议为今后发展提供了现实的选择；

■对评估建议的后续报告在一定的时间内进行，以便与本组织的规划过程保持一致；

■实施和后续过程清楚地表明如何以及何时就评估结果采取行动，以便为评估实体的方案周期提供参考。

在 PRP 的指导下，项目主任有责任确保业务计划中规定的项目和方案的产出/结果是可评估的，即它们是基于一套适当的 SMART（明确的、可衡量、可达成、现实和有时限）目标、绩效指标和相关的基线、目标和时间表，这些可用于衡量实现组织目标的进展。

逻辑框架的使用为项目周期管理提供了一个系统的规划程序，其中包括带有指标、产出、结果和影响的计划活动的绩效框架。该框架应强调项目的成功标准，并列出主要的基本假设和风险。[①] 逻辑框架方法是为解决问题，并考虑到所有利益攸关方的意见。确保世卫组织的干预措施解决逻辑框架矩阵或类似方法提出的问题，将有助于支持其可评估性。

世卫组织评估工作产生的知识为两年期业务规划、方案预算过程和总体工作计划的战略规划提供了投入。GNE 在整个组织传播评估结果并确保它们也为总部、区域和国家等层面的个别方案/项目的规划周期提供信息方面发挥着关键作用。为此，GNE 定期与世卫组织的规划和国家支持网络保持联络，以确保个别独立评估对绩效评估周期的补充，并确保评估被纳入规划和绩效评估，成为方案预算过程的一个组成部分。

6.2.3 后续行动

评估专员对评估建议的实施负最终责任。GNE 以系统的方式监测评估建议实施的后续工作。为了促进这一进程，GNE 的成员可以讨论并帮助协调管理层回应的准备工作。

管理层回应构成了监测被采纳建议和约定行动的基线，这反过来又为关于执行情况的后续报告提供参考。

设想能借助一种电子工具来监测及时落实建议的情况。IOS 将通过 GNE 向高级管理层发布关于建议执行进展的定期情况报告，并将每年向执行委员会报告。

---

① 风险是一个不确定的事件或系列事件，如果发生，将对组织目标的实现产生影响。风险根据威胁或机会发生的概率以及潜在的影响予以考虑。

文献引用

Active Learning Network for Accountability and Performance in Humanitarian Action（ALNAP）（2006）. Evaluating humanitarian action using the OECD-DAC criteria. London. Overseas Development Institute.

Bamberger M, Rugh J, Mabry L（2006）. Strengthening the evaluation design and the validity of the conclusions. Thousand Oaks, CA, Sage Publications.

CDC（1999）. A framework for programme evaluation. Atlanta, GA, Centers for Disease Control and Prevention（http：//www. cdc. gov/eval/framework/index. htm, accessed 18 July 2013）.

CTC（2013）. How does theory of change work? New York, NY, ActKnowledge/Center for Theory of Change（http：//www. theoryofchange. org/what-is-theory-of-change/how-does-theory-of-change-work/, accessed 18 September 2013）.

Danida（2012）. Danida evaluation guidelines. Copenhagen, Ministry of Foreign Affairs of Denmark（http：//www. netpublikationer. dk/um/11121/index. htm, accessed 14 August 2013）.

European Commission（2012）. EC evalsed: the resource for the evaluation of socio-economic development.

Brussels, European Commission/General Directorate for Regional Policy（http：//ec. europa. eu/regional_policy/sources/docgener/evaluation/guide/guide2012_evalsed. docm, accessed 16 September 2013）.

Leeuw F, Vaessen J（2009）. Impact evaluations and development. NONIE guidance on impact evaluation.

Washington, DC, Network of Networks for Impact Evaluation（http：//siteresources. worldbank. org/EXTOED/Resources/nonie_guidance. pdf, accessed 14 August 2013）.

OECD（1998）. Best practice guidelines for evaluation（PUMA Policy Brief No. 5）. Paris, Organisation for Economic Co-operation and Development（http：//www. oecd. org/governance/budgeting/1902965. pdf, accessed 13 August 2013）.

OECD（2010a）. DAC quality standards for development evaluation. Paris, Organisation for Economic Co-operation and Development（DAC Guidelines and Reference Series）（http：//www. oecd. org/dac/evaluation/qualitystandardsfordevelopmentevaluation. htm, accessed 14 August 2013）.

OECD（2010b）. Glossary of key terms in evaluation and results based management. Paris, Organisation for Economic Co-operation and Development（http：//www. oecd. org/development/peer-reviews/2754804. pdf, accessed 13 September 2013）.

Patton MQ（2011）. The debate about randomized controls in evaluation: the gold standard question.

Copenhagen, Ministry of Foreign Affairs of Denmark (http：//um. dk/en/~/media/ UM/Danish-site/Documents/Danida/Resultater/Eval/Patton_ RCT_ April_ 2011pdf. jpg, accessed 13 September 2013).

Trochim WMK (2006). Introduction to evaluation. In：Research methods knowledge base. New York, NY, Web Center for Social Research Methods (http：//www. socialresearchmethods. net/kb/intreval. php, accessed 14 August 2013).

UNDP (2009). Handbook on planning, monitoring and evaluating for development results. New York, NY, United Nations Development Group (http：//web. undp. org/evaluation/handbook/, accessed 13 August 2013).

UNEG (2008a). UNEG code of conduct for evaluation in the UN system. New York, NY, United Nations Evaluation Group (http：//www. uneval. org/documentdownload? doc_ id=100&file_ id=547, accessed 13 August 2013).

UNEG (2008b). Core competencies for evaluators of the UN system. New York, NY, United Nations Evaluation Group (http：//www. uneval. org/search/index. jsp? q = evaluators, accessed 14 August 2013).

UNEG (2010). UNEG quality checklist for evaluation reports. New York, NY, United Nations Evaluation Group (http：//www. uneval. org/documentdownload? doc_id=1409&file_ id=1851, accessed 28 February2013).

UNEG (2011). Integrating human rights and gender equality in evaluation - towards UNEG guidance. New York, NY, United Nations Evaluation Group (http：//www. unevaluation. org/HRGE_ Guidance, accessed 13 August 2013).

UNEG (2012a). Impact evaluation of UN normative work, UNEG Task Force on Impact Evaluation (IEFT). New York, NY, United Nations Evaluation Group.

UNEG (2012b). Norms for evaluation in the UN system. New York, NY, United Nations Evaluation Group (http：//www. uneval. org/papersandpubs/documentdetail. jsp? doc_ id=21, accessed 24 September 2013).

UNEG (2013). The role of impact evaluation in UN agency evaluation systems, UNEG Task Force on Impact Evaluation (IETF) (UNEG Guidance Note). New York, NY, United Nations Evaluation Group (http：//www. uneval. org/papersandpubs/documentall. jsp, accessed 4 September 2013).

UNICEF (1991). A UNICEF guide for monitoring and evaluation：making a difference? New York, NY, United Nations Children's Fund (http：//preval. org/documentos/00473. pdf, accessed 17 September 2013).

UNICEF (2011). How to design and manage equity-focused evaluations. New York, NY, United Nations Children's Fund (http：//mymande. org/sites/default/files/EWP5_ Equity_focused_evaluations. pdf, accessed 17 September 2013）.

Van den Berg RD, Todd D（2011）. The full road to impact: the experience of the Global Environment Facility Fourth Overall Performance Study. Journal of Development Effectiveness, 3: 389 - 413.

WHO（2005a）. Constitution of the World Health Organization. Geneva, World Health Organization, 2005（http: //apps. who. int/gb/bd/PDF/bd47/EN/constitution-en. pdf, accessed 14 August 2013）.

WHO（2005b）. Fraud prevention policy and fraud awareness guidelines. Geneva, World Health Organization（http: //intranet. who. int/homes/fnm/documents/fraudprevention. pdf, accessed 22 August 2013）.

WHO（2007）. Resolution WHA60. 25. Strategy for integrating gender analysis and actions into the work of WHO. In: World Health Assembly, First Special Session, Geneva, 9 November 2006, resolutions and decisions, annex. Sixtieth World Health Assembly, Geneva, 14 - 23 May 2007, resolutions and decisions, annexes. Geneva, World Health Organization（WHASS1/2006 - WHA60/2007/REC/1）（http: //apps. who. int/gb/ebwha/pdf_files/WHASSA_WHA60-Rec1/E/reso-60-en. pdf, accessed 17 September 2013）.

WHO（2009a）. Ethical principles and conduct of staff. Compilation of WHO policies and practices. Geneva, World Health Organization（http: //emanual. who. int/eM_RelCont_Lib/Ethical%20principles%20and%20conduct%20of%20staff [1] . pdf, accessed 28 February 2013）.

WHO（2009b）. Strategy for integrating gender analysis and actions into the work of WHO. Geneva, World Health Organization（http: //www. who. int/gender/documents/gender/9789241597708/en/index. html, accessed 2 August 2013）.

WHO（2011a）. Gender mainstreaming for health managers: a practical approach. Geneva, World Health Organization（http: //whqlibdoc. who. int/publications/2011/9789241501064_eng. pdf, accessed 17 September 2013）.

WHO（2011b）. Guidelines for Declaration of Interests（WHO Experts）. Geneva, World Health Organization（http: //intranet. who. int/homes/kms/documents/coi guidelines and procedure final. doc, accessed 17 September 2013）.

WHO（2012）. Procurement of services: revision of threshold for mandatory competitive bidding（Information Note 22/2012）. Geneva, World Health Organization（http: //intranet. who. int/admin/infonotes/2012en. shtml, accessed 17 September 2013）.

参考文献

Alkin MC, Ruskus JA. Reflections on evaluation costs. Los Angeles, CA, University of California Center for the Study of Evaluation, 1984.

Bamberger M, Clark M, Sartorius R. Monitoring and evaluation for results: some tools, methods and approaches. Washington, DC, World Bank. 2004 (http://documents.worldbank.org/curated/en/2004/01/11528617/monitoring-evaluation-some-tools-methods-approaches, accessed 16 September2013).

Bamberger M, Segone M. How to design and manage equity-focused evaluations. New York, NY, United Nations Children's Fund, 2011 (http://www.mymande.org/content/how-design-and-manage-equityfocused-evaluations, accessed 12 September 2013).

Bridging the gap: the role of monitoring and evaluation in evidence-based policy making. New York, NY, United Nations Children's Fund, 2004.

CIDA evaluation guide. Ottawa, Canadian International Development Agency, 2004 (http://www.acdicida.gc.ca/INET/IMAGES.NSF/vLUImages/Performancereview5/MYMfile/english-e-guide.pdf, accessed 10 September 2013).

Clinton T, Nunes-Neto B, Williams E. Congress and program evaluation: an overview of randomized control trials (RCTs) and related issues. Washington, DC, Congressional Research Service, Library of Congress, 2006.

Conducting quality impact evaluations under budget, time and data constraints. Washington, DC, World Bank, 2006 (http://siteresources.worldbank.org/EXTEVACAPDEV/Resources/4585672125146187543/conduct_qual_impact.pdf, accessed 12 September 2013).

Consulting services manual 2006: a comprehensive guide to the selection of consultants. Washington, DC, World Bank, 2006 (http://siteresources.worldbank.org/INTPROCUREMENT/Resources/2006ConsultantManual.pdf, accessed 12 September 2013).

Evaluation guidelines for foreign assistance. Washington, DC, Office of the Director of the United States Foreign Assistance, 2009 (http://betterevaluation.org/resources/guide/usaid_foreign-assistance_guidlines, accessed 12 September 2013).

Evaluation manual: methodology and processes. Rome, International Fund for Agricultural Development Office of Evaluation, April 2009 (http://www.ifad.org/evaluation/process_methodology/doc/manual.pdf, accessed 2 August 2013).

Guidance for managing joint evaluations. Paris, Organisation for Economic Co-operation and Development, 2006 (DAC Evaluation Series) (http://www.oecd.org/development/evaluation/37512030.pdf, accessed 12 September 2013).

Guidance on evaluation and review for DFID staff. London, United Kingdom Department for International Development, 2005 (http://webarchive.nationalarchives.gov.uk/+/http://www.dfid.gov.uk/aboutdfid/performance/files/guidance-evaluation.pdf, accessed 10 September 2013).

Guidelines to avoid conflict of interest in independent evaluations. Manila, Asian Development Bank, 2012 (http://www.adb.org/documents/guidelines-avoid-conflict-interestindependent-evaluations, accessed 10 September 2013）.

Hanberger A, Gisselberg K. Sida's management response system. Stockholm, Swedish International Development Cooperation Agency, 2006（SIDA studies in evaluation 06/01）（http：//www. oecd. org/derec/sweden/37293078. pdf, accessed 10 September 2013）.

Handbook on planning, monitoring and evaluating for development results. New York, NY, United Nations Development Group. 2009（http：//web. undp. org/evaluation/handbook/, accessed 13 August 2013）.

How to perform evaluations – evaluation workplans. Gatineau, Canadian International Development Agency, 2012（http：//www. acdi-cida. gc. ca/INET/IMAGES. NSF/vLUImages/Performancereview3/MYMfile/Eval_ Workplans. pdf, accessed 10 September 2013）.

Khandker SR, Koolwal GB, Samad HA. Handbook on impact evaluation：quantitative methods and practices. Washington, DC, World Bank, 2010（http：//www-wds. worldbank. org/external/default/WDSContentServer/WDSP/IB/2009/12/10/000333037 _ 2009121 0014322/Rendered/PDF/520990PUB0EPI1101Official0Use0Only1. pdf, accessed 12 September 2013）.

Impact evaluation：methodological and operational issues. Manila, Asian Development Bank, 2006（http：//www. adb. org/documents/impact-evaluation-methodological-and-operational-issues, accessed 10 September 2013）.

Improving evaluation practices：best practice guidelines for evaluation and background paper. Paris, Organisation for Economic Co-operation and Development, 1999（PUMA/PAC（99）1）（http：//ec. europa. eu/dgs/information_ society/evaluation/data/pdf/lib_ master/oecd_ 01e91637_ improving_ evaluation_ practices. pdf, accessed 11 September 2013）.

Inspection and evaluation manual：guidelines for the conduct of inspections and evaluations in the United Nations Office of Internal Oversight Services. New York, NY, United Nations Inspection and Evaluation Division, 2009（http：//www. un. org/Depts/oios/ied/ied_ manual_ v1_6. pdf, accessed 12 September 2013）.

Leeuw F, Vaessen J. Impact evaluations and development. NONIE guidance on impact evaluation. Washington, DC, Network of Networks on Impact Evaluation, 2009（http：//siteresources. worldbank. org/EXTOED/Resources/nonie_ guidance. pdf, accessed 10 September 2013）.

Managing for results：a guide to using evaluation in the United Nations Secretariat. New York, NY, United Nations, 2005（http：//www. un. org/Depts/oios/pages/manage _ results. pdf, accessed 12 September 2013）.

Monitoring and evaluation plan：guidance for submission of an M&E plan for Global Fund grants. Geneva, The Global Fund to Fight AIDS, Tuberculosis and Malaria, 2010（http：//www. theglobalfund. org/en/me/documents/planguidelines/, accessed 10 September 2013）.

Montague S, Young G, Montague C. Using circles to tell the performance story. Ottawa, Canadian Government Executive, 2003 (http://www.pmn.net/wp-content/uploads/Using-Circles-to-Tell-thePerformance-Story.pdf, accessed 19 September 2013).

National AIDS councils: monitoring and evaluation operations manual. Geneva, Joint United Nations Programme on HIV/AIDS, 2002 (UNAIDS/02.47E) (http://www.unaids.org/en/media/unaids/contentassets/dataimport/publications/irc-pub02/jc808-moneval_en.pdf, accessed 12 September 2013).

OECD DAC Network on Development Evaluation. Evaluating development co-operation: summary of key norms and standards, 2nd ed. Paris, Organisation for Economic Co-operation and Development, 2010 (http://www.oecd.org/development/evaluation/dcdndep/41612905.pdf, accessed 12 September 2013).

Performance monitoring and evaluation tips – conducting key informant interviews. Washington, DC, United States Agency for International Development Center for Development Information and Evaluation, 1996 (http://pdf.usaid.gov/pdf_docs/PNABS541.pdf, accessed 19 September 2013).

Project evaluation. In: Technical cooperation manual. Geneva, International Labour Organization, 2012 (http://www.ilo.org/pardev/development-cooperation/evaluation/WCMS_172679/lang--en/index.htm, accessed 10 September 2013).

Quality checklist for evaluation terms of reference and inception reports. New York, NY, United Nations Evaluation Group, 2012 (http://www.uneval.org/search/index.jsp?q=quality+checklist, accessed 12 September 2013).

Ravallion M. The mystery of the vanishing benefits: Ms speedy analyst's introduction to evaluation. Washington, DC, World Bank (Working Paper No. 2153), 1999.

Results-oriented monitoring and evaluation: a handbook for programme managers. New York, NY, United Nations Development Programme Office of Evaluation and Strategic Planning, 1997 (OESP Handbook Series) (http://web.undp.org/evaluation/documents/mae-toc.htm, accessed 12 September 2013).

Sanders JR. Program evaluation standards: how to assess evaluations of educational programs, 2nd edition. Joint Committee on Standards for Educational Evaluation. Thousand Oaks, CA, Sage Publications, 1994.

The program manager's guide to evaluation, 2nd ed. Washington, DC, United States Department of Health and Human Services, Office of Planning, Research and Evaluation, 2010 (http://www.acf.hhs.gov/sites/default/files/opre/program_managers_guide_to_eval2010.pdf, accessed 12 September 2013).

The role of evaluation in results-based management. New York, NY, United Nations Evaluation Group, 2007, updated 2012 (http://www.unevaluation.org/papersandpubs/documentdetail. jsp? doc_id=87, accessed 12 September 2013）.

Toolkits：a practical guide to planning, monitoring, evaluation and impact assessment, 2nd ed. London, Save the Children UK, 2003.

UNEP evaluation manual. Nairobi, United Nations Environment Programme, 2008（http：//www. unep. org/eou/StandardsPolicyandPractices/UNEPEvaluationManual/tabid/2314/Default. aspx, accessed 19 September 2013）.

UNICEF evaluation report standards. New York, NY, United Nations Children's Fund, 2010（http：//www. unicef. org/evaluation/files/UNEG _ UNICEF _ Eval _ Report _ Standards. pdf accessed 12 September 2013）.

WFP's evaluation policy. In：World Food Programme, Executive Board, Second Regular Session, Rome, 27 - 30 October 2008. Rome, World Food Programme, 2008（http：//one. wfp. org/eb/docs/2008/wfp187763~2. pdf, accessed 19 September 2013）.

Wimbush E, Montague S, Mulherin T. The Applications of Contribution Analysis：Strengthening Outcomes Thinking, Practice & Collaborative Capacity. Evaluation, 2012, 18（3）310 - 329.

W. K. Kellogg Foundation evaluation handbook：philosophy and expectations. Battle Creek, MI, W. K. Kellogg Foundation, 1998（www. epa. gov/evaluate/pdf/eval-guides/evaluation-handbook. pdf, accessed 19 September 2013）.

Writing a good executive summary. New York, NY, United Nations Children's Fund, 2002.

Zukoski A, Luluquisen M. Participatory evaluation. What is it? Why do it? What are the challenges? Community-based Public Health Policy and Practice, 2002, No. 5（http：//depts. washington. edu/ccph/pdf_files/Evaluation. pdf, accessed 10 September 2013）.

第四章

世界银行集团评估原则

（World Bank Group Evaluation Principles）

一、前言

世界银行集团致力于推动其客户的发展成果的产出，从而实现以可持续方式结束极端贫困和促进共同繁荣的双重目标。世界银行集团的机构——世界银行、国际金融公司和多边投资担保机构——都力求使其开展的活动能够对国家发展产生利益最大化的影响。评估在说明哪些活动在发展中行之有效、通过吸取经验教训以提高影响、展现投资如何实现其预期成果等方面发挥着关键作用。为了更好地认知评估在提高发展效力方面的重要作用，世界银行集团的三个机构与世界银行集团独立评估小组首次共同制定了世界银行集团评估的共同原则。

这份名为《世界银行集团评估原则》的文件阐述了评估的核心原则以及选择、开展和使用评估的基本原则，这些原则与世界银行集团的使命以及每个机构的任务、治理体系和运作环境都息息相关。它以国际评估原则和良好做法标准为依据，并以世界银行集团当前评估做法和程序的知识为基础。在同意这套共同原则的同时，我们的目标是通过评估加强问责制和经验学习进而提高发展成效。

二、引言

世界银行集团致力于实现其双重目标：以可持续的方式消除极端贫困、促进共同繁荣。世界银行集团的"前瞻性展望"——《世界银行集团2030年愿景》概述了世界银行集团如何通过与股东紧密合作进而努力实现以下目标：第一，努力促进包容性和可持续的经济增长；第二，帮助各国更有效地投资于人民；第三，增强抵御全球冲击和威胁的能力。

实施"前瞻性展望"和实现可持续发展目标，需要世界银行集团根据什么可行、什么不可行的经验证据，不断调整和适应瞬息万变的形势。这种及时和适当的适应性管理需要世界银行集团建立一种基于经验证据的持续改进和解决问题的文化。评估在提供证据证明哪些措施在不同情况下有效，以及为世界银行集团的利益相关方确定经验教训方面发挥着关键作用。

独立评估小组（IEG）在2015年进行的外部审查建议世界银行集团制定一项"适用于所有机构的、基于原则的评估政策"，这项政策能够概述整个组织的评估原则、标准和责任（World Bank，2015）。为此，世界银行集团管理层①和独立评估小组共同制定了世界银行集团评估的共同原则，这些原则构成了本文件的基础。此外，对独立评估小组的外部审查还建议世界银行集团努力做到：

"力求在整个世界银行集团范围内建立评估基础，并阐明该如何在学习和问责之间平衡评估，以最大限度地促进成果的产出。"

"将国际评估原则和（多边开发银行）良好做法标准融入世界银行集团的任务、治理体系、业务环境和新的组织安排中。"②

本文件所述的评估原则适用于世界银行集团的所有部门，即国际复兴开发银行（IBRD）、国际开发协会（IDA）③、国际金融公司（IFC）、多边投资担保机构（MIGA）和独立评估小组（IEG）④。这些原则符合国际评估的最佳做法和政策，并借鉴了经济合作与发展组织发展援助委员会（后称经合组织发展援助委员会）、评估合作小组、联合国评估小组和美国评估协会制定的国际规范和标准，以及其他国际组织制定的评估政策。

上述原则包括评估的核心原则，以及选择、开展和使用评估的原则。这些原则旨在加强问责制和经验学习，以促进循证决策和方案改进，从而提高发展成效。这些原则的目的是：使世界银行集团的评估工作与全球挑战和世界银行集团的战略重点保持一致；明确关键主体的作用和责任，并鼓励他们在整个评估过程中发挥协同作用；确保世界银行集团的所有评估都是稳健、高质量和可信的。

本文件基于以下三个方面的考虑：

第一，本文件具有期望性，特别是在加强评估使用的方面。文件提出了整个世界银行集团的评估实践所应遵守的共同定义和原则，其目的是提高世界银行集团评估的质量，并指导加强对评估结果的利用。

第二，本文件采取整体的方法来加强评估的使用：对于评估过程中的每一个阶段，文件中均确定了具体的原则，以提高评估的效用。

第三，本文件为利用评估证据鼓励适应性成果管理或完善战略、项目管理和执行等方面提供了依据。

在这一共同的基础上，世界银行集团各机构将持续制定最符合其特定任务、业务需求和客户环境的具体评估安排。这种方法使每个机构都能够随着其指导文件、协议、准则和评估程序的发展而不断更新。

---

① 世界银行集团管理层是指世界银行、国际金融公司和多边投资担保机构的管理层，根据不同的情况，各个机构的管理层是合作或者独立的。

② 参见《世界银行集团独立评估小组外部审查》（External Review of the Independent Evaluation Group of the World Bank Group），2015年，第26页。

③ IBRD 和 IDA 在本文中称为世界银行。

④ 不包括国际投资争端解决中心（ICSID），该中心也是世界银行集团的一部分，但没有任何相关的评估活动。

三、定义和涵盖范围

1. 定义

世界银行集团使用的评估定义改编自经合组织发展援助委员会，是指根据特定的评估标准，对世界银行集团正在进行或已经完成的进程、项目、方案、主题、战略或政策及其设计、执行和结果进行系统和客观的评估（OECD-DAC，2002)[①]。

2. 世界银行集团的评估目的

世界银行集团的评估有两个主要目的：一是通过评估业绩和成果，推动对每个机构执行任务的问责制。对于成果评估的方法主要是看其对实现世界银行集团目标的贡献程度。二是促进经验学习，反馈和共享有关成果和经验教训的知识，为政策、战略、方案和项目的决策提供信息，并改善业绩和成果。

3. 评估和知识管理

知识管理对于整个世界银行集团系统地应用评估结果和管理适应性成果至关重要。知识管理系统应确保来自评估的知识成为世界银行集团业务工作流程的一个关键部分。迅速获取评估中的相关知识能够帮助工作人员更有效率地工作。通过建立简单且系统的知识管理流程，进而利用评估中的大量知识，并有效地获取、整理、共享和应用这些知识，对于改善实践成果至关重要。

4. 世界银行集团的评估工作是监督、研究和监测三者的结合（见图1）

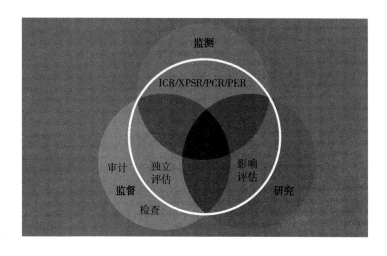

图1

[①] 评估中使用的具体标准取决于评估目标等，并不限于经合组织发展援助委员会的评估标准"相关性""有效性""效率""影响"和"可持续性"。

所有类型的评估都在不同程度上与监督、研究和监测有关。除了评估性知识外，通过监督、监测和研究产生的各种各样的知识也是世界银行集团进行循证学习和决策的重要组成要素。

● 评估和监督。评估是世界银行集团独立监督系统的一个独特要素，该系统包括内部审计局、廉政局（the Integrity Vice Presidency）、监督小组和合规顾问。独立评估（下文将讨论）是与监督职能关系最密切的评估方式（也是监督职能的一部分）。

● 评估和研究。与世界银行集团的内部研究不同，评估研究具有多样化的目标，并且往往具有政策导向性。两者在影响评估领域相互影响，共同作用于评估工作和研究工作。

● 评估和监测。世界银行集团的监督系统和程序是世界银行集团业务的一部分，与评估系统密切相关，但又有别于评估系统。监督和监测报告为评估提供了信息，如世界银行的《实施完成和结果报告》（ICR）、国际金融公司的《扩大项目监督报告》（XPSR）和《项目完成报告》（PCR）、多边投资担保机构的《项目评估报告》（PER）以及基于国家的《完成和学习回顾》（CLR）（见世界银行集团评估体系部分）。监测①和评估相互促进，互为补充，但目的不同。没有认真的监测，就无法收集重要的数据；而良好的监测数据是良好评估的必要条件。反过来，评估可以为改进监测系统和进程的设计和实施提供经验教训。下文所述的原则与监测有关，并涵盖监测与评估的关系。

四、评估的核心原则

按照国际上的评估惯例，为确保评估的质量和效果，世界银行集团系统的评估应坚持三个核心原则。

（1）效用性。评估效用是指评估过程和结果对于组织经验学习、决策和结果问责制的关联性和及时性。在整个评估过程②中，可以通过反思评估的内容、时间、方式、对象和目的来提高效用。可信度是效用的先决条件。

（2）可信度。评估的可信度建立在专业性、客观性、透明度和严谨的方法上。要确保可信度，就必须以符合道德规范的方式进行评估，并由评估者进行管理，这些评估者应在实现商定的质量目标的过程中展现出专业性和技术能力。独立性是可信度的先决条件。

（3）独立性。当评估过程没有受到不当的政治影响和组织压力时，就能实现评估

---

① 经合组织发展援助委员会《评估和成果管理制关键术语汇编》（2002年）将监测定义为："一种持续的功能，它利用系统地收集关于特定指标的数据，向管理层和正在进行的发展干预措施的主要利益相关者提供关于目标的进展和实现程度以及分配资金的使用进展情况的指标。"

② 见"加强评估使用的原则"一节。

的独立性。独立性可以通过各种机制来实现。当评估职能部门有自己的预算、人员配置和工作计划，不需要经过世界银行集团管理层的批准，而是直接接受各机构执行董事会（以下简称"董事会"）的监督时，结构上的独立性就得到了保证。职能独立性是指管理评估的单位能够决定评估的内容以及如何进行评估。最后，行为独立性意味着评估者的职业操守和态度及行为举止不存在偏见。根据所进行的评估的类型，独立性的程度也不同（见下一节）。

五、世界银行集团评估系统

1. 评估类型

评估系统用于评估世界银行集团的业绩和成果，并在不同层面提供反馈：为世界银行集团的战略以及机构管理进程提供反馈信息；为一系列部门、专题和国家伙伴关系战略和方案的设计和执行提供反馈信息；为改进项目和业务层面的具体贷款、投资、咨询和知识服务的设计和执行提供反馈信息。

世界银行集团评估系统是指世界银行集团各机构内部和各机构之间不同类型的评估、程序、活动、行为主体，以及评估的角色和责任。世界银行集团各机构内部的评估结构随着时间的推移，根据各机构的要求、业务模式和客户的不同而不断发展。世界银行集团将评估方式主要区分为三种：独立评估、强制性自我评估和需求驱动的自我评估。

独立评估。完全独立的评估是由在结构上、功能上、行为上独立于负责设计和实施干预措施的主体进行的。在世界银行集团，完全独立的评估是由直接向董事会报告的独立评估小组（IEG）进行的。评估的重点是在理事会或其发展实效委员会（CODE）层面的问责和学习。此外，独立评估还能够支撑管理层和业务层面的经验学习。因此，独立评估的目标受众包括董事会、世界银行集团管理层和工作人员、客户和发展伙伴等。此外，独立评估还在不同程度上向受益人和公众等其他行为者提供信息（见图2）。

自我评估。自我评估由世界银行、国际金融公司和多边投资担保机构管理结构内的业务人员或具体单位进行，因此并不完全独立于世界银行集团管理层。自我评估通常与每个机构内部的决策和组织学习过程密切相关。自我评估也是为了对世界银行集团管理层和/或发展伙伴/投资者负责而进行的。自我评估的目标受众主要是业务单位、管理层、客户和发展伙伴。此外，自我评估还在不同程度上向其他行为主体，如受益人和公众提供反馈信息（见图2）。

世界银行集团的自我评估有两大类：

强制性自我评估。整个世界银行集团评估系统的核心是对具体贷款业务、投资、担保、国家方案和咨询服务的强制性自我评估。这些评估由特定的业务部门负责，并纳入项目和计划周期。它们在结构上和功能上都不独立，但在行为上适用于独立原则。独立评估小组的审查和核验工作（有时，该工作建立在抽样的基础上）进一步加强了行为的独立性。强制性自我评估是对每个机构项目和投资组合管理过程中的执行和监测安排的补充。自我评估遵循世界银行集团管理部门和独立评估小组共同接受的方法和指导原则，其预先确定的概念、格式和范围与设计干预措施时在报告周期中应用的假定条件密切相关。对（经过核验的）自我评估报告进行综合分析，可以对业绩进行跨部门、跨地区和公司层面的比较，并将评估结果报告给董事会。

需求驱动的自我评估。这种评估根据具体的捐助方、客户或内部需求开展各种评估活动，或作为业务或研究工作的一部分——例如，对各种产品和工具进行回顾性研究，对信托基金进行评估[1]，以及对活动和干预措施的影响进行评估。需求驱动的自我评估在结构上嵌入了管理过程。然而，这些评估往往是由机构内职能独立的单位进行、管理或委托外部顾问进行，行为上的独立原则也适用于此。

图 2 展示了主要利益相关者、评估类型、主要和次要信息流、重点和目标受众。方框 1 概述了世界银行集团各机构的评估安排。

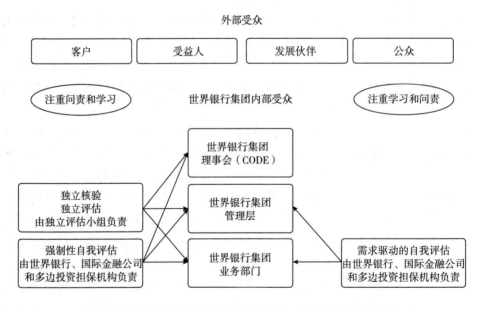

图 2　世界银行集团评估系统的利益相关方和评估信息流

---

[1]　一些信托基金项目评估在世界银行是强制性的；具体请参考"银行流程"中的信托基金（BP 14.40）。

方框 1 世界银行集团评估的制度安排总结

世界银行集团

指令：评估

指示：国家参与的程序和指南（OPS5.01）

世界银行集团政策：独立评估小组的任务

IEG

治理和任务：世界银行集团政策：独立评估小组的任务。

评估方式：对世界银行、国际金融公司和多边投资担保机构进行独立评估（整体、主题和部门主要评估；国家方案评估；中观评估；项目绩效评估报告；项目评估摘要；CLR、ICR、XPSR、PCR 和 PER 的核验）。

层面：企业、部门、主题、国家和业务。

世界银行

治理和任务：监测和评估（OP13.60）；关于投资项目融资（OP5.03）、发展政策融资（OP5.02）、成果方案（OP5.04）的政策、指示和程序；信托基金（OP14.40）。

评估方式：强制性自我评估（国际竞争性报告、地方竞争性报告）和需求驱动的自我评估（影响评估、信托基金方案评估以及项目和方案评估）。

层面：部门、主题、国家和业务。

国际金融公司

治理和任务：程序：投资业务——投资组合和监督程序（目录IO402）；咨询服务项目治理（目录AS432）；国际金融公司评估（目录ID401）。

评估方式：强制性自我评估（XPSRs、PCRs、CLRs）和需求驱动的自我评估（影响评估、方案绩效评估、经济影响评估、快速评估和系统性投资组合审查）。

层面：部门、主题、国家和业务。

MIGA

治理和任务：理事会设立评估职能。财政年度设立业务评估股，对多边投资担保机构的活动进行独立评估。

评估方式：强制性自我评估（经济审查报告、地方政府报告）和需求驱动的自我评估（信托基金评估）。

层面：业务。

2. 角色和责任

董事会和发展实效委员会（CODE）。发展实效委员会支持世界银行集团董事会评估世界银行集团的发展实效，监测世界银行集团资助业务的质量和成果，并监督作为世界银行集团问责框架中一份子的行为主体的工作。可持续发展委员会还代表董事会监督国际环境治理的工作，并审视世界银行集团监测和评估系统的充分性、效率和稳健性。可持续发展委员会利用世界银行集团的自我评估、独立评估和其他报告，确定、审议与世界银行集团发展效力和成果相关的优先级问题，并向董事会提出建议①。

世界银行集团管理部门。世界银行集团管理层负责培养可问责的和学习的文化，并为各级工作人员提供适当的激励措施（与此同时，尽量减少抑制措施）。管理部门在强调数据、证据和评估的重要性，激励工作人员创造、应用和分享评估知识，以及提供基于证据的成果方面发挥着重要作用。管理层还负责确保为自我评估、学习和知识管理提供充足的资源，并负责正式审查和跟进各项建议，包括独立评估小组开展的独立评估所商定的建议。

世界银行集团的业务单位。业务经理和工作人员负责管理和开展强制性自我评估和需求驱动的自我评估。监督过程中的结论和建议可以被用于投资组合绩效的管理监督，最终会被纳入项目和计划完成情况报告（即强制性自我评估）。在项目或计划执行的整个生命周期内，世界银行集团的管理和业务团队内部、管理和业务团队之间，以及客户和执行部门之间对这些问题进行讨论和报告。独立评估小组对自我评估报告的核验是对世界银行集团业务工作计划的相关性、效率，以及自我评估的完整性、质量和公正性进行反馈和问责的主要来源。

独立评估小组（IEG）。独立评估小组对特定的项目和计划、国家计划以及一系列部门、专题和企业问题进行独立评估。此外，它还对世界银行、国际金融公司和多边投资担保机构的单个项目和国家计划完成情况报告进行审查和核验。基于世界银行集团的成果和绩效的年度报告，独立评估小组总结了从对单个项目和国家计划绩效的整体审查中得出的经验教训和建议，独立评估小组还与整个世界银行集团的管理部门和业务部门讨论了自我评估的元评估和综合分析②（例如，监测和评估的质量以及报告的质量）、从核验中获得的经验教训以及从不同类型的评估中获得的结果和建议。独立评估小组通过各种出版物和传播活动分享其评估结果和建议。此外，独立评估小组和世界银行集团管理层共同使用"管理活动记录"，这是一个基于每项重大评估的关键建议讨论所需采取的行动的正式流程；这些行动的进展情况将在一定年限内进行跟踪，并将跟踪结果报告给可持续发展委员会。最后，为了鼓励评估过程中的学习行为，独立评估小组和世界银行集团的业务单位和管理层还将开展多种类型的学习活动。

发展伙伴。世界银行集团的评估系统与公共、私营和非政府部门的多个多边和双边伙伴建立合作关系。捐助伙伴通过信托基金支持各种形式和类型的评估，在许多情况下，他们是评估过程的积极参与者，也是世界银行集团评估产品及其结果的积极应用者。其他发展伙伴，如实施伙伴，在某些时候也会参与评估过程，并积极使用世界银行集团的评估产品。

---

① 发展实效委员会：职权范围，2009 年 7 月 15 日。
② 元评估涉及对评估质量的分析。综合评估是指对个别评估内容的综合分析。

客户。公共和私营部门的客户扮演着多重角色。他们是世界银行集团项目和计划的实施者，也是监测和评估信息的生产者。他们往往是评估过程的积极参与者，也可能为评估提供资金。客户也可以是评估产品及其结果的主要购买者和用户。

公民、受益人和公众。公民和受益人对干预措施的反馈意见通过各种机制，包括各种评估方式，反馈到问责和学习过程中。世界银行集团及其董事会对公众负责，以寻求不断提高世界银行集团干预措施的相关性和有效性。受益人、公民和公众也是评估产品的主要购买者和用户，他们的评估结果可以发挥重要的问责作用。

六、加强评估使用的原则

由于评估的目的是加强问责制和加快学习进程，因此，评估时面临的主要挑战是确保主要利益相关方参与评估进程的所有阶段。利益相关方包括多个行为者：董事会、参与制定和执行财务和咨询措施的管理人员和工作人员、客户和执行伙伴以及世界银行集团资助措施的受益者。每项评估的设计和进行必须满足具体利益相关方与该评估有关的信息和决策需要，这样才能使评估发挥最大效用。

根据国际惯例，为了优化评估的价值，世界银行集团将评估应用视角贯彻在整个评估过程中。为了最大限度地发挥独立评估和自我评估的作用，本文件介绍了指导世界银行集团选择和规划、开展、报告和跟进评估工作的原则（见图3）。根据评估的类型以及具体机构运作和客户环境的需求和背景的不同，这些原则的应用也有所不同。

图3

179

启动评估过程。评估工作不是在真空中进行的，因此需要为其创造有利的环境条件。与此同时，用于进行评估和传播评估结果的资源是有限的，也就是说，在资源使用方面，评估工作与其他业务和管理相互竞争。此外，不同的评估对象吸收评估结果并在问责和学习过程中有效利用这些结果的能力各不相同。在这种情况下，建立评估文化不仅要加强供应方的产出（即评估的质量和重点），而且要加强需求方的输入（例如，加强对评估证据在学习和问责中的作用的共同理解）。尽管评估是获得依据和报告的一个重要来源，但其他一些渠道（如监督、研究和监测）也与决策者有关。因此，利益相关方应通过反思评估的潜在用途并合理分配评估过程的资源和时间以优化评估的价值。下面将讨论加强评估使用的原则。①

1. 选择和规划评估

在规划对一个项目、方案、过程、主题或政策的评估时，必须考虑其可评估性②。可评估性评估可以作为评估过程的一部分进行，也可以作为与评估完全分开的一项工作进行。

在选择和规划一项评估时，一个关键的切入点是让利益相关方参与思考要评估什么以及要关注哪些问题。同样需要强调的是，要判断利益相关方对评估的关联性和潜在用途的看法的异同。如果利益相关方没有参与界定"评估问题"，就有可能降低评估的效用，甚至对评估结果产生抵触情绪。利益相关方参与评估的详细规划有可能会为其能力建设和数据获取建立平台，还会提高其对评估结果的兴趣，并有助于提高评估方法的严谨性。

选择和规划评估的原则如下：

（1）战略选择性。

• 独立评估和需求驱动的自我评估应该是根据战略和业务需要以及世界银行集团和外部利益相关方支持和吸收评估的能力，确定评估的优先次序。

• 独立评估和需求驱动的自我评估应根据关键的问责要求（如周期性、资金量或捐助方和其他利益相关方的要求）来确定优先次序。

• 独立评估和需求驱动的自我评估应根据学习需求来确定优先次序，这些需求由干预措施的创新性质、现有的知识差距以及复制或扩散的可能性等因素决定。

（2）响应式规划。

• 应规划评估过程，以便及时向关键的利益相关者提供信息。例如，进行中期检查等适应性管理措施。

• 应与主要利益相关方协商制定评估计划。

• 在可能的情况下，应将评估所需的数据要求纳入干预措施的设计中。

---

① 根据评估的目的，这些原则的相对重要性可能不同。

② 可评估性是指对一项活动或项目进行评估的可信程度（OECD-DAC，2010）。它可能包括对评估的潜在用途、数据的可用性以及评估对象（如计划或项目）的计划一致性等方面的评估。

（3）足够的资源。

●应通过单独的预算拨款为独立评价提供充足的资源，以确保结构和功能上的充分独立。

●强制性自我评估的资源经费应列入世界银行集团各机构的预算。

●用于需求驱动的自我评估的资源来自多个来源。在使用外部资金来源时，应酌情以充足的内部资金作为补充。

2．进行评估

在独立和公正的范围内构建和强化评估者和关键利益相关方之间的合作关系，有助于评估结果的自主性和有效性，并有助于高效利用资源。严谨是评估结果可信度的先决条件，反过来也是评估效用的先决条件。质量保证程序也有助于提高评估结果的可信度和效用性。

（1）协作方式。

●在整个评估过程中，应持续进行世界银行集团各机构之间的协同与合作。

●在可能的情况下，应邀请利益相关方参与评估以提高评估结果的有效性。

●在可能的情况下，评估工作应包括当地的专门知识，以便加强调查结果的有效性，并建设个性化区域能力。

（2）严谨。

●评估应符合国际商定的评估规范和标准。

●鉴于现实中数据、时间和资源的有限性，评估应以尽可能完善的方法设计为基础。

●评估工作应尽可能以内部（世界银行集团）和外部专家的最佳组合方式进行。

（3）质量保证。

●评估应该有一个明确和有效的质量保证程序。

●评估应在评估的不同阶段接受同行审查。

●应认真记录评估设计和方法。

3．评估报告和后续行动

在结束评估后还需要确保交流、吸收和有效跟进评估结果和经验教训。为了达到最佳的涵盖范围、接受度和学习效果，必须针对何时以及如何分享评估结果和建议采取相应的战略。由于报告的渠道和形式会影响评估的潜在效果，因此应不断探索评估结果和采取的建议的流程和平台创新。

（1）个性化报告。

●评估结果应以符合目标受众需求的方式进行报告。

●评估结果的报告应采用有效沟通的方式和遵循数据表达的标准。

（2）广泛传播。

●评估应具有传播计划。

●独立评估和需求驱动的自我评估应公开披露评估结果，同时遵守制度政策。强制性自我评估的报告应遵守各机构的披露政策。

- 应在遵守制度政策的前提下，让相关的内部和外部受众了解评估结果和经验教训。

（3）适当的后续行动。

- 独立评估应得到世界银行集团管理层的回应，在适用的情况下，应制定、监测并与利益相关方讨论后续计划。
- 在某些情况下，需求驱动的自我评估应制定后续计划，并与利益相关方进行监测和讨论。
- 评估结果和经验教训应纳入规划周期、新业务的设计、政策的制定和学习过程中。

七、评估和反馈

为了使世界银行集团及其利益相关者能够最大化利用评估结果和建议，以实现问责和学习的目的①，需要在内部进行以下反馈循环：

- 世界银行集团管理层和工作人员应确保利用评估证据（和核验）为未来业务的设计和实施提供信息；
- 世界银行集团管理层和员工应确保评估证据（和核验）能够根据实际情况适时调整项目或者活动的计划，如重组项目的计划；
- 世界银行集团管理层，包括高级管理层，应利用评估来评估绩效和成果，为战略方向、组织决策（例如，关于人员和资源的决策）、操作流程和计划决策提供信息。

以下具体措施将支持这些反馈循环：

- 促使主要利益相关方积极参与并主导评估工作，包括评估的选择和方法，以及围绕评估结果的讨论；
- 向相关（内部）目标受众广泛传播评估报告；
- 建立知识管理系统，使人们能够在适当的时间以适当的格式获得评估结果；
- 确保在设计业务时考虑到评估性证据的机制。

确保资源、程序、专门知识和激励措施到位对于使反馈循环发挥最佳作用，并促进本组织的总体业绩和效力有着至关重要的作用。如果管理层和业务人员需要报告关于业绩和成果完成情况的信息（例如，在自我评估中），还应该制定激励措施，鼓励管理层和业务人员承担一定的信息公开风险、进行适应性管理并从失败的经验教训中学习。

随着世界银行集团提供评估证据，其利益相关者（董事会、发展伙伴、客户、受

---

① 评估既服务于问责，也服务于学习，学习和问责功能的反馈循环在实践中紧密相连。

益人和公众）可以对世界银行集团的工作绩效和结果做出知情判断，从而触发一系列反馈机制：

- 发展效用委员会和理事会可以从评估证据中学习并利用评估证据为战略决策提供信息；
- 供资伙伴可以评估业绩和取得的成果，这反过来又可以影响他们对世界银行集团的承诺和支持；
- 世界银行集团的客户、合作伙伴、民间组织和公众可以利用评估证据来衡量他们是否愿意与世界银行集团就当前和未来的举措进行合作；
- 世界银行集团的客户可以从评估中学习并利用评估为自己的决定提供信息，并对自己的业务程序和干预措施进行完善更新。

八、构建评估能力

确保评估对其目标受众有用、可信，并以公正的方式进行，无论是在世界银行集团内还是在其执行伙伴和客户中均需要熟练的专业人员和领导人员。政府机构、私营公司和组织中强有力的监测和评估（M&E）系统对于监测和评估业务、政策干预及其结果至关重要。因此，发展评估能力是世界银行集团内部、客户层面和国际评估论坛的一个主要战略重点。

在世界银行集团内，能力建设工作包括通过成果衡量和证据流（Results Measurement and Evidence Stream）以及世界银行集团中从事监测和评估职能的专业人员和从业人员开展的持续活动。成果衡量和证据流的愿景是：被公认为是一个引领成果管理工作并为其提供咨询意见的专业人员的集合网络；利用监测和评估（M&E）的专业知识支撑业务团队及其客户，并基于可靠的依据作出决策进而实现发展成果。

世界银行集团利用三个主要机制促进客户层面的评估能力发展：一是支持并采取具体举措，对客户机构及其工作人员（以及来自各国更广泛的监测和评估界的监测和评估从业人员）进行评估方法和程序方面的培训；二是与客户进行合作评估，建立和实施特定干预措施的监测和评估系统，并将其作为有效治理的核心要素；三是让客户和合作伙伴以及各国监测和评估界的专业成员参与世界银行集团的评估进程。

世界银行集团在制定国际发展领域的评估做法和制度方面发挥着积极作用。通过参与一系列全球和其他评估伙伴关系、平台和辩论活动，世界银行集团的工作人员持续参与制定、应用和核验（新的）用于完善干预措施的评估方法。

参考文献

OECD-DAC (Development Assistance Committee of the Organisation for Economic Co-Operation and Development). 2002. Glossary of Key Terms in Evaluation and Results Based Management (Paris: Organisation for Economic Co-Operation and Development).

World Bank. 2015. External Review of the Independent Evaluation Group of the World Bank Group: Report to the Committee on Development Effectiveness from the Independent Panel (Washington, DC: World Bank).

———. 2016. Forward Look—A Vision for the World Bank Group in 2030 (Washington, DC: World Bank, Development Committee).

缩写和首字母缩写

ASA 咨询服务和分析

BP 银行流程

CLR 完成和学习审查（国家伙伴关系框架）

CODE 发展实效委员会

CPE 国家方案评估

CPF 国家伙伴关系框架

IBRD 国际复兴开发银行

ICR 完成情况和结果报告

IDA 国际开发协会

IE 评估影响

IEG 独立评估小组

IFC 国际金融公司

M&E 监测和评估

MIGA 多边投资担保机构

OECD-DAC 经合组织发展援助委员会

PER 项目评估报告

PES 项目评估摘要

PLR 业绩和学习审查（国家伙伴关系框架）

PPAR 项目绩效评估报告

TTL 任务小组组长

XPSR 扩大项目监理报告

　　说明：本译文符合世界银行关于版权的相关规定。原始文件见 https：//ieg. world-bankgroup. org/sites/default/files/Daıa/reports/WorldBankEvaluationPrinciples. pdf。

　　This translation complies with the relevant World Bank regulations on copyright. Orginal documents are available at https：//ieg. worldbankgroup. org/sites/default/files/Data/reports/WorldBankEvaluationPrinciples. pdf.

第二篇

主要国家有关政策评估文件

第五章

美国政策评估文件

一、1993 年政府绩效与结果法案

二、2010 年政府绩效与结果（GPRA）现代化法案

三、美国国际开发署评估政策

四、美国疾病预防控制中心：政策评估概述（节选）

五、美国疾病预防控制中心：完成一个有效的评估报告

一

1993 年政府绩效与结果法案

Government Performance and Results Act of 1993

美国第一百零三次大会第一届会议

1993 年 1 月 5 日　星期二　华盛顿

一个法案

本法案旨在规范联邦政府的战略计划和绩效评估以及其他等方面。
本法案由美国参议院和众议院在开会期间制定通过。

第一部分　短题

本法案可以被引用为"1993 年政府绩效与结果法案"。

第二部分　发现和目的

（a）发现。国会发现：

（1）联邦项目中的浪费和低效破坏了美国人民对政府的信心，降低了联邦政府充分满足公共需求的能力。

（2）因为没有充分阐明项目目标和关于项目绩效的信息，联邦管理人员已经严重无力提高项目的效率和效力。

（3）国会决策、支出决策和项目监督由于对项目绩效和结果的关注不足而受到严重阻碍。

（b）目的。本法案的目的是：

（1）通过系统地控制负责项目结果的联邦机构来增强美国人民对联邦政府能力的信心。

（2）启动项目绩效改革，在制定项目目标，对照目标衡量项目绩效并公开报告其进展等方面开展系列试点项目。

（3）通过提升对结果、服务质量和客户满意度的重视，提高联邦项目的有效性和公共问责制。

（4）通过要求联邦管理人员对所承担的项目目标进行具体的规划，并向他们提供相关项目结果和服务质量的信息，帮助他们改善服务质量。

（5）通过提供更多关于实现法定目标、联邦项目和支出的相关效力和效率的客观信息，优化国会决策。

（6）改善联邦政府的内部管理。

第三部分　战略计划

对《美国法典》第五条第三章进行了修订，增加第 305 款修正案，该修正案如下：

第 306 款　战略计划

（a）截至 1997 年 9 月 30 日，各机构的首要负责人应向管理与预算办公室主任和国会提交项目活动的战略计划，该规划应包括：

（1）关于该机构的主要职能和业务的全面综合说明。

（2）总体目标和具体目标，主要包括该机构主要功能及其运行相对应的产出目标和具体目标。

（3）说明如何实现各项目标，包括说明业务流程、技能和技术，以及实现这些目标和目的所需的人力、资本、信息和其他资源。

（4）法典第 31 条第 1115 款（a）规定，绩效目标必须写入战略计划中，并与规划中的总体目标和具体目标相关。

（5）明确机构外部存在的、无法控制的，可能对实现总体目标和各项目标产生重大影响的关键因素。

（6）说明在确定或修订总体目标和具体目标时使用的评估方法，并说明对未来项目进行评估的时间安排。

（b）战略计划应该覆盖自提交之日起不少于 5 个财政年度，并应至少每三年更新和修订一次。

（c）法典第 31 条第 1115 款所要求的绩效计划应与机构的战略计划保持一致。在本条款下，绩效计划不能适用于未被纳入现行战略计划的财政年度。

（d）在制定战略计划时，该机构应该与国会协商，并应征求和审议可能受此种计划影响或对该计划感兴趣的实体的意见和建议。

（e）本部分的功能和活动应视为固有的政府职能。本节下战略计划的起草只能由联邦雇员来执行。

（f）就本款的目的而言，按照第 105 款的界定，"机构"一词只指行政执行机构，但并不包括中央知识产权署、审计总署、巴拿马运河委员会、美国邮政总署和邮政价格委员会。

第四部分　年度绩效计划与报告

（a）预算内容与向国会报告。《美国法典》第 31 条第 1105 款（a）经过修正，在末尾增加了一个新的内容：

"（29）从 1999 财政年度开始，按照第 1115 款的规定，联邦政府要提供一个覆盖整个预算的绩效计划。"

（b）绩效计划与报告。《美国法典》第 11 章第 31 条经过修正，在第 1114 款后面增加了新的章节，内容如下：

第 1115 款　绩效计划

（a）在执行第 1115（a）（29）款的规定时，管理和预算办公室主任应要求每个机构编制一份年度执行计划，计划应覆盖该机构预算中列入的每项项目活动。这样的计划应该确保：

（1）建立绩效目标，以确定项目活动要达到的绩效水平。

（2）用客观、可数和可计量的形式来表述这些目标，除非（b）条款足够权威时才可采取替代形式来进行表述。

（3）简要描述业务流程、技能和技术，以及实现绩效目标所需的人力、资本、信息或其他资源。

（4）制定绩效指标，用于衡量或评估每个项目活动的相关产出、服务水平和成果。

（5）为将实际项目活动结果与既定绩效目标进行比较提供依据。

（6）描述用于核实和验证测量值的方法。

（b）如果一个机构经过与管理和预算办公室主任协商，确定以客观、可数和可计量的形式表述某一项目活动的绩效目标并不可行，则管理和预算办公室主任可批准用替代形式进行表述。这种替代形式应确保：

（1）包括分开的描述性陈述：

（A）（i）一个最低效力的项目和（ii）一个成功的项目。

（B）经过管理和预算办公室主任核准的替代内容，该描述内容应该非常精确，能够准确、独立说明项目活动的绩效是否达到之前描述的标准。

（2）说明以任何形式表述绩效活动目标是不可行或者是不切实际的理由。

（c）为遵守本节规定，机构可汇总、分解或合并项目活动，但任何汇总或合并不得忽略或最小化构成机构主要职能或业务的任何项目活动的重要性。

（d）一个机构可以提交它的年度绩效计划和一个涵盖它计划任何部分的补充：

（1）在国防或外交政策和利益方面需要保密的绩效计划，应根据行政命令的标准进行特别授权。

（2）应该根据这种行政命令进行适当的分类。

（e）本部分的功能和活动应视为固有的政府职能。本节下战略计划的起草只能由联邦雇员来执行。

（f）对于本条款和第 1116 款至第 1119 款，以及第 9703 款和第 9704 款而言，相关术语的定义如下：

（1）"机构"一词与第 306 款（f）中表述的含义一致。

（2）"结果测量"是指对项目活动的结果与其预期目的对比进行的评估。

（3）"输出测量"是指活动或者努力的表格化、计算或者录音，可以用定量或定性的方式表示。

（4）"绩效目标"是指以有形、可衡量的目标表示的绩效目标水平，可与之进行比较的，包括以定量标准、价值或比率表示的目标。

（5）"绩效指标"是指用于衡量产出或结果的特定价值或特征。

（6）"项目活动"是指美国政府年度预算方案和筹资时间表所列的特定活动或项目。

（7）"项目评估"是指通过客观测量和系统分析，评估联邦项目实现预期目标的方式和程度。

第 1116 款　方案执行情况报告

（a）最迟应于 2000 年 3 月 31 日以及不迟于其后每年的 3 月 31 日，各机构负责人应向总统和国会准备并提交上一财政年度方案执行情况报告。

（b）（1）每份方案执行情况报告应列出第 1115 款下机构执行情况计划中确定的业绩指标，以及与该财政年度计划中所列业绩目标相比后，所显示的实际方案的执行情况。

（2）如果业绩目标是采用第 1115 款（b）中的替代形式进行描述的，则应根据这种描述说明方案的结果，包括业绩是否未能达到最低效力或是成功方案的标准。

（c）2000 财政年度报告应包括商议财政年度的实际结果，2001 财政年度报告应包括前两个财政年度的实际结果，2002 财政年度报告及其后所有报告应包括前三个财政年度的实际结果。

（d）每份报告应该确保：

（1）审查实现财政年度绩效目标的成功情况。

（2）评价本财政年度的绩效计划，并与报告所述财政年度实现的业绩目标进行比较。

（3）解释和描述未达到业绩目标的情况（包括当一个项目活动的业绩被确定不符合第 1115 款（b）（1）（A）（ii）节规定的成功项目活动的标准，或如果使用另一种替代形式，达到相应的成果水平）：

（A）为什么目标没有实现。

（B）实现既定业绩目标的计划和时间表。

（C）如果绩效目标是不切实际或不可行的，具体情况如何，建议采取什么措施。

（4）描述本标题第 9703 款规定的任何弃权条款的用途，并评估其在实现绩效目标方面的有效性。

（5）包括报告所涉及的财政年度完成的项目评估的总结结果。

（e）如果机构负责人在适用财政年度的 3 月 31 日之前向国会提交了年度财务报表，则可以在第 3515 款要求的年度财务报表中包含本节要求的所有项目绩效信息。

（f）本部分的功能和活动应视为固有的政府职能。本节下战略计划的起草只能由联邦雇员来执行。

第1117款　豁免

任何机构的年度支出在20000000美元或以下，管理和预算办公室主任可免除本条第1115款和第1116款以及第5条中的第306款的要求。

第五部分　管理问责制和灵活性

管理问责制和灵活性。对《美国法典》第97章第31条进行了修订，在第9702款后增加了以下条款：

第9703款　管理问责制和灵活性

（a）从1999财政年度开始，第1115款所要求的绩效计划可能包括提议免除行政程序上的要求和控制，包括人员配备水平、限制赔偿或报酬，以及禁止或限制在该条款下提交的每个年度预算的第20类和第11类、第12类、第31类和第32类之间的资金转移，作为实现绩效目标的具体个人或组织问责制的回报。在编制和提交第1105（a）（29）款下的绩效计划时，管理和预算办公室主任应审查并批准任何拟议的豁免。豁免应在批准豁免的财政年度开始时生效。

（b）根据（a）款提出的任何建议均应说明因更大的管理或组织灵活性、自由裁量权和权力而对绩效产生的预期影响，并应量化因任何豁免而产生的绩效预期改善。预期的改进应与目前的实际执行情况和预期的执行情况进行比较，而不受任何豁免的影响。

（c）任何放弃对补偿或报酬的限制的建议，应准确地表述因达到、超过或未达到绩效目标而导致的补偿或报酬数额即货币变化，如奖金或奖励。

（d）对机构（提议机构或管理和预算办公室除外）施加的程序要求或控制措施的任何提议豁免，均不得列入绩效计划，除非该豁免得到制定要求的机构的认可，且该认可包含在提议机构的绩效计划中。

（e）根据管理和预算办公室主任在核准豁免时的具体规定，豁免有效期为一年或两年，豁免可延长一年。在豁免已达到连续三年后，根据第1115款编制的绩效计划可提议，除放弃对赔偿或报酬的限制外，豁免应永久化。

（f）本部分的目的，第1115（f）款下的定义应适用。

第六部分　试点项目

绩效计划和报告。《美国法典》第11章第31条经修正，在第1117款（如本法典第四部分所加）后增加了以下条款：

第1118款　绩效目标试点项目

（a）管理和预算办公室主任经与各机构负责人协商后，应指定不少于十个机构作为1994、1995和1996财政年度绩效计量的试点项目，选定的机构应反映政府在衡量和报告项目执行情况方面的代表性职能和能力。

（b）指定机构的试点项目应根据第1115款编制绩效计划，并根据第1116款（第1116

款（c）项除外）的规定编制机构一项或多项主要职能和业务的项目绩效报告。在试点期间的一年或多年期间，编制机构绩效计划时，应使用战略计划。

（c）管理和预算办公室主任应不迟于 1997 年 5 月 1 日，向总统和国会提交报告，国会应确保：

　　（1）评估试点机构编制的计划和报告在满足 1993 年《政府绩效与结果法案》目的方面的效益、成本和有用性。

　　（2）确定试点机构在编制计划和报告方面遇到的重大困难。

　　（3）阐述 1993 年《政府绩效与结果法案》，第五部分的第 306 款，本标题的第 1105 款、第 1115 款、第 1116 款、第 1117 款、第 1119 款和第 9703 款以及本部分规定的任何建议变更。

管理会计责任和灵活性。对《美国法典》第 97 章第 31 条进行了修订，在第 9703 款（如本法典第五部分所加）后增加了以下条款：

第 9704 款　管理问责制和灵活性试点项目

（a）管理和预算办公室主任应指定不少于五个机构作为 1995 和 1996 财政年度管理问责制和灵活性的试点项目，这些机构应从第 1118 款制定为试点项目的机构中挑选，并应有代表性地反映政府在衡量和报告项目绩效方面的职能和能力范围。

（b）指定机构的试点项目应包括根据第 9703 款对该机构一项或多项主要职能和业务提议的豁免。

（c）管理和预算办公室主任应按照第 1118（c）款的要求，在提交总统和国会的报告中列入：

　　（1）对通过增加管理和组织灵活性、自由裁量权和权力以换取通过豁免提高绩效的收益、成本和有用性的评估。

　　（2）确定试点机构在准备拟议豁免时遇到的重大困难。

（d）本部分的目的，第 1115 款（f）下的定义应适用。

绩效预算。《美国法典》第 11 章第 31 条经修正，在第 1118 款（如本法典第六部分所加）后增加了以下条款：

第 1119 款　绩效预算编制试点项目

（a）管理和预算办公室主任经与各机构负责人协商后，应指定不少于五个机构作为 1998 和 1999 财政年度绩效预算编制的试点项目。其中至少三个机构应从第 1118 款下指定为试点项目的机构中选出，并应反映政府在衡量和报告项目执行情况方面具有代表性的一系列职能和能力。

（b）指定机构的试点项目应包括编制绩效预算。对于该机构的一项或多项主要职能和业务，此种预算应因预算数额不同而产生不同绩效水平，包括与成果相关的绩效水平。

（c）管理和预算办公室主任应在 1999 财政年度第 1105 款下提交的预算中列入指定机构的本财政年度执行预算，作为预算的备选列报方式。

(d) 不迟于 2001 年 3 月 31 日，管理和预算办公室主任应向总统和国会提交一份关于绩效预算编制试点项目的报告，该报告应确保：

（1）评估将执行情况预算列入第 1105 款下提交的年度预算的可行性和可取性。

（2）说明试点机构在编制执行情况预算时遇到的任何困难。

（3）建议是否应提出要求执行预算的立法以及任何可立法的一般规定。

（4）阐述 1993 年《政府绩效与结果法案》，第五部分的第 306 款，本标题的第 1105 款、第 1115 款、第 1116 款、第 1117 款和第 9703 款以及本部分规定的任何建议变更。

(e) 在收到（d）款所要求的报告后，国会可进行具体规定将绩效预算作为第 1105 款需提交的年度预算的一部分进行提交。

第七部分　美国邮政服务

对《美国法典》第三部分第 39 条进行了修正，在其末尾增加了以下新的一章：

第 28 章　战略计划和绩效管理

2801 定义

2802 战略计划

2803 绩效计划

2804 项目绩效报告

2805 固有的政府职能

第 2801 款　定义

对于本章而言，相关术语的定义如下：

（1）"结果度量"是指通过对项目活动的结果与其预期目的对比进行的评估。

（2）"输出度量"是指表格、计算，或记录活动或努力，并可以通过定量或定性的方式表示。

（3）"绩效目标"是指以有形、可衡量的目标表示为绩效目标水平，应与可以以定量表彰、价值或比率表示的目标进行比较。

（4）"绩效指标"是指用于衡量产出或结果的特定价值或特征。

（5）"项目活动"是指与邮政服务使命相关的特定活动。

（6）"项目评价"是指通过客观衡量和系统分析，评估邮政服务项目实现预期目标的方式和程度。

第 2802 款　战略计划

(a) 不迟于 1997 年 9 月 30 日，邮政管理处应向总统和国会提交其项目活动的战略计划。该计划应包含：

（1）一份涵盖邮政服务主要职能和业务的综合任务说明。

（2）邮政服务主要职能和业务的总体目标和目的，包括与成果相关的目标和目的。

（3）说明如何实现各项目标和目的，包括说明业务流程、技能和技术，以及实现这些目标和目的所需的人力、资本、信息和其他资源。

（4）说明第 2803 款所要求的计划中包含的绩效目标应如何与战略计划中的总体目标和目的相关联。

（5）明确邮政管理处以外的及其无法控制的可能对实现总体目标和目的产生重大影响的关键因素。

（6）说明在确定或修订总体目标和目的时使用的项目评价，并说明今后项目评价的时间表。

（b）战略计划自提交之日起应涵盖不少于五年的财政年度，并应至少每三年更新和修订一次。

（c）第 2803 款所要求的绩效计划应与邮政管理处的战略计划保持一致。本款下的现行战略计划不包括的财政年度不得提交绩效计划。

（d）在制定战略计划时，邮政管理处应征求和考虑可能受到该计划影响或对该计划感兴趣的实体的意见和建议，可将其包含在计划中向国会进行建议。

第 2803 款　绩效计划

（a）邮政局应编制一份年度绩效计划，涵盖邮政局预算中规定的每项计划活动，该计划应包含在根据本条例第 2401（g）节提交的综合声明。该计划应确保：

（1）制定绩效目标，以定义项目活动要达到的绩效水平。

（2）以客观、可量化和可测量的形式表达此类目标，除非（b）小节中使用了替代形式。

（3）简要描述实现绩效目标所需的操作过程、技能和技术，以及人力、资本、信息或其他资源。

（4）制定绩效指标，用于衡量或评估每个项目活动的相关产出、服务水平和产出。

（5）为实际项目结果与既定绩效目标的比较提供依据。

（6）描述用于核实和验证测量值的方法。

（b）如果邮政部门确定以客观、可量化和可测量的形式表达特定项目活动的绩效目标是不可行的，邮政部门可以使用替代方案形式。这样替代形式应：

（1）包括单独的描述性陈述：

（A）最低有效的计划。

（B）一个成功的项目，具有足够的精度，并且能够准确、独立地确定项目活动的绩效是否符合任一描述的标准。

（2）说明以任何形式表达项目活动的绩效目标是不可行或不切实际的理由。

（c）在根据本节编制全面的和信息丰富的计划时，邮政服务可汇总、取消汇总或合并计划活动，但任何汇总或合并不得忽略或最小化构成机构主要职能或业务的任何项目活动的重要性。

（d）邮政局可在其计划中编制一份非公开附件，涵盖与下列事项有关的计划活动或部分计划活动：

（1）避免干涉刑事诉讼。

（2）根据本编第 410（c）节免于公开披露的其他事项。

第 2804 款　项目绩效报告

（a）邮政局应编制每个财政年度的计划执行情况报告，该报告应包含在本编第 2401（g）节项下提交的年度综合报表中。

（b）（1）项目绩效报告应列出邮政服务绩效计划中确定的绩效指标，以及与该财政年度计划中表达的绩效目标相比所实现的实际项目绩效。

　　（2）如果绩效目标是通过最低有效的项目活动和成功的项目活动的描述性陈述来规定的，则应根据这些类别来描述此类项目的结果，包括绩效是否未能达到任一类别的标准。

（c）2000 财政年度的报告应包括上一财政年度的实际结果，2001 财政年度的报告应包括前两个财政年度的实际结果，2002 财政年度的报告和所有随后的报告应包括前三个财政年度的实际结果。

（d）每份报告应确保：

　　（1）审查实现财政年度绩效目标的成功情况。

　　（2）评估当前财政年度的绩效计划，以实现报告所涵盖财政年度的绩效目标。

　　（3）解释和描述未达到绩效目标的情况（包括当根据第 2803（b）（2）节确定项目活动的绩效未达到成功项目活动的标准时）：

　　　　（A）为什么没有达到目标。

　　　　（B）实现既定绩效目标的计划和时间表。

　　　　（C）如果绩效目标不切实际或不可行，为什么会这样以及建议采取什么行动。

　　（4）包括报告涵盖的财政年度内完成的项目评估的总结结果。

第 2805 款　固有的政府职能

本章的职能和活动应被视为固有的政府性质功能，本节规定的战略计划、绩效计划和项目绩效报告的起草只能由邮政部门的员工进行。

第八部分　国会监督和立法

（a）概述。本法案中的任何内容均不得被解释为限制国会制定、修改、暂停或取消绩效目标的能力。此类行动应具有取代根据《美国法典》第 31 编第 1105（a）（29）节提交的计划中该目标的效力。

（b）政府问责办公室（GAO）报告。美国总审计长应不迟于 1997 年 6 月 1 日向国会报告本法案的实施情况，包括联邦机构遵守《美国法典》第 31 编第 1118 节和第 9704 节规定的试点项目以外的其他机构的前景。

第九部分　培训

人事管理办公室应与管理和预算办公室主任、美国总审计长协商，为其管理培训计划制定战略规划和绩效评估培训内容，并以其他方式为管理人员提供关于制定和使用战略规划和项目绩效评估的指导。

第十部分 法案的适用

本法作出的任何规定或修正不得解释为：

（1）为非美国官员或雇员的任何人创造任何权利、特权、利益或权益，非美国官员或雇员的任何人无权向美国法院提起任何民事诉讼，以执行本法的任何规定或修正案。

（2）取代任何法定要求，包括《美国法典》第5编第553节项下的任何要求。

第十一部分 技术和一致性修订

（a）对《美国法典》第5篇的修订。对《美国法典》第5篇第3章的章节表进行了修订，在与第305节相关的项目后添加以下内容："306. 战略计划"。

（b）对《美国法典》第31编的修订。

　　（1）对第11章的修订。对《美国法典》第31编第11章的章节表进行修订，在与第1114节有关的项目后添加以下内容：

　　1115. 绩效计划。

　　1116. 程式效能报告。

　　1117. 豁免。

　　1118. 绩效目标的试点项目。

　　1119. 绩效预算试点项目。

　　（2）第97章修正案。《美国法典》第31编第97章章节表通过在第9702节相关项目后添加以下内容进行修正：

　　9703. 管理问责制和灵活性。

　　9704. 管理问责制和灵活性试点项目。

（c）对《美国法典》第39编的修订。对《美国法典》第39编第三部分的章节表进行修订，在其末尾添加以下新项目：

　　28. 战略规划和绩效管理 ·· 2801.

二

2010 年政府绩效与结果（GPRA）现代化
法案

GPRA Modernization Act of 2010

要求每季度对政府方案进行绩效评估，以评估机构绩效和改进情况，并设立机构绩效改进官和绩效改进委员会。

如果是由美利坚合众国参议院和众议院在国会上颁布，该法案可被称为"2010 年GPRA 现代化法案"。

第 1 部分 简短标题：目录

（a）简称。本法可被称为"2010 年 GPRA 现代化法案"。

（b）目录。本法的目录如下：

1. 简短标题：目录。

2. 战略规划修正案。

3. 绩效规划修正案。

4. 执行情况报告修正案。

5. 联邦政府和机构的优先目标。

6. 季度优先进度审查和使用绩效信息。

7. 联邦政府计划、优先目标和结果的透明度。

8. 机构首席运营官。

9. 机构绩效改进官和绩效改进委员会。

10. 绩效计划和报告的格式。

11. 减少重复和过时的机构报告。

12. 绩效管理技能和能力。

13. 专门的和符合要求的修正案。

14. 执行这项法案。

15. 国会监督和立法。

第 2 部分 战略规划修正案

《美国法典》标题 5 第 3 章第 306 款作了修改，增加了以下内容：

第 306 款 机构战略计划

（a）每个机构的负责人应根据标题 3 第 101 款最迟于总统任期的第二年 2 月的第一个星期一在该机构的公共网站上提供战略计划，并将其提供情况通知总统和国会。该计划应包含：

（1）关于该机构主要职能和业务的全面任务说明。

（2）机构主要职能和业务的总体目标和目的，包括面向成果的目标。

（3）说明任何目标和目的如何促进联邦政府第31编第1120（a）款所要求的优先目标。

（4）说明如何实现各项目标，包括：

 （A）说明实现这些目标和目的所需的业务流程、技能和技术，以及人力、资本、信息和其他资源。

 （B）说明该机构如何与其他机构合作，以实现其目标和目的以及联邦政府的相关优先目标。

（5）说明目标和目的如何纳入（d）款所要求的通过国会协商获得的意见和建议。

（6）说明标题31第1115（a）款要求的计划中规定的绩效目标，包括标题31第1120（b）款要求的机构优先目标，如适用，如何促进战略计划中的总体目标和目的。

（7）查明本机构以外及其无法控制的可能对实现总体目标和目的产生重大影响的关键因素。

（8）说明在确定或修订总体目标和目的时所使用的方案评价，并说明今后进行方案评价的时间表。

（b）战略计划应涵盖提交计划的财政年度之后不少于4年的期限。根据需要，该机构负责人可对战略计划作出调整，以反映该机构运作环境的重大变化，并适当通知国会。

（c）标题31第1115（b）款要求的绩效计划应与该机构的战略计划一致。本款下的现行战略计划不包括的财政年度不得提交绩效计划。

（d）在制定或调整战略计划时，该机构应定期与国会协商，包括适当的授权、拨款和监督委员会的多数意见和少数意见，并应征求和审议可能受此种计划影响或对此种计划感兴趣的实体的意见和建议。该机构应至少每两年与国会有关委员会协商一次。

（e）本款的职能和活动应视为固有的政府职能。本款下战略计划的起草只能由联邦雇员执行。

（f）就本款而言，"机构"一词是指第105款所界定的执行机构，但不包括中央情报局、政府问责局、美国邮政署和邮政管理委员会。

第3部分　绩效规划修正案

《美国法典》第31编第11章对第1115款进行了修订，并插入了以下内容：

第 1115 款　联邦政府和机构绩效计划

（a）联邦政府绩效计划。执行第 1105（a）（28）条的规定，管理和预算办公室主任应与各机构协调，制定联邦政府的绩效计划。除在美国政府的每一预算中提交此种计划外，管理和预算办公室主任应确保在第 1122 款下提供的网站上同时提供本款要求的所有信息，并定期更新，但至少每年更新一次。联邦政府的绩效计划应确保：

（1）为本标题第 1120（a）款所要求的每个联邦政府优先目标，建立联邦政府绩效目标，以确定在提交计划的年份和下一个财政年度要达到的绩效水平。

（2）确定在本财政年度对每个联邦政府绩效目标做出贡献的机构、组织、方案活动、条例、税收支出、政策和其他活动。

（3）为每个联邦政府的绩效目标，确定一名政府领导官员，负责协调实现目标的努力。

（4）制定联邦政府的共同绩效指标，其中包括用于衡量或评估的季度指标：

　　（A）在联邦政府每个绩效目标方面的总体进展。

　　（B）各机构、组织、方案活动、条例、税收支出、政策和第（2）款确定的其他活动的个人贡献。

（5）确定明确界定的季度里程碑。

（6）确定政府范围内或跨领域的主要管理挑战，并说明应对这些挑战的计划，包括相关绩效目标、绩效指标和里程碑。

（b）机构绩效计划。每个机构的负责人应在每年 2 月的第一个星期一之前，在该机构的公共网站上公布该计划，并将其提供情况通知总统和国会，该计划应涵盖该机构预算中规定的每项方案活动。这种计划应确保：

（1）制定绩效目标，以确定在提交计划的年份和下一个会计年度要达到的绩效水平。

（2）以客观、可量化和可衡量的形式表示这些目标，除非根据（c）款被授权以替代形式。

（3）说明绩效目标如何促进：

　　（A）标题 5 第 306（a）（2）款所要求的机构战略计划中确立的总体目标和目的。

　　（B）（a）（1）分段所要求的联邦政府绩效计划中确定的任何联邦政府绩效目标。

（4）酌情在绩效目标中确定本标题第 1120（b）款所要求的指定为机构优先目标的目标。

（5）说明如何实现绩效目标，包括：

　　（A）业务流程、培训、技能和技术，以及实现这些绩效目标所需的人力、资本、信息和其他资源、战略。

　　　（B）明确界定的里程碑。

　　　（C）确定在机构内部和外部促进每一绩效目标的组织、方案活动、条例、政策和其他活动。

　　　（D）说明该机构如何与其他机构合作，以实现其绩效目标以及联邦政府的相关绩效目标。

　　　（E）确定负责实现每项绩效目标的机构官员，他们应被称为目标负责人。

　　（6）建立一套平衡的绩效指标，用于衡量或评估每项绩效目标的进展情况，酌情包括客户服务、效率、产出和成果指标。

　　（7）为比较实际方案结果和既定绩效目标提供依据。

　　（8）说明机构将如何确保用于衡量实现绩效目标进展情况的数据的准确性和可靠性，包括确定：

　　　（A）用于核实和验证测量值的手段。

　　　（B）数据来源。

　　　（C）预期使用数据所需的精确度。

　　　（D）对数据在所需准确性水平上的任何限制。

　　　（E）如果需要，该机构将如何补偿这种限制，以达到所需的准确性水平。

　　（9）描述该机构面临的主要管理挑战，并确定：

　　　（A）计划采取行动应对这些挑战。

　　　（B）绩效目标、绩效指标和里程碑，以衡量在解决这些挑战方面取得的进展。

　　　（C）负责解决这些挑战的机构官员。

　　（10）根据对低优先方案活动对该机构的任务和目标的贡献的分析，确定低优先方案活动，并列入将方案活动定为低优先的循证理由。

（c）替代表格。如果一个机构与管理和预算办公室主任协商，确定不可能以客观、可量化和可衡量的形式表达某一方案活动的绩效目标，则管理和预算办公室主任可授权另一种形式。这种替代形式应确保：

　　（1）包括单独的描述性陈述：

　　　（A）（i）最低限度的有效方案；（ii）成功的方案。

　　　（B）由管理和预算厅厅长授权的备选办法，其精确度足够高，其措辞可以准确、独立地确定方案活动的绩效是否符合说明的标准。

　　（2）说明以任何形式表达项目活动的绩效目标是不可行或不切实际的理由。

（d）方案活动的处理。遵守本款的目的，机构可以汇总、分类或合并方案活动，但任何汇总或合并都不得忽略或最小化构成机构主要职能或业务的任何方案活动的重要性。

（e）附录。机构可在年度绩效计划中提交一份附录，涵盖计划的任何部分：

　　（1）是根据行政命令规定的标准特别授权为国防或外交政策而保密的。

　　（2）是根据这种行政命令适当分类的。

（f）固有的政府职能。本款的职能和活动应视为固有的政府职能。本款下的绩效计划的起草只能由联邦雇员执行。

（g）首席人力资本官。每个机构都有一名首席人力资本官，首席人力资本官应编制第（b）（5）（A）款所述年度绩效计划的这一部分。

（h）定义。对于本款、第1116款至第1125款，以及第9703款和第9704款而言，相关术语的定义如下：

（1）"代理"具有相同的含义，因为这一术语是在标题5第306（f）款下定义的。

（2）"交叉"是指跨越组织（如机构）边界。

（3）"客户服务措施"是指对向客户、委托人、公民或其他接受者提供服务的评估，其中可以包括对质量、及时性和满意度等因素的评估。

（4）"效率度量"是指程序活动的投入（如雇员工作的成本或小时）与其产出（交付的产品或服务的数量）或结果（程序的预期结果）的比率。

（5）"重大管理挑战"是指各机构内部或各机构之间的方案或管理职能，这些方案或职能更容易受到浪费、欺诈、滥用和管理不善的影响（如政府问责办公室确定为高风险的问题或监察长确定的问题），如果执行不力，可能会严重影响机构或政府实现其使命或目标的能力。

（6）"里程碑"是指一个预定的事件，表示一个主要交付品或一组相关交付品或一个工作阶段的完成。

（7）"成果衡量"是指对方案活动与其预期目的相比的结果进行评估。

（8）"输出度量"是指以定量或定性方式表示的活动或努力的制表、计算或记录。

（9）"绩效目标"是指以有形、可衡量的目标表示的绩效目标水平，可与之进行比较的，包括以数量标准、价值或比率表示的目标。

（10）"绩效指标"是指用于衡量产出或结果的特定价值或特征。

（11）"方案活动"是指美国政府年度预算方案和筹资时间表所列的具体活动或项目。

（12）"方案评估"是指通过客观的衡量和系统的分析，评估联邦方案实现预期目标的方式和程度。

第4部分　执行情况报告修正案

《美国法典》第31编第11章对第1116款进行了修订，并插入了以下内容：

第1116款　机构绩效报告

（a）各机构负责人应在该机构的公共网站上向管理和预算办公室提供关于机构绩效的最新情况。

（b）（1）每次更新应将实际绩效与机构绩效计划第 1115（b）款规定的绩效目标进行比较，并应在每个财政年度结束后不少于 150 天，经常地更新在合理行政负担水平上向政府、国会或方案伙伴提供有重要价值数据的指标的实际绩效。

　　　　（2）如果绩效目标是在第 1115（c）款的另一种形式下规定的，则应根据这些规格说明结果，包括绩效是否未能达到最低有效或成功方案的标准。

（c）每次更新应确保：

　　　（1）审查实现绩效目标的成功，并包括前五个财政年度的实际成果。

　　　（2）评估本财政年度的绩效计划，并与更新所涉期间绩效目标的实现情况进行比较。

　　　（3）解释和描述未达到绩效目标的情况（包括当方案活动的绩效被确定不符合第 1115（c）（1）（A）（ii）款规定的成功方案活动的标准或如果使用另一种替代形式，则达到相应的绩效水平）：

　　　　（A）未达到目标的原因。

　　　　（B）实现既定绩效目标的计划和时间表。

　　　　（C）如果绩效目标不切实际或不可行，为什么是这样，建议采取什么行动。

　　　（4）说明本标题第 9703 款所述任何豁免在实现绩效目标方面的使用情况和评估效果。

　　　（5）包括对绩效目标的审查和对绩效计划的评价，以反映该机构的战略性人力资本管理。

　　　（6）说明机构如何确保用于衡量实现绩效目标进展情况的数据的准确性和可靠性，包括确定：

　　　　（A）用于核实和验证测量值的手段。

　　　　（B）数据来源。

　　　　（C）预期使用数据所需的精确度。

　　　　（D）对数据在所需准确性水平上的任何限制。

　　　　（E）如果需要，该机构如何补偿这种限制，以达到所需的准确性。

　　　（7）包括更新所涉期间完成的方案评价的总结结果。

（d）如果一个机构的绩效更新包括根据一项行政命令确定的标准特别授权为国防或外交政策保密并根据该行政命令适当分类的任何方案活动或资料，该机构的首长应在第 1115（e）款规定的分类附录中提供这种资料。

（e）本款的职能和活动应视为固有的政府职能。本款下的机构绩效更新的起草只应由联邦雇员进行。

（f）每个财政年度，管理和预算办公室应确定各机构的方案或活动是否达到机构绩效计划中概述的绩效目标和目的，并向以下机构或负责人提交一份关于未达到目标的报告：

　　　（1）机构负责人。

（2）参议院国土安全和政府事务委员会。

（3）众议院监督和政府改革委员会。

（4）政府问责办公室。

（g）如果一个机构的方案或活动没有达到管理和预算办公室确定的一个财政年度的绩效目标，该机构负责人应向管理和预算办公室提交一份绩效改进计划，以提高每个未实现目标的方案的效力，并有可衡量的里程碑。该机构应指定一名高级官员，负责监督每个未实现目标的绩效改进战略。

（h）（1）如果管理和预算办公室确定机构方案或活动连续两个财政年度的绩效目标未得到实现，则机构负责人应确保：

（A）向国会提交行政当局为改善绩效将采取的行动的说明，包括拟议的法定变更或计划的行政行动。

（B）说明如果与管理和预算厅厅长协商确定这种行动是适当的，则该机构为实现这一目标而承付的任何额外资金，数额由厅长确定。

（2）在提供第（1）（B）款所述的额外资金时，机构负责人应使用该机构可用的任何重新编程或转移权限。如果在行使此种权力后，为达到管理和预算厅厅长确定的适当水平，需要追加撤销，则该机构的首长应向国会提出请求，要求增加重新编制或移交权力。

如果一个机构的方案或活动连续三个财政年度没有达到管理和预算办公室确定的绩效目标，管理和预算办公室主任应在确定后 60 天内向国会提出改进绩效的行动建议，包括：

（1）每项方案或活动未达到绩效目标的重新授权建议。

（2）为达到每项绩效目标的拟议绩效水平，计划活动所必需的法定变动。

（3）计划的行政行动或确定终止或削减总统预算的方案。

第 5 部分　联邦政府和机构的优先目标

对《美国法典》第 31 编第 11 章进行了修订，在第 1119 款之后增加了以下内容：

第 1120 款　联邦政府和机构的优先目标

（a）联邦政府优先目标。

（1）管理和预算办公室主任应与各机构协调，制定优先目标，以改善联邦政府的绩效和管理。这种联邦政府的优先目标应包括：

（A）面向成果的目标，涵盖数目有限的交叉政策领域。

（B）全联邦政府需要改进管理的目标，包括财务管理、人力资本管理、信息技术管理、采购和购置管理、不动产管理。

（2）联邦政府的优先目标应是长期的。联邦政府的优先目标至少应每四年更新或修订一次，并在提交美国政府预算的同时公布，该预算是在总统任期开始于第3编第101款的任何一年之后的第一个完整财政年度中提出的。根据需要，管理和预算办公室主任可对联邦政府的优先目标作出调整，以反映联邦政府重大变化，并适当通知国会。

（3）在制定或调整联邦政府优先目标时，管理和预算办公室主任应定期与国会协商，包括从以下机构获得多数意见和少数意见：

（A）参议院和众议院拨款委员会。

（B）参议院和众议院预算委员会。

（C）参议院国土安全和政府事务委员会。

（D）众议院监督和政府改革委员会。

（E）参议院财政委员会。

（F）众议院方式方法委员会。

（G）酌情确定的任何其他委员会。

（4）管理和预算办公室主任应至少每两年与国会有关委员会协商一次。

（5）管理和预算办公室主任应在本标题第1122款所述网站上提供关于联邦政府优先目标的信息。

（6）本标题第1115（a）条规定的联邦政府绩效计划应与联邦政府的优先目标保持一致。

（b）机构优先目标。

（1）每两年，本标题第901（b）款所列或由管理和预算办公室主任另行确定的各机构负责人应从该机构的绩效目标中确定机构优先目标。管理和预算办公室主任应确定政府各机构优先目标的总数和每个机构拟制定的数目。机构的优先目标应确保：

（A）反映了该机构的最高优先事项，由该机构的负责人确定，并根据联邦政府在（A）款下规定的优先目标以及标题5第306（d）款所要求的与国会和其他有关方面的协商。

（B）有可在两年期内实现的宏伟目标。

（C）有一个明确的机构官员，称为目标领导者，负责实现每个机构的优先目标。

（D）如果实际绩效的更频繁更新在合理的行政负担水平上为政府、国会或项目合作伙伴提供了具有重要价值的数据，则为绩效指标制定中期季度目标。

（E）已明确界定季度里程碑。

（2）如果一个机构的优先目标包括任何方案活动或信息，这些活动或信息是根据行政命令确定的标准特别授权的，为了国防或外交政策的利益而保密，该机构的首长应在第 1115（e）款规定的分类附录中提供此类资料。

（c）本款的职能和活动应视为固有的政府职能。联邦政府和机构优先目标的制定只能由联邦雇员执行。

第 6 部分　季度优先进度审查和使用绩效信息

对《美国法典》第 31 编第 11 章进行了修订，在第 1120 款之后（如本法第 5 部分所加）增加了以下内容：

第 1121 款　季度优先进度考核及绩效信息的使用

（a）利用绩效信息实现联邦政府的优先目标。至少每个季度，管理和预算办公室主任应在绩效改进委员会的支持下完成以下目标：

（1）为本标题第 1120（a）款要求的每个联邦政府优先目标，与适当的牵头政府官员审查最近一季度取得的进展、总体趋势数据以及达到计划绩效水平的可能性。

（2）在此类审查中列入有助于实现联邦政府每一优先目标的机构、组织和方案活动的官员。

（3）评估各机构、组织、方案活动、条例、税收支出、政策和其他活动是否按计划为每个联邦政府优先目标做出贡献。

（4）将联邦政府的优先目标按未达到计划绩效水平的风险分类。

（5）对于最有可能达不到计划的绩效水平的联邦政府优先目标，确定改进绩效的前景和战略，包括对机构、组织、方案活动、条例、税收支出、政策或其他活动的任何必要变更。

（b）机构利用绩效信息实现机构优先目标。在每个需要制定本标题第 1120（b）款所要求的机构优先目标的机构，机构负责人和首席运营官在机构绩效改进官的支持下，至少每季度应做到：

（1）对于每个机构的优先目标，与适当的目标负责人一起审查最近一季度取得的进展、总体趋势数据以及达到计划绩效水平的可能性。

（2）与促进实现各机构优先目标的机构内外有关人员协调。

（3）评估相关组织、方案活动、条例、政策和其他活动是否按计划为机构优先目标做出贡献。

（4）按未达到计划绩效水平的风险将机构优先目标分类。

（5）对于最有可能达不到计划的绩效水平的机构优先目标，确定改进绩效的前景和战略，包括对机构方案活动、条例、政策或其他活动的任何必要变更。

第7部分　联邦政府计划、优先目标和结果的透明度

对《美国法典》第 31 编第 11 章进行了修订，在第 1121 款之后（如本法第 6 部分所加）增加了以下内容：

第 1122 款　方案、优先目标和结果的透明度

（a）机构方案的透明度。

（1）一般不迟于 2012 年 10 月 1 日，管理和预算办公室应确保：单一网站的有效运作；至少每季度更新一次网站；在网站上提供包括有关各机构确定的每个方案的信息。

（2）资料。第（1）款所述每个方案的资料应包括：根据管理和预算办公室主任提供的指导，确定该机构如何定义"方案"一词，包括汇总、分类或合并的方案活动，以被该机构视为一个方案；说明方案的目的和方案对机构的使命和目标的贡献；确定本财政年度和前两个财政年度的供资情况。

（b）机构优先目标和成果的透明度。要求制定机构优先目标的每个机构的负责人应向管理和预算办公室提供关于每个机构优先目标的信息，以便在网站上公布，但本标题第 1120（b）（2）款所涵盖的任何信息除外。除了确定每个机构的优先目标外，网站还应合并关于每个机构优先目标的信息，包括：

（1）说明该机构如何纳入通过国会协商获得的关于该机构优先目标的任何意见和建议。

（2）查明机构外部及其控制范围之外的、可能对机构优先目标的实现产生重大影响的关键因素。

（3）说明如何实现各机构的优先目标，包括：实现优先目标所需的战略和资源；明确界定的里程碑；机构内外有助于实现每个目标的组织、方案活动、条例、政策和其他活动；该机构如何与其他机构合作以实现这一目标；确定负责实现优先目标的机构官员。

（4）用于衡量或评估进展情况的绩效指标。

（5）说明机构如何确保用于衡量实现优先目标进展情况的数据的准确性和可靠性，包括确定：用于核实和验证测量值的手段；数据来源；预期使用数据所需的精确度；对数据在所需准确性水平上的任何限制；如果需要，该机构如何补偿这些限制，以达到所需的准确性。

（6）与计划的绩效水平相比，最近一个季度取得的成果和总体趋势数据。

（7）评估有关组织、方案活动、条例、政策和其他活动是否按计划做出贡献。

（8）确定有可能无法达到计划绩效水平的机构优先目标。

(9) 改善绩效的任何前景或战略。

（c）联邦政府优先目标和成果的透明度。管理和预算办公室主任也应在网站上提供：

(1) 简要说明本标题第1120（a）款所要求的联邦政府的每一个优先目标。

(2) 说明联邦政府的优先目标如何纳入通过国会协商获得的意见和建议。

(3) 本标题第1115（a）款要求的联邦政府绩效目标以及与每个联邦政府优先目标相关的绩效指标。

(4) 确定每个联邦政府绩效目标的主要政府官员。

(5) 与计划的绩效水平相比，最近一季度取得的成果和总体趋势数据。

(6) 确定有助于实现每一联邦政府优先目标的机构、组织、方案活动、条例、税收支出、政策和其他活动。

(7) 评估有关机构、组织、方案活动、条例、税收支出、政策和其他活动是否按计划做出贡献。

(8) 确定可能无法达到计划的绩效水平的联邦政府优先目标。

(9) 绩效改进的任何前景或战略。

（d）网站信息。根据本款在网站上提供的信息应便于公众、国会议员和委员会在互联网上访问和查找。此种资料还应以可搜索、机器可读的格式呈现。管理和预算办公室主任应发布指导意见，以确保提供此类信息的方式能够连贯地反映所有联邦计划、联邦政府以及各机构的绩效。

第8部分　机构首席运营官

对《美国法典》第31编第11章进行了修订，在第1122款之后（如本法第7部分所加）增加了以下内容：

第1123款　首席业务官

（a）编制。每个代理机构的副负责人或同等人员应是该机构的首席运营官。

（b）职能。每个首席运营官应负责改进该机构的管理和绩效，并应确保：

(1) 提供全面的组织管理，通过使用战略和绩效规划、衡量、分析、定期评估进展，以及使用绩效信息来改进所取得的成果，从而提高机构绩效，实现机构的使命和目标。

(2) 建议和协助机构负责人执行本标题第1115款至第1122款和标题5第306款的要求。

(3) 监督机构的具体工作，以改进机构内部和政府各部门的管理职能。

(4) 与机构内外在促进和实现机构的使命和目标方面发挥重要作用的相关人员，如首席财务官、首席人力资本官、首席采购官/首席采购执行官、首席信息官和机构其他业务主管，进行协调和协作。

第 9 部分　机构绩效改进官和绩效改进委员会

对《美国法典》第 31 编第 11 章进行了修订，在第 1123 款之后（如本法第 8 部分所加）增加了以下内容：

第 1124 款　绩效改进官和绩效改进委员会

（a）绩效改进官

（1）编制。在每个机构当中，机构负责人应与机构首席运营官协商，指定一名机构高级主管担任机构绩效改进官。

（2）功能。每一名绩效改进官应直接向首席业务官报告。根据首席业务官的指示，每个绩效改进官应确保：

（A）向机构负责人和首席业务官提供咨询和协助，以确保通过战略和绩效规划、衡量、分析、定期评估进展情况以及使用绩效信息来改进所取得的成果，实现机构的使命和目标。

（B）就机构目标的选择，包括就共同目标与其他机构合作的机会，向机构负责人和首席业务官提供咨询。

（C）协助机构负责人和首席业务官监督执行本标题第 1115 款至第 1122 款和标题 5 第 306 款规定的机构战略规划、绩效规划和报告要求，包括该机构对联邦政府优先目标的贡献。

（D）支持机构负责人和首席业务官定期审查机构绩效，包括至少每季度审查在实现机构优先目标方面取得的进展，如果适用的话。

（E）协助机构负责人和首席业务官在机构内制定和使用人员绩效评估中的绩效措施，并酌情制定和使用其他机构人员规划流程和评估。

（F）确保各机构在实现所有目标方面取得的进展传达给机构和国会的领导、管理人员和员工，并在机构的公共网站上公布。

（b）绩效改进委员会。

（1）建立。成立一个绩效改进委员会，其人员组成包括：

（A）管理和预算办公室负责管理的副主任，担任理事会主席。

（B）本标题第 901（b）款所界定的各机构的绩效改进官。

（C）主席酌情确定的其他绩效改进官。

（D）主席酌情确定的其他个人。

（2）功能。绩效改进委员会将确保：

（A）由主席或主席的指定人召集，主席应主持绩效改进委员会的会议，确定其议程，指导其工作，并酌情设立和指导绩效改进委员会的分组，以处理特定的主题事项。

（B）协助管理和预算办公室主任改善联邦政府的绩效，实现联邦政府的优先目标。

（C）协助管理和预算办公室主任实施规划、报告和使用与本标题第 1115 款、第 1120 款、第 1121 款和第 1122 款规定的联邦政府优先目标有关的绩效信息要求。

（D）在必要时努力解决政府范围内或贯穿各领域的具体绩效问题。

（E）促进各机构之间交流导致具体方案、机构或跨机构绩效改善的做法。

（F）与其他机构间管理委员会协调。

（G）酌情征求非成员机构，特别是较小机构的意见和资料。

（H）考虑公司、非营利组织、外国、国家和地方政府、政府雇员、公共部门工会和政府服务客户的绩效改进经验。

（I）接受理事会可能要求的机构提供的协助、信息和建议，这些机构应在法律允许的范围提供。

（J）制定并向管理和预算办公室主任提交建议，或在适当的情况下通过管理和预算办公室主任向主席提交建议，建议的时间和格式由主席指定，以精简和改进绩效管理政策和要求。

（3）支助。

（A）通常情况。总务主任应为理事会执行本款提供行政和其他支助。

（B）人员。在理事会任职的有绩效改进官的机构负责人应酌情并在法律允许的范围内，应绩效改进理事会主席的请求，最多提供两份经主席指示任职的人事授权。

第 10 部分　绩效计划和报告的格式

（a）可搜索、机器可读的计划和报告。对于 2012 财政年度及其后的每一财政年度，每一机构必须根据本法所作的修正编制战略计划、绩效计划和绩效更新报告：

（1）不产生印刷战略计划、绩效计划和绩效报告的费用，以便在机构外部发布，除非向国会提供此类文件。

（2）以可搜索、机器可读的格式生成此类计划和报告。

（3）在《美国法典》第 31 编第 1122 款所述的网站上提供此类计划和报告。

（b）基于网络的绩效规划和报告。

（1）通常情况。不迟于 2012 年 6 月 1 日，管理和预算办公室主任应向各机构发布指导意见，各机构提供简明和及时的绩效信息，以便在本款所述的网站上公布《美国法典》第 31 编第 1122 款，至少包括《美国法典》第 31 编第 1115 款和第 1116 款的所有要求，但第 1115（e）款除外。

（2）高度优先目标。对于必须根据《美国法典》第 31 编第 1120（b）款制定机构优先目标的机构，本款所要求的绩效资料应与《美国法典》第 31 编第 1122 款所要求的现有资料合并。

（3）考虑因素。管理和预算办公室主任在根据本款制定指导意见时，应考虑到各机构在按照《美国法典》第 31 编第 1122 款的要求在网站上提供综合绩效规划和报告信息方面的经验。

第 11 部分　减少重复和过时的机构报告

（a）预算内容。《美国法典》第 31 编第 1105（a）经过修正将第（33）款重新命名为第（35）款，并在末尾添加以下内容：

"（37）第 1125 款规定的计划和报告清单，即由于计划和报告已被确定过时或与其他必要的计划和报告重复，因此确定要取消或合并的机构。"

（b）免除不必要的机构报告。《美国法典》第 31 编第 11 章作了进一步修订，在第 1124 款之后（如本法第 9 款所加）增加了以下内容：

第 1125 款　免除不必要的机构报告

（a）机构查明不必要的报告。根据管理和预算办公室主任每年提供的指导，每个机构的首席业务官应确保：

（1）根据法定要求或按照国会报告的指示，编制一份清单，列出该机构为国会编制的所有计划和报告。

（2）分析根据第（1）条汇编的清单，确定哪些计划和报告已过时或与其他所需计划和报告重复，并完善清单，只列入已查明已过时或重复的计划和报告。

（3）与接受根据第（2）条确定的计划和报告的国会委员会协商，以确定这些计划和报告是否不再对委员会有用，是否可以与其他计划和报告一起删除或合并。

（4）向管理和预算办公室主任提供根据第（1）条汇编的计划和报告总数以及根据第（2）条确定的过时和重复的报告清单。

（b）计划和报告。

（1）第一年。在本款实施的第一年，每个机构确定为过时或重复的计划和报告清单应不少于（a）（1）小节中确定的所有计划和报告的 10%。

（2）随后的年度报告。在第一年之后的每一年，第（1）款所述年份，管理和预算办公室主任应确定每一份计划和报告清单上被确定为过时或重复的计划和报告的最低百分比。

（c）要求免除不必要的报告。除按照第 1105（a）（37）款的规定，将每个机构确定为过时或重复的计划和报告清单列入美国政府预算外，管理和预算办公室主任还可同时向国会提交立法，以免除或合并这些计划和报告。

第 12 部分　绩效管理技能和能力

（a）绩效管理技能和能力。人事管理办公室主任应在该法颁布之日起不迟于一年内，与绩效改进委员会协商，确定联邦政府人员为提高政府效率和效力而制定目标、评价方案、分析和使用绩效信息所需的关键技能和能力。

（b）职位分类。在本法颁布之日后两年内，人事管理办公室主任应根据（a）款规定的身份，酌情将这些关键技能和能力纳入相关职位分类。

（c）纳入现有机构培训。在该法颁布后两年内，人事管理办公室主任应按照《美国法典》第 5 编第 306（f）款的规定，与各机构合作，将（a）款确定的关键技能纳入对各机构相关雇员的培训。

第 13 部分　专门的和符合要求的修正案

（a）对《美国法典》标题 5 第 3 章的内容表作了修正，对第 306 款有关的项目作了改动，并插入以下内容：

306. 代理商的战略计划。

（b）对《美国法典》第 31 编第 11 章的目录进行了修订，删除与第 1115 款和第 1116 款有关的项目，并插入以下内容：

1115. 联邦政府和机构绩效计划。

1116. 机构绩效报告。

（c）《美国法典》第 31 编第 11 章的目录经修正后在末尾增加了如下内容：

1120. 联邦政府和机构的优先目标。

1121. 季度优先进度考核及绩效信息的使用。

1122. 方案、优先目标和结果的透明度。

1123. 首席业务官。

1124. 绩效改进官和绩效改进委员会。

1125. 消除不必要的机构报告。

第 14 部分　执行这项法案

（a）临时规划和报告：

（1）总体来说。管理和预算办公室主任应与各机构协调，制定联邦政府临时优先目标，并提交符合本法要求的联邦政府临时绩效计划，从美国政府提交 2013 财政年度预算开始。

（2）要求：

（A）不迟于 2012 年 2 月 6 日对其战略计划作出调整，使计划符合本法的要求。

（B）根据本法的要求编制和提交绩效计划，包括确定机构优先目标，从 2013 财政年度绩效计划开始。

（C）从 2012 财政年度开始，使绩效报告更新符合本法的要求。

（3）季度回顾。本法案要求的季度优先进度审查应开始于：

（A）自本法颁布之日起或之后的第一个季度，以美国政府 2011 财政年度预算分析展望卷所载的为机构优先目标。

（B）2012 年 6 月 30 日季度末临时联邦政府的优先目标。

（b）指导。管理和预算办公室主任应为各机构开展（a）款所要求的临时规划和报告活动编写指导意见和为执行本法所要求的其他指导意见。

第 15 部分　国会监督和立法

（a）通常情况。本法不应被解释为限制国会建立、修改、暂停或废除联邦政府或机构的目标的能力。

（b）政府问责办公室（GAO）审查。

（1）中期规划和报告评估。不迟于 2013 年 6 月 30 日，总审计长应向国会提交一份报告，其中包括：

（A）评估根据本法第 14 条开展的临时规划和报告活动的执行情况。

（B）关于改进本法执行情况的任何建议。

（2）执行情况评价。

（A）通常情况。在根据第（1）款提交给国会的报告中评估的临时规划和报告活动之后，总审计长应评估该法的执行情况。

（B）机构执行情况。

（ⅰ）评估。总审计长应评估该法的实施如何影响《美国法典》第 31 编第 901（b）款所述机构的绩效管理，包括这些机构是否正在利用绩效管理来提高机构方案的效率和效力。

（ⅱ）报告。总审计长应向国会提交：

（Ⅰ）不迟于 2015 年 9 月 30 日根据第（ⅰ）款提交的关于评估的初次报告。

（Ⅱ）不迟于 2017 年 9 月 30 日根据（Ⅰ）条提交的关于评估的后续报告。

（C）联邦政府规划和报告执行情况。

（ⅰ）评估。总审计长评估联邦政府优先目标、联邦政府绩效计划和本法所要求的相关报告的执行情况。

（ⅱ）报告。总审计长应向国会提交：

（Ⅰ）不迟于 2015 年 9 月 30 日根据第（ⅰ）款提交的关于评估的初次报告。

（Ⅱ）随后根据（Ⅰ）条提交的评估报告，不迟于 2017 年 9 月 30 日，此后每 4 年提交一次。

（D）建议。总审计长应在（B）和（C）项要求的报告中列入任何建议，以改进该法的执行，并简化 1993 年《政府绩效与结果法案》的规划和报告要求。

三

美国国际开发署评估政策

USAID Evaluation Policy

1. 背 景

美国国际开发署统筹管理公共资源以促进世界各国的可持续发展。为了体现美国国际开发署授权立法（1961 年对外援助法，经修订）的意图，并实现当前《国家安全战略》《总统全球发展政策指令》《四年期外交与发展审查》的目标，美国国际开发署在美国政府内部与伙伴政府和民间社会组织以及捐赠和技术机构建立了有效的伙伴关系。美国国际开发署应用了《巴黎宣言》中的自主性、一致性、协调性、成果管理和相互问责等原则。

为了履行其职责，美国国际开发署根据现有的经验依据作出政策和投资决定，并通过项目实施为社会创造新知识。此外，美国国际开发署还致力于衡量和记录项目的成果和不足，以便开发署的各个利益相关方能够了解开发活动的投资回报。

美国国际开发署认识到评估（已在方框 1 中加以定义）是美国国际开发署获得关于已开展活动的优点和不足反馈的手段。评估所提供的信息可以防止错误重演，促进未来投资获得更大的效益。评估必须在允许循证决策的背景下进行，并鼓励学习和坦诚，其对于开发署未来的发展至关重要。

评估政策建立在开发署长期和不断革新的评估历史的基础上，力求克服开发署近期评估项目数量和质量下降的问题。尽管管理资金几乎增加了三倍，但提交给美国国际开发署发展经验交流中心（Development Experience Clearinghouse）的评估数量从 1994 年的近 500 项下降到 2009 年的约 170 项。在此期间，开发署的评估活动在方法质量、客观性、评估结果的获取以及将评估建议应用于决策等方面受到了内外部的批评。

自 2011 年发布评估政策以来，美国国际开发署提高了评估的数量和质量，从而为最终取得更好成果的发展方案的制定提供信息。委托进行的评估数量已从 2011 年评估政策之前五年的年均 130 项左右增长到过去五年的年均 230 项左右。开发署现在会开展评估方面的培训活动，并提供一些流程和资源，以优化评估的方法质量、提高评估的客观性、增加获得评估结果的机会、推动评估结论应用于决策中。2013 年 PPL 委托进行的一项研究表明，其评估的质量有所提高。2016 年的一项研究表明，美国国际开发署的总体评估利用率很高，有 71% 的评估会被用来支持和（或）修改开发署的实践活动。虽然这些研究结果令人欣慰，但仍有许多领域需要得到改进，美国国际开发署将继续努力提高其评估的质量和利用效率。

评估政策能够满足当今时代的需要。人们对捐助者、伙伴政府和受益者之间的相互尊重的关系抱有很高的期望，许多利益相关方都要求提高决策和信息披露的透明度。评估所开展的活动不仅包括通过建立基础设施、构建公共部门能力和创造人力资本等传统的长期投资，还包括能够应对环境不确定性的短期干预措施。当前背景下的这些特点为评估政策提供了依据，该政策为评估的做法确立了更高的标准，并认识到不同的背景下评估的方法也应不同。

这项政策旨在向美国国际开发署工作人员、合作伙伴和利益相关方说明评估的目的、评估类型的适用情况，以及开展、传播和使用评估的方法。其主要目的是指导工作人员选择美国国际开发署管理的项目所适用的评估做法，同时，也向执行伙伴和主要利益相关方传达美国国际开发署的评估方法。

这项政策在很大程度上借鉴了经济合作与发展组织（经合组织）发展援助委员会（发援会）制定的评估原则。此外，该政策与国务院的评估政策一致，美国国际开发署将与国务院资源管理局合作，确保各组织的评估准则和流程相辅相成。开发署还将与美国对外援助办公室密切合作，努力优化和支持对外援助项目评估的政策、流程、标准和做法。

最后，该政策有助于落实 2016 年美国国际开发署的《对外援助透明度和问责制法案》，并在项目设计、业绩监测、知识管理等方面与现有的政策、战略和业务指导协调一致。该政策在美国国际开发署自动指令系统（ADS）第 201 章"方案周期业务政策"中得到落实。

方框 1　概念和相应的术语表

为确保关键概念使用的一致性，美国国际开发署工作人员和参与开发署评估工作的人员将使用下文的术语和分类。

评估是系统地收集和分析有关战略、项目和活动的特点和成果的信息，将其作为决策判断的信息基础，在提高效益的同时，也为当前和今后的方案制定提供信息。此评估有别于对项目的评估或非正式审查。

（1）影响评估衡量由确定的干预措施引起的发展成果的变化；影响评估以因果模型为基础，需要一个可信的、严格定义的反事实，以控制干预措施以外可能导致观察到的变化的因素。在影响评估中，对随机分配到实验组或对照组的受益人进行比较，可提供最有力的证据，证明所研究的干预措施与所衡量的结果之间的关系。

（2）绩效评估包含了多种多样的评估方法。它们往往包含前后比较，但一般缺乏严格定义的反事实。绩效评估可以解决以下描述性、规范性和（或）因果问题：特定项目或计划取得了什么成就（在实施过程中或实施后的任何时候）；如何实施；对其如何看待和评估；是否出现了预期的结果；其他与设计、管理和业务决策有关的问题。

（3）为了判断执行工作是否走上正轨以及是否取得预期成果，绩效监测持续、系统地收集绩效指标数据和其他定量或定性信息。绩效监测包括对项目成果和战略效果的监测。

（4）绩效指标根据任务的成果框架或者项目（或活动）的逻辑模型来衡量战略、项目或活动的预期产出和成果。一般来说，产出直接归因于项目活动，而项目成果则代表某项计划对其有贡献但不完全负责的结果。

（5）绩效管理是规划、收集、分析、使用绩效监测数据和评估来跟踪进展、影响决策、改善结果的系统过程。绩效管理是持续学习和适应性管理的一部分。

注：本文件所提及的项目指的是在既定的时间和预算内，为实现一个独立的发展成果而开展的一系列活动。项目一词并不仅仅指或主要指合同或赠款等执行机制。

2. 评估目的

美国国际开发署的评估有两个主要目的：对利益相关方负责、不断学习以完善发展成果。

问责：衡量项目的效果、相关性和效率，向利益相关方披露这些结果，并利用评估结果为资源分配和其他决策提供信息，是公募基金的核心责任。为了使评估达到问责的目的，衡量标准应与开发署影响范围内的有意义的产出和成果相匹配。问责制还要求将绩效与事先的承诺和目标进行比较，使用可度量内部有效性的方法，确保评估分析的可信度，并向包括美国公众在内的广大利益相关者披露结果。

学习：根据设计和执行得当的国家和地区的战略、项目和活动的评估，系统地生成绩效的相关指标和决定因素等信息，使设计和执行这些战略、项目和活动的员工——包括美国国际开发署的工作人员、东道国政府和多个合作伙伴——能够在未来的工作中继续改进和优化。学习的要求包括：认真选择评估问题，以检验战略和项目设计所依据的基本假设；采用能产生对内部和外部均适用的评估结果的方法（包括围绕优先专题问题进行分组评估）；建立广泛分享评估结果的制度，并鼓励将评估结论和建议纳入决策制定中。

这两个目的可以同时实现，并适用于所有类型的项目。然而，这两个目的都不能仅通过评估职能来实现。每一个目的都需要高级管理层采取有意识的行动，以培养问责和学习的文化，并为各级工作人员提供适当的激励措施（同时尽量减少抑制措施）。

3. 基本的组织角色和责任

开发署在执行项目中的每一项业务时都将遵守这一政策。各业务单位将做到：

（1）确定一名评估联络人。此人将负责确保该业务单位的所有项目都遵守该政策，并将与区域和技术局的联络点以及 PPL/LER 进行互动。分配给该部分的时间应与所管理的评估项目的规模相匹配。

（2）通过开发署的培训课程和/或外部机会，对关键员工进行评估管理和方法的培训。

（3）积极鼓励员工参加相关评估实践社区进行知识交流。

（4）根据需求制定指导意见、工具和合同机制，以获得业务单位领域内国家、区域或专题所需评估类型的具体技术支持。一般来说，这需要规划办公室和技术办公室之间的合作。美国国际开发署特派团将准备一份关于评估的任务命令，以描述具体背景下评估的使用方法和期望①。

（5）每年准备一份下一财政年度将要进行的评估和已完成的评估清单。一般来说，评估将在绩效管理计划（PMP）中确定。这些信息将列入评估记录册。评估登记处的指导意见将指出需要提供的具体信息。

（6）规划办公室（按照 ADS 100 的定义）估算下一个财政年度的评估预算。平均而言，一个业务单位管理的计划预算中至少有 3% 应专门用于外部评估。

（7）确保外部评估的工作说明书遵守以下标准。一般来说，这需要规划办公室和技术办公室之间的合作。规划办公室可以让当地机构和技术部门参与评估工作陈述的审查。在进行评估工作时，规划办公室将管理与外部评估团队或顾问的合同或赠款关系，但在特殊情况下，将由评估负责人决定。

（8）通过管理部门和内部同行技术审查，对报告草案的质量进行评估，并为评估小组提供意见。

（9）通过规划办公室确保评估应用和传播计划得以顺利进行，并在完成后的三个月内向发展经验交流中心（DEC）（http：//dec.usaid.gov）提交评估最终报告及其摘要。

（10）通过规划办公室确保评估数据集提交到发展数据库。

（11）在完成评估后，制定评估后的跟踪计划，并将评估结果纳入战略、项目优先级和项目设计的决策中。一般情况下，规划办公室将承担这一职能。

（12）部分情况下，参与开发署制定评估议程的全过程。

各技术部门和区域机构应做到：

（1）确定一个评估联络人，负责确保业务单位的所有项目都遵守该政策，并将与 PPL/LER 互动。分配给该部分的时间应与所管理的评估项目的规模相匹配。

（2）通过开发署的培训课程和/或外部机会，对关键员工进行评估管理和方法的培训。

（3）积极鼓励员工参加相关评估实践社区进行知识交流。

---

① 外部评估是由美国国际开发署而非执行伙伴委托进行的评估，评估小组组长是美国国际开发署以外的专家，他与执行伙伴没有信托关系。

（4）根据任务规划办公室的要求，组织对评估工作说明书和评估报告草案的审查工作。

（5）参与开发署制定评估议程的全过程。

在设计、开展、传播和综合评估工作中，PPL/LER 是指导、支持和质量保证的机构来源。PPL/LER 将做到：

（1）制定培训课程和评估工具，并促进其在开发署的所有项目中得到广泛应用。确定在哪些特定主题方面需要进行外部培训。

（2）组织和领导评估兴趣小组，并建立其他跨机构的评估相关知识网络。

（3）与人力资本和人才管理办公室一起制定（或更新）评估专家和高级评估专家的技能陈述。

（4）组织可通过灵活机制获取评估技术资源。这包括：为评估知识制定适当的技术规格，审查和批准评估工作说明，协调获得评估服务的机会，并提供评估费用的大概范围。

（5）优先为评估的设计和开展提供技术投入，特别是对于总统倡议的评估和大型国家项目评估。与此同时，也包括为获取评估技术支持的机制的提案请求提供投入。

（6）在任何时候，特别是当署长提出要求时，对美国国际开发署的任何项目进行或要求进行绩效和/或影响评估。

（7）不定期进行专题或元评估，以发现关于开发署优先事项、政策和做法的建议。

（8）不定期地进行执行后的评估工作，以检查项目的长期效果。

（9）对要求公开披露评价结果的原则性例外情况进行审核。

（10）牵头编制开发署的评估议程。在这一过程中，需要征求整个开发署和外部利益相关方的广泛意见。

（11）编写一份定期报告，重点介绍近期的主要评估做法和结果，以及评估实践中的变化和挑战。这方面的信息将来自评估登记处和其他来源。

（12）作为与国内和国际机构及捐助者、非政府组织、基金会、学术机构、多边组织，以及美国国际开发署工作所在国的地方政府和组织在评估方面的主要联络点。

（13）与其他发展行为体，包括伙伴国家、执行伙伴以及其他美国国际开发署和美国政府实体一起参与联合评估工作。

4. 评估实践

美国国际开发署的评估应确保：

（1）纳入战略、项目和活动的设计中。美国国际开发署重视评估工作，这与其他努力将活动重点放在实现可度量的成果上的做法是相辅相成的，如恢复项目设计能力和加强优势领域（如农业、经济和民主治理等）的技能专长。与逻辑模型薄弱或模糊的项目评估相比，我们可以期望从对项目和活动的评估中学习到更多的东西，这些项目和活动从一开始就设计了明确的目标，对成果的价值和规模有较为现实的预期，并对执行风险有明确的了解。

每个项目在设计阶段需要考虑到将要进行的绩效评估，在某些情况下还应考虑到影响评估。这是编制项目监测、评估和学习计划的一部分。对于参与编制三至五年国家发展合作战略的特派团，特派团负责人应处理评估的优先事项和方法。从一开始就规划评估和确定关键的评估问题，能够提高项目和活动设计的质量，并对执行期间的数据收集提供指导。

在启动需要评估的项目或活动时，应使用高质量的方法收集基础数据，包括与关键成果和影响相对应的变量，并通过对其进行分析以确定一个参考点。作为一项规则，基础研究应收集按照性别分列的数据。为了获取基础数据，家庭或个人调查往往是有价值的基础数据，开发署可以在执行工作即将结束时对其加以复制，以评估变化。

需要特别注意的是，要确保在项目生命周期的早期，即在任何重大执行工作发生之前收集基础数据。此外，基础数据收集应根据数据分析计划进行设计，以确保获得适当的变量数据，如果使用概率抽样，则抽样规模要足够大，以便进行有效的统计分析。

项目经理应与负责的规划办公室密切合作，确保执行伙伴收集相关的监测数据，并保存可供未来评估使用的数据和文件。

如果进行影响评估是为了审查一项或一组干预措施与关键发展成果的变化之间的关系，则应在项目开始时制定一项平行的合同或赠款协议，以配合项目的实施。合同或赠款协议应包括足够的数据和分析资源。在特殊情况下，当单独的安排不可行时，执行伙伴可将项目次级组成部分的影响评估分包出去。

如果有机会评估特定干预措施的影响或比较执行战略的差异，开发署应鼓励执行伙伴提请负责的技术主管注意这些机会，技术主管可以决定是否以及如何帮助工作人员进行这种影响评估，或者，最理想的情况是建立一个单独的机制在外部进行影响评估。

（2）对评估结果进行公正的度量和报告。对美国国际开发署项目进行的评估应使其不会因利益冲突或其他因素而被认为或实际存在度量或报告的偏差。为满足评估要求，评估应是由外部机构负责（即由第三方承包商或受赠方牵头，由美国国际开发署直接管理），在大多数情况下，评估合同或赠款将由业务单位的项目办公室管理。

虽然大多数评估都是外部评估，但在项目设计中开发署可以为执行伙伴提供资金，以便执行伙伴能够出于学习或问责的目的在内部开展评估工作。如果美国国际开发署的项目资金支持执行伙伴进行或委托进行评估，执行伙伴必须在评估结束后三个月内以书面形式向负责的技术主管共享评估结果。

如果美国国际开发署业务单位管理层认为机构内部拥有适当的专门知识，且让开发署工作人员参与评估有助于机构的学习，那么外部评估小组中可以包括开发署的工作人员。不过，应该聘用一名具有适当技能和经验的外部专家领导该小组以减少潜在的利益冲突。外部专家可能来自与项目执行无关的另一个美国政府机构，或者通过合同机制聘用。

（3）相关性。评估将涉及有关战略、项目或活动的最重要且最相关的问题。一般情况下，将评估问题与美国国际开发署领导层、伙伴政府和（或）其他关键利益相关方作出的具体决定联系起来，能够体现评估的重要性和相关性。这些决定往往涉及如何在各部门和专题领域之间及两者内部分配资源，以及如何改进执行情况以提高评估结果的有效性。为了确保相关性，与当地合作伙伴和受益人进行协商是必不可少的。评估报告应包括足够的当地背景信息和全球背景信息，以便确保评估的外部有效性和相关性。预计会影响资源分配的评估应该包括关于干预措施的成本结构和可扩展性及其有效性的信息。

（4）以最佳方法为基础。评估应该采用与所评估问题相匹配的最高质量和最可信的方法，同时也要考虑到时间、预算和其他实际因素。鉴于开展活动的性质，定性和定量方法都会产生有价值的结论，因此，两者的结合（观察性的、准实验性的和实验性的设计）往往是最理想的评估方法。没有任何一种评估设计或方法会优于其他设计或方法，相反，为某项评估选择一种或多种方法时，应重点考虑评估设计是否适合评估的问题，以及其所需的成本、可行性和所要求信息数据的严谨程度。

对于影响评估来说，实验性的方法往往是最适合的。只有在随机分配战略不可行的情况下，才应采用其他方法。

评估方法应使用按性别分类的数据，并在所有相关领域关注性别关系。方法上的优点和局限性应在评估报告中明确说明。

（5）加强地方自主权。鼓励包括当地受益人和利益相关方在内的所有伙伴的参与，同时利用和建设当地的评估能力，开展符合当地自主权的评估活动。在可能的情况下，来自伙伴国家但不参与项目实施且具有适当专业知识的评估专家应领导和/或加入评估小组。美国国际开发署应在其部门方案制定中优先考虑支持伙伴国政府和民间社会开展评估和使用评估结果的能力。

（6）透明度。应尽可能广泛地分享评估结果，并承诺会充分和积极地披露评估结果。此外，如下文所述，应在三个月内以完全可搜索的形式向公众在线提供执行摘要，包括对方法、主要结论和建议的说明。评估的结论应根据开发署的指导意见作出有原则的异常处理。

5. 评估要求

鉴于美国国际开发署战略、项目和活动的多样性，评估要求应在业务单位层面上适用。

对每个项目进行评估。管理方案资金且设计和执行项目的特派团以及华盛顿业务单位必须对每个项目至少进行一次评估。评估可以针对整个项目、单一活动或干预措施、项目内的一组活动或干预措施、项目管理计划或项目监测、评估和学习计划中确定的与项目有关的问题，或者项目内的交叉问题。

应妥当安排好评估的时间以便在作出有关战略、项目设计和采购的决策时能够得到评估结果，这意味着必须为设计和委托评估分配足够的准备时间。

对整个项目的评估。每个特派团必须在 CDCS 时间范围内至少进行一次项目整体绩效评估。项目整体绩效评估审查全部项目，包括其所有组成活动和实现项目目标的进展。

鼓励业务单位注重对其整个项目进行评估，而不仅仅是活动层面的评估。在制定新战略之前，这种评估特别重要，因为在这一时期，通过评估很可能会就某一特定部门或一系列活动的总体效果提出建议。

对创新发展措施的评估。每个特派团和华盛顿业务单位必须在可行的情况下，对计划通过美国政府对外援助或其他资金来源扩大规模的任何新的、未经测试的办法[①]进行影响评估（即试点干预措施）。如果无法有效地进行影响评估，特派团或华盛顿业务单位必须进行绩效评估，并记录影响评估不可行的原因。无论选择影响评估还是绩效评估，评估都应被纳入设计中。

美国国际开发署在许多环境中开展业务，但出于安全考虑，其不可能进行广泛的现场访问、与受益人互动和其他标准方法的评估。此外，即使在安全问题并不重要的地方，美国国际开发署开展业务的一些环境也非常复杂，以至于标准的线性和（或）因果模型可能没有什么意义。这就需要采取创造性的、有时是非正统的方法来衡量复杂和/或不安全环境中的项目成就。PPL/LER 将与相关的技术部门和区域机构合作，从而为评估工作提供指导建议。

（1）评估程序。评估工作将以确保可信度、公正性、透明度和创造高质量信息的方式进行。鉴于评估问题和条件的不同，实现这些目标的方式会因各自情况不同而大不相

[①] 在项目设计阶段，应努力综合关于项目中所包含的干预措施的现有最佳依据。例如，教师培训的方法、使用业绩激励措施来提高工作者的生产力，或通过加强地方治理机构来促进社区发展的战略。如果引入的是真正的新方法，而且很少有或只有少数人有使用该方法的经验，没有经验证据表明其在任何情况下的有效性，即被定义为未经测试。

同。但是，美国国际开发署的各类评估采用完善的社会科学方法，并包括以下基本特征：

·建立具有适当方法和专业知识的团队来进行优秀的评估。

·书面设计，包括确定关键问题、方法、数据收集工具的主要特征和数据分析计划。除特殊情况外，设计方案应在定稿前与执行伙伴分享并征求意见。

·书面的发布计划，应考虑到重要合作伙伴和其他执行伙伴如何最有效地接收评估信息。

·设计和测量时考虑性别差异，包括按性别分列的数据（如适用）。

·鼓励国家对口部门和评估者参与评估设计和实施的方法。

·采用数据收集和分析方法，最大限度地确保如果由不同的、资质良好的评估者进行同样的评估，他或她将得出相同或类似的结果。

·最大限度地应用和使用社会科学方法和工具，减少对评估者特定判断的需要。

·规范记录和保存评估中的记录（如焦点小组笔录）。

·收集与投入、产出、结果和影响相对应的变量数据，并计算单位成本和分析成本结构的财务数据，以在评估过程中应不时之需。

·评估结论应基于事实、证据和数据。换句话说，排除完全依赖传闻和未经核实的意见的评估结论。评估结果应具体、简明，并有可靠、有效、可推广的定量和定性信息支持。

·评估报告应该包括工作的原始陈述，对所使用的方法（或方法论）的完整描述，以及可以得出的推论的局限性。读者应该有足够的信息来了解证据主体和信息是如何收集的，以便对其可靠性、有效性和可推广性作出判断。

·如有要求，评估报告应包括以行动为导向的、实际的和具体的建议。

·评估报告应以易懂的形式与所有合作伙伴、利益相关者以及公众共享。

·构建评估后的行动计划以帮助确保开展机构学习，并利用评估结果改善发展成果。

·为高质量的评估提供充足的预算和时间。

为保证评估质量，将建立以下制度：

·评估工作说明应包括评估报告的质量标准。具体内容请参见附录。

·业务单位规划办公室应对评估工作说明书和评估报告草案进行同行评议，争取当地机构和技术部门的支持。

（2）评估透明性。美国国际开发署评估工作的透明性体现在两个阶段：一是在商定评估设计时；二是在评估报告完成后应分发该报告。其所遵循的内容包括：

评估设计：评估设计定稿后，必须与相关执行伙伴和供资者共享，并应要求以特派团或华盛顿业务单位认为恰当的格式提供给发展行为体。摘要信息，包括预期发布结果的时间，应列入评估登记册，并在美国国际开发署网站上向公众公布。

标准的报告和传播：除了在每份评估报告中记录的结果和方法外，评估报告还应包括：

·披露利益冲突：对于外部评估，所有评估小组成员应提供一份签字声明，证明没有利益冲突或者说明与被评估项目或活动有关的现有利益冲突。

·分歧声明：部分情况下，评估报告应包括关于资助者、执行者和/或评估小组成员之间任何未解决的重大意见分歧的声明。

完成的评估必须提交给发展经验交流中心（DEC）。每份完成的评估报告必须包括一份摘要（不超过250字）和一份2~5页的执行摘要。

开发数据库：由美国国际开发署资助的用于评估的数据集和支持性文件，如代码书、数据字典以及用于收集和分析数据的方法，必须提交给美国国际开发署数据库。数据应被充分记录和分类，以供不熟悉项目或评估的人使用。

（3）评估结果的利用。评估只有在为实践中的决策提供依据时才能发挥作用。美国国际开发署方案拟订模式的每一步——从设计到执行再到评估——都应该不仅从实现发展目标的角度出发，而且从有助于实现从经验中学习的目标的角度出发。从评估结果中获取的以往经验应该是易于获取的，并且在管理层设计和执行新项目时应加以考虑。设计项目和政策时应使其具有可评估性（在可能的情况下），并应包括评估计划。特派团应鼓励各个机构利用评估结果，并在国家发展合作战略中予以强调。此外，PPL/LER应委托进行不定期的外部技术审计，以确定业务单位是否以及如何将评估结果用于决策制定中。

（4）评估资源。美国国际开发署意识到评估结果对机构的有效性具有重要价值，值得为评估提供足够的资源。国家层面用于培训、技术支持、质量控制和准则制定的资源有助于充分利用开发署在评估方面的投资。此外，还需要为特派团和区域特派团配备合格的专业人员，通过合同和其他灵活机制获得技术支持。

补充人力资源：评估专家和高级评估专家的能力描述将由PPL/LER制定，PPL/LER将其纳入人力资源政策和实践，并根据需要进行更新。这些能力应反映执行该政策所需的技能。应提供一个或多个培训课程以增加现有工作人员的技能。此外，人力资源部门应根据PPL/LER的意见，确定所需补充的评估专家，从而满足政策执行的需求。预计这将需要聘用和（或）重新部署评估专家和高级评估专家。

评估服务的采购机制：执行评估政策需要经验丰富的评估专家，可使用侧重于特定专题领域和（或）方法的不定量合同（Indefinite Quantity Contracts）作为采购机制，从而确保及时获得高质量的专家服务。鼓励国家和区域特派团以及技术局建立采购机制，以便及时获得合适的评估专业人员。

财政资源：美国国际开发署平均把大约3%的项目总资金用于外部绩效评估和影响评估，这有别于专门用于监测的资金投入。在某些情况下，特别是当通过学习提高效率的机会被认为非常大时，机构可能需要从项目实施中重新分配财政资源。此外，美国国际开发署发现，频繁的评估工作可能会增加对执行伙伴的合同和赠款中专用于监测和数据收集的资源的需求。

6. 结 论

美国国际开发署能够履行问责承诺并且拥有从学习中获益的能力，在很大程度上取决于在整个组织中嵌入的评估工作。没有任何一项政策能够预测到美国国际开发署的各种项目和情况，并为其提供详细指导。评估政策旨在确定机构的角色和责任，并阐述如何设计、开展、传播和使用评估。我们期望，随着政策的实施，未来会出现更好的关于如何改进评估的想法，且能够融入美国国际开发署的机构环境中。假以时日，这些想法将通过进一步修订更新该政策而被纳入开发署的工作中。

附录 评估报告质量标准

评估报告应当是经过深思熟虑的、精心研究的，并能够客观评估战略、项目或活动。

评估报告应当通俗易懂，清晰、鲜明、简洁地确定要点。

评估报告的执行摘要应简明、准确地陈述评估报告中最关键的内容。

评估报告应充分论述工作说明书中包括的所有评估问题，或者经与美国国际开发署协商同意后修改并记录的评估问题。

评估报告应详细解释评估方法，并阐明所有信息来源。

评估报告应充分披露评估的局限性，并特别注意与评估方法相关的局限性（选择偏差、回忆偏差、比较组间不可观察的差异等）。

评估结果应以事实、证据和数据的形式呈现，而不是基于传闻、道听途说，或者仅仅是个人观点的形式。

评估结果和结论应简洁明确，并有稳健的定量或定性证据支持。

如果评估结果评估的是个人层面的结果或影响，还应该对男性和女性分别进行评估。

评估报告如若提供建议，这些建议应以一组具体的调查结果为依据，并应以行动为导向，确保实用且具体。

四

美国疾病预防控制中心：政策评估概述（节选）

CDC：Overview of Policy Evaluation

政策评估的定义

政策评估是指运用评估原则和方法来考察政策的内容、执行情况或影响。评估是我们对政策的价值和效用进行理解的活动。

评估标准

该框架还包括以下四类进行评价的标准，以帮助指导过程中的选择：

效用：谁想要评价结果？目的是什么？

可行性：考虑到时间、资源和可用的专业知识，评估程序是否可行？

恰当性：评估是否以公平和道德的方式进行？

准确性：每个步骤的方法是否准确？是否给出利益相关者的需求和评估目的？

政策评估和项目评估

政策评估和项目评估虽然有许多相似之处，但也有一些重要的区别。这些区别包括：

· 所需的分析水平（例如：政策评估的系统或社区水平；项目评估的项目级别）。
· 在政策评估中，控制的程度和明确的"界限"可能更具挑战性。
· 在进行政策评估时，识别对等比较群体的能力可能更具挑战性。
· 随着政策评估的进行，数据收集的规模和范围可能更大。
· 政策评估可能需要更加强调监测和行政数据的使用。
· 利益相关者的类型和数量可能不同。

政策过程中的评估

了解政策评估如何适应更大的政策过程是很重要的。理解这一背景可加深理解为什么政策评估对推进政策领域至关重要。尽管有许多关于政策过程和政策变化机制的理论，但政策变化过程通常在几个关键阶段进行概念化。评估是政策制定过程中每一步骤都不可或缺的组成部分。虽然这些步骤是排成一行的，但实际上，这些步骤在本质上是循环的。三种主要的评估类型分别侧重于政策过程的不同阶段：政策内容评估、政策实施评估和政策影响评估。

评估政策内容：内容是否清楚地阐明了政策的目标、实施以及政策为什么会产生预期变化的潜在逻辑？评估政策的发展有助于理解环境、内容和实施。

评估政策执行情况：政策是否按预期执行？政策的执行是了解其有效性的关键组成部分。对政策执行情况的评估可以提供关于执行障碍和促进因素的重要信息，以及对不同执行部分或执行强度的比较。

评估政策影响：政策是否产生了预期的结果和影响？在伤害预防中，预期的影响可能是减少伤害或伤害的严重性。然而，评估短期和中期结果也很重要。所选择的评估类型取决于许多因素，通常需要一种以上的评估类型。每一种类型的评估都可以为规划和解释其他类型的评估（内容、实施和影响）提供有价值的信息，除了揭示无意的后果之外。然而，每个评估都要有重点，这样才能选择最合适的设计和方法。团队可以开发一套总体的评估问题，然后为每个特定阶段选择具体的评估问题和方法。

使用评估来告知 CDC 的政策流程

政策评估是指系统地收集和分析信息，以判断政策过程中一个或多个领域的上下文、活动、特征或结果。评估可以为政策的制定、采用、实施和有效性提供信息并加以改进，并为政策干预建立证据基础。

五

美国疾病预防控制中心：完成一个有效的
评估报告

CDC：Developing an Effective Evaluation Report

第一部分：编写最终评估报告

本工作手册的受众有哪些？

本工作手册的目的是帮助公共卫生项目经理、行政人员以及评估人员共同了解最终评估报告由哪些部分构成、为何最终报告如此重要以及如何制定一份有效的报告。本工作手册应与其他评估资源同时使用，如"相关资源"部分所列的资源。第一部分定义并描述了如何编写有效的最终评估报告。第二部分涵括练习、工作表、工具以及资源。第二部分的内容将促进项目工作人员以及评估利益攸关方工作组（ESW）成员认真思考第一部分提及的概念。工作手册由疾病防控中心营养、体育活动与肥胖部门（DNPAO）吸烟与健康办公室（OSH）以及全球咨询和技术服务公司的工作人员编写。最终评估报告的编写步骤与内容适用于所有公共卫生项目或计划。

最终评估报告是什么？

最终评估报告是描述您如何监督并评估所负责项目的一份书面文件。您可以描述您的项目"是什么""怎么做""为什么重要"并将评估结果应用于项目改进与决策。

最终评估报告是描述您如何监督并评估所负责项目的一份书面文件。它呈现特殊评估的调查结果、结论与建议，包括如何利用评估结果指导项目改进与决策的相关建议。虽然评估是一个持续的过程，但是本工作手册中使用"最终"一词是指融资期最后一次报告或者具体评估活动的最终报告。

最终报告应描述您的项目"是什么""怎么做""为什么重要"等问题。"是什么"指您的项目以及您如何将项目的目的和活动与预期结果相联系。"怎么做"指项目实施过程并提供项目运行是否忠于项目设计方面的信息。"怎么做"（或过程评估）以及产出和/或短期结果信息帮助阐释项目实施过程中是否进行变更以及为什么进行变更。"为什么重要"（有时又称为"那又如何"问题）提供您负责项目的理论依据及其对公共卫生的影响。能够证明所负责项目具有影响力，对于项目可持续性至关重要。

最终评估报告是呈现评估结果的其中一种方式。它的构思可能不同于这里呈现的方法（本工作手册中后续部分将分享其他选项）。然而，无论信息如何呈现，参与本工作手册中所呈现的评估报告编写过程都将让您受益。

评估利益攸关方工作组（ESW）由与评估调查结果有利害关系或有既得权益而且能从评估中直接受益的人员构成。这些人员代表了评估结果的主要用户，在整个规划过程以及评估实施过程中通常充当顾问团的角色。这些人员通常在评估结果传播方面发挥重要作用。

您为什么需要最终评估报告？

您需要将最终评估报告中的信息传达给项目人员、利益攸关方以及投资人，从而支持项目改进与决策。最终评估报告只是传达评估结果的一种沟通方式。然而，具备一个包含利益攸关方、项目、评估设计、活动、结果以及建议等相关信息的透明文件是非常有益的。这些信息可用于促进对持续或加强项目资金的支持、培养及展现对成功的认识（或从项目失败中吸取教训）并促进可持续性。Torres、Preskill 和 Piontek（2005，p. 13）主张传达并报告评估结果的三大理由包括：

1. 建立认识和/或支持，为提出问题打下基础
2. 促进发展与改进
3. 展示结果并承担责任

与 ESW 合作编制最终评估报告的过程能够促进合作，让双方朝共同目标努力。书面报告能够提升结果透明度与推进成果应用。评估结果的应用必须有规划、有方向、有目的性（Patton，2008）。从书面评估计划开始，到形成最终评估报告以及传播和应用评估信息这一循环周期是"使用数据"的一个特征，如基础设施组件模型（CMI）中描述，它是运行项目基础设施的一个核心组件（Lavinghouze & Snyder，2013）（欲了解评估计划制定相关信息，请访问 http：//www. cdc. gov/tobacco/publications/printed_material/index. htm，参阅"制定有效评估计划"）。

为保证您的评估报告能够实现这些目标，必须具备若干要素。这些要素包括：①与利益攸关方工作组合作制定报告；②以目标受众为核心，以清晰简洁的方式编写报告；③以有意义的方式阐释数据；④涵括项目改进建议。

如何编写评估报告？

本工作手册是根据《CDC 公共卫生项目评估框架》下的评估报告要素编写而成的（CDC，1999；http：//www. cdc. gov/eval/framework/index. htm）。本文将探讨评估报告的下述要素：

·**目标用途与用户**：关于目标用途与用户的讨论能够有效提升评估目的的透明度，并确定获取评估结果的群体。借助稳健的评估计划以及与 ESW 合作，针对评估结果构建一个市场至关重要（CDC，2011）。在评估报告中，提醒受众报告陈述的目标用途是什么以及目标用户有哪些也非常重要。

·**项目描述**：项目描述介绍了推动项目发展的变革理论。除了叙述性描述，本部分一般还包括逻辑模型以及项目发展阶段描述。

·**评估重点**：本要素记录如何缩小评估重点，并介绍优先处理评估问题的理论依据和标准。

·**数据源与方法**：本部分介绍了评估中采用的评估指标、绩效衡量、数据源以及方法。明确描述了如何实施评估，确保评估信息可靠性与透明度。

·**结果、结论与阐释**：本部分阐明如何分析信息并描述了用于阐释结果的协作过程。本部分还提供了有意义的数据阐释，而不仅仅是数据呈现。一般情况下，评估报告中不包括阐释部分，从而打破了结果与用途之间的价值桥梁。

·**应用、传播与共享**：本部分介绍了评估结果应用以及评估调查结果传播计划。很显然，从一开始就应该讨论评估应用的具体计划，因为这有利于确定评估的方向以及中期结果共享（CDC，2011）。本部分应包含如何应用调查结果相关综述以及关于利益攸关方共享结果的目标模式与方法的更多详细信息。此外，如有需要，本部分还应包含利用纠正措施反馈回路、监督传播工作的相关计划。传播计划是评估计划与评估报告中的关键组成部分，但是其作用经常被忽视。

"有效的沟通与报告促进利益攸关方与其他受众之间的学习。"（Torres et al.，2005 p. 2）

每项评估均是在复杂的由政治、预算、时间表、竞争的优先事项以及议程组成的动态环境中实施的。评估结果的交流与报告也是通过这些相同的复杂要素实现的。从评估开始就与 ESW 协作制定传播计划有利于以一种促进项目改进与决策的方式为传播评估结果创造更有利的环境。

评估报告综述

本部分简要概述在《CDC 公共卫生项目评估框架》背景下制定最终评估报告时需要考虑的信息。当你进展到框架中的步骤时，各个部分将有更详细的描述。

最终评估报告是您评估工具组合中用于交流与报告评估结果的其中一部分。如前所述，评估报告是一种描述您如何监督并评估所负责项目以及如何回答"是什么""怎么做""为什么重要"等问题的书面文件。能够证明您所负责的项目具有影响力对于项目可持续性至关重要。

最终评估报告的基本要素包括以下内容：

1. 标题页
2. 执行摘要
3. 目标用途与用户
4. 项目描述
5. 评估重点
6. 数据源与方法
7. 结果、结论与阐释
8. 应用、传播与共享计划
9. 实现内容清晰度的工具

然而，您的报告应当符合具体评估需求与背景。

标题页：标题页展示项目名、日期，以及可能以易于识别的格式呈现评估的基本重点。

执行摘要：评估摘要包含项目描述、评估问题、设计描述以及关键调查结果和行动步骤。

目标用途和用户：本部分确定主要目标用户和 ESW 并描述了评估的目的和目标用途。本部分促进了评估目的以及获取评估结果的群体和时间方面的透明度。从评估开始就针对评估结果构建一个市场是非常重要的。

项目描述：本部分通常包含逻辑模型、项目发展阶段描述以及叙述性描述。本部分将引出对项目的共同理解、评估问题的基础以及如何确定要素优先级。

评估重点：本部分基于逻辑模型和项目描述、项目发展阶段、项目与利益攸关方的优先事项、评估的目标用途以及可行性确定评估问题的优先级，从而突出评估重点。

数据来源和方法：本部分涉及指标与绩效衡量、数据来源和方法选择的理论依据以及数据来源的可靠性。数据需以清晰、简洁的方式呈现，以增强可读性和可理解性。

结果、结论与阐释：本部分描述了分析过程和结论并呈现有意义的结果阐释。在报告编写过程中，该步骤应认真对待。适用性标准在指导评估者决定如何分析和阐释数据方面发挥作用，以确保在得出的结论过程中尊重所有利益攸关方的价值观。阐释应包含项目发展和/或评估过程的下一步建议或行动步骤。

应用、传播与共享计划：这是评估计划和评估报告中非常重要但经常被忽视的一部分。从一开始就应该讨论评估结果应用、交流与传播方法的计划。最有效的计划包含交流与报告工作分层，以便在整个评估过程中进行有针对性的及时交流。

实现内容清晰度的工具：有利于报告简洁清晰的其他工具包括目录、表格、图表和数据列表、参考文献和可能的资源以及缩略词表。附件可用于完整项目逻辑模型、评估过程中构建的模型、历史背景和上下文信息以及成功案例。

本工作手册第二部分中所述的练习、工作表以及工具设计都是为了帮助您思考第一部分中讨论的概念。这只是其中的一部分，请记住，评估报告会随着您的项目、利益攸关方的优先事项以及背景而发生变化。

制定最终评估报告的关键步骤是描述构成评估各步骤的活动与结果。您还应该讨论如何将效用、准确性、可行性以及适当性概念包含在各个步骤中。

利用 CDC 框架制定和传播最终评估报告的关键步骤有哪些？

《CDC 公共卫生项目评估框架》（见图 1）是描述如何有效评估公共卫生项目并将调查结果用于项目改进和决策的一个指导性文件。正如该框架文件是制定评估计划的一个有用过程一样，它也可以是最终评估报告的有用大纲。如"制定有效评估计划"中所述，框架中的每个步骤都包含有助于创建总体评估计划的重要组成（CDC，2011）。此外，虽然该框架是依据步骤而描述的，但是行动并非一直是线性的，通常以循环、反复的方式完成。当您制定和实施评估计划时，您需要在过程中重新审视步骤并同时完成其他独立步骤。评估计划和最终评估报告中应描述实施评估各步骤而进行的活动及其潜在的理论依据。这将提高透明度并促进评估计划、评估实施与最终评估报告之间建立联系。随着规划和评估不断推进，您编写评估报告时所依据的过程需要参考框架中的各个步骤。

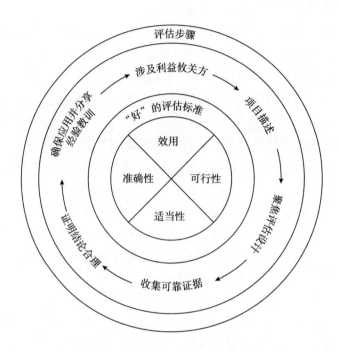

图1　CDC 公共卫生项目评估框架

步骤：

1. 涉及利益攸关方

2. 项目描述

3. 聚焦评估设计

4. 收集可靠证据

5. 证明结论合理

6. 确保应用并分享经验教训

除了框架之外，评估标准也能够通过防范实践中的潜在过错或误差来提高评估质量。评估标准围绕四个重要的属性进行分组：①效用；②可行性；③适当性；④准确性。以下是这些属性的定义：

　·**效用**：满足目标用户的信息需求。

　·**可行性**：现实的、谨慎的、灵活的、节俭的。

　·**适当性**：符合道德法律要求，适当考虑相关人员和受影响人员的福利。

　·**准确性**：评估是全面的，并以数据为基础。

最终评估报告应强调整个评估过程中对这些标准的应用与实践。这能够提高评估工作的透明度并促进评估实施的质量与可靠性。请谨记，这些标准适用于评估的所有步骤和阶段。

参与评估报告的过程

第 1 步：涉及利益攸关方

在报告中定义评估目的

描述的评估目的作为评估规划、重点、设计以及结果阐释的基础。评估报告中应明确描述目的，提醒受众评估重点和设计的基础与范围，并帮助建立与评估信息目标应用之间的联系。虽然实施评估的原因有很多，但一般可分为三大类：

1. 作出判断（问责制）

2. 促进改进（项目发展）

3. 知识生成（将研究转化为实践或贯穿项目中）

利益攸关方首先围绕评估的目的参与评估，并在整个评估过程和报告阶段中持续参与。

涉及评估利益攸关方工作组（ESW）

为什么在编写评估报告时应涉及利益攸关方？

评估计划的主要特征就是确定 ESW 包含与评估调查结果有利害关系或有既得利益的人员。更具体而言，ESW 包含评估结果目标用户以及直接从评估中受益的群体（Patton，2008；Knowlton & Philips，2009）以及对项目实施有直接或间接兴趣的其他群体（CDC，2011）。ESW 在评估结果有效传播和应用方面发挥显著作用。ESW 持续参与报告编写与传播阶段有利于了解和接纳评估信息。如果利益攸关方从一开始就参与评估过程，那么他们就更有可能投入和支持评估。至少，他们应与参与整个评估实施与报告过程的利益攸关方相联系。ESW 通过参加阐释会议、促进成功案例或中期报告传播或参与调查分配而成为评估的一部分。

理想情况下，评估报告中将确定真正融入评估过程的 ESW。采用的形式随着项目需求而变化。如果这在政治层面上很重要，那么您可能需要具体列出工作组的每位成员、他们的关系及他们在工作组中的具体角色。如果工作组按照小组设计有轮值人员，那么您只需要列出他们所代表的组。特别是在评估由内部工作人员实施的情况下，ESW 角色与目的相关的透明度可以促进未参与评估的人员对评估结果的支持。

报告中如何描述利益攸关方的作用？

在评估报告中列出 ESW 成员是提高评估过程中利益攸关方角色透明度的一种方式。在评估报告中确定 ESW 成员可以促进评估结果的所有权、未直接接触评估实施的受众对评估信息的支持、评估的可靠性与透明度以及在更大范围内传播与应用评估结果。

如何确定利益攸关方可以基于项目需求而发生变化。如果这在政治层面上很重要，那么您需要列出工作组每位成员的姓名、他们的关系及他们在工作组中的具体角色。如果工作组设计有轮值人员，那么您只需要列出他们所代表的组。例如，工作组由资助项目（3名成员）、未资助项目（1名成员）以及合伙人（4名成员）的代表成员构成；或者，工作组由州项目（2名成员）、社区项目（5名成员）以及外部评估专家（2名成员）的代表成员构成。特别是在评估由内部工作人员实施的情况下，ESW角色与目的相关透明度可以促进未参与评估的人员对评估结果的支持。

此时，您在报告中已经：

· 定义了评估的目的；

· 介绍了评估利益攸关方工作组。

第2步：项目描述

构建对项目的共同理解

《框架》以及评估报告中的下一步就是项目描述。项目描述阐明项目的目的、发展阶段、活动、改善健康的能力以及实施背景。对项目的共同理解以及评估可以传达或者不能传达的内容是成功传播和应用评估结果的基础。

提供叙述性描述

评估报告中包含叙述性描述能帮助确保受众了解该项目。您也可以利用逻辑模型简明扼要地归纳项目的主要内容。虽然逻辑模型并不总是必要的，但项目描述是了解评估重点以及方法选择的基础。如果在您的受众还未掌握项目设计要实现的目标或者评估目标的情况下呈现结果，那就有可能无法满足受众的期望，误解可能会推迟或妨碍评估结果的有效传播和应用。书面评估计划中可能已经包含项目描述。如果未制定评估计划，那么您需要基于项目的目标和背景编写叙述性描述。至少需要包含以下方面：

· 确定所要解决的健康问题的需求声明；

· 可用于实施活动的投入或项目资源（可能包含具有相关叙述的项目预算）；

· 通过理论或最佳实践项目逻辑与结果相联系的项目活动；

· 反映项目成熟度的发展阶段；

· 项目实施的环境背景。

对项目背景的描述能够提高您在报告中后期所呈现的结果的准确性。

涵盖逻辑模型

描述部分一般包含直观展示活动与目标结果之间联系的逻辑模型。逻辑模型应确定可用资源（投入）、项目要做什么（活动）以及您希望达到什么目标（结果）。您可能还希望阐明您面临的所有挑战（项目的背景或环境）。图2描述了项目逻辑模型的基本组成部分。当您进一步向逻辑模型的右侧移动时，您需要更多的时间来观察结果。

描述如何全面构建一个逻辑模型超出了本工作手册的范围。与构建逻辑模型有关的资源位于第二部分的资源部分。有关OSH和DNPAO开发的逻辑模型范例请参见第二部分。

逻辑模型一般包含下述要素：

· **投入**：这些是项目实施所需要的资源。

· **活动**：这些是项目实施的干预措施或策略，从而实现健康结果。

· **产出**：这些是从项目活动中获得的直接成果。

· **结果**：结果可以是短期、中期或长期的，包括项目实施（活动和产出）变化、效果或结果。

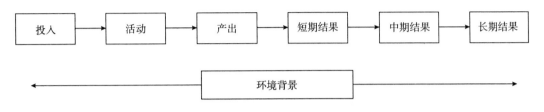

图 2 逻辑模型示例

描述发展阶段

描述项目的发展阶段有助于在评估报告中全面描述和理解项目。项目贯穿规划、实施以及维护发展阶段。对于政策、制度或环境变化方案，这几个阶段在某种程度上类似于下述示例阶段：

规划

1. 已经对环境和资产进行评估

2. 政策、制度或环境变更正在制定中

3. 政策、制度或环境变更尚未被批准

实施

4. 政策、制度或环境变更已被批准，但尚未实施

5. 政策、制度或环境变更生效时间未超过 1 年

维护

6. 政策、制度或环境变更已生效 1 年或以上

考量一个不断发展的评估模型是很重要的，因为项目是动态的，会随着时间发生变化。进程会受到政治和经济背景的多方面影响。当涉及评估时，这些阶段并不总是一蹴而就的事件序列。

发展阶段的概念模型是对逻辑模型的补充。表 1 和表 2 显示了如何通过逻辑模型分类和发展阶段区分一般项目评估问题。这将评估置于适当的发展阶段（即规划、实施和维护）内。该模型提供了在逻辑模型内提出评估问题的建议的起点，同时尊重项目的发展阶段。这就为评估报告读者了解评估重点和优先事项做好了准备。回答关键评估问题的能力会随着发展阶段的不同而变化，报告受众需要了解评估可以回答什么以及不可以回答什么。以下内容适用于前述政策变更方案示例。

规划阶段问题可能包括：

· 公众对该政策的支持程度如何？

· 政策的潜在障碍有哪些？

· 实施该政策需要哪些资源？

· 基于建模和/或其他基准社区或州评估而估计的健康影响有哪些？

实施阶段问题可能包括：

· 政策是否存在重大豁免？

· 公众对该政策的支持是否持续或增加？

· 政策的执行是否充分？

· 政策是否得到遵守？

维护阶段问题可能包括：

· 政策是否得到充分执行？

· 是否继续遵守该政策？

· 政策的经济影响有哪些？

· 政策的健康影响有哪些？

欲了解与无烟政策具体示例有关的发展阶段方面的更多信息，请访问 http：//www. cdc. gov/tobacco/basic_ information/secondhand_ smoke/evaluation_ toolkit/index. htm，参阅"无烟政策评估工具包"。

表 1　按照发展阶段示例划分的逻辑模型分类

	项目发展阶段		
	项目规划	项目实施	项目维护
逻辑模型分类	投入与早期活动	活动、产出与短期结果	中期与长期结果

表 2　按照发展阶段划分的逻辑模型分类和相应的评估问题

	项目发展阶段		
	项目规划	项目实施	项目维护
示例：与政策、制度和环境变更策略相关的发展阶段	环境与资产评估；政策发展；政策还未经批准	政策已得到批准，但尚未实施；政策已生效不足 1 年	政策已生效 1 年及以上
示例：基于与政策、制度和环境变更策略相关的发展阶段的问题	该政策是否得到公众的支持？政策实施需要哪些资源？	政策是否得到充分实施？政策是否得到遵守？公众对该政策的支持是否持续或增加？政策是否存在重大豁免？	政策的健康影响有哪些？如果政策存在重大豁免或漏洞，那么这些豁免或漏洞是否会造成任何差异？

此时，您在报告中已经：

· 定义了评估目的；

·介绍了评估利益攸关方工作组；

·介绍了项目，包括背景；

·构建了对项目的共同理解；

·描述了项目的发展阶段。

第 3 步：聚焦评估设计

您能收集到的项目相关信息是无限的。然而，评估始终受到实际可提出和可回答的问题数量、可采用的方法、数据收集可行性以及可用资源的限制。这些问题就是 CDC 框架中"第 3 步：聚焦评估设计"中的核心。任何项目评估的范围和深度都取决于项目和利益攸关方优先事项、可用资源（包括金融资源）、人员和承包商技能与可用性以及评估所需的时间。

理想情况下，项目工作人员和 ESW 基于所述目的、优先事项、发展阶段以及可行性等考量而共同确定评估焦点。因此，指导评估的问题是那些被认为对项目工作人员以及利益攸关方进行项目改进和决策最重要的问题。但即使是那些被认为最重要的问题，也必须通过可行性测试。

描述评估问题

最终评估报告应包含用于指导评估的问题以及选择特定问题和未选择其他问题的过程。在此步骤中，透明度特别重要。为了增强评估的效用和适当性，利益攸关方和评估用户需要了解逻辑模型和发展阶段在形成评估问题时所发挥的作用。上一部分中讨论的发展阶段描述了选择或不选择问题的原因。例如，如果项目处于规划阶段，就不可能提出结果问题，也不可能将其作为评估的一部分来回答。然而，大部分利益攸关方和决策者对于结果问题非常感兴趣，并将在评估报告中寻找答案。为了保持利益攸关方的参与，描述与下游效应相关的问题何时可能得到回答可能会很有帮助。如果制定一项多年评估计划，那么这是有可能实现的（CDC，2011）。

报告应包含过程和结果讨论。排除有利于结果评估调查结果的过程评估调查结果通常会导致无法了解为结果提供支持的基础。关于过程和结果评估相关的其他资源，请参见本工作手册中"相关资源"部分。

过程评估关注点

过程评估聚焦逻辑模型的前三个部分，即投入、活动以及输出。

过程评估帮助您描述并评估项目活动并将进程与结果联系在一起。这一点很重要，因为对于特殊项目而言，产出与结果之间的联系（后三个部分）仍是一个实证问题。

结果评估关注点

结果评估正如它所隐含的含义一样聚焦逻辑模型的后三个部分，即短期结果、中期结果以及长期结果。

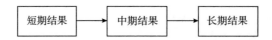

结果评估使研究人员能够记录健康与行为结果，并确定干预措施与可量化影响之间的联系。

评估问题选择的透明度对于利益攸关方接纳评估结果以及持续为项目提供支持至关重要。如果有人认为没有询问并回答一些问题是为了隐藏信息，那么很有可能会造成不必要的负面影响。

评估报告中的过程与结果评估：报告中应包含过程与结果讨论。排除有利于结果评估调查结果的过程评估调查结果通常会导致无法了解为结果提供支持的基础。有关过程和结果评估的其他资源，请参见本工作手册中的"相关资源"部分。

讨论可行性问题

可行性标准涉及可以在评估过程中花费多少资金、时间和精力的问题。有时，即使是最高优先级的问题也无法解决，因为由于数据收集限制、人员缺乏专业技能或缺少经济条件，这些问题无法解决。因此，必须在评估过程的早期与 ESW 就解决评估问题的可行性进行讨论。在评估计划和报告中保持如何选择以及为什么选择评估问题相关可行性问题的透明度是非常重要的。

关于预算和可分配给评估的资源（包括资金和人力）的讨论很可能会被列入评估计划中。"2007 年综合烟草控制项目"①（CDC，2007）最佳实践建议至少将项目总资源的 10% 分配给监督和评估。在最终的评估报告中，您可能希望包含评估预算以及能够解释成本如何分配的随附叙述。将评估预算信息以及工作人员和利益攸关方的角色与职责包含在最终报告中反映了关于可行性的决策。通过确保明确概述评估优先事项以及未来的评估问题和资源需求，您创建预算叙述的过程也能增强效用。

此时，您在报告中已经：

· 定义了评估目的；

· 介绍了评估利益攸关方工作组；

· 介绍了项目，包括背景；

· 构建了对项目的共同理解；

· 描述了项目的发展阶段；

· 通过逻辑模型或项目描述以及发展阶段视角讨论了评估重点。

第 4 步：收集可靠证据

现在您已经描述了评估重点并确定了评估问题，接下来有必要描述评估中采用的方法并呈现结果。为了使评估结果可信及可靠，您报告中描述所使用方法的部分必须保证内容清晰、透明。需要注意的是，对于方法的认同始于规划阶段（伴随 ESW 的建立），然后贯穿整个实施和阐释阶段，并继续持续至报告编写和交流阶段，ESW 全程提供支持。

———————————

① 这是一个基于证据的指南，帮助各州陈述计划并建立有效的烟草控制项目，从而防止和降低烟草使用。

评估者的可信度

评估者的可信度会影响利益攸关方和决策者对结果与结论的接受程度，最终影响到评估信息的使用。Patton（2002）将评估者的可信度列为决定数据可信度的三大要素之一。如果评估是在内部完成的，那么情况尤其如此。考虑采取下述行动措施促进评估者的接纳，从而进行评估：

· 在评估过程早期与 ESW 共同强调评估者的可信度。

· 在评估计划和最终评估报告中确保清晰、透明。

· 在整个评估过程中，定期呈现中期评估调查结果，促进评估的所有权与支持，并推进最终评估结果的协同阐释。

· 在最终评估报告数据部分或附录中提供评估者培训、专业知识以及潜在偏差来源。

呈现可靠证据

评估的主要用户应该认为您收集到的用于支持评估问题答案的证据是可信的。确定哪些是可信的信息通常取决于背景，而且会在不同项目和利益攸关方之间发生变化。可靠证据的确定与评估设计、实施以及数据收集、分析和阐释所遵循的标准紧密相关。在设计评估时，其理念应当是：适合评估问题的方法是最可信的。您的项目领域的最佳实践以及框架中包含的效用、可行性、适当性以及准确性等评估标准将有利于可靠性处理过程（CDC，1999）。充分描述评估报告中选定的数据收集方法的理论依据非常重要，能够提高利益攸关方接纳结果的可能性。同时，它还增强了评估价值以及将信息用于项目改进与决策的可能性。

描述方法与数据来源

评估报告中应充分描述评估中采用的方法和数据来源。任何方法都有其优势和局限性，评估报告中应清晰描述这些内容，同时还应该描述评估实施过程中采用的质量保证（QA）方法。质量保证方法是用于确保所有评估活动达到最高质量的程序（国际流行病学协会，2008）。解释质量保证方法有利于接纳评估结果并证明您已经对方法和手段的可靠性和有效性进行了考量。可靠的评估手段能够产生可复制的评估结果，有效的评估手段衡量应该衡量的内容（国际流行病学协会，2008）。您的评估报告应详细解释为提高评估可靠性和/或有效性而采取的任何行动，从而提高评估结果的透明度。

可靠性与有效性

室内空气质量监测已经成为无烟政策实施前后评估悬浮颗粒物水平的一个重要工具。该空气质量文件提供了对二手烟水平的客观测量。空气质量监督设备使用前必须校准，从而确保精确测量可吸入性悬浮颗粒（RSP）（也称悬浮微粒）。也就是说，机器记录必须可靠。测量也应在营业高峰期进行，以反映真实状况。也就是说，测量结果是否有效？

定量与定性方法

定量与定性方法是回答评估问题的两种可靠方法。这并不是说一种方法是正确的或错误的；更确切地说，问题在于是哪种方法或方法的组合可以获得评估问题的有效答案，并能最好地展示数据以促进信息的清晰和使用。

三角测量是指结合各种方法和（或）数据来回答同一个评估问题（Patton，2002）。三角测量用于克服仅采用一种方法回答评估问题的局限性。它可以强化评估，因为它可以提供能够总结得出结果与结论的多种方法和来源。因此，三角测量有利于通过两种以上数据源交叉验证的方式验证阐释，一般采用定量与定性方法和/或数据。三角测量可以增加您收集的数据量以及正在使用的方法数量（Patton，2002）。如果您采用三角测量回答评估问题，那么应该在最终评估报告中反映出来。此外，报告中应解决采用三角测量（如多种阐释）时面临的潜在挑战，并呈现解决这些挑战而采取的措施。

定量数据就是表示数量的数值数据，例如与会者数量。定性数据就是非数值数据，例如描述促进政策实施的过程。

利用评估计划方法网格

将收集到的数据与评估问题、方法以及预期用途相联系非常重要。一种能够增强评估报告清晰度的特别有用的工具就是评估计划方法网格。此工具有助于将评估问题与方法、指标、绩效衡量以及数据来源相匹配，同时促进利益攸关方之间对整体评估的共同理解。此工具可以采用多种形式，而且应满足您的具体评估和背景。表3和表4显示了此工具的两种不同示例。

表3　评估计划方法网格示例1

评估问题	指标或绩效衡量	方法	数据来源	频率	负责人
哪些过程促进政策或制度变更的实施？	描述过程步骤、行动以及策略	案例研究、面谈以及文件审核	实地访问、报告以及面谈	出资期之前以及之后	承包商 TBD
有多少政策得到批准或实现了多少制度变更？	项目期结束时批准的政策数量或实现的制度变更	分析收集到的政策或制度变更数据	政策或制度变更追踪数据集	出资期之前以及之后	健康部门工作人员

表4　评估计划方法网格示例2

评估问题	指标或绩效衡量	潜在数据来源（当前或全新）	备注
正在实施哪些媒体推广活动？	描述推广活动以及其对目标人群的影响；数量和强度	聚焦群体反馈；总收视点（TRP）以及毛收视点（GRP）；登记数据	
报刊中是否采用公共服务公告？	打印公共服务公告的报刊数量	媒体追踪数据集	

如何选择指标与数据来源不在本工作手册范围内。第二部分中"相关资源"下列出了与之相关的资源。具体的烟草指标包括：

·烟草综合控制项目评估关键结果指标；

·烟草综合控制项目监督与评估数据资源。

清晰地报告数据

根据 Heath 和 Heath（2007）所述，能够坚持的观点是易理解、难忘的，而且可以有效改变思想或行为。为了使评估结果能够被利益攸关方和决策者所接受和使用，数据必须以简单明了的语言呈现。报告中的核心信息不能被干扰，而且结果必须具体。评估结果必须人性化，并以可靠、可操作的方式传递。

量化数据的报告清晰度

表格和图表是浓缩定量信息并使报告更具可读性的一种极佳方式（Torres et al.，2005）。然而，应该正确地应用表格和图表，从而传递评估结果的含义。Stephen Few（2004）在 *Show Me the Numbers*：*Designing Tables and Graphs to Enlighten* 一书中指出，在下述情况下最好使用表格：

·您将观察单个数值；

·您将对比单个数值；

·需要精确的数值；

·要传达的定量信息涉及很多计量单位。

在下述情况下最好使用图表：

·信息包含在数值中；

·您将揭示多个数值之间的关系。

此外，Torres 等（2005）指出了有效表格的若干特征：

·如果您正在使用若干表，则为各个表格分配一个阿拉伯数字。

·在文本内按顺序呈现表格。

·始终将标题放在表格的正上方。

·通过提供标题、关键词、标签和脚注使各个定量表格清晰明了，以便读者无须参考文本就可以准确理解和解释它们。

·如果必须对表格进行划分才能继续呈现在另一页上时，重复行和列标题，并在新建页面的顶部和底部标出表号。

应消除数据呈现中的干扰。这些干扰以多种形式出现，但有些干扰经常被忽略，包括在表格、图表和图形中，比如当可以使用图表标题时却使用了太多的文字，或者过多的图形线或线条颜色在黑白打印中不明显（Few，2004）。

定性数据的报告清晰度

生动故事的力量常常在定量数据的表述中被遗忘。这些数据需要有背景，以便利益攸关方和决策者能够认同并坚持呈现的观点，以便根据信息作出行动（Heath & Heath，2007）。故事或叙述通常会为表格和图表中呈现的数据赋予生命和意义（Lavinghouze et al.，2007）。

Patton（2002）描述了促进定性研究可靠性的三大研究要素：①严谨的方法；②研究人员的可靠性；③对定性探究价值的哲学信仰。定性数据使用过多的词语很快会变得模糊不清。例如，当采用的引用未显示数据与结论之间的联系或与主要信息无关时，定性数据中会出现干扰。作者在呈现定性数据时，往往会忘乎所以，偏离核心信息。在评估报告中，作者必须准确告知受众什么是阐释以及应该采取哪些行动，这样读者就不会迷失方向或作出错误的阐释。数据必须以有组织的方式传达来自权威、可靠来源的生动故事，以便受众可以与评估者共同得出以数据为基础的结论（Miles & Huberman，1998）。

主要使用定性数据或仅使用定性数据的评估者可能会发现，本工作手册中呈现的大纲内报告是繁琐的，或者不符合数据的流程。第二部分下第5.2部分中示例4介绍了定性报告的另一种大纲。

通过将引文放在文本框或从数据点创建列表的方式能使包含定性数据的冗长文本变得更具可读性。图表和格式化技巧通常可以增强可读性，从而增强对定性数据的理解。这些技巧包括标题和副标题结构，以引导读者阅读数据的各个部分；对于特别长的报告，采用专题章节（例如第二部分下第5.2部分中示例4）；用插图和照片来分割长文字部分；分两页以上讨论时重复图解或模型。关于图解或模型，可以采用一个大图标引入后续页面中重复出现的具有较小图标的图解或模型，从而指导读者并提醒读者当前正在讨论模型或图解的哪个部分。

为了更好地应用报告并使报告有用，它必须与受众产生共鸣。这需要采用各种交流与报告方法，我们将在第6步中详细讨论。

报告中方法和数据的清晰度是使受众理解所呈现的信息，从而根据评估结果采取行动的关键。应留出时间仔细设计呈现技术以及便于 ESW 审核并反馈清晰度和有效性。充分描述以使数据清晰地呈现至目标受众的所有方面不在本工作手册范围内。如果您对如何使数据更清晰明了感兴趣，那么请参见本工作手册第二部分中包含的其他信息。

此时，您在报告中已经：

- 定义了评估目的；
- 介绍了评估利益攸关方工作组；
- 介绍了项目，包括背景；
- 构建了对项目的共同理解；
- 描述了项目的发展阶段；
- 通过逻辑模型或项目描述以及发展阶段视角讨论了评估重点；
- 讨论了与数据来源可靠性相关的问题；
- 讨论了与评估问题相关联的指标和/或绩效衡量；
- 制定了评估方法网格；
- 解决了呈现清晰度问题。

第5步：证明结论合理

对结论的论证包括分析所收集的数据以及解释并从数据中得到结论。本步骤需要将收集的数据转化为有意义、有用且可获取的信息。让 ESW 参与此步骤，以确保评估结论和建议有意义、可靠且可接纳。与利益攸关方会面并讨论初步调查结果，以帮助指导阐释阶段的工作。利益攸关方往往有新颖的洞察或视角来指导阐释，从而使结论更深刻、更有意义。

分析计划与评估计划中制定的时间表密切相关（CDC，2011）。计划过程中的错误或遗漏会导致最终评估报告严重延迟，而且如果报告时间与重大事件时间一致，可能会导致错过机会。一些项目的工作重点是收集数据，而没有充分认识到为分析数据准备所需的时间、资源和专业知识，这类项目会出现 DRIP（数据丰富但信息贫乏）现象。调查数据可能保留在数据框内，或者面谈没有被充分探讨以确定主题。如果没有足够的时间来正确理解和解释数据，那么评估和获得的信息的可靠性会受到损害。因此，结果的应用充其量也是有限的。

数据分析完成后，下一步是解释数据并检查结果，从而确定关于您项目的数据实际呈现了哪些内容。在解释这些结果时，应考虑到您项目的目标、项目的社会背景和政治背景以及利益攸关方的需求。数据本身对于利益攸关方和决策者的用处很少。为了确保评估可以用于以及将用于项目改进和决策，报告中需包含对数据的解释以及对项目和/或评估的下一步建议。报告中需要简洁、清晰地陈述数据的含义与应用。应用源于对数据的阐释；它将理解应用于评估结果。否则，评估信息就纯粹停留在学术和理论领域。最终评估报告是缩小数据与实践应用或实践转化之间差距的一种工具。

重点是证明结论合理并提供意义，而不仅仅是分析数据，因此此步骤该予以认真对待。需要注意的是，在一个利益攸关方驱动的过程中，在得出结论时，往往存在超越证据的压力。评估者和 ESW 有责任确保结论以数据为基础。在规划阶段，应与 ESW 讨论本主题，与此同时应讨论可靠性和有效性问题、偏差的潜在来源。如有可能，考虑数据的三角形测量以及补救措施，从而尽快解决数据可靠性的潜在威胁。最终报告应包含评估限制的讨论。

找到您的论点

如果呈现的论点是以数据为基础的，您的目标受众就会信服于报告的结论和建议。这应该是最终评估报告的关键，也是该报告与进展报告的区别所在。在这里评估者回答"那又怎样"问题，或者为什么受众应关注报告呈现的项目或信息这一问题。由生动细节支撑的有意义、有基础的论点将有利于回答"那又怎样"问题，并能引起受众的关注。Charmaz（2006）提出下述问题以便找到最强有力的论据，从而说服受众关注并回应评估：

·您想让您的听众对这个过程或分析产生什么感受？

·为什么报告是有意义的？明确表达出来。不要假设受众了解。结合展示与叙述，引导受众发现论点。

·您告诉您的受众您打算做什么？您的评估问题是什么？为什么？

·您的主要观点集中在哪些句子或段落？这就是您要找到您的论点的地方。

"利益攸关方阐释会议练习"见第二部分。

使用清晰的报告工具

在描述结论时，您应将分析和阐释会议期间采用的过程包含在内，以提高调查结果透明度和可信度。阐释应是清晰、简洁和具有可操作性的，以便于信息的使用。充分地使用要点、文本框以及关键观点列表以加强可读性和可理解性。此外，包含一个强调关键调查结果和行动项以及可用于快速审核和反思的一页式文件通常是有用的。针对偏爱缩略词的受众群体，在报告开头列出缩略词定义列表将帮助受众快速抓取重点。

此时，您在报告中已经：

- 定义了评估目的；
- 介绍了评估利益攸关方工作组；
- 介绍了项目，包括背景；
- 构建了对项目的共同理解；
- 描述了项目的发展阶段；
- 通过逻辑模型或项目描述以及发展阶段视角讨论了评估重点；
- 讨论了与数据来源可靠性相关的问题；
- 讨论了与评估问题相关联的指标和/或绩效衡量；
- 制定了评估方法网格；
- 解决了呈现清晰度问题；
- 描述了分析和阐释过程；
- 包含了阐释讨论和行动步骤；
- 开发了实现内容清晰度的工具，例如一页式文件和缩略词列表。

第6步：确保应用并分享经验教训

确保评估结果的应用、分享吸取的经验、传达和传播结果从规划阶段和评估计划的制定开始（CDC，2011）。人们通常认为，一旦报告发布这一步会自动完成。然而，当评估计划中的六大步骤中包含了评估的用途时，这一点才有可能实现。对用途的规划直接与确定的评估和项目目的以及利益攸关方的优先事项存在密切联系。将ESW纳入整个计划制定过程中的决定开始了为评估结果建立一个市场的过程，同时提高了结果被用于项目改进与决策的可能性。评估应用最有可能发生在以合作、参与方式进行评估的情景中。本步骤与评估中的效用标准直接相关。如果结果从未被使用过，那么在评估过程中消耗项目和利益攸关方的资源是否道德？消耗的资源以及从评估中获取的信息非常重要，评估者不能只寄望于评估结果被采用，必须从一开始就在评估计划中对用途进行规划、培养，并将其纳入评估计划。

评估用途将根据哪些人需要了解调查结果以及如何、何时了解该信息而确定。一般情况下，该步骤主要发生在最终报告公布的时候。大多数评估者假设此时所有工作已完成，然而，利用评估结果的个人所有权，例如通过与ESW合作，将提高评估结果的价值和影响（Patton，2008）。项目人员和ESW负责在适当的时间以可用和有针对性的形式将评估结果传达给正确的受众。根据时间、风格、语气、信息来源、方法以及形式等方面考量您的受众是非常重要的。请记住，利益攸关方不会仅因为您制作了一份报告就突然对您的成果感兴趣，您必须为产品与评估结果的应用做好充分的市场准备（Patton，2008）。一份清晰明了和内容全面的评估报告可以推进结果的应用。而执行摘要也是为需要快速浏览的用户概述评估与评估结果的一种有用工具。

因此，必须从一开始就对评估结果的应用进行规划、培养，并将其纳入评估计划。

交流与传播计划

评估结果可能不会因为其发布而有效触达预期受众，进而产生预期的影响。评估计划和报告中应包含有目的性的交流与传播方法。如前所述，在计划阶段，项目工作人员和 ESW 就应该开始考虑分享从评估中吸取经验的最佳方式。评估的交流和传播阶段是一个双向的过程，旨在支持将评估结果用于项目改进和决策。为了达到该目标，必须将评估结果转化为实践应用，同时通过各类面向受众的策略系统性地传播信息。有效的传播系统需要做到以下几点：

·使信息满足用户需求，将其所需的信息类型和层次融入他们喜爱的形式和语言中；

·纳入不同的传播方法，包括书面信息、电子媒体以及人与人交流；

·包含主动和被动的传播渠道，也就是说，包含用户认为重要的信息以及用户可能认为重要的信息；

·建立明确的渠道，让用户向传播机构提出他们的需求和优先事项；

·识别并提供促进应用的四个传播层次的自然流程，即传播、交换、选择、实施；

·最大程度地利用当前资源、关系和网络，同时根据用户需要建立新资源；

·包含有效的质量控制机制，从而确保信息准确性、相关性和代表性；

·包括足够的信息，以便用户可以确定具体实践所依据的基本原则以及这些实践可能被最有效运用的环境；

·建立与信息实施可能需要的资源（通常是指技术援助）之间的联系。

编写有效交流计划的第一步就是确定您的交流目的和目标。鉴于交流目标将根据每位受众量身定做，所以您和 ESW 需要考虑主要受众是谁（例如 ESW、出资机构、大众或其他团体）。一些关于潜在受众的问题包括：

·哪些人值得重点关注？为什么？

·关于这个话题，他们已经了解什么？

·他们需要了解的关键是什么？

·他们希望在哪里接收信息？

·他们喜欢的形式是什么？

·什么语言水平是合适的？

·需要在什么时间范围内更新并报告评估？

一旦您在传播计划中确定了目的、目标和目标受众，那么您应该考虑接触目标受众的最佳方式，也就是说，哪种交流工具或传播工具最有助于您实现目的和目标。该计划是否会采用时事通信、概况介绍、口头介绍、视觉展示、视频、讲故事和/或新闻发布？通过收集 ESW 的反馈、吸取他人经验以及通过联系目标受众收集他们的喜好，仔细考虑要使用的最佳工具。"交流与报告评估策略"（Torres et al.，2004）是用于报告评估的创新性技术方面的优秀资源。

通过制定一个分享评估结果和经验教训的时间表来完成交流规划的步骤。仅是编写并发布评估报告还不够，您还需要传达信息，以便利益攸关方可以利用这类信息。表 5 将有助于您制定书面交流计划。

表 5　交流计划表

目标受众	目标	工具	时间表
项目实施团队	实时告知实施过程中哪些工作做得好以及哪些需要快速调整	月度会议以及概述文件	每月
项目利益攸关方	促进项目进程	成功案例	每年
出资决策者	持续和/或增强项目出资	执行摘要；目标项目概述	出资结束后 90 天内
出资人和决策者；机构领导	持续和/或增强项目资金	最终评估报告	出资结束后 180 天内

您不必等到最终评估报告编写完成后才分享您的评估结果。评估计划应包含分享中期结果以促进项目修正与决策的系统。例如，一个成功案例可以显示项目随时间的推移所取得的进展，并证明其价值和影响。关注上游、中游和下游的成功案例可以促进项目的发展与知名度。有关评估媒体活动具体示例请参见图 3。成功案例还可作为吸引潜在参与者、合伙人和出资人的工具，特别是项目需要时间慢慢发展并取得长期成果的时候（Lavinghouze et al.，2007）。

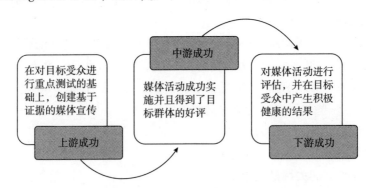

图 3　媒体活动在上游、中游和下游的成功案例

其他交流和报告工作

最终评估报告是项目评估工具包中的一种工具。虽然一般是出资人要求出示最终报告，但有许多方法、模式和机制可用于交流和报告评估结果。利益攸关方和决策者

很少会阅读冗长的最终评估报告。涵盖您希望关键受众了解的要点的执行摘要是有帮助的。比较好的做法是将交流与报告方法分层。例如，评估者和利益攸关方可能会利用电子邮件、时事交流以及上游成功案例传递早期和中期评估结果。然后，评估者可能会利用若干阐释会议使利益攸关方参与分析过程，同时提供初期结果和最终结果相关信息。这可能会通过您正尝试为利益攸关方量身定制的呈现（例如口头介绍、定制的概况介绍、最后一页的成功案例以及用于沟通最终评估结果的执行摘要出版物）而实现。最后，评估者可能会发布一份网络概要并在项目网站上发布完整的最终评估报告。此策略可能还包括 ESW 成员利用定制的概要和成功案例来进一步交流评估结果的计划。为了进一步获得和分享经验教训，可以在同行评审期刊上发布结果与结论。

关于报告呈现的说明：不要被报告呈现过程中的大量信息所迷惑。请记住步骤 5 中提供的有关数据呈现清晰度方面的指示，并在制作演示文稿时采用这些要点。帮助创建清晰、简洁的演示文稿的一个有用资源就是 Cliff Atkinson（2007）的著作 *Beyond Bullet Points：Using Microsoft Office PowerPoint 2007 to Create Presentations That Inform，Motivate，and Inspire*。

确保信息的使用

评估团队和项目人员需要积极采取措施，鼓励应用和广泛传播评估项目中收集的信息。为了利用交流与传播计划，评估者和工作人员需要在评估过程早期与利益攸关方针对如何确保利用调查结果支持项目改进工作并为决策提供信息形成战略。项目人员和 ESW 必须承担确保评估结果应用与传播的职责。

第二部分中"交流结果练习"可以帮助您追踪您的受众。参见第二部分"相关资源"部分了解关于执行交流与传播计划的更多信息。

您可以将若干实践行动纳入到您的交流与报告计划中，帮助确保评估结果被采用。这些计划可能包含：定期与评估的利益攸关方召开会议，实时分享评估结果并基于评估结果制定项目改进的建议；在定期举行的员工会议中审核评估结果与建议；让利益攸关方参与确定应用评估结果的方式，从而改进项目；协调、记录以及监督项目人员和合伙人为改进建议所做出的努力；制定多个定制化评估结果传递机制，以满足特定利益攸关方的信息需求。

在报告中使用实现内容清晰度的工具

为了使信息具有视觉上的吸引力且易于阅读，在制定评估报告的格式时，可考虑使用图表设计最佳实践，或者在图表设计专家的协助下完成。以下是 Stephanie Evergreen（2011）的一些基本提示，帮助您思考可以应用于评估报告的图表设计最佳实践。

·您使用的字体类型会影响评估报告的可读性。为了增强印刷报告的可读性，可考虑使用衬线字体（例如 Garamond、Palatino 或 Cambria）。

·考虑您将如何分享您的报告。如果报告将在多台电脑上以 PDF 之外的格式打开，那么您所选择的字体就有可能被改变，从而导致报告整体的格式错乱。为了确保这种情况不会发生，可考虑几乎在所有电脑上都安装上述 5 种字体之一（即 Verdana、Trebuchet、Arial、Georgia 以及 Times New Roman）。

·如果采用一种特殊字体，那么当您将文件发送给另一个人时，要确保您把字体嵌入到文件中，因为这个人的电脑上可能没有安装这种字体。把文件转换成 PDF 格式并不总能确保您的文件以相同的字体和布局打开。

·考虑使用情绪化的图形将读者吸引至关键要点，增加他们后续记住所读内容的机会。

·如果别人有可能采用黑白的方式打印您的报告，请确保您选择的颜色方案也能在黑白打印模式中很好地呈现。

·如果您用一种颜色强调某一个要点，那么文本其他部分使用暗灰色比使用黑色通常更有益，因为黑色会与白色背景形成最强烈对比，在黑白打印模式下会让您想强调的内容失去其效果。

准备一份执行摘要

执行摘要是利益攸关方和决策者可用于快速审核和反思的另一个工具。它可以被视为一个小型的最终报告，而且它可能是报告中唯一被人阅读的部分。因此，读完这一部分后，人们应该能够清晰理解您的项目做了什么、如何做以及项目的未来方向，而不需要阅读整个报告。本部分提供项目概述、评估问题、评估中采用的方法，并强调关键调查结果与建议。执行摘要应简洁，不能超过整个最终评估报告内容的 10%。理想情况下，执行摘要应该只有一到三页长。

您可以在第二部分"相关资源"部分中找到使您的评估报告具有视觉吸引力的更多信息。

包含参考文献和附录

参考文献部分应确认编写报告过程中采用的资料来源。应该引用报告正文部分与数据、研究或理论（除正在描述的评估）相关的任何参考文献。特别是在其他研究（包括同行评审工作）中发现类似的结论时，参考文献可以帮助证明并进一步支持结论。参考文献还可以在特定主题的现有文献体系中对研究结果进行背景分析。

附录是涵盖完整项目逻辑模型或评估中构建的模型的极佳区域。附录也是涵盖可以针对评估调查结果提供其他含义与洞察并推进项目发展的中期和最终一页式成功案例的极佳区域。附录（包括诸如成功案例等的支持性文件）可以帮助证明阐释和判断的合理性，并完善建议。

最后一个注意要点

评估结果的影响能远远超出评估报告的范围。如果利益攸关方参与整个过程，那么就可以增强沟通和参与度。如果有一个有效的反馈回路，那么就可以增强项目的改进与结果。评估结果的应用及其影响超出了评估报告的正式调查结果始于规划阶段以及一个透明的评估计划（CDC，2011）。如果对分享经验教训和成功案例的承诺是强有力的，那么其他项目可能会从评估过程中收集到的信息中获益。在思维、理解、计划和组织方面的变化可能源于深思熟虑的评估过程和最终评估报告（Patton，2008）。

此时，您在报告中已经：

· 定义了评估目的；

· 介绍了评估利益攸关方工作组；

· 介绍了项目，包括背景；

· 构建了对项目的共同理解；

· 描述了项目的发展阶段；

· 通过逻辑模型或项目描述以及发展阶段视角讨论了评估重点；

· 讨论了与数据来源可靠性相关的问题；

· 讨论了与评估问题相关联的指标和/或绩效衡量；

· 制定了评估方法网格；

· 解决了呈现清晰度问题；

· 描述了分析和阐释过程；

· 包含了阐释讨论和行动步骤；

· 开发了实现内容清晰度的工具，例如一页式文件和缩略词列表；

· 制定了目标性战略交流与传播计划；

· 规划了各类面向受众的评估报告以及出版物。

整合

到目前为止，我们已经描述了一份评估报告的组成以及在"CDC 公共卫生项目评估框架"背景下制定最终评估报告时应该考虑的细节。本部分对这些信息进行总结。

最终评估报告是评估工具包中用于交流与报告评估结果的其中一个工具。如前所述，评估报告是一种描述您如何监督并评估所负责项目以及如何回答"是什么""怎么做""为什么重要"等问题的书面文件。"是什么"描述您的项目以及项目完成情况，它用于阐明项目的目的和结果。"怎么做"通过描述如何实施项目以及评估是否符合项目协议而回答"您是如何做的?"这一问题。"如何做"还解决实施过程中应执行的项目纠正。"为什么重要"表示项目如何具有影响力及其对正在解决的公共卫生问题的影响。能够证明所负责项目具有影响力对于项目可持续性至关重要。最终评估报告可以促进评估与项目规划之间的联系。

第二部分有一个"评估报告检查表"工具，可以提供报告编写过程的讨论要点。

最终评估报告的基本要素包括：

1. 标题页

2. 执行摘要

3. 目标用途和用户

4. 项目描述

5. 评估重点

6. 数据来源和方法

7. 结果、结论与阐释

8. 应用、传播与共享计划

9. 实现内容清晰度的工具

然而，您的报告应当符合具体评估需求与背景。

标题页： 标题页以容易识别的格式介绍项目名称、日期以及评估的基本要点。

执行摘要： 这个简短的评估摘要包含项目描述、评估问题、设计描述以及关键调查结果和行动步骤。

目标用途和用户： 本部分确定主要目标用户和 ESW，并描述了评估的目的和目标用途。本部分促进评估目的以及获取评估结果的群体和时间方面的透明度。从评估开始就针对评估结果构建一个市场是非常重要的。

项目描述： 本部分通常包含逻辑模型、项目发展阶段描述以及叙述性描述。本部分将引出对项目的共同理解、评估问题基础以及如何确定问题的优先级。

评估重点： 本部分通过根据逻辑模型和项目描述、项目发展阶段、项目与利益攸关方的优先事项、评估的目标用途以及可行性来确定评估问题的优先级来重点进行评估。

数据来源和方法： 本部分强调指标与绩效衡量、数据来源和方法的选择理论依据以及数据源可靠性。需要以一种清晰、简洁的方式呈现数据，从而加强可读性和理解度。

结果、结论与阐释： 本部分描述分析过程和结论并呈现有意义的结果阐释。在报告编写过程中，这一步最需要被认真对待。优先事项标准在指导评估者决定如何分析和阐释数据方面发挥作用，从而确保在总结结论过程中尊重所有利益攸关方的价值观。阐释应包含项目发展和/或评估过程中下一步的建议或行动步骤。

应用、传播与共享计划： 这是评估计划和评估报告中一个重要但经常被忽视的部分。评估结果的应用、交流与传播方法的计划应该从一开始就进行讨论。最有效的计划包含将交流与报告工作进行分层，以便在整个评估过程中能够进行有针对性的及时交流。

实现内容清晰度的工具： 有利于报告简洁清晰的其他工具包括目录、表格、图表和数据列表、参考文献和可能的资源以及缩略词表。附件可用于完整项目逻辑模型、评估过程中构建的模型、历史背景和上下文信息以及成功案例。

本工作手册第二部分中所述的练习、工作表以及工具旨在帮助您思考第一部分中讨论的概念。这些只是例子，请谨记，评估报告会随着您的项目、利益攸关方的优先事项以及背景而发生变化。

参考文献

Atkinson C. （2007）. Beyond bullet points：Using Microsoft Office PowerPoint 2007 to create presentations that inform, motivate, and Inspire. Redmond, WA：Microsoft Press.

CDC. See Centers for Disease Control and Prevention.

Centers for Disease Control and Prevention. （2011）. Developing an effective evaluation plan.

Atlanta GA：U. S. Department of Health and Human Services, Centers for Disease Control and Prevention, National Center for Chronic Disease Prevention and Health Promotion, Office on Smoking and Health and Division of Nutrition, Physical Activity, and Obesity.

Retrieved March 18, 2013, from http：//www. cdc. gov/tobacco/tobacco_ control_ programs/surveillance_ evaluation/evaluation_ plan/index. htm.

Centers for Disease Control and Prevention. （2010）. Comprehensive cancer control branch program evaluation toolkit. Atlanta, GA：U. S. Department of Health and Human Services, Centers for Disease Control and Prevention, National Center for Chronic Disease Prevention and Health Promotion, Division of Cancer Prevention and Control. Retrieved March 26, 2011, from http：//www. cdc. gov/cancer/ncccp/pdf/CCC_ Program_ Evaluation_ Toolkit. pdf　http：//www. cdc. gov/tobacco/stateandcommunity/best ＿ practices/pdfs/2007/BestPractices_ Complete. pdf.

Centers for Disease Control and Prevention. （2008a）. Evaluation toolkit for smoke-free policies. Atlanta, GA：U. S. Department of Health and Human Services, Centers for Disease Control and Prevention, National Center for Chronic Disease Prevention and Health Promotion, Office on Smoking and Health. Retrieved March 18, 2013, from, http：//www. cdc. gov/tobacco/basic_ information/secondhand_ smoke/evaluation_ toolkit/pdfs/evaluation_ toolkit. pdf.

Centers for Disease Control and Prevention. （2008b）. Introduction to process evaluation in tobacco use prevention and control. Atlanta, GA：U. S. Department of Health and Human Services, Centers for Disease Control and Prevention, National Center for Chronic Disease Prevention and Health Promotion, Office on Smoking and Health. Retrieved March 26, 2011, from http：//www. cdc. gov/tobacco/tobacco _ control _ programs/surveillance _ evaluation/process_ evaluation/pdfs/tobaccousemanual_ updated04182008. pdf.

Centers for Disease Control and Prevention. （2007）. Best practices for comprehensive tobacco control programs. Atlanta, GA：U. S. Department of Health and Human Services, Centers for Disease Control and Prevention, National Center for Chronic Disease Prevention and Health Promotion, Office on Smoking and Health. Retrieved March 26, 2011, from http：//www. cdc. gov/tobacco/stateandcommunity/best_ practices/pdfs/2007/BestPractices_ Complete. pdf.

Centers for Disease Control and Prevention. （1999）. Framework for program evaluation in public health. Morbidity and Mortality Weekly Report, 48 （RR-11）, 1-40.

Charmaz K. （2006）. Constructing grounded theory：A practical guide through qualitative analysis. Thousand Oaks, CA：Sage Publications.

Evergreen S. （2011）. Evaluation report layout checklist. Atlanta, GA: Tobacco Technical Assistance Consortium. Retrieved March 26, 2011, from http: //www. ttac. org/resources/pdfs/022912_ Reporting_ Well_ ERLC-handout. pdf.

Few S. （2004）. Show me the numbers: Designing tables and graphs to enlighten. Oakland, CA: Analytics Press.

Heath C. , & Heath D. （2007）. Made to stick: Why some ideas survive and others die. New York, NY: Random House, Inc.

International Epidemiological Association. Porta, Miguel, ed. （2008）. A dictionary of epidemiology （5th ed. ）. New York, NY: Oxford University Press.

Knowlton L. W. , & Philips C. C. （2009）. The logic model guidebook: Better strategies for great results. Thousand Oaks, CA: Sage Publications.

Lavinghouze R. , Price A. W. , & Smith K-A. （2007）. The program success story: A valuable tool for program evaluation. Health Promotion Practice, 8 （4）, 323-331.

Lavinghouze S. R. , & Snyder K. （in press）. Developing your evaluation plans: A critical component of public health program infrastructure. American Journal of Health Education.

Miles M. B. , & Huberman M. A. （1994）. Qualitative data analysis: An expanded source book. （2nd ed. ）. Thousand Oaks, CA: Sage Publications.

National Institute on Disability and Rehabilitation Research. （2001）. Developing an effective dissemination plan. Washington, DC: U. S. Department of Education. Retrieved March 18, 2013, from http: //www. ncddr. org/du/products/dissplan. html.

NIDRR. See National Institute on Disability and Rehabilitation Research.

Patton M. Q. （2002）. Qualitative research and evaluation Methods. （3rd ed. ）. Thousand Oaks, CA: Sage Publications.

Patton M. Q. （2008）. Utilization-focused evaluation （4th ed. ）. Thousand Oaks, CA: Sage Publications.

Sandars J. R. , & The Joint Committee on Standards for Educational Evaluation. （1994）. The Program Evaluation Standards （2nd ed. ）. Thousand Oaks, CA: Sage Publications.

Torres R. , Preskill H. , & Piontek, M. E. （2005）. Evaluation strategies for communicating and reporting （2nd ed. ）. Thousand Oaks, CA: Sage Publications.

Western Michigan University. （n. d. ）. Evaluation checklists. Kalamazoo, MI: The Evaluation Center. Retrieved March 26, 2011, from http: //www. wmich. edu/evalctr/checklists/checklist_ topics/.

Worthen B. R. , Sanders J. R. , & Fitzpatrick J. L. （1997）. Program evaluation: Alternative approaches and practical guidelines （2nd ed. ）. New York, NY: Addison, Wesley Logman.

第二部分：练习、工作表和工具

步骤 1：1.1　利益攸关方参与和交流计划练习

在评估开始时，探索利益攸关方议程、实现对角色和职责以及评估目的达成共识是非常重要的。评估利益攸关方工作组（ESW）将代表其中一些利益攸关方，而非所有人员。涵盖清晰的交流计划从而吸引所有适当利益攸关方参与并提高他们的参与度、对评估的认同感和最终结果的应用，这一点也很重要。

列出每名利益攸关方的适当角色以及如何与何时让他/她参与评估。在制定交流计划时，需要考虑利益攸关方的专业知识、兴趣水平以及可用性。如果信息设定有具体截止期限，例如公投或资助机会，那么指出这些内容也很重要。还可以额外添加一栏备注以收集评论。

利益攸关方评估	评估的相关角色	交流模式	交流时间选择
联盟	利益攸关方（ESW 中可能有代表）	进度更新	每季度
社区	利益攸关方（ESW 中可能有代表）	通过成功案例更新中期进度	半年

职能说明

利益攸关方不需要是 ESW 的成员，就可以担任与评估相关的角色。鉴于利益攸关方的具体专业知识、兴趣、可用性或评估结果的目标用途，不是 ESW 成员的利益攸关方也可能会参与部分或整个评估。职能可能包括以下内容：

· 制定评估计划；

· 提供评估重点相关反馈；

· 需要具体评估活动或评估进程相关信息；

· 促进评估具体方面的实施；

· 参加阐释会议；

· 传播并促进评估结果应用。

步骤 1：1.2　利益攸关方信息需求练习

虽然评估的重点在第 3 步，但是基础工作始于确认利益攸关方或评估的主要目标用户。设计 ESW 会员资格是为了反映那些将采用评估信息的人员的优先信息需求。然而，并不是每一个能从评估结果中受益的群体都有代表性。这不应妨碍评估者和 ESW 在考虑如何以最佳方式关注评估时考量所有的观点和信息需求。因此，确定利益攸关方的信息需求不仅有助于考量 ESW 的成员资格（第 1 步），而且有助于聚焦评估（第 3 步）。

根据主要目标用户（与评估结果存在利害关系的人）列表确定每个利益攸关方需要的信息有哪些。

主要目标用户（利益攸关方）	需要的评估信息
1	
2	
3	
4	
5	

练习 1.1 和 1.2 的目的并不是充分描述如何将利益攸关方纳入您的评估或评估计划实施中。更多信息请参见以下资源："制定有效的评估计划（CDC，2011）"，请访问 http：//www. cdc. gov/tobacco/tobacco_ control _ programs/surveillance _ evaluation/evaluation_ plan/index. htm 获取。

此外，本工作手册"相关资源"部分提供了涵盖利益攸关方相关信息的文件。

主要目标用户（利益攸关方）	需要的评估信息
1	
2	
3	
4	
5	
6	
7	
8	
9	
10	
11	
12	
13	
14	
15	
16	
17	
18	

步骤3：2.1　问题评估检查表

评估是否成功取决于是否适当集中于首要的评估问题。一旦您起草了一套潜在的评估问题，您需要将下述标准应用于各个问题。审核这些问题可以帮助您确定最有可能提供有用信息的问题。虽然任何标准都不具备普遍适用性，但无论您的评估目的是什么，本检查表都能提供帮助。

评估问题是否满足此标准？	是	否	不满足标准但值得列入的原因
Q1			
1. 利益攸关方参与			
A. 不同利益攸关方（包括可以根据评估调查结果行动的利益攸关方以及受到这类行动影响的利益攸关方，例如客户、员工）参与制定问题			
B. 利益攸关方致力于通过评估过程以及应用结果来回答问题			
2. 适当			
A. 问题与项目的变化理论相一致			
B. 可以明确地将问题与项目的目的和目标相联系			
C. 问题中反映项目的价值			
D. 问题适合于项目发展阶段			
3. 相关性			
A. 问题明确反映所述评估目的			
B. 解答问题将为至少一名利益攸关方提供有用信息			
C. 评估是解答此问题的最佳方式，而不是其他（非评估的）过程			
4. 可行性（除非能找到一个可接受的选项，否则删除这个问题）			
A. 有可能以有道德和尊重的方式获得该问题的答案			
B. 可以在利益攸关方可以接受的准确程度上获得回答问题的信息			
C. 可为解答问题分配充足资源，包括人员、资金、专业知识以及时间			
D. 问题将提供足够的信息，值得努力解答			
E. 该问题可以得到及时的回答（即在作出任何有可能受到信息影响的决策之前）			
5. 总结			
A. 本问题以及针对此评估提出的其他问题共同对项目进行了充分描绘			
B. 本问题以及针对此评估提出的其他问题共同为利益攸关方采取行动提供了充分的信息			

经国家环境健康中心、环境危害与健康影响司许可使用。欲了解更多信息，请访问 MWilce@ cdc. gov，联系 Maureen Wilce。

步骤 5：3.1　利益攸关方阐释会议练习

结论的论证包括分析收集的数据、阐释数据含义以及基于数据得出结论。本步骤需要将收集的数据转化为有意义、有用且可获取的信息。项目人员往往错误地认为不再需要利益攸关方工作组以及最好把工作留给专家来做。然而，将 ESW 纳入本步骤直接与之前关于数据和结论以及应用的可靠性、接受度密切相关。

此外，您的计划必须包含利益攸关方（包括评论人）的解释和审核，从而提高过程和结论的透明度和有效性。这里的重点是证明结论合理，而不只是分析数据。在规划进程中，这一步需要认真对待。适当性标准在指导评估者决定如何分析和阐释数据方面发挥作用，从而确保在得出结论过程中遵守所有利益攸关方的价值观（Sandars 和教育评估标准联合委员会，1994）。这可能包括一次或多次利益攸关方阐释会议，以审核中期数据并进一步精炼结论。需要注意的是，利益攸关方驱动的过程中，在得出结论时往往存在超越证据的压力。评估者和 ESW 负责确保结论是直接从证据中得出的。

理想情况下，评估计划中将包含您计划如何征求利益攸关方的意见和促进对评估数据阐释的信息。如果您的评估计划中并未包含这一点，那么您应该在编写评估报告时加入这个内容。示例如下：

阐释与审核活动	时间线
ESW 和/或参与者报到，检查数据	在分析阶段适当情况时
获奖者阐释会议	初步结果编制完成后
利益攸关方阐释会议	获奖者阐释会议之后 3 个月内
利益攸关方审核最终报告草案	利益攸关方阐释会议之后 3 个月内
最终报告的批准与审核过程	利益攸关方审核最终报告草案后 2 个月内

填写适用于您所评估项目的拟议活动大纲，将利益攸关方阐释与反馈的机会包含在内。

阐释与审核活动	时间线

您应该在评估项目时间线中考虑征求并纳入利益攸关方反馈所花费的时间。此时，

您应该重新审视评估计划期间创建的时间线和预算，以确保有足够的时间和资金将利益攸关方纳入这一过程。

为了确保利益攸关方阐释会议成功召开，需要规划活动以确保顺利进行。评估时间线中需要涵盖这些活动的时间。

·发出初步邀请，以便利益攸关方可以针对会议进行规划。告知他们整体评估目的和问题。

·在初步邀请发出后2周内发送初步报告或PPT幻灯片，为他们留出审核时间。提醒利益攸关方结果是草案，不能在审核小组外分享。

·在会议日期前1~2周发送有关会议的提醒。确定之前可能有助于理解背景的文件。

·规划所需的适当技术（和备份），例如录音机、笔记本电脑、屏幕、海报等。

·如果可行，聘用专业会议主持人。

请访问 http：//www. wmich. edu/evalctr/archive_ checklists/feedbackworkshop. pdf. 获取促进利益攸关方正式阐释会议发展的检查表。

阐释与审核活动	时间线

步骤6：4.1 交流结果练习

由于公布了评估结果并不意味着能够获得目标受众以及目标影响，您的评估计划中应包含目标性交流与传播计划。如"制定有效评估计划"工作手册（http：//www.cdc.gov/tobacco/tobacco_control_programs/surveillance_evaluation/evaluation_plan/index.htm）中所述，计划阶段是开始考虑分享从评估中汲取经验的最佳方式的时候。评估的交流（即传播）阶段是一个双向的过程，旨在支持将评估结果用于项目改进和决策。为了达到这一结果，必须将评估结果转化为实践应用，同时通过各类面向受众的策略系统性地发布信息。

交流评估结果涉及以一种使利益攸关方可理解、可用的方式共享信息。成功交流是使用评估结果的关键。您可以通过各种格式和渠道成功交流。交流格式就是您将使用的实际交流布局，例如报告、小册子、一页描述、新闻通讯、执行摘要、幻灯片以及实际情况表等。交流渠道是您将使用的交流路径，例如口头报告、视频、电子邮件、网络广播、新闻稿以及电话会议等。格式和渠道应考虑不同受众的需求、您希望提供的信息类型以及交流目的等。可以咨询 ESW 提供相关信息。

当制定交流或传播策略时，需要谨慎考虑以下问题：

· 您将与哪些目标受众或利益攸关方群体分享调查结果？
· 您将采用哪些格式和渠道分享调查结果？
· 您计划何时分享调查结果（包括中期和最终评估调查结果）？多久分享一次？
· 谁负责实施传播策略？

您应该制定交流策略，同时创建有效的评估计划。如果在评估规划阶段您没有机会制定交流计划，此练习将帮助您为评估报告创建交流计划。您可以利用下述矩阵针对评估调查结果制定交流计划。

交流计划表

您想要交流的内容是什么？ （包含中期和最终评估调查结果）	您想与谁交流？	您想要如何交流？	
		格式	渠道

根据 2012 年 7 月 24 日从 http：//www.cdc.gov/healthyyouth/evaluation/sp_toolkit.htm 网站中学校卫生项目战略规划中"利用评估改进项目：战略规划"下青少年和学校卫生司的交流矩阵改编而来。

您想要交流的内容是什么？ （包含中期和最终评估调查结果）	您想与谁交流？	您想要如何交流？	
		格式	渠道

下一个工具可以帮助您跟进您与各类受众的沟通，包括沟通格式（交流布局，如新闻简报）、沟通渠道（沟通路径，如口头报告）、受众关于沟通信息的反馈以及响应受众反馈而需要采取的下一步骤。

沟通追踪表 1

沟通	日期	受众	沟通形式	沟通渠道	受众反馈与下一步

第二个示例描述沟通跟进表的样式。

沟通跟进表 2

目标受众	沟通目标	工具	时间表

以下是完成的表示例：

沟通跟进表

目标受众（优先事项）	目标	工具	时间表
项目实施团队	实时告知实施过程中哪些工作做得好以及哪些需要快速调整	月度会议以及概述文件	每月
项目利益攸关方	促进项目进程	成功案例	每年
出资决策者	持续和/或增强项目资金	执行摘要；目标项目概述	出资结束后 90 天内
出资人和决策者；机构领导	持续和/或增强项目资金	最终评估报告	出资结束后 180 天内

目标受众	沟通目标	工具	时间表

大纲：5.1 报告检查表工具

以下是与报告评估结果相关的项目清单，可能值得与您的评估利益攸关方工作组讨论。

工具和模板：确保评估报告有效的检查清单①

☐及时为目标用户提供中期和最终报告以便他们应用。

☐通过受众人员参与为受众定制报告的内容、格式以及风格。

☐包含执行摘要。

☐总结描述利益攸关方以及他们的参与方式。

☐描述项目的基本特征。

☐解释评估的重点及其局限性。

☐包含评估计划与流程的充分总结。

☐提供所有必要的技术信息。

☐具体说明评估判断的标准和准则。

☐解释评价性判断以及它们是如何被证据支持的。

☐列出评估的优劣势。

☐讨论行动建议，包括其优劣势和资源的影响。

☐确保保护项目客户和其他利益攸关方。

☐预测调查结果如何对群体或组织产生影响。

☐必要时提出少数人的意见或反驳。

☐验证报告的准确性和公正性。

☐以有逻辑的方式组织报告并包含适当的细节。

☐删除技术术语。

☐采用示例、描述、图表和故事。

大纲：5.2 评估报告大纲示例

以下是报告大纲示例，以引出讨论和想法，从而帮助您制定最适合您项目背景和利益攸关方需求的报告。

示例 1

1. 执行摘要
2. 项目描述
   a. 实施过程
   b. 项目目的与目标

---

① 由 Worthen、Sanders 和 Fitzpatrick（1997）改编，并在"综合癌症控制科项目评估工具包"（CDC，2010）中呈现。请访问问西密歇根大学（n. d.）http：//www. wmich. edu/evalctr/archive_ checklists/feedbackworkshop. pdf 获取免费评估报告检查表。

3. 评估设计与方法论

4. 结果

   a. 数据

   b. 过程报告

   c. 结果报告

5. 过程与结果报告阐释

6. 结论

7. 建议

8. 附录

示例 2

1. 执行摘要

2. 问题陈述

3. 评估设计

4. 评估方法论

5. 结果

   a. 定量

   b. 定性

6. 结论

7. 建议

8. 附录

示例 3

1. 执行摘要

2. 项目描述

3. 项目目标与活动计划

4. 评估计划与方法论

5. 结果

   a. 过程与结果

   b. 成功与阻碍

6. 结论

7. 建议

8. 附录

示例 4①

执行摘要

---

① 本报告大纲示例选自 Miles 和 Huberman（1994，p. 304）的一项行动导向的评估研究。受众包括帮助学校采用更好的阅读与写作教学方法的项目管理者、资助者和经营者。利益攸关方需要能够帮助他们决定项目未来的信息。

1. 引言
   a. 项目综述
   b. 执行计划
   c. 方法
2. 交付的服务文件记录概要
3. 调查结果
4. 案例研究
   a. 城市初级中学
      ⅰ. 引言
      ⅱ. 学校背景
      ⅲ. 目标
      ⅳ. 交付的服务
      ⅴ. 学校中员工开发人员支持
      ⅵ. 实施
      ⅶ. 成就
      ⅷ. 团队遇到的问题以及应对这些问题的策略
      ⅸ. 基础技能改进计划：执行的质量与水平
      ⅹ. 课堂实施
      ⅺ. 影响与能力建设
      ⅻ. 综合性总结
   b. 圆树初中（平行结构）
   c. 联合预备高中（平行结构）
   d. 跨站概要
5. 建议

相关资源

网络资源

美国评估协会

· http://www.eval.org

· 美国评估协会是一个由评估者组成的国际专业协会，致力于项目评估、人员评估、技术和许多其他形式的评估的应用和探索。评估包括项目、政策、人员、产品和组织的优势和劣势，以提高其有效性。该协会约有成员 5500 名，代表美国 50 个州及

60 多个其他国家和地区。

CDC 青少年和学校卫生司（DASH）计划评估资源和工具

·http：//www.cdc.gov/healthyyouth/evaluation/resources.htm

CDC 性传播疾病预防司在性传播疾病（STD）计划中计划评估的实际应用

·http：//www.cdc.gov/std/program/pupestd/Introduction-SPREADS.pdf

CDC 公共卫生项目评估框架

·http：//www.cdc.gov/eval/framework.htm

·有效的项目评估是一种系统的方法，用于改善和说明公共卫生行动，其中涉及的程序是有用的、可行的、道德的和准确的。该框架指导公共卫生专业人员使用项目评估。它是一个实用的、非规定性的工具，旨在总结和组织项目评估的基本要素。该框架包括项目评估实践中的步骤和有效评估的标准。遵循该框架的步骤和标准将形成对每个项目背景的理解，并将改善项目评估的构思和进行方式。

CDC 公共卫生项目评估简介：自学指南

·http：//www.cdc.gov/eval/evalguide.pdf

制定有效的评估计划

·http：//www.cdc.gov/tobacco/tobacco_ control_ programs/surveillance_ evaluation/e-valuation_ plan/index.htm

传播计划成果和评估结果以争取支持

·http：//www.cdc.gov/healthyyouth/evaluation/pdf/brief 9.pdf

影响和价值：讲述您的项目故事

·http：//www.cdc.gov/oralhealth/publications/library/success_ stories_ wkbk.htm

国家心脏病和中风预防项目的评估指南：编写 SMART 目标以及开发和使用逻辑模型

·http：//www.cdc.gov/dhdsp/programs/nhdsp_ program/evaluation_ guides/smart_ objectives.htm

·http：//www.cdc.gov/dhdsp/programs/nhdsp_ program/evaluation_ guides/logic_ model.htm

宾夕法尼亚州立大学推广计划评估资源

·http：//extension.psu.edu/evaluation/

评估中心

·http：//www.wmich.edu/evalctr/archive_ checklists/feedbackworkshop.pdf

·这个网站提供了有参考价值的清单，用于设计、预算、签约、人员配备，管理和评估项目、人员、学生和其他评估对象；收集、分析和报告评估信息；以及确定优点、价值和意义。每份检查表都是对实践中宝贵经验的提炼。

威斯康星大学推广计划开发和评估出版物

·http：//www.uwex.edu/ces/pdande/evaluation/evaldocs.html

·该网站提供一系列用于规划和实施评估的出版物，并提供在线评估课程和资源。

W. K. Kellogg 基金会逻辑模型和评估指南

· http：//www. wkkf. org/knowledge-center/resources/2006/02/WK-Kellogg-Foundation-Logic-Model-Development-Guide. aspx（2011 年 7 月 19 日检索）

· 该基金会提供了逻辑建模指南，以促进项目计划和实施活动。

让您的想法坚持下去：报告和项目规划

· Atkinson, Cliff. （2007）. *Beyond bullet points：Using Microsoft Office PowerPoint* 2007 *to create presentations that inform, motivate, and inspire.* Redmond, WA：Microsoft Press.

· Becker H. S. （2007）. *Writing for social scientists：How to start and finish your thesis, book, or article* (2nd ed.). Chicago, IL：University of Chicago Press.

· Heath C. , & Heath D. （2007）. *Made to stick：Why some ideas survive and others die.* New York, NY：Random House.

· Heath C. , & Heath D. （2010）. *Switch：How to change things when change is hard.* New York, NY：Random House.

影响和价值：讲述您项目的故事

· www. cdc. gov/oralhealth/publications/library/success_ stories_ wkbk. htm

· Lavinghouze R. , Price A. W. , & Smith K-A. （2007）. The program success story：A valuable tool for program evaluation. *Health Promotion Practice*, 8 （4）, 323-331.

· Torres R. , Preskill H. , & Piontek M. E. （2004）. *Evaluation strategies for communicating and reporting* (2nd ed.). Thousand Oaks, CA：Sage Publications.

定性方法

· Miles M. B. , & Huberman M. A. （1994）. *Qualitative data analysis* (2nd ed.). Thousand Oaks, CA：Sage Publications.

· Patton M. Q. （2002）. *Qualitative research and evaluation methods* (3rd ed.). Thousand Oaks, CA：Sage Publications.

· Yin R. K. （2008）. *Case study research：Design and methods* (applied social research methods) (4th ed.). Thousand Oaks, CA：Sage Publications.

· Yin R. K. （2010）. *Qualitative research from start to finish.* New York, NY：The Guilford Press.

定量方法

· Kleinbaum D. G. , & Klein M. （2010）. *Logistic regression：A self-learning text* (statistics for biology and health) (3rd ed.). New York, NY：Springer.

· Rothman K. J. , Greenland S. , & Lash T. L. （2008）. *Modern epidemiology* (3rd ed.).

Philadelphia PA：Lippincott Williams & Wilkins.

·Tufte E. R.（1990）. *Envisioning information*. Cheshire，CT：Graphics Press.

·Tufte E. R.（2001）. *The visual display of quantitative information*. Cheshire，CT：Graphics Press.

综合

评估报告布局核对表，提供评估报告设计的最佳做法

·http：//stephanieevergreen. com/wp-content/uploads/2013/02/ERLC. pdf

提供以视觉吸引人的方式组合文件色彩的色彩诊断网站

·http：//kuler. adobe. com/#themes/rating？time＝30

提供不同颜色组合信息适应色盲人群的色盲症软件

·http：//colororacle. cartography. ch/

评估用途

·Butterfoss F. D.（2007）. *Coalitions and partnerships in community health*. San Francisco，CA：Jossey-Bass.

·Mattessich P. W.（2003）. *The manager's guide to program evaluation*：*Planning，contracting，and managing for useful results*. St. Paul，MN：Amherst H. Wilder Foundation.

·Patton M. Q.（2010）. *Developmental evaluation*：*Applying complexity concepts to enhance innovation and use*. New York，NY：The Guilford Press.

·Patton M. Q.（2008）. *Utilization-focused evaluation*（4th ed.）. Thousand Oaks，CA：Sage Publications.

职业安全与卫生评估资源

烟草综合控制规划最佳做法——2007 年

·http：//www. cdc. gov/tobacco/stateandcommunity/best_practices/index. htm

·本文件是一份循证指南，旨在帮助各州规划和建立有效的烟草控制计划，以控制和减少烟草使用。

制定有效的评估计划

·http：//www. cdc. gov/tobacco/tobacco_control_programs/surveillance_evaluation/evaluation_plan/index. htm

·本工作手册旨在帮助公共卫生项目经理、管理人员和评估人员在规划过程中制定有效的评估计划。

无烟电子政策评估工具包

·http：//www. cdc. gov/tobacco/basic_information/secondhand_smoke/evaluation_ toolkit/index. htm

·本工具包中描述的评估方法以及使用这些方法进行的研究结果也可能对那些对无烟法律的影响感兴趣的利益攸关方有用，包括商业组织（如商会、餐馆协会）和工会。

烟草使用预防和控制中的过程评估简介

·www. cdc. gov/tobacco/tobacco_ control_ programs/surveillance_ evaluation/process_ e-valuation/index. htm

·本指南于 2008 年出版，将帮助州和联邦计划管理人员和评估人员设计和实施有效、可靠的烟草控制计划过程评估。

烟草综合控制计划项目评估简介

·http：//www. cdc. gov/tobacco/tobacco_ control_ programs/surveillance_ evaluation/e-valuation_ manual/index. htm

·2001 年出版的这本关于规划和实施评估活动的指导指南将有助于各州烟草控制规划管理人员和工作人员规划、设计、实施和使用对烟草控制工作的实际和全面评估。

评估全面烟草控制计划的关键成果指标

·http：//www. cdc. gov/tobacco/tobacco_ control_ programs/surveillance_ evaluation/key_ outcome/index. htm

·该指南于 2005 年出版，为评估全州烟草控制综合规划提供了 120 个关键成果指标。

烟草问题清单（QIT）

·http：//apps. nccd. cdc. gov/qit/quickSearch. aspx

·这个基于网络的工具对 6000 多个与烟草相关的问题进行了分类。该网站可用于收集有关过去使用的调查问题的信息，查找可用于二次分析的可用数据，并为未来的仪器开发收集想法。

戒烟热线：用于开发、实施和评估的资源

·http：//www. cdc. gov/tobacco/quit_ smoking/cessation/quitlines/index. htm

·这份 2005 年的文件旨在帮助州卫生部门、卫生保健组织和雇主签订合同并监测以电话为基础的戒烟服务。它还旨在帮助各州和医疗保健组织，加强现有的戒烟服务，并告知那些有兴趣更多地了解基于人口的戒烟方法的人。

吸烟导致的死亡率、发病率和经济成本（SAMMEC）

·http：//apps. nccd. cdc. gov/sammec/

·此在线应用程序帮助您估计吸烟对成人和婴儿的健康及与健康相关的经济后果。

国家烟草活动跟踪和评估（STATE）系统

·http：//www. cdc. gov/tobacco/statesystem

·该系统是一个电子数据仓库，其中包含关于烟草使用预防和控制的最新和历史国家级数据。

为全面的烟草控制计划监控疾病和评估数据资源

·http：//www.cdc.gov/tobacco/tobacco_control_programs/surveillance_evaluation/surveillance_manual/index.htm

·2001 年出版的烟草控制计划数据汇编对正在进行监测或评估的烟草控制计划非常有用。

监测和评估网络会议

·存档的演示文稿可在 http：//www.ttac.org/resources/cdc_netconferences.html 获得。

·监督与评估网络会议系列提供有关最佳和有前途的评估实践的信息，并介绍评估在烟草控制工作中的作用。网络会议系列最初是为州级监督和评估人员设计的，但材料涵盖了监督和评估中各种有趣的和新出现的主题，对其他公共卫生专业人员也有价值。每次会议由一个讲座组成，然后是问答环节。

职业安全与卫生局烟草使用网站上的监测和预防评估网页

·http：//www.cdc.gov/tobacco/tobacco_control_programs/surveillance_evaluation/index.htm

2012 年烟草控制状况亮点

·http：//www.cdc.gov/tobacco/data_statistics/state_data/state_highlights/2012/index.htm

2012 年烟草控制状况亮点指导各州制定和实施高影响力战略并评估其绩效。此报告还提供了基于州的数据，旨在：

·强调一些州如何利用循证策略在降低吸烟率方面取得长足进步，同时也表明其他州需要做更多的工作，以及使读者能够看到他们自己的状态如何表现。

DNPAO 评估资源

制定有效的评估计划

·http：//www.cdc.gov/tobacco/tobacco_control_programs/surveillance_evaluation/evaluation_plan/index.htm

·本工作簿旨在帮助公共卫生项目经理、管理机构和评估人员在规划过程中制定有效的评估计划。

开发和使用评估咨询小组

·http：//www.cdc.gov/obesity/downloads/EvaluationConsultationGroup.pdf？

·本文件将帮助向用户阐明评估途径和方法。它为各州的营养计划、体育活动和肥胖症计划提供具体的例子和工具，并推荐了其他阅读资源。

·该指南描述了一个评估咨询小组，如何构建和实施，以及推动开展更好和更有用的评估。

对各州营养计划、体育活动和肥胖症计划的评估

·http：//www.cdc.gov/obesity/downloads/EvaluationofStateNPAOPlans.pdf

·本文件将帮助向用户阐明评估途径和方法。它提供了关于各州营养计划、体育活动和肥胖症计划的范围和目的的示例和工具，并推荐了其他阅读资源。

评估快速入门资源

·http：//www.cdc.gov/nccdphp/dnpa/physical/pdf/PA_evaluation_quick_start.pdf

·这些资源将帮助向用户阐明评估途径和方法。他们提供了关于各州营养计划、体育活动和肥胖症计划的范围和目的的示例和工具，并推荐了其他阅读资源。

推荐的社区策略和测量方法，以预防肥胖

·http：//www.cdc.gov/mmwr/preview/mmwrhtml/rr5807a1.htm

·肥胖预防项目的共同社区措施（措施项目）建立了一套核心的数据元素，可供社区自我评估使用，也可供研究食品和体育活动环境的项目评估人员和研究人员使用。对于每一项措施，都确定了数据收集协议和潜在的数据来源。

第六章

英国《中央政府评估指引》（节选）

执 行 摘 要

什么是评估？

评估指对一项干预措施的设计、实施和结果的系统评估[1][2]。它包括了解当前和过去的干预措施是如何实施的，干预措施对谁有什么效果，以及为什么。它确定可以改进的方面，并估计其总体效果和成本效益。

什么时候评估才有效？

评估可以在干预措施实施之前、期间和之后为思路提供参考。在每个阶段需要回答不同的问题：

·之前——我们可以从之前对类似干预措施的评估中学到什么？[3] 干预措施将如何发挥作用？预计如何实施该措施？其假设是否有效？能否在全面推广前进行试点和测试？能否设计将潜在学习效果最大化的推行方案？

提供证据，为干预措施的设计、如何最好地实施设计和可能的结果提供信息有助于识别和减少不确定性。

·期间——干预措施是否符合预期？是否按计划实施？有哪些新出现的影响？为什么？如何改进？会出现意想不到的后果吗？

为干预措施的实施和任何新出现的结果提供证据，以推动持续的改进。

·之后——干预措施是否有效？产生多大的作用？有哪些代价？我们对其设计和实施有什么认识？这些变化是否持续？

提供设计、实施和结果方面的证据，为未来总结经验教训，并对干预措施的总体影响进行评估。

其目的是什么？

评估有两个主要目的：学习和问责制。

---

① 以下简称《紫皮书》。所谓"干预措施"指旨在引起变革的任何政策、计划或其他政府活动。

② HM Treasury. (2018). *The Green Book: Central Government Guidance on Appraisal and Evaluation.* ［pdf］. London. Crown Copyright. Available at：https：//assets. publishing. service. gov. uk/government/uploads/system/uploads/attachment_ data/file/685903/The_ Green_ Book. pdf［Accessed 5th November 2019］

③ What Works Network 利用证据来改进公共服务的设计和实施。它有多个中心，专注于不同的政策领域。参见 Gov. UK,（2013）. What Works Network Official Website.［online］Available at：https：//www. gov. uk/guidance/what-works-network#the-what-works-network［Accessed 5th November 2019］

学习

·帮助管理风险和不确定性（干预及其实施）；

·通过提供证据去改进当前的干预措施，以做出更好的决策（并为绩效管理和利益实现工作提供依据）；

·全面了解什么是有效的，对谁有效和何时有效，并为未来的政策制定提供范例；

·完善证据，为未来的干预措施提供依据。

问责制

政府部门应对会计主管和其他利益攸关方负责并保持透明。应该生成能够证明干预措施的影响或更广泛结果的证据。在开支审查和应对公共问责机构的审查和挑战时，也需要证明其有效性。

评估在实践中意味着什么？

监测和评估是密切相关的，典型的评估将在很大程度上依赖监测数据。要做好监测和评估，就必须在政策制定阶段以熟练的专业知识进行监测和评估，以确保在政策实施过程中能获得实时证据，进而帮助决策。一个全面的评估通常包括：

·分析干预措施是否按预期实施，设计是否有效，什么工作比较好或不太好以及为什么。这一类型的问题通常统称为过程评估。

·对已经发生的变化、这些变化的规模以及对这些变化可归因于干预措施的程度进行客观测试。这通常被称为影响评估，并通过理论、实验和/或准实验方法进行研究。

·干预措施的收益和成本的比较。这通常被称为性价比评估。

为了充分了解干预措施的设计、影响和结果，需要探究所有要素。

《紫皮书》的结构

本文探讨了评估的类型（过程评估、影响评估和性价比评估）和主要的评估方法（基于理论和实验）以及制定和执行评估的主要阶段。章节分为：

·第1章：为什么、如何以及何时进行评估

·第2章：确定评估范围

·第3章：评估方法

·第4章：数据收集、数据获取和数据链接

·第5章：管理评估

·第6章：评估结果的使用和传播

·第7章：评估能力

·附件A：评估设计中使用的分析方法（略）

补充指南提供有关特定主题的进一步细节：

·定性评估的质量

·现实主义评估

· 处理政策评估的复杂性

· 政府分析评估能力框架

· 执行审查后实施监管的指南

本书将与《绿皮书：中央政府评审与评估指南》（以下简称《绿皮书》）①、其他政府标准②及《行为准则》一并使用。

关键术语

下表列出了本文中使用的一些关键概念及其术语（请注意，其他非政府指南可能使用略微不同的措辞）。

术语	在《紫皮书》中的使用
评估设计	整个评估的总体设计，包括评估如何满足范围界定阶段指定的学习目标 "整体都在一起" 第2、第3、第4、第5和第6章涵盖了构成总体评估设计的要素
评估类型	评估类型由评估问题定义（参见 Table_ of_ evaluation_ questions）。常见的评估类型包括过程、影响和性价比
评估方法	评估问题的回答方式，例如影响评估可能使用基于理论的方法和/或实验方法
评估方式	为了测试理论和回答评估问题而收集和分析信息的方式（例如差异、建模、随机对照试验）
数据收集	收集用于评估的信息，可以是定量或定性的信息
干预措施	任何旨在引起变化的内容，包括计划、政策、项目、法规和实施方法的变化

第1章　为什么、如何以及何时进行评估

总结

对政府干预措施的评估应相称并符合目的。

评估在政策设计、制定和实施过程中发挥作用，并为后续干预措施的设计提供信息。

---

① HM Treasury. (2018). *The Green Book：Central Government Guidance on Appraisal and Evaluation.* [pdf] London. Crown Copyright. Available at：https：//assets. publishing. service. gov. uk/government/uploads/system/uploads/attachment_ data/file/685903/The_ Green_ Book. pdfGreen Book 2018. CENTRAL GOVERNMENT GUIDANCE ON APPRAISALAND EVALUATION [Accessed 5th November 2019]

② Government Analysis Function. (2019). *Government Functional Standard GovS* 010：*Analysis.* [pdf]. Crown copyright. Available at：https：//gss. civilservice. gov. uk/news/government-functional-standard-govs-010-analysis-live/ [Accessed 5th November 2019]

及早规划评估，就可以设计干预措施，以最大限度提高学习效果。它还可以通过将数据收集纳入干预措施的实施中来降低数据收集的成本。

主要评估类型有三种：过程评估、影响评估和性价比评估。每种评估都侧重于回答不同类型的问题。为充分了解干预是否有效，如何有效，为什么有效，对谁有效，代价是什么，有必要进行这三种类型的评估。

有用的、可信的、可靠的、适度的和根据不同利益攸关方（如决策者、用户、实施者和公众）的需求量身定制的评估才是良好的评估。通过响应潜在用户的需要，产出应该既可用又有用。

规划评估需要考虑评估的设计和评估项目管理。这通常需要专业知识和资源。

1.1 引言

重要的是，公共资金要合理支出，政府干预措施要有针对性，任何监管都要在负担和保护之间取得适当的平衡。政府、公众和所有其他利益攸关方都应该能够从过去的经验中学习和发展。他们还应该能够仔细审查：干预是否有效，成果是否实现，资金是否花到实处。评估是实现这种问责制和学习的一种方式。所有政策、方案和项目都应接受相应的评估。

《紫皮书》面向政府决策者和政府分析人员，以帮助他们理解评估的作用以及进行评估的过程和方法。它还应该有利于更广泛的研究界，特别是那些竞标政府工作的人员，以及同样制定与实施政策和干预措施的其他委员，如地方当局和慈善机构。

政府的目标是进行相称的、符合目的的评估，真正有益于决策者。从近期来看，他们可以提供证据，以改善被审查的干预措施。从长远来看，它们可以帮助建立证据基础，为未来的政策制定和实施提供信息，并评估性价比。

《紫皮书》应该和《绿皮书：中央政府评审和评估指南》一起阅读，其中阐述了为什么和如何对政府政策进行评审，以及早期规划评估的理由。

1.2 什么是政策评估

政策评估是对政府政策的设计、实施和结果进行系统的评估。它包括了解政府干预措施正在或已经如何实施，以及它对谁和为什么产生了什么影响。它还包括确定哪些方面可以改进和如何改进，以及估计整体影响和成本效益。

评估的规模和目标各不相同，但其核心都是寻找证据来回答问题，例如：

· 干预措施是否符合预期？

· 它对不同群体产生的作用是否不同？

· 为什么对不同的群体产生（或没有）不同的作用？

· 政策在实践中如何运作？

· 政策在哪些方面可以改进？

·这项政策的总体影响是什么?

·它是否具有性价比?

·如果我们再做一次,我们会采取什么不同的做法?

1.3　为什么评估

评估的两个主要原因是学习和问责。

1.3.1　学习

在学习方面,评估可以提供管理风险和不确定性的证据。特别是在具有创新性或开拓性的领域,需要证据来说明干预措施的效果是否符合预期。早期学习也能说明哪些方面特别成功或不成功,哪些方面需要改进以提高绩效。在这种情况下,试点项目可能是有用的,因为它们可以在一个受控的环境中小规模地测试设计、实施和成果,为更广泛的政策倡议提供信息。

即使是不确定因素较少的领域也可以从评估中获益:提供证据,为效益管理战略提供信息,以帮助实现预期的收益;或者了解如何最大限度地提高实施的效率和效益。即使我们非常确信干预将是有效的,我们至少也希望监测结果并确认它们符合预期。

评估还能让您了解什么对谁有效,什么时候有效,为什么有效。干预措施很少孤立地实施,通常构成更大方案的一部分,以先前的方案为基础,并且很快就被另一个想法所取代。重要的是,我们要从干预行动中吸取教训,以便将这种教训应用于同一领域或其他相关领域的后续政策。即使是由于被认为无效或代价过高而被终止的政策,也可能产生宝贵的教训,以了解将来要避免的错误,或确定政策的任何要素是否成功。

从根本上说,学习是为了做出好的决策。评估可以提供证据,为决策提供信息,决定是否继续执行一项政策,如何改进它,如何将风险降到最低,或是否停止并在其他地方投资。

1.3.2　问责

评估的另一个主要原因是出于问责的目的。政府代表人民作出决定,并花掉从个人和企业那里征收的税款。政府还使用监管措施,这可能会给一些人带来负担过重或后果不利的风险。政府有责任尽可能地提高纳税人的钱以及政府活动的公共价值和成果。评估在这方面起着至关重要的作用[①]。

政府部门也必须向公众通报其推行措施的成效和价值,并就其开支对会计主管负责和透明。开支审查和响应以下机构的审查和质疑也需要证明政策有效性的证据:

·国家审计局[②]/公共账目委员会

---

① HM Treasury.(2019). *The Public Value Framework.*［pdf］. London. Crown Copyright. Available at:https://assets. publishing. service. gov. uk/government/uploads/system/uploads/attachment _ data/file/785553/public _ value _ framework_ and_ supplementary_ guidance_ web. pdf［Accessed 5th November 2019］

② nao. org. uk.(undated). Assessing Value for Money.［online］Available at:https://www. nao. org. uk/successfulcommissioning/general-principles/value-for-money/assessing-value-for-money/#［Accessed 5th November 2018］

·选择委员会

·基建及工程局（IPA）

·加强规管执行/规管政策委员会

·国际发展委员会

在某些情况下需要强制性评估，例如下列情况：

·须经实施后复审的规管政策（PIR）①②

·包含日落条款或复审义务条款的规定

·符合 2015 年国际发展援助法案的要求

对问责制的评估往往侧重于监测和评估影响。

在实践中，在学习和问责之间寻求平衡可能很困难。根据评估在考虑的具体干预措施和利益攸关方的需要方面发挥的作用，将或多或少地关注每一个问题。

1.4　评估有什么作用

评估在政策生命周期的所有阶段都有作用。《绿皮书》提出了评审和评估所有政策、方案和项目的框架"ROAMEF"。根据干预的基本原理和英国财政部的阐述，ROAMEF 框架有助于思考提案制定的关键阶段，从阐明干预的理由和确定目标，到方案评审，到最终的实施和最终评估，包括将评估证据反馈到政策周期（见图 1-1）。

在实践中，ROAMEF 是表达复杂过程的一种简单方法。实际上，没有一个步骤是孤立的活动，每个步骤都将为其他步骤提供信息，并得到其他步骤的信息。它很少以线性过程进行。评估在所有阶段都有用。

在探讨要处理的问题时，应在理由和目标阶段提供产出和从早期评估中学到的经验。评估者通常在制定明确的目标（例如 SMART③）中发挥积极作用，这些目标明确了干预的目的是什么，以及如何衡量这些变化。

在这个阶段，开始变革理论思维（参见第 2 章）可以帮助阐明目标和压力测试潜在的干预想法。

---

① 《更好的规管框架》概述了实施后的规管过程。参见 Department for Business, Energy and Industrial Strategy. (2018). *Better Regulation Framework Guidance*. [pdf]. Crown Copyright. Available at: https://assets. publishing. service. gov. uk/government/uploads/system/uploads/attachment _ data/file/708066/betterregulation-framework-interim-guidance-2018. pdf [Accessed 5th November 2019]

② 关于复审的法定指南包括关于何时纳入复审条款的指南。参见 Department for Business, Energy and Industrial Strategy. (2015). *Small Business, Enterprise and Employment Act* 2015. *Statutory Guidance under s. 31 of the Small Business, Enterprise and Employment Act*. [pdf]. Crown Copyright. Available at: https://www. gov. uk/government/publications/small-business-enterprise-and-employment-act-statutory-reviewrequirements [Accessed 5th November 2019]

③ SMART 表示具体的、可衡量的、可实现的、现实的和有时限的。通过以这种方式描述目标，可以更容易传达干预措施的目的。这可以在以后帮助评估者。

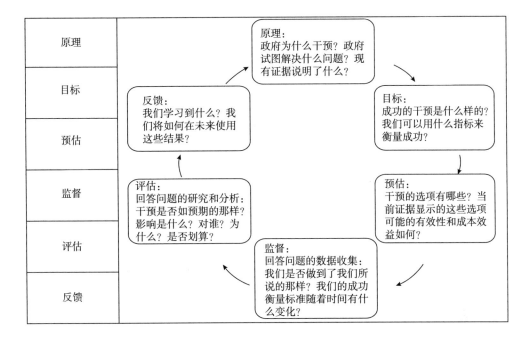

图 1-1　ROAMEF 周期

在评审阶段①，当详细审查解决该问题的备选方案时，以前的评估证据对于评估这些备选方案的可行性和成本是非常宝贵的。早期的评估思维和试点对于检验政策理念是至关重要的（探究以下问题：这能有效吗？为什么有效？如何有效？对谁有效？）。变革理论的工作可以帮助阐明各种各样的选择如何生效以及支持它们的证据强度，有哪些可用数据，不确定性和风险在哪里，都一目了然。在这个阶段，应该认真开始评估规划，以便能够同时设计干预措施和评估，以提供满足学习和问责目标所需的证据。

评估证据在设计新的干预措施或审查现有政策时是有用的。证明这一点的有效程度取决于评估的设计如何适合决策者的需要。迭代很常见，早期从监视和评估中的认识可以实现政策设计和目标的快速更改。"敏捷"评估设计越来越流行，快速反馈循环正在影响干预措施的设计和实施。

1.5　什么时候评估

评估通常被认为是在实施干预之后发生的事情。然而，评估应该为整个 ROAMEF 周期的思路提供信息，并且如果以这种方式考虑它将实现最大的效用。

在干预措施完全形成之前，应该使用评估来帮助确定其设计和如何实施。利用现

---

① 运输部编制了关于如何加强评审和评估之间联系的指南。参见 Department for Transport.（2016）. *Strengthening the Links between Appraisal and Evaluation.*［pdf］. National Crown Copyright. Available at：https：//www.gov.uk/government/uploads/system/uploads/attachment_ data/file/540733/strengthening-the-links-betweenappraisal-and-evaluation.pdf［Accessed 5th November 2019］

有的评估证据，通过变革理论（参见第 2 章）对政策理念进行试点和早期测试，可以探究：

- 干预措施如何起作用，有什么证据支持这种想法；
- 为什么干预措施可能不起作用，有什么证据支持这一点；
- 哪里存在风险和不确定性；
- 政策如何在更小的规模和受控的环境中发挥作用；
- 应该用什么基线证据来衡量未来的变化。

实施期是评估最可能影响决策并帮助确保政策能够实现其预期收益的时期。在实施期，评估通常着眼于获得有关政策设计的有效性、其执行情况和新出现的结果的证据。它可以检查以下问题：

- 政策是否按预期实施？
- 政策作用是否符合预期？
- 在不同的地区和不同的目标群体中，政策的起作用方式是否相同？
- 可能的效应大小有哪些早期迹象？
- 它在实践中如何运作？
- 会有意想不到的后果吗？
- 能否改进设计或实施（"动态调整"）？

政策实施后，可以检查整个政策，查看关于设计、实施和结果的更确凿的陈述，回答以下问题：

- 政策有效吗？
- 效果的大小和成本（对不同的群体有不同的影响吗）？
- 该政策对结果有哪些贡献？
- 这和评审中的预测有什么关系？
- 是否有任何意外的或负面的影响？
- 这是否代表了物有所值？
- 我们从这个领域学到了什么？可转移的经验教训有哪些？

1.6 为什么提前开始计划

在干预措施设计中建立评估是为了确保：

- 评估工作可以向制定和执行政策的人提供有用的结果；
- 评估具有与其预期用途相称的质量；
- 以最具成本效益和最有效的方式收集正确的数据。

干预措施的设计和评估有用性之间的关系至关重要。干预措施设计上的微小变化可能会造成高质量、有用的评估和人员无法回答关键问题（是否有效？有效程度如何？对谁有效？为什么有效？）之间的差异。这些设计变更可能很大，例如通过分配随机干预措施建立处理和对照/对比组，就像随机对照试验一样；也可能很小，例如确保个体层面的管理数据可供分析，或者通过制作由产品或服务的所有接受者完成的强制性的问卷，或者通过选择方案推出的最佳顺序。

尤其重要的是，在实施干预措施之前和干预措施的整个生命周期内，要尽早规划应该收集哪些数据和证据。如果将这些活动保留到干预生命周期结束后，可能会限制进行适当评估的能力。例如，可能有必要在实施前找到合适的对照组或收集基线数据，以便可以估计反事实。还有一种情况是，如果方案是实时的而且实施机构可能只在方案的整个生命周期内存在，接受者可能更愿意接受采访。

1.7 使评估和业务计划保持一致

为了符合财政部对计划和项目的批准流程[①]，应该在战略业务案例中确定评估需求并对所需资源进行初步估计（见图1-2）。在业务案例的5案例模型中，应该在管理案例中详细说明监控和评估计划。对于管制措施，应采取类似的办法，将监测和评估计划纳入影响评估过程。为确保协调和效率，应对监测、效益管理和评估采取全面的办法。对于监管措施，这可能意味着将评估的范围定义得比有关的法定文书更广，将其扩大到从更广泛的角度看待正在更改的政策。在整个过程中，评估者应与其他分析师、财务和政策同事密切合作，以确保评估是方案或项目计划（即在管理案例中）的核心组成部分。他们还应确保在经济和财政情况中包括为评估提供的经费。

战略商业案例/咨询影响评估 对所需的监测和评估活动进行初步评估	包括 -关于相称的评价规模的决定 -数据要求的可能规模 -对所需预算和资源的初步估计 -对实施前的试点和测试范围的讨论
商业案例概要/最终影响评估 对雄心壮志的规模和新兴计划有了更深入的了解	包括 -监测和/或评价的主要目标 -可能的用途/用户 -一个高水平的时间表，根据政策时间表列出评价规划和实施的主要阶段 -预算和资源概要
完整的商业案例/颁布影响评估 确定工作范围，以确保获得足够的证据，并明确数据收集的责任	包括 -详细说明谁将负责与执行伙伴的数据访问安排 -一套初步的评估问题 -可能需要的研究细节 -监测和评估所需的预算和资源

图1-2 每个评审阶段的评估计划

---

① HM Treasury, (2018). *Guide to developing the project business case*. ［pdf］London. Crown Copyright. Available at：https：//assets. publishing. service. gov. uk/government/uploads/system/uploads/attachment_ data/file/749086/Project _ Business_ Case_ 2018. pdf［Accessed 5th November 2019］

1.8 评估类型

评估活动主要有三种类型：过程评估、影响评估和性价比评估。

1.8.1 过程评估

"我们能从干预措施的实施中学到什么？"

过程评估倾向于审查干预措施实施所涉及的活动以及政策实施的途径。这些问题可能因干预的性质而有相当大的差别，而且针对政策而定，包括下列问题：

· 有哪些措施比较好或不太好，为什么？

· 哪些可以改进？

· 环境如何影响实施？

过程评估通常使用广泛的方法，包括定量和定性。它们通常涵盖主观问题（如对政策运行状况的看法）和客观问题（关于干预措施如何运行的事实详情，通常在可用时使用管理性数据）。

1.8.2 影响评估

"干预有什么不同？"

影响评估侧重于干预措施所引起的变化。可衡量的成就本身就是干预措施的目标，或有助于干预措施的目标。典型的影响评估问题包括：

· 发生了什么可衡量的有意和无意结果？

· 这些结果在多大程度上由干预措施所致？

· 不同的群体是否以不同的方式受到影响、如何受到影响、为什么受到影响？

· 环境如何影响结果？

· 干预措施可以重现吗？

1.8.3 性价比评估

"这种干预措施是否有效利用了资源？"

虽然影响评估证明并量化了结果，但它本身不能评估这些结果是否合理。性价比评估考虑了这些问题，包括政策的收益是否大于成本以及干预措施是否最有效地利用了资源。

《绿皮书》为成本效果分析和成本效益分析以及非市场影响的估值提供了更详细的指导。

一项基本的性价比评估将把通过方案实现的成本和收益与评审中概述的最初预期进行比较，通常是商业案例或影响评估。更发达的经济评估还将比较实现同一战略目标的其他方法的收益和成本。

1.9 什么是"好的"评估

定义一个好的评估没有固定的标准，它将由与政策有关的许多因素决定，比如评估证据的使用以及评估本身的设计和执行。这些因素应从开始评估规划时就予以考虑，并在传播评估结果时予以明确说明。

就政策的性质和评估证据的用途而言，在评估设计中需要考虑的重要因素有：

·引入干预前的系统性质，即现有政策格局的复杂性、人口规模、市场失效类型、利益攸关方收益等；

·干预措施的规模、复杂性和创新程度；

·有关政策的现有证据以及所涉及的不确定性；

·政策的本质：可能的后果是什么？对谁有影响？

·关键政策决定的时机和性质；

·在这些时候改变政策的范围；

·政策的状态和价值。

良好的评估应该符合目的：它有相称的规模，反映了决策者和政策的外部审查者的需求。

指导有关评估的决策以保持高质量的一般原则包括：

·有用：当为了满足许多涉众的需求而设计评估（参见1.10），并且评估在正确的时间点产生有用的、可用的输出时，评估就是高质量的。围绕已知的决策点和政策辩论领域调整评估是实现这一目标的关键。此外，必须始终明确通报评估结果的局限性，以确保负责任地使用结果。

·可信：评估要有用，就必须可信。这一点通常通过确保一定程度的客观性来实现。可以通过由独立的评估者小组进行的评估工作，或通过受尊重的独立人士对评估工作的设计和产出进行指导和同行审查来实现这一点。需要注意的是，透明度至关重要。

·稳定：虽然没有客观的质量标准，但评估应设计良好，采用适当的评估方式和方法，并执行良好（例如，确保调查中有足够的抽样策略和样品量，以确定统计上的显著变化；在实验设计中实现足够的动力；定性抽样，确保听到广泛的声音；充分评估模型输入和输出的不确定性；坚持道德原则）。建立影响的方法应该包括对时间、群体或其他理论进行严格比较。独立的同行评审和独立的指导可以帮助保证评估的设计和执行的质量。

·相称：相称是评估中的一个关键概念。并不是所有的干预措施都需要同样的审查水平或具有相同的学习需求。在低风险、证据充分和低优先级干预措施的情况下，可能只需要完成宽松的监测和评估工作就能确保其按照预期实施并达到预期结果。另外，可能需要大规模评估以开辟新领域的高风险、高地位的政策。需要大量评估的"优先"干预措施的标准通常包括：

○高地位的政策；

○高度的不确定性/风险（包括可能的负面后果）；

○高成本（如果评估试点，要考虑推行政策的全部成本）；

○高学习潜力（其他标准的低优先级干预措施在填补有重要战略意义的证据缺口

方面具有很高的潜力)。

1.10　评估的利益相关者是谁

评估的核心应该是对许多不同的受众和用户有用。围绕用户需求构建评估设计将确保他们参与其中，并确保输出对他们有用，并为他们所用。

为了使评估达到问责和学习的双重目标，应该考虑到许多不同的"客户"的需求。

·负责正在考虑的干预措施的人：这些人最能从减少风险和不确定性的证据中获益，他们也最能了解什么是有效的，什么是无效的。

·负责未来政策的人：这些人需要证据来证明什么是有效的（和/或无效的），为什么有效和如何有效，以及可转移的教训。

·负责评审分析的人员：他们将最深入地了解在评审干预措施时缺失了哪些证据和数据以及哪些对未来政策的评审有用。

·负责审查政府决策和支出的人：问责政府的人员迫切想要了解干预措施设计和实施的有效性以及干预措施的影响和成本。

·政策的参与者/接受者：受政策影响的人通常也是评估的主要参与者。他们需要投入，但也需要证据，并了解应关注政策的哪些要素。

·实施干预措施的人员：通常情况下，虽然政策通常由中央政府制定，但它们是由其他人提供的，在许多情况下，它们要通过一个很长的传递链。评估应该关注实施链中所有人的需求和问题。

·公众（通常通过媒体）：问责制的一个关键环节是对公众负责，他们渴望了解政府的钱是否明智使用以及我们是否从过去的经验中学习。

·学者/其他研究人员：政府很少是某一特定政策领域唯一的利益攸关方。学者和其他研究人员通常能够花时间仔细审查政府数据。重要的是，要与他们合作，确保研究证据得到最佳利用，并最大限度地汲取知识。

围绕服务的用户、评估的潜在用户以及他们希望将评估证据用在何处来构建评估设计，将有助于尽可能地发挥评估结果的作用和用途。

1.11　谁来执行评估

评估虽然是简单的概念（本质上是从实施中学习），但做好它可能是一项技术度和复杂度很强的任务。这里有一个庞大的全球评估社区，以及许多可以使用的专业技术和概念框架。因此，评估指由具有专业知识的个人和团队进行最佳设计、监督和管理的程序。

在政府中，评估通常由来自社会学、经济学、统计学和运筹学专业的专家评估者或分析师与设计和实施干预措施的人合作设计。通常情况下，实际评估本身收集现有的和新的数据并分析和解释调查结果，它往往会承包给独立的专家（参见第5章）。

1.12 评估阶段

图 1-3 说明了评估的主要阶段。表 1-1 提供了关于每个阶段的更多详情，显示了关键的评估步骤及其相关的项目管理步骤。每个阶段将在接下来的第 2 章至第 6 章中进行更详细的探讨。

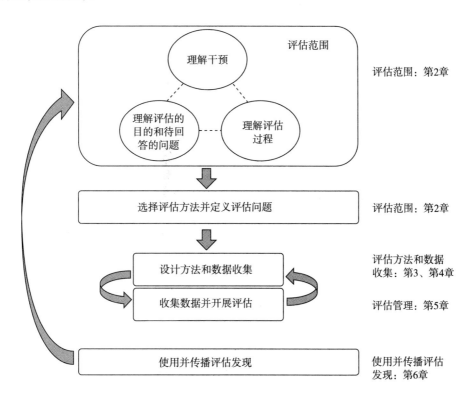

图 1-3 评估过程概述

表 1-1 计划和执行评估的阶段

阶段	章	关键评估步骤	关键项目管理步骤
确定评估范围	2	·了解干预措施，以及它的目的是什么、什么时候使用、对谁使用？（制定 SMART 目标） ·了解有关干预措施的证据基础 ·制定变革理论 ·了解要回答的问题	·确定决策点，学习目标和所需的评估类型 ·审查方案文件并酌情利用问题结构化方法开展讨论会/讲习班
评估设计	2	·确定有助于实现学习目标的评估方法 ·开始计划评估，决定设计和需要回答的问题以及需要证据的报告点	·商定治理、资金、时间表和实施方法（内部/外部委托） ·了解是否有可能对政策设计进行更改以改进评估设计 ·约定所需的输出和时间安排 ·与主要利益攸关方就评估问题达成一致

阶段	章	关键评估步骤	关键项目管理步骤
选择合适的方法	3	·决定可以回答评估问题的分析和数据收集方法 ·确保所选择的方法相互补充并尽可能高效	·估计所选方法的成本 ·估计时间和可能的报告点
执行评估	4、5	·执行评估，根据学习和政策变化/利益攸关方需求修改设计 ·在可能的情况下，根据已知和新的决策点提供证据	·工作草案和质量保证（QA）规范 ·工作的委托外部要素 ·约定正在进行的 QA 流程 ·约定传播计划 ·对工作保持严格监督 ·向政策/方案委员会提供进展和新产出。检查进度，必要时进行修改
传播、使用和学习	6	·准备最终的评估分析和输出	·项目的质量保证计划执行结束 ·执行传播计划，包括出版 ·与政策/其他利益攸关方合作，利用学习评估结果 ·进行经验教训的练习

第 2 章　确定评估范围

总结

本章阐述了评估的第一步：确定评估范围。确定评估范围是一个迭代过程，着眼于：

·定义干预措施

·识别评估需求

·理解最合适的评估方法

定义干预措施包括识别和综合现有证据以及制定变革理论。这应该是任何评估的第一步。

确定评估需求涉及与评估的潜在用户合作，以理解他们的关键问题以及证据将如何使用。

主要的评估方法将取决于评估的类型和需要回答的问题。

这一阶段的评估规划是迭代的。在整个评估规划过程中所作的决定应始终根据评估的目的和用户的需要加以审查。

2.1 引言

与干预措施的设计一起精心设计的评估，可以在实施之前、期间和之后产生及时和量身定制的证据。

图 2-1 说明了评估所涉及的阶段。这些阶段应该是迭代的，如图 1-3（评估过程概述）所示，在学习目标、新发现以及围绕决策点和可用资金的更多实际问题之间有很强的相互作用。

虽然是迭代的，但主要的早期评估阶段包括：

确定评估范围

·了解干预措施及其现有的证据基础。

·理解所需的评估类型。这取决于评估的目的：了解实施干预的过程、干预措施的影响或者干预的性价比。

·理解各种评估方法的适用性。适用性将取决于评估旨在回答的具体问题以及该方法的可行性（有关于确定最合适的影响评估方法参见 2.2.4）。

评估设计

·约定最合适的评估方法。

·确定要使用的最适合的方法。在每一种评估方法中，都有许多方法可以采用。评估者在作出选择时，必须确定范围以及关于数据、资源和时间表的可用性的信息（参见第 3 章）。

第 2 章关注第一个阶段评估范围。第 3 章描述了常见的评估方法和它们的优缺点。在最后一步——评估设计之前，应该完成这两章的相关内容。应从头到尾阅读图 2-1。它描述了以下步骤：

-确定范围阶段：评估者确定评估的目的，从而确定所需评估的类型（过程评估、影响评估或性价比评估）以及需要回答的评估问题。

-设计阶段：评估者选择最合适的评估方法，然后选择要使用的具体方法。图 2-1 提供了在每种方法下可以使用的一些具体方法的示例。

-实施评估：可以采用各种数据收集、研究、审查和综合方法来支持所选择的评估方法。

需要注意的是，尽管不同的评估方法可以回答不同的评估问题，但它们通常是互补的。例如，过程评估产生的证据可以作为基于理论的方法的有用输入，比如过程跟踪。而性价比评估往往依赖于通过使用实验和准实验设计等方法的影响评估产生的定量估计。

2.2 确定评估范围

确定评估范围是一个关键步骤。耐心理解干预措施、需要回答的问题以及可以用来回答这些问题的评估类型，可以得到更有用的评估。

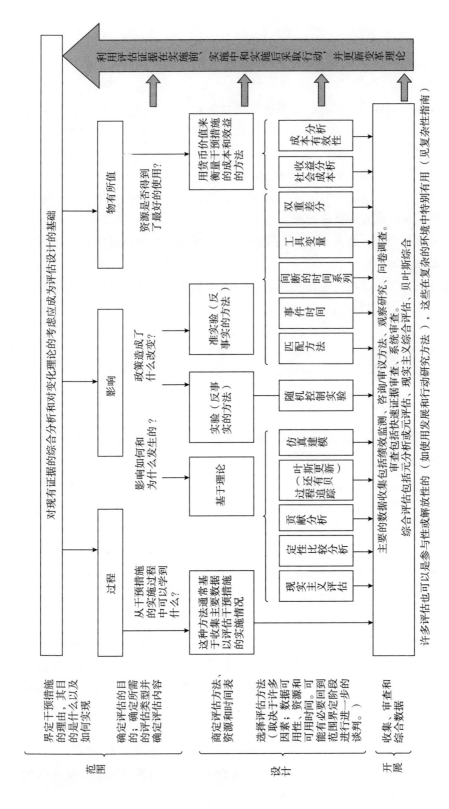

图 2-1　确定评估范围、设计评估和实施评估

2.2.1　理解变革理论

制定良好的政策需要透彻了解干预措施以及预计如何达到预期结果。良好的评估也需要这样的了解。彻底检查拟议的干预措施可确保：

·了解预期干预措施在实践中将如何发挥作用，例如干预措施旨在解决的问题、它旨在带来的改变、预期会带来变化的事件的因果链、主要的执行者、预计会受到影响的群体以及干预成功所需的预期条件；

·揭露干预所依据的假设以及支持这些假设的证据的强弱；

·对更广泛环境的审查，例如其他政策变化或经济、社会和环境因素的变化；

·干预措施的设计者和实施者有机会对干预措施的设计进行压力测试，进而确保他们对干预措施的预期作用方式达成一致。

了解干预措施通常包括综合现有证据和制定变革理论。变革理论涵盖了上面列出的所有详情，包括预计干预措施的理论如何起作用（设置的所有步骤将参与实现想要的结果）、所做的假设、支持它们的证据质量和强度以及更广泛的环境因素。

审查和综合现有证据

综合证据可以在整个评估过程中使用，是确定范围阶段的基础。确定已知的信息有助于减少计划评估的规模，并将其集中于特定的不确定领域。

综合可以是宽松的或广泛的。如果在干预措施评审和业务案例的制定过程中已经执行了证据综合，那么就应该从这里开始。

证据综合可以通过使用荟萃分析（或荟萃评估）来汇集不同研究的结果，并证明其可重复性，从而提高单个研究发现的价值。当研究出现冲突时，评估人员应该警惕干预措施在某些情况下可能对某些群体有效，但可能对其他群体无效，这需要进一步探究。

综合可以随着评估的进行而发展，以确保随着证据基础的发展而纳入新的发现。对于评估活动方案来说，结果或问题的总体框架可以为以后综合各种证据/评估活动流程做准备。

制定变革理论的关键部分是综合现有的证据。通过收集和评估关于干预措施的现有证据，评估者可以看到证据的薄弱之处。这可以帮助确定评估需要回答的关键问题。

制定变革理论通常包括考虑拟议的投入（将进行哪些投入/监管/行动）和从这些投入到预期产出和结果的因果链（见图2-2）。它以证据的收集和综合为基础，考虑了预期干预达到其结果的因果机制。

301

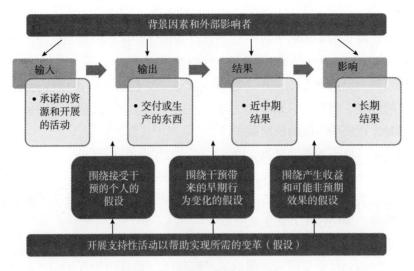

图 2-2　线性变革理论的示例

资料来源：Mayne，J.（2017）. Theory of change analysis；Building robust theories of change. Canadian Journal of Program Evaluation/La Revue canadienne d'évaluation de programme 32. 2（Fall／automne），155-173 doi：10. 3138/cjpe. 31122

有许多测绘工具可以用来帮助探索干预措施和它如何起作用，通常被称为"计划理论"。这些理论包括变革理论映射、逻辑映射、日志框架、收益映射和系统映射①。最适合使用的工具将取决于干预措施的特点、系统的复杂性以及正在计划的评估类型。

制定变革理论通常需要设计和执行干预措施的利益攸关方参与。这可以通过研讨会或咨询完成。除此之外，研究方法，包括证据综合、焦点小组和专家小组，可以用来收集和综合证据，用于其发展。

变革理论可以是简单的描述，也可以是更复杂的分析。更复杂的实践可以对干预措施及其基本假设进行更详细和严格的评估。他们详细描述了：从一个步骤到下一个步骤的精确的因果机制，实现相同结果的替代机制，每一个步骤背后的假设因果关系的步骤，支持这些假设的证据以及不同的环境、行为和组织因素可能会如何影响结果的产生，或者是否会影响结果的产生。探究消极计划理论也很有用：为什么在实践中可能不会出现因果步骤以及为什么期望的结果可能不会发生的所有原因。这可以帮助识别风险和问题，作为评估的一部分进行探讨。在更复杂的干预措施中，变革理论可能捕捉相互作用、反馈循环和系统边界的分析。

制定变革理论的最佳方式是通过与广泛的利益攸关方的广泛合作，包括设计师、实施者、受益者和/或收益集团，从各种角度了解政策可能是如何运作的。如果这是不可能的，至少应该与关键利益攸关方进行压力测试，以测试它是否反映了他们对干预措施可能如何起作用的看法。如果干预措施的规模很大，包含很多要素，那么就可以

_____

① 所有这些过程都涉及（但不限于）因果关系的映射；通常在一个链的形成中（例如，在图 2-2 中描述的"输入、输出、结果和影响"链）。

制定一系列有效的模型，重点关注干预措施的不同方面。

　　至关重要的是，变革理论应该在评估的整个生命周期中随着新的证据的发展而不断发展。

关于制定变革理论的进一步信息来源

　　Better Evaluation. （2015）. Theory of Change Thinking In Practice. Hivos theory of change Guidelines. COLOPHON. Available at：http：//www. theoryofchange. nl/sites/default/files/resource/hivos_ toc_ guidelines_ final_ nov_ 2015. pdf ［Accessed 5th November 2019］

　　Mayne，J. （2017）. Theory of change analysis；Building robust theories of change. Canadian Journal of Program Evaluation / La Revue canadienne d'évaluation de programme 32. 2 （Fall / automne），155-173 doi：10. 3138/cjpe. 31122

　　Funnell，C. and Rogers，J. （2011）. Purposeful program theory：effective use of theories of change and logic models. San Francisco：Jossey Bass Publishers.

　　Davies，R. （2016）. *Evaluating the impact of flexible development interventions.* ［pdf］. Methods Lab. Available at：https：//www. odi. org/sites/odi. org. uk/files/resource-documents/10361. pdf ［Accessed 5th November 2019］

　　Vogel，I. （undated）. *ESPA guide to working with theory of change for research projects.* ［pdf］. Directorate of the Ecosystem Services for Poverty Alleviation （ESPA） Programme. Available at：https：//www. espa. ac. uk/files/espa/ESPA-Theory-of-Change-Manual-FINAL. pdf ［Accessed 5th November 2019］

　　betterevaluation. org. （2017）. *Using logic models and theories of change better in evaluation.* ［blog］. Available at：https：//www. betterevaluation. org/en/blog/Using-logic-models-and-theoriesof-change-better-in-evaluation ［Accessed 5th November 2019］

　　Hills，D. （2010）. *Logic mapping hints and tips for better transport evaluations.* ［pdf］ The Tavistock Institute. Available at：https：//assets. publishing. service. gov. uk/government/uploads/system/uploads/attachment _ data/file/3817/logicmapping. pdf ［Accessed 5th November 2019］

2.2.2　理解评估目的/问题

　　评估可以按照回答各种潜在的问题进行设计。重要的是，要从一开始就弄清楚这些问题是什么，以及期望如何使用、由谁使用、何时使用从这些问题中得到的结果。这将为要使用的评估方法提供信息，有助于关注评估并确保调查结果最有可能对决策产生影响。

评估需要回答的问题将包括：

·规定的评估目的。

·变革理论确定的问题，例如：不确定的领域是什么？证据基础的重要弱点在哪里？哪些中间结果可以衡量实现最终结果的进展？

·利益攸关方想要知道答案的问题（如资助、设计、实施干预措施或受到干预措施影响的问题，参见 1.10 节）。

·干预措施的早期决策点（例如是否继续推出，是否修改其设计或实施，以及预期或计划的审查点）以及需要哪些证据为这些决策提供信息。

·考虑短期需求（如利益-实现）和长期需求（如回答"哪些有效？"和"为什么？"的有关类似政策的问题）。

表 2-1 列出了一些关键的评估用途。

表 2-1　关键评估用途

评估用途	描述
风险识别	评估活动，包括变革理论，可以识别风险或依赖关系并允许修改干预措施的设计和实施
收益管理①和问责制	经常监测和评估产出可以评估和解释实现预期收益方面的进展。这使得必要时可以采取纠正措施
通知关键决策点	不同的决策点有相关的证据要求，这些要求越明确，评估就越能满足它们。由此带来的时间压力可能会影响评估设计、选择的方法或被认为可接受的证据的稳健性。 决策点示例包括： ·计划委员会 ·立法决策点 ·关于更广泛推行的决定 ·须经实施后复审的规管政策（PIR）②③ ·包含日落条款或复审义务条款的规定 ·符合 2015 年国际发展援助法案的要求

①　Implementation and Projects Authority. (2016). *Guidance for Departments and review teams: Assurance of benefits realisation in Major Projects*. [pdf] Crown Copyright. Available at: https://www.gov.uk/government/publications/assurance-of-benefits-realisation-in-major-projects [Accessed 5th November 2019]

②　Department for Business, Energy and Industrial Strategy. (2018). *Better Regulation Framework Guidance*. [pdf]. Crown Copyright. Available at: https://assets.publishing.service.gov.uk/government/uploads/system/uploads/attachment_data/file/708066/betterregulation-framework-interim-guidance-2018.pdf [Accessed 5th November 2019]

③　关于复审的法定指南包括关于何时纳入复审条款的指南。参见 Department for Business, Energy and Industrial Strategy. (2015). *Small Business, Enterprise and Employment Act* 2015. *Statutory Guidance under s. 31 of the Small Business, Enterprise and Employment Act*. [pdf]. Crown Copyright. Available at: https://www.gov.uk/government/publications/small-business-enterprise-and-employment-act-statutory-reviewrequirements [Accessed 5th November 2019]

续表

评估用途	描述
回应外部审查	政府部门在进行开支审查时，需要有政策有效性的证据以及回应来自以下机构的审查和质疑： ·国家审计局①/公共账目委员会 ·选择委员会 ·基建及工程局（IPA） ·加强规管执行/规管政策委员会 ·国际发展委员会
沟通影响	评估结果可用于内部和外部交流
了解环境	干预措施可能会产生不同的影响，这取决于它们使用的环境。评估可以帮助拆解不同环境因素和干预措施本身的相对影响。这可以表明该政策是否有望在其他环境中发挥作用
利益攸关方的参与和授权	让利益攸关方参与评估的设计和执行有助于建立更牢固的关系并对干预措施所要解决的问题达成共同理解。它还允许评估在出现特定问题时做出反应，同时增加利益攸关方使用和重视评估结果的可能性
未来的政策决策	监测和评估证据有助于建立长期的证据基础，这是快速决策所需要的。它还会告知资源分配事件，如支出审查和业务计划

评估由一系列需要回答的评估问题构成。它们与方案理论相结合，确定了评估的范围。正确评估对评估的成功至关重要。

确定潜在评估问题列表的范围可能会导致一个很长的列表。很少有评估能够回答所提出的每一个问题，这通常是因为回答所有问题需要时间和资源以及方法上存在限制。

在实践中，自下而上的问题生成应该伴随着自上而下的方法来产生少量的高级问题（通常大约6个或7个），而更详细的问题将会被搁置。这使评估易于管理并有助于评估者在其整个工作过程中保持对关键问题的关注。

评估问题通常在评估设计和实施过程中演变，这取决于可行性、数据可用性、评估执行过程中的实际问题、新发现和其他考虑因素。因此，与评估使用者保持密切联系是至关重要的，这样评估设计才能在发展过程中考虑到他们的需要。

2.2.3 理解所需的评估类型

确定范围的实践中产生的问题可能涵盖三种评估类型：过程、影响和性价比评估。表2-2显示了与每一类有关的问题类型。为了全面了解干预措施，可能需要这三种类型的评估的各个方面。

单独来看，每一类评估都有不足之处。例如，知道一项干预措施的影响程度很难解释为什么会产生这种影响。当预期的结果没有实现时，这一点尤其重要。在这种情

---

① nao. org. uk. (undated). Assessing Value for Money. [online] Available at: https: //www. nao. org. uk/success-fulcommissioning/general-principles/value-for-money/assessing-value-for-money/# [Accessed 5th November 2018]

况下，过程评估可以提供必要的证据，以了解问题是干预措施设计的结果还是干预措施实施的结果，以及这些已确定的问题是否可以被克服。

评估一组项目

通常需要评估由一组相关但独立的项目组成的干预措施。主要有两种场景：

（1）在这种情况下，总体干预措施的范围很广，但具体的实施被下放到较低的级别（在设定的参数内）。这可以按地理位置（如 Well North 方案）或按工业部门（如工业战略）完成。

（2）一个通常被描述为"创新基金"的场景，它欢迎有竞争力的提案提供干预，同样是在广泛的参数范围内，并强调创新。

这种场景引起了一些特别的评估问题。一个重要的问题是确定对全面干预措施和具体项目的评估之间的重要性的平衡。

通常情况下，在第一个场景中，人们会对评估干预措施的总体净影响以及允许一定程度自治的过程产生浓厚的兴趣。人们还可能对从个别的实施中学到什么感兴趣，但不一定要分别评估每次实施。根据具体情况、技术，如定性比较分析，在从广义上了解更成功的项目如何不同于不太成功的项目方面是有用的。根据案例研究特别成功或似乎特别具有创新性的评估选择一些更详细的案例研究可能是有用的。

在第二个场景中，全面干预措施的目的很可能是查明有希望的办法，因此将更加强调评估个体项目。通常情况下，需要对每一种措施的净影响进行评估，并尽可能对干预措施的潜在适用性进行评估。必须记住，这只是广泛的评估。要可靠地估计任何特定干预措施在更广泛实施后可能发生的情况，还需要进一步的测试。整体上，关键问题可能是干预措施设计在多大程度上鼓励了有用的创新。

这两个场景的共同之处在于需要在所有项目中（尽可能）同意并遵守共同的措施（"尽可能"反映了一个事实，即同一方案内的不同项目可能试图影响不同的结果，并使用不同的程序，在这种情况下不可能有一套单一的措施）。如果其中一些措施可以从管理系统中产生，以确保可比性，则它可能特别有利。如果需要调查措施，就需要在所有项目中使用共同的研究工具。当要求个别项目收集特定数据时，需要特别注意。除了明确和详细地说明要收集的信息之外，还需要解释遵守这些说明的重要性。

某种程度的符合性检查可能是有益的。

在这类方案中，在方案期间很可能会产生各种干预措施，应当考虑项目和评估团队之间的更密切关系，例如在发展评估方面。

表 2-2　评估问题和评估类型

过程评估问题：能从干预措施的实施中学到什么？	影响评估问题：干预措施有什么结果？	性价比评估问题：它是否有效利用了资源？
干预措施是否按照预期实施？ ·是否有足够的资源？ ·在实施干预措施过程中是否有任何意外或非预期的问题？ ·干预措施在多大程度上影响了它适用的所有人？ 哪些措施有效或不太有效，对谁有效，为什么有效？哪些可以改进？ 从使用的实施方法中可以学到什么？ ·干预措施是否能够以更低的成本获得和实施？ 环境如何影响实施？ ·外部因素如何影响干预措施的实施和功能？ ·外部因素如何影响目标群体的态度和行为？	干预措施是否达到了预期的结果？ ·程度如何？ 干预措施是否有效？ ·这些结果在多大程度上由干预措施所致？我们在多大程度上确信干预措施导致了观察到的变化？ ·什么原因导致了观察到的影响？ ·有多少是外部因素引起的？ ·到底会发生什么？环境如何影响结果？ ·干预是否导致了任何意想不到的结果？ ·结果是否受到其他外部因素的影响？ 不同的群体在何种程度上以不同的方式受到影响，如何受到影响，为什么受到影响？ 干预措施可以重现吗？ 我们从影响中学到了哪些可归纳的教训？	干预措施的成本效益如何？ ·单位成本（成果、参与者等） ·实施干预措施的成本如何？ ·干预措施是否具有成本效益（与替代方案相比，与什么都不做相比）？ ·哪种方案最划算？干预措施的性价比如何？ ·有哪些益处？ ·有哪些成本？ ·益处高于成本吗？ ·成本与益处的比率如何？干预措施是否尽可能利用了资源？ ·与其他干预措施相比，成本与益处的比率如何？

未来的学习。不同类型的评估可以结合，以帮助回答用于未来学习的问题：
·在不同的环境下，干预措施的目标是否相关？
·该政策是否有望在其他环境中发挥作用？
·从金融、经济、社会和环境角度来看干预措施是可持续的吗？
·在转移到其他行动和未来评审的干预空间中，我们从如何干预中学到了什么？

资料来源：改编自 Stern, E.（2015）. *Impact evaluation: a guide for commissioners and managers.*［pdf］. London. Bond. Available athttps://assets. publishing. service. gov. uk/media/57a0896de5274a31e000009c/60899_Impact_Evaluation_Guide_0515. pdf［Accessed 5th November 2019］

2.2.4　了解影响评估方法

在选择最适当的评估办法时，评估者必须考虑评估的类型和要回答的问题，同时要了解干预措施本身、实施干预措施的背景和现有的资料/数据。

设计和实施影响评估尤其具有挑战性。影响评估的目的是评估发生了什么变化以及这些变化的规模。他们还评估了这些变化在多大程度上可以由干预所致，以及如果不进行干预会发生什么。这很复杂，因为必须了解其他影响，才能声称干预产生了效果（见图 2-3）。

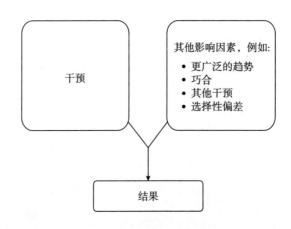

图 2-3　什么会影响结果?

资料来源: Stern, E., Stame, N., Mayne, J., Forss, K., Davies, R., Befani, B. (2012). *Broadening The Range of Designs And Methods For Impact Evaluations* [pdf]. Department for International Development. Available at: https://www.oecd.org/derec/50399683.pdf [Accessed 5th November 2019]

没有一种评估方法可以恰当地评估所有类型的干预措施,每一种设计都有其优点和缺点,而且通常需要将这些方法结合起来。

选择影响评估方法是一个早期的决定,它将影响所有后续步骤。本章的其余部分将集中讨论这个选择。

下面的图 2-4 提供了最合适的影响评估方法的决策树。

影响评估的实验和准实验方法

实验和准实验方法的目的是实现对政策的平均影响的稳健估计。第 3.5 节总结了一些实验和准实验方法。

实验和准实验方法通过与未受干预影响的组或时间段的统计比较来推断干预的影响。这个未受影响的群体代表了在没有政策的情况下受影响群体会发生的事情,通常被称为反事实。

在衡量反事实时,必须:

·数据的质量和数量足以支持分析;

·反事实与干预组确实可比较;

·干预措施效果足够大,可以与数据中的预期"噪声"区分。

为了满足这些要求,通常需要将评估设计纳入干预措施设计,方法是创建对照组并确保干预组和对照组都收集数据。表 2-3 显示了实验方法在哪些地方更可行。

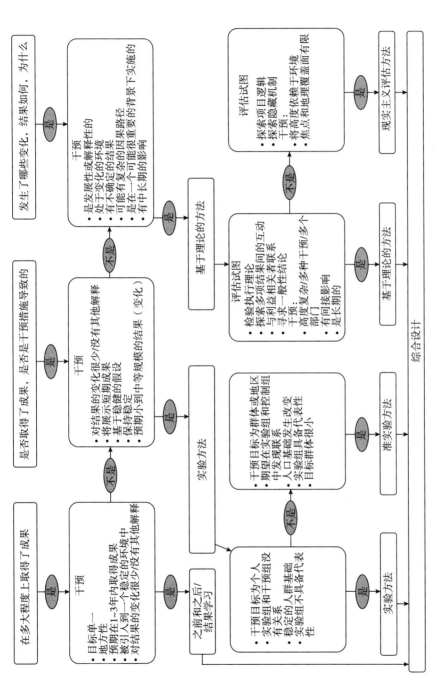

图 2-4 根据待回答的评估问题选择影响评估的方法

资料来源：转载自 Hills, D. and Junge, K. (2010). Guidance for transport impact evaluations: Choosing an evaluation approach to achieve better attribution. [pdf]. The Tavistock Institute in consultation with AECOM. Available at: https://assets.publishing.service.gov.uk/government/uploads/system/uploads/attachment_data/file/525806/transport-impactevaluations.pdf [Accessed 5th November 2019]

表 2-3　选择实验或准实验方法来进行影响评估的条件

	更可行的条件	更不可行的条件
干预的性质	·干预措施是离散的（可以与其他方案干预措施分开），而且是稳定的 ·干预所应用的系统是相对稳定和不变的	·很难界定干预措施或将其与其他方案干预措施或当地情况区分 ·干预措施会随着时间的推移而适应 ·干预措施正在应用于一个复杂和紧急的系统（参见评估复杂性的补充指南了解更多详情）
影响的性质	·预期结果与干预措施之间存在直接的线性关系 ·与其他变更相比，预计会有很大的效果 ·效果在很短的时间内实现（并且不会在其后立即消失）	·预期结果和干预之间存在着复杂①或遥远的关系，有许多潜在的混杂因素 ·预计会有较小的效果 ·这种效果在一段较长的时间内逐渐形成 ·影响的确切性质尚不清楚
数据可用性：做了什么，在哪里，什么时候，对谁	·干预涉及实践中可识别参与者（个人、团体、机构或地区）的明显变化 ·可以获得关于干预的参与者的数据 ·可以获得精确时间周期的数据 ·支持评估的数据在干预前和干预期间收集 ·可以从足够大的样本中收集数据	·干预涉及现有的良好实践的巩固或者参与者之间的差别不大 ·只能获得粗略汇总的数据 ·实现的时间存在不确定性（需要随着时间的推移进行聚合） ·支持评估的数据直到政策已经建立还没有获得，或者非参与者无法获得 ·样本量太小
对群体的潜在比较	·干预被纳入政策设计中，因此我们分配了对照组，并从两个组中收集了数据 ·有一个阶段性的开始 ·可以实施随机分配 ·可以实施其他的目标，例如使用划界分 ·可以使用"自然"对照组	·政策设计中没有纳入干预措施，或者只能获得试点地区的数据 ·在全国范围内同时推出 ·由于存在主观分配，所以对照组和目标组从一开始就不同 ·不可能有同等的对照组（例如大型基建计划）

实验和准实验方法往往最适用于以下情况：

·重点是问责制。这些方法通常对影响产生最可靠的定量证据。

·预期的结果是已知的和可测量的。

·干预影响大量的人/群体，但不是整个人群。

·干预不涉及许多不同的活动或不同的实施。

---

① 参见《紫皮书：处理评估复杂性的补充指南》。

·预计这种干预对不同的群体将以同样的方式发挥作用。通常，实验方法在识别对特定子群体的不同影响方面并不是很有效。

选择实验和准实验方法的主要目的是评估干预的净影响。但是，这本身并不能告诉人们任何可衡量的变化如何产生，也不能告诉人们如果在另一种环境或不同的尺度上尝试干预是否会产生相同的结果[①]。将实验/准实验方法与基于理论的方法相结合或补充过程评估证据可以提供这种通常必不可少的见解。

影响评估的理论方法

基于理论的影响评估通过严格测试被认为带来变化的因果链是否有足够有力的证据支持，以及是否可以排除其他解释，从而得出关于干预措施影响的结论。基于理论的评估明确涉及变化的程度和为什么发生变化。它试图深入了解输入和结果之间发生了什么以及它如何受到更广泛背景的影响。

基于理论的评估集中于一个定义明确的变革理论，其中包括对结果的替代解释的理论。建立了理论后，就会通过多个证据来源来验证该理论。

在实施基于理论的方法时，重要的是要对可以使用的证据保持开放的心态。外部文献、专家意见、公开声明、与一系列利益攸关方的混合方法研究以及建模私人成本/收益权衡都可以使用。通过集中精力收集面向影响的证据，可以提高数据收集的效率。

理论方法的严谨性来自：

·理论的连贯性；

·足以检验理论的具体证据；

·多源三角剖分；

·为声明影响而排除其他原因；

·批判性反思，并向同行评审和外部审查开放。

基于理论的影响评估方法特别适用于符合下列一个或多个特征的情况：

·政策环境复杂，干预措施多种多样；

·干预的目的是在复杂的系统中进行改变，或者在有适应性管理/干预变化的情况下进行改变[②]；

·结果是突发的，不能在一开始就预测；

·没有能力提出合适的反事实；

·有一个需求是了解是否同样的结果会在不同的地方或环境中实现。

通常，这些方法不会对影响产生单一的数字估计，但如果选择适当的方法，对影响进行量化也是可能的（参见第3章）。

---

① 常用的术语有内部效度和外部效度。内部效度指被评估的特定政策的估计的稳健性；外部效度指当干预被扩大或推广时该估计是否能代表非实验条件下可能发生的情况。外部效度可以通过两种方式来发展，通过在试点中测试大量的环境和/或理解某事情如何起作用，并推断证据是否因此暗示它可以在其他地方起作用。

② 有关的进一步信息请参阅《紫皮书：处理评估复杂性的补充指南》。

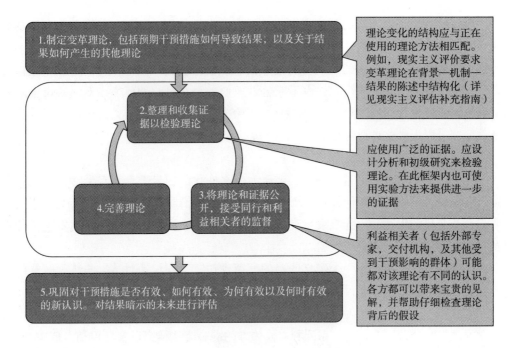

图 2-5　使用基于理论的方法遵循的过程

新兴的方法

目前正在开发新的评估方法，以便提供更多的工具用于评估复杂度，包括参与式的方法。一种日益普遍的方法是发展性评估（Patton，2006）[①]，它以处理不确定或新出现的结果为前提，旨在构成项目开发和迭代的连续循环的一部分。

发展性评估方法经常用于创新环境，它可能有助于框架思维、表面问题，并对干预措施的执行提供快速反馈。

还有许多其他新兴的处理复杂性的替代方法。更多信息请参见《紫皮书：评估复杂性的补充指南》。

直接观察影响

在一些非常简单的情况下，干预造成变化的方式可能足够透明，可以直接观察到影响，或通过过程评估，而无须考虑其他影响。例如，在一个向发展中国家的一个村庄供水的项目中，任何观察到的家庭成员收集水的平均时间的减少都可以归因于该项目，而不需要一个对照组[②]。只有当人们确信如果不进行干预其他方面也不会发生变化时才应使用这种方法。

---

① Patton, M. Q. (2006). Evaluation for the Way We Work. The Nonprofit Quarterly. Vol. 13 (1): 28-33. Available at: https://nonprofitquarterly.org/evaluation-for-the-way-we-work/ [Accessed 5th November2019]

② White, H. (2009). *Some Reflections on Current Debates in Impact Evaluation*. [pdf]. New Delhi: International Initiative for Impact Evaluation (3ie). Available at: https://www.3ieimpact.org/evidencehub/publications/working-papers/some-reflections-current-debates-impact-evaluation [Accessed 5th November 2019]

2.3　设计评估

评估的设计包括确定范围阶段的结论、约定评估设计和如何进行评估。它涉及根据时间、资源和方法的可行性就证据优先事项作出务实的决定。评估设计应遵循第 1 章中概述的原则，即有用性、可信度、健壮性和相称性。

设计评估是一个迭代过程，关于方法的决定将影响以前关于哪些问题可以回答和不能回答的决定。随着每次迭代，设计变得更加详细。最初的评估设计应该提供足够的详情，以便决定哪些评估问题是可以回答的，以及需要使用哪些方法来解决。正式的评估可行性评估是常见的中期设计阶段，有时称为"可评估性评估"。

最终的评估设计是具体的，涉及评估方法、研究和分析如何回答评估问题、测试干预逻辑并在时间表上报告以支持确定的决策点。

这些细节通常列于评估"计划"或"政策"中，包括以下信息：

- 干预目标；
- 变革理论；
- 所需的任何文献综述/综合的计划；
- 评估问题以及何时需要证据、需要谁的证据；
- 如何确定和衡量收益的结果；
- 如何发现意想不到的结果；
- 如何考虑更广泛的背景因素；
- 详细说明将使用的方法/它们如何回答评估问题；
- 所需数据的详情、收集方式及由谁收集；
- 资源（资金、工作人员、技能）需求；
- 关于评估证据将如何以及何时传播和用于为政策制定提供信息的概述。

随着评估计划的发展，将需要就回答评估问题所需的方法和数据收集问题作出决定。评估方法详见第 3 章，数据收集详见第 4 章。

进一步信息来源

Stern, E., Stame, N., Mayne, J., Forss, K., Davies, R., Befani, B. (2012). *Broadening the Range of Designs and Methods for Impact Evaluations* [pdf]. Department for International Development. Available at：https：//www.oecd.org/derec/50399683.pdf [Accessed 5th November 2019]

White, H. (2009). *Some Reflections on Current Debates in Impact Evaluation.* [pdf]. New Delhi：International Initiative for Impact Evaluation (3ie). Available at：https：//www.3ieimpact.org/evidence-hub/publications/working-papers/somereflections-current-debates-impact-evaluation [Accessed 5th November 2019]

第3章 评估方法

总结

评估方法有很多种。本章总结了政府所采用的主要分析方法及其主要的优缺点。附件A介绍了进一步的详情。

首先，概述了通常用于过程和影响评估的一般定量和定性研究方法。

接下来，列出评估方法，并将其分为基于理论的影响评估方法、实验和准实验影响评估方法以及性价比评估方法。

本部分就如何选择合适的方法来解决因果问题提供了一些指南。方法的选择应该始终在环境中仔细考虑。由于方法的选择会影响可以回答的问题（方法的选择可能取决于哪个假设最合理，收益相关者可能在这方面比政府分析师有更好的视角），因此强烈建议收益相关者参与。

总结了评估证据的综合方法。这些方法用于将一系列研究的结果结合到对干预措施的影响和/或实施的共同理解中。

3.1 引言

本章涵盖了完成评估设计所需的考虑；也就是说，选择最能回答评估问题的分析性评估方法（与第4章中讨论的数据收集评估方法形成对比）。除了评估问题之外，还有三个重要的考虑因素：回答这些问题所需的努力和资源的比例、数据的可用性以及决策点的时间安排。

正如第2章所述，需要迭代来完善什么是可能的，什么是实际。这可能需要更改范围、时间或资源，甚至修改评估问题。不同的方法会产生不同的资源影响。任何评估问题的优先级都应该清晰地沟通，并与利益攸关方达成解决方案。

有些方法将能够比其他方法回答更多的问题，而有些方法将更具成本效益，也更容易实施，都有其优点和缺点。

补充指南"评估复杂性"介绍了特别适用于复杂情况下的评估的方法。数据收集方法详见第4章。

3.2 选择合适的方法

评估分析方法的选择和实施应依据变革理论及其不确定性和假设。

需要注意的是，不同的利益攸关方可能有不同的需求，并对不同的结果进行优先级划分。这些结果应该反映在变革理论中，利益攸关方应该参与评估方法的选择，以商定优先级、管理期望和接受影响。

评估问题、评估方法和使用的方法之间应该保持一致。在实践中，大多数评估设计采用混合方法，结合定性和定量方法来回答影响、过程和性价比问题（参见第 2 章）。没有一种方法可以为所有的评估问题提供答案。如果时间和资源有限，必须确定问题和方法的优先级，并且需要在各方法之间进行权衡。① 迭代将是必要的。

考虑所提出方法的可行性和适当性是很重要的。应考虑成本、时间、受访者负担、伦理、可能的应答率以及数据收集本身可能对干预产生的潜在效果（参见第 4 章）。

应该从确定范围阶段就明确要研究的人群和要回答的评估问题。应围绕与评估问题有关的个人/团体、地点和时间作出明确定义，以确保确定最适当的方法。明确的定义还可以帮助澄清研究结果可以概括的程度。

需要根据事件可能发生的时间和确定范围阶段确定的决策点仔细考虑数据收集的时间（见表 2-1）。

3.3　在过程和影响评估中使用的研究方法

本节中总结的研究方法通常用于过程和影响评估（也广泛用于非评估性研究）。当用于影响评估时，必须从任何对照组/比较组收集一致的数据。

表 3-1 列出了评估常用的研究方法，第 4 章介绍了这些方法的数据收集方面。其他部分介绍了关于过程评估及其方法的详细指南②。补充指南"定性评估中的质量"提供了有关质量的指南。

表 3-1　通常用于评估的研究方法的快速指南

评估方法	描述	优点和缺点
访谈和焦点小组	访谈能够深入探索对参与者的干预措施。焦点小组在获得一群人而不是个人的观点方面很有用	可以用来获得参与干预措施的个人的观点。可用于收集有关干预的深入见解并阐明所收集的其他证据中出现的模式（如定量监测数据） 可以是资源密集型；需要时间进行和分析；不提供数字估计；收集的观点可能存在偏见的风险
案例研究	对真实世界环境下的个人、团体或事件的深入研究。选择受试者时往往抱有目的，因为他们不同寻常而会揭示信息。通常使用多种来源的证据和数据收集方法。可以是描述性的、探索性的或解释性的	可以深入和详细捕捉现实生活中的情况，并帮助理解复杂的现象。结合或补充其他方法，如调查，效果很好。有助于向利益攸关方沟通在特定情况下对特定组织有效的干预措施 很难将研究结果推广到不同的背景、情况或现象中

① Bond. org. uk.（2016）. *Choosing appropriate evaluation methods tool.*［online］Available at：https：//www. bond. org. uk/resources/evaluation-methods-tool［Accessed 13th November 2019］

② 例如：Moore, G., Audrey, S., Barker, M., Bond, L., Bonell, C., Hardeman, W., Moore, L., O'Cathain, A., Tinati, T., Wight, D. and Baird, J.（undated）. *Process evaluation of complex interventions*［pdf］. Available at：https：//mrc. ukri. org/documents/pdf/mrc-phsrn-process-evaluation-guidance-final/［Accessed 13th November 2019］

评估方法	描述	优点和缺点
调查	通常用于收集来自多个个人的数据，如受益人或拥有众多员工的大型组织。可以通过对面、邮寄、在线、电话或分发材料进行调查	一种从大量参与者中获取信息的有效方法。提供适合统计分析的数据，如果设计和执行得当，可推广到所有感兴趣的人群 对于深入了解干预措施不太有用。可能存在降低调查结果质量的回复率问题
输出或性能监测	对干预措施进行持续的测量和性能审查。监测计划是根据变革理论制定的，以便追踪干预的投入、产出和结果。为了尽量减少收集数据时的错误和工作人员的负担，建议与收集数据的人员合作设计监测工作	可以提供一种相对低成本和快速的方法，以确定是否正在实施干预措施，并创造出预期的产出。与收益管理衔接良好 收集信息的参与者和工作人员（通常实施干预措施）会觉得很麻烦
观察性研究（包括人种学）	这包括观察和记录参与者（包括干预实施工作人员）的行为。通常辅以对日常生活环境中的个人的采访，以确定干预措施对个人日常生活的影响。能够支持其他方法，确保收集到的其他数据在相同的环境下得到理解，并用于建立与此环境相关的理论	可以让个人对干预措施的体验有更深的理解。观察可以通过减少参与者自我报告产生的偏差来帮助提高其他数据的准确性。然而，如果参与者知道自己被观察（"霍桑效应"），他们的行为可能会有所不同，这可能会影响数据的准确性 资源密集型且可能有伦理影响、实践障碍和普遍性问题

3.4　基于理论的影响评估方法

基于理论的方法通过探究干预造成变化的因果链可以用来调查净影响。然而，他们并没有精确估计效果的大小。基于理论的评估明确地涉及变化的程度和变化发生的原因。此外，它经常在实施干预的同时考虑环境。

基于理论的方法往往特别适合于评估复杂环境中的复杂干预措施或简单干预措施。在这些情况下，通常很难确定效果的大小，基于理论的方法可以确认干预措施是否在预期的方向上产生了效果。在这些方法中，大多数的目的不是提供明确证据，证明任何可衡量变化的整体由干预措施引起。相反，他们的目标是探索干预措施是否确实有助于衡量变化。它们还可以解释干预为什么有效或无效，并提供有关干预对其他人群、地点或时间段影响的信息。

所有的评估方法都可以被视为并作为基于理论的方法的一部分使用（特别是旨在回答过程评估问题的研究方法），下面描述的方法与此方法特别相关。

例如，现实主义评估试图考虑到干预发生的环境，识别干预措施改变人类行为的机制（通常是心理机制）。现实主义评估通常会问："什么有效，对谁有效，在什么方面有效，如何有效，在什么情况下有效？"它制定和检验一系列关于因素或过程的假设（或理论），这些因素或过程解释了为什么干预会产生特定的结果（称为机制），以及干预的环境对这些机制有什么效果。一种机制可以定义为收集"人们在面对政策措施时的推理和选择"。该方法在补充指南"现实主义评估"中有详细描述。

模拟建模并不是正式的基于理论的方法，但这里添加了该方法，是因为它可以定量地用来表示复杂的场景和模拟变革理论以及干预措施的影响和未观察到的结果。动态系统的模拟类型包括离散事件模拟、系统动力学和基于主体的建模。模型的强度取决于输入和模拟逻辑的质量,而这两者往往有缺陷。模拟模型也可以用来生成虚拟反事实。

基于理论的方法是专业的方法,通常需要专业的建议来帮助制定思路,并决定最合适的方法。可以使用有效的工具和指南来提供思路①②③。表 3-2 介绍了最常见的基于理论的方法的概述和优缺点。

表 3-2 常见的基于理论的影响评估方法的快速指南

评估方法	描述	优点和缺点
现实主义评估	"结果"的具体和假设的因果"机制"是在"环境"和每个"环境"的证据中阐明的。这种"机制"解释了参与者为什么会根据"环境"而利用或不利用机会,他们的理解是因果推理的关键	精炼理论可以识别因果机制。如果反事实不可行,可以告知影响 耗时耗力,资源密集,需要专业知识。由于复杂,经常难以沟通/解释。通常不提供定量效果大小
贡献分析	通过探究变革理论的一系列证据来检验干预措施是否对观察的结果有贡献的逐步过程。它提供了有证据的推理方式,而不是明确的证据	贡献声明取决于对归因问题和变革理论的思路质量 对平均效果的作用,如果实施或结果的变异性很大,则不使用
过程跟踪	一种结构化的方法,用于检查单个变化的情况,以检验假设的因果机制(如由变革理论提出的机制)是否解释结果	可以在事后检验因果假设。必须严格使用,以防止推理错误。必须仔细考虑其他的解释。对一种因果机制的支持可能不会排除其他因果机制
贝叶斯更新	添加其他基于理论的方法,更严格地评估证据是否支持贡献声明。少量贡献声明的可能性在观察之前进行估计,然后进行检验	需要高技能便利化
贡献跟踪	采用参与式混合方法确定贡献声明的有效性,并以明确的标准指导评估者进行数据收集和贝叶斯更新,以量化声明的置信度。添加一份与所有利益攸关方进行的贡献"试验",以确定哪些将证明/反驳该声明	有效的关注能增加声明信心的证据。在测试阶段使用"关键朋友",尽可能减少确认偏差 干预需要时间才能产生可检测的影响。必须探索其他潜在的原因。不是为了比较干预措施
定性比较分析	用于比较多个案例,并基于定性知识系统了解与期望或不希望的结果相关的特征模式。既能解释复杂的因果关系(因素的组合),又能解释"均等性"(结果的多重原因)	能够在事后评估中识别出一组因果因素。系统分析案例研究证据。最适合 10~50 个案例。需要关于这些因素如何影响结果的一致数据,并评估哪些是更成功的案例研究

① Bond. org. uk.(2016). Choosing appropriate evaluation methods tool. [online] Available at:https://www. bond. org. uk/resources/evaluation-methods-tool [Accessed 13th November 2019]

② Befani,B.(2016). *Choosing Appropriate Evaluation Methods.* [pdf]. Bond. Available at:https://www. bond. org. uk/sites/default/files/caem_ narrative_final_ 14oct16. pdf [Accessed 13th November 2019]

③ Stern,E.(2015). *Impact Evaluation:A Guide for Commissioners and Managers* [pdf]. Bond. Available at:https://www. bond. org. uk/sites/default/files/resourcedocuments/impact_ evaluation_ guide_ 0515. pdf [Accessed 13th November 2019]

评估方法	描述	优点和缺点
获得结果	收集变更的证据，然后返回评估对变更的贡献。鼓励利益攸关方实时参与持续监测	在参与容易和利益攸关方不同的地方很有用，因为它有助于向所有人澄清。它是资源密集型的
最显著的改变	复杂干预措施影响评估的参与式方法。包括收集来自该领域的显著改变的报告，并由利益攸关方小组系统地选择最重要的改变。干预措施通常也具有参与性	当无法预测结果或无法就结果的优先次序达成一致时有用。构建利益攸关方之间的理解。耗时耗力，资源密集，需要大力促进

注：这些都可以归因为因果关系，但都无法精确估计效果大小。

3.5 实验和准实验影响评估方法

采用实验和准实验评估方法衡量影响，正如第 2 章所介绍的，这些方法的核心原则是存在"反事实"，未接受干预的"对照组"观察到的结果可以与干预组的结果进行比较。干预组和对照组要么本质上相同（通常是通过实验设计中的随机分配），要么在可以通过分析解释的已知方式上存在差异（在准实验设计中）。这些组由参与者组成，这些参与者可以是个人，也可以是其他单位，如学校、企业、房屋或空间区域。应该尽量减少两组之间的混合，以限制"污染"带来的偏见。

从干预和对照中收集和分析可比数据，使评估者能够自信地将任何可衡量的变化归因于干预（受制于具体方法的假设）。当我们需要知道干预措施导致的平均额外变化或净变化，或观察到的结果中有多少可以归因于干预措施时，我们偏好这些影响评估方法。[①] 然而，使用的精确方法取决于干预的参与者是否可以随机分配、预期效果大小、数据的可用性以及潜在对照组的可用性。PICOT[②] 框架是一种帮助计划或审查实验方法的简单但有效的方法，它考虑了人群、干预措施、对照组、结果和时间段。

随机对照试验（RCT）前瞻性地将参与者随机分配到干预组或对照组。RCT 能够稳健地评估干预措施的影响，因为它们既考虑了已知因素，也考虑了未知因素，因为处理是随机分配的。因此，可以认为组间测量的差异只是干预的结果。然而，需要确保干预的严格实施（协议的高保真度）会降低它的外部有效性。

针对不同的需求和情况，RCT 有许多变体。阶乘 RCT 将参与者独立随机分到多种干预措施中；整群 RCT 将各参与者组随机分配，而不是个体；阶梯式楔形 RCT 对各参与者组按顺序和随机进行干预。

序贯多分配随机试验（SMART）和多阶段优化政策（MOST）等方法已被用于优

---

① Befani, B. (2016). *Choosing Appropriate Evaluation Methods.* [pdf]. Bond. Available at：https：//www. bond. org. uk/sites/default/files/caem_narrative_final_14oct16. pdf [Accessed 13th November 2019]

② Sackett D, Richardson WS, Rosenburg W, Haynes RB. (1997). How to practice and teach evidencebased medicine. 2nd ed. Churchill Livingstone.

化干预措施，可能特别适合制定更有效的数字干预措施。

准实验方法（见图3-1）使用反事实，但不是通过随机分配实现的。此外，在分析中，一些方法解释了干预组和对照组之间已知的差异。

方法的选择通常取决于分配到干预组和对照组的性质（例如它可能由评估者控制或由外部影响导致）、对照组的性质（可能是同时发生的，也可能是历史性的）、可用数据的格式（如离散数据或趋势数据）以及可用数据量（见图3-1）。

图3-1 提供了一组问题，以帮助考虑哪些实验和准实验方法可能最合适。

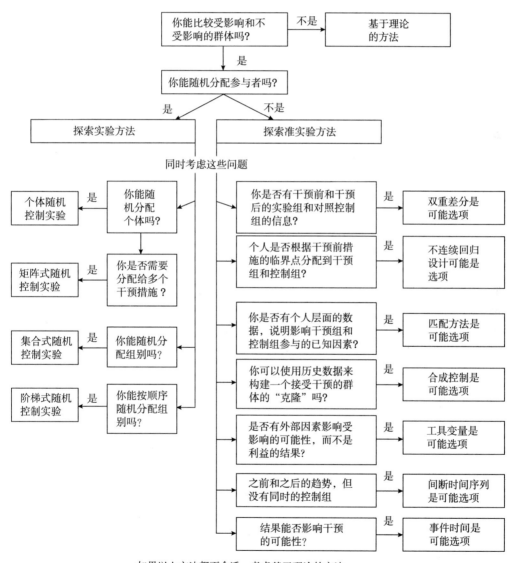

如果以上方法都不合适，考虑基于理论的方法

图3-1　选择实验和准实验方法

表 3-3　常见的实验和准实验影响评估方法的快速指南

评估方法	描述	优点和缺点
随机对照实验（RCT）	前瞻性方法比较干预的效果和没有干预的情况下会发生什么。随机分配参加者接受干预或不接受干预	前瞻性尽量减少偏见。随机分配解释了已知和未知的偏差 我们不可能总是随机分配或者确信对照组不受影响
中断时间序列分析与双差法	使用时间序列数据来检验干预后结果趋势的因果变化。假设趋势在没有干预的情况下会继续发展。双差法通过与对照组的趋势进行比较，强化了这一点	在不可能随机分配的情况下进行强大的设计。对照组将尽量减少持续趋势的假设 如果没有明确的干预时机，也会很困难。需要仔细考虑使用的时间段前后的时间趋势。对照组可能很难确定
回归间断点设计	在干预中设计了一个选择变量，以便适合性取决于个体是否高于或低于设定的阈值（或在边界内/外）。预计接近阈值的个体的其他已知和未知变量是随机分布的	如果观察到阈值/边界的任意一侧都是合理随机分配的，则认为是因果关系 需要对带宽周围的阈值进行大量的观察和灵敏度分析。结论可能不适用于距离阈值/边界更远的个体
倾向评分匹配	使用统计技术创建一个与干预组在所有已知相关因素（同时影响参与和结果的因素）方面相匹配的对照组	需要有关参与者和非参与者的丰富数据，以有信心控制所有已知的相关因素。如果未观察到的特征可能影响参与和结果，就会产生偏见
综合对照方法	使用历史数据来构建一个接受特定干预的"合成克隆"群体。实际组和合成组的表现之间的差异可以作为干预已经产生效果的证据。最常用于地区一级的干预措施	在没有其他比较者时提供相关比较。适用于已经获得大量辅助数据的情况。可用于小样本量 只有在能够证明处理组和对照组在干预前的行为之间存在关系时才可行
工具变量或自然实验	需要一个能影响干预措施的选择，但对结果没有影响的因素/工具。根据工具的值估计边际影响	找到有效的工具很困难，因为许多因素都与结果有一些关联。自然实验不能计划，但有时可以做好准备
事件的时间	通过联合建模个人参与干预的时间和他们的结果变化来估计干预的净影响。明确地假设时间取决于观察到的和未观察到的因素的假设	一个重要的优势是，它考虑到了影响选择的未观察到的因素 假设没有预期效应（在干预发生前受到干预意识影响的结果）。往往是复杂的，需要密集计算，而且估计并不总是收敛的

注：所有这些方法都得到了净影响的估计，这些影响可以归因于干预，但在是否适用于所有参与者或一个子集方面不同。估计的精度自然取决于所分析的样本的大小。

3.6　性价比评估方法

性价比评估方法比较了干预措施的收益和成本，包括不利方面和非预期方面。两种广泛使用的方法是社会成本有效性分析和社会成本效益分析，这两种方法都可以比较两种或两种以上的备选方案（干预措施）。

这两种方法的主要区别是：

· 社会成本有效性分析比较了生产相同或类似产出的替代方法的成本。

· 社会成本效益分析进一步评估不同干预措施对社会福利的影响，并以货币形式

(在相称和可能的情况下)衡量所有相关成本和收益。

对其他干预措施的产出或影响的量化估计通常来自实验、准实验或综合方法。如果没有净效应的量化估计,可以使用基于理论的方法来评估影响是否可能达到盈亏平衡的规模。

必须详细探讨正在审议的其他干预措施的费用,以证明哪种措施的投资回报更大。这些成本应尽可能包括社会价值和社会成本,如就业、健康、福利和生产力。应使用分布分析来考虑不同人口群体的成本和收益。

表 3-4 常用的性价比评估方法的快速指南

评估方法	描述	优点和缺点
社会成本有效性分析	通过比较其成本和效果大小,支持具有相同结果衡量标准的干预方案的选择	在收益无法转换为货币单位或转换成本令人望而却步的情况下,可以进行比较。系统地提供方案的可比性 与成本效益分析相比,货币度量中缺乏收益限制了它的价值
社会成本效益分析	量化和货币化干预措施的成本和收益可以使它们之间进行比较,即使它们有不同的结果衡量标准。可以使用预测的成本和收益进行预测,或使用结果数据进行干预后评估。它使我们能够全面地看待干预方案,包括广泛的财政、环境和社会影响	能够系统地获取短期和长期的影响 结果的质量在很大程度上依赖于可用的数据和影响盈利的能力

注:有关性价比方法(包括将利益货币化的方法)的进一步详情,请参阅《绿皮书》指南[1]和补充的"本地合作伙伴成本效益分析指南"[2]。

3.7 综合方法

综合方法需要将一系列研究的结果结合起来,形成对政策的影响和/或实施的共同理解。

评估后综合是指将评估中使用的各种方法的产出清晰、系统地汇集在一起,回答最初的评估问题。汇集的方法可以是定量的或定性的或混合的方法,并侧重于影响或过程评估问题。

为了进行综合,围绕每个问题对评估结果进行整合(而不是简单地报告每种方法的结果),通常被称为"三角测量"。理想情况下,它可以得到比每个组成部分更有确定性的证据共识。然而,如果有相互矛盾的证据,应该仔细检查调查结果,考虑解释,

---

[1] HM Treasury. (2018). *The Green Book*: *Central Government Guidance on Appraisal and Evaluation*. [pdf] London. Crown Copyright. Available at: https://assets. publishing. service. gov. uk/government/uploads/system/uploads/attachment_ data/file/685903/The_ Green_ Book.pdfGreenBook 2018. CENTRAL GOVERNMENT GUIDANCE ON APPRAISAL AND EVALUATION [Accessed 5th November 2019]

[2] HM Treasury. (2014). *Supporting public service transformation*: *cost-benefit analysis guidance for local partnerships*. [pdf] London. Crown Copyright. Available at: https://www.gov.uk/government/publications/supporting-public-service-transformation-cost-benefitanalysis-guidance-for-local-partnerships [Accessed 5th November 2019]

并在适当的时候寻求额外的证据。

综合方法也可以在开始制定干预措施之前使用，以确定已知的主题是什么。

荟萃评估和综合是一种正式的综合方法，旨在汇集来自同一主题的许多不同研究的发现。综合和荟萃分析的方法将现有的评估证据以结构化的方式结合在一起，产生一个连贯的叙述。这些"二级研究"方法往往从一套明确的目标和纳入/排除标准开始。然后，它们使用明确的协议和预先定义的标准来评估来源研究的质量，从这些研究中提取关键发现，并分析结果，以提供来源文献的综合说明。

评估综合的主要限制是它依赖于足够多的以前获得的数据。证据综合的质量取决于原始研究的质量，而有效性则取决于包含哪些原始研究。因此纳入标准和质量评估在过程中非常重要。

例如，系统综述和快速证据评估整合了文献证据，得到叙述性概要。系统综述通常需要几个月的时间，因此如果要求不太严格，可以使用快速证据评估。这些方法往往侧重于定量数据，但也可以使用其他框架系统整合定性信息。快速证据评估指南①和系统综述的数据库可供使用②③。

图 3-2 提供了一组问题，以帮助考虑这些证据综合方法中哪些可能最合适。表 3-5 提供了最常见的证据综合方法的概述和优缺点。

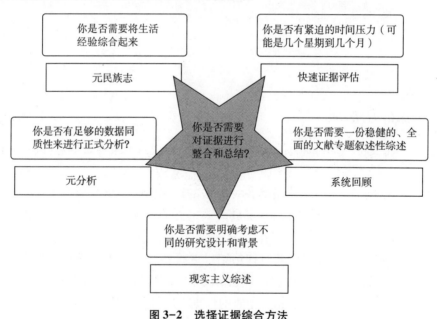

图 3-2 选择证据综合方法

---

① 参见 https://webarchive.nationalarchives.gov.uk/20140402164155/http://www.civilservice.gov.uk/networks/gsr/resources-and-guidance/rapid-evidence-assessment.

② cochranelibrary.com (2019). Cochrane Database of Systematic Reviews [online]. Available at: https://www.cochranelibrary.com/ [Accessed 5th November 2019]

③ campbellcollaboration.org. (2019). Better evidence for a better world [online]. Available at: https://campbellcollaboration.org/library.html [Accessed 5th November 2019]

表 3-5　常用的证据综合方法的快速指南

评估方法	描述	优点和缺点
快速证据评估	快速证据评估是系统的但实用的相对快速的文献综述。它们可能会利用与专家的访谈来促进有针对性的文献检索。焦点往往相对狭窄	用于相对快速（约 3 个月）的确定现有的证据，但需要一些高质量的研究来提取。如果研究问题不能很容易地与现有的证据联系起来，它们的效率就会降低。透明度是关键。它们比系统综述更容易受到偏见的影响
系统综述	一种从多个研究中识别、评估、提取和整合证据的系统方法。重点应该提供系统的方法来审查所有的数据，以回答明确定义的研究问题。目的是减少偏见，并通过五个关键步骤提供研究的全面概述	提供对现有证据的全面评估。有严格的方法来评估和参考研究 可能是资源密集型，需要很长时间（6 个月以上）。它们需要大量的证据进行审查，因此在证据有限的领域使用时可能效果较差
荟萃分析	荟萃分析加强了个体干预的影响（或缺乏影响）的证据。他们从统计学上整合了来自主要研究的定量结果，以提供可重复的概要估计，如干预的平均效果大小。它们可以基于单个观察结果的汇总，也可以基于原始研究的平均效果大小。所分析的干预措施可能在内容或交付方面有所不同，其研究方法也可能不同，但这些都可以在分析中加以处理	可以改进对一种干预措施效果大小的估计，或解决类似干预措施研究之间的不确定性。荟萃分析的质量取决于个体实验研究的质量 定量源数据必须等效且足够一致。方法的有效性取决于纳入标准。准实验研究的荟萃分析可能无法解释偏倚和混淆因素
荟萃人种学	荟萃人种学汇集了多种个人生活经历。评估者选择、分析和解释研究中的叙述，以确定研究中的新概念和见解	允许评估者发展整体概念，解释故事中相互冲突的差异，或者通过许多不同的叙述构建研究对象的图像 质量取决于原始研究的质量，有效性取决于纳入标准
现实主义者综合	将系统评估方法与现实评估理论相结合，通过文献综述来解释干预的结果。它通常用于评估基于复杂环境的复杂政策，因为它是一种结构化的方法，可以理解干预中底层的环境—机制—结果关系	解释研究背景和研究设计之间的差异 该方法的广泛概念是特定于干预和环境的，因此不容易复制或标准化。需要研究人员了解干预的环境和实施

第4章 数据收集、数据获取和数据链接

总结

应在制定干预措施的同时规划收集评估所需的数据。如果没有规划，评估可能无法完成、严重受限或花费不必要的昂贵代价。

在规划收集数据时，应考虑到下列问题：要回答的评估问题、谁能提供相关资料以及数据获取限制。

来自管理和监测系统或大规模（长期）调查的现有数据是评估的重要来源。它们对于提供评估之前的较长期趋势信息特别有价值。

通常，还需要新的数据收集和研究。

可以通过减少偏差、提前测试数据收集过程和建立预先计划的数据质量检查来最大限度地提高数据质量。

必须妥善处理数据，数据获取协议必须确保符合数据保护法规。

链接不同的数据可以创建更丰富的数据集，提高数据质量，避免重复收集数据。然而，这样做会带来数据管理、伦理和分析方面的难题。

4.1 引言

数据收集是任何评估的基本组成部分，需要提前计划。在制定干预措施的同时规划数据收集，确保数据收集和数据获取纳入政策设计和相关立法。

需要注意的是，基线数据——干预前收集的数据需要尽早收集；而对照数据——来自未受干预影响的群体的数据将需要进行协商。如果对数据收集或数据获取没有适当的规划，评估可能无法完成、严重受限或花费不必要的昂贵代价。如果数据收集的设计不当，就可能导致收集不准确的数据和从评估中得出错误的推论。

变革理论（参见2.2.1）可以用来确定数据需求和差距。现有数据和新数据的结合通常可以对变革理论和干预的有效性实现最完整的了解和跟踪。

使用监测数据和定制调查等多种方法收集数据，使人们对调查结果和评估的稳健性建立信心，这就是所谓的三角测量。

在许多情况下，数据与个人有关，但也可以与其他单位有关，例如学校、企业和地理区域。类似的考虑因素适用于所有情况。

4.2 决定需要什么数据

在确定回答评估问题所需的数据时，选择并不简单，应向具有相关专门知识的人请求提供。

表 4-1 概述了在规划评估收集数据时需要考虑的关键问题。

表 4-1　决定需要什么数据

关键问题	考虑因素
需要什么类型的数据来回答每个评估问题？	需要什么来回答在确定范围阶段确定的评估问题。数据类型包括： ·数值数据 ·文档数据（已收集的数据或信息） ·观察数据 ·人们的经历、意见和观点的描述 ·以上证据的组合/三角测量
谁或什么可以提供这些数据？	·干预的参与者 ·服务提供者 ·利益相关者 ·数据库 ·现有调查 ·定制调查
获取或收集数据有什么问题吗？	·数据获取问题（例如法律问题、内部程序、确定目标群体、收集比较数据） ·数据敏感性/伦理问题（例如研究敏感人群、数据访问问题） ·提供必要的抽样范围 ·对受访者来说潜在的"数据负担"：要求人们提供数据是否合适？ ·谁负责收集数据？ ·数据收集任务是否与其价值相称？ ·还有其他方法吗？ ·收集个人数据的行为会影响他们的行为吗？
应该从感兴趣的人群中的哪一部分收集数据？	有很多方法可以从感兴趣的人群中收集数据。重要的是要考虑对于回答评估问题而言什么是相称的。选项包括： ·对所有现有数据/感兴趣人群的普查 ·可用数据/人群的代表性样本 ·感兴趣人群的一个子集，有目的性的选择，以涵盖一系列环境，但没有统计代表性
建议的数据分析方法将如何影响所需的数据？	应用于数据的分析类型通常决定了所需数据的性质和数量。例如： ·要求的精度 ·感兴趣的子群体（以及需要的样本量） ·要使用的方法的性质，以及数据要求 ·基线数据或对照组数据是必要的

4.3 数据来源

在为评估收集数据时，有许多不同的来源需要考虑。其中包括：

（1）现有的管理和监测数据。为干预操作或其他功能而收集的数据。

（2）现有的大规模调查数据。长期、大规模调查数据，通常由中央政府、国家统计局或 UKRI 等研究资助机构管理（例如来自英格兰和威尔士劳动力调查或犯罪调查的数据）。

（3）专门为评估设计的新数据来源。这些数据通常通过调查、定性方法（访谈、观察、焦点小组）、网络搜集等方法获得。

（4）社交媒体数据：这是一个相对较新的数据来源，但在衡量对干预的自发反应方面可能非常丰富。

如有可能，应使用现有的管理数据或其他数据，因为这将具有成本效益，而且往往涵盖所有有关人群。但是，往往需要新的数据来回答具体的问题，特别是对方案的绩效管理并不必要的问题。

可以使用大量的定量和定性数据收集方法。现在将依次说明每一种数据收集方法，包括其目的、应用和评估中的考虑因素。

4.3.1 管理/监测数据

管理数据

收集、存储和使用管理数据主要是为了管理（非研究）目的。管理数据通常是在注册、交易和记录保存时收集的，并且通常是在服务实施期间收集的（例如教育部拥有的国家小学生数据库、司法部控制的全国警察电脑网以及服务提供者对其客户所提供服务的记录）。管理数据集通常用于构成官方统计出版物的依据。

在评估的设计阶段，应始终考虑是否有管理数据或现有长期调查的数据。这两种类型的数据都可以作为背景或解释数据的重要来源，在干预之前提供良好的趋势信息。在可能的情况下，使用现有数据可以减少评估的财务成本和受访者的负担。

然而，在将这些数据用于评估目的时需要小心谨慎，因为这些数据可能不会集中在感兴趣的特定问题上，也不能定期收集足够的数据以提供针对评估问题的有用证据。

在某些情况下，管理数据度量的概念与感兴趣的度量有关，但并不相同。例如，虽然管理数据可以非常精确地告诉我们谁在领取福利，但衡量最被广泛接受的"失业"定义需要调查数据。虽然这两个概念密切相关，但它们并不相同。

监测数据

监测数据或绩效管理数据在整个干预过程中收集，以提供许多政策、研究和性能问题的答案。

监测数据通常涵盖干预操作的所有方面，例如关于正在获得某项服务的人员的资料以及项目的投入、过程、产出和结果（关于监测数据如何用于评估参见表 4-2）。监测数据通常是管理和定量的数据，通常不是为评估目的而产生的。它通常用于帮助跟踪干预的实施进度，或确定干预措施在哪里没有按照预期实施，以及需要采取哪些进一步行动以确保其能够实现其目标。如果适当地定义和收集监测数据，那么可以将监测数据纳入正式的效益管理过程，用于衡量效益。关于有效效益管理的指南，可从基础设施和项目职权①和其他来源获取②。

表4-2　如何将监测数据用于评估

监测数据	示例	如何用它来评估
获取服务的人员	数字和特点	用于评估一项干预措施是否达到其目标人群，以及该人群的特征和非目标人群受到多大程度的影响
输入	资金、资源、员工人数	评估所需的输入是否符合预期。用于进行成本效益分析，并确定有关政策实施的假设（如成本和时间）是否正确
过程/活动	推荐人、等待时间	用于确定政策是否按照计划实施，或是否有任何意外后果
输出	经过程序/应用处理的数字	用于评估方案是否已达到预期质量的目标产出
结果	就业率、工资	用于衡量实施产出的效益

通过在政策的整个生命周期中提供有用的数据，并通过提供用于进行第3章中讨论的一些分析方法的数据，监测数据可以在干预措施的评估中发挥关键作用。监测数据的质量通常是负责收集数据的人可以从任务中看到的值的函数。如果纯粹将其视为一种管理负担，那么确保数据质量的动机通常很弱；如果服务提供者直接使用它，那么确保质量的动机就会很强。数据质量将在4.4节数据质量中进一步讨论。

在设计有效的监测系统时，必须考虑到关键的问题和因素。在实地活动开始之前，需要设计一个有效的监测系统，确保收集必要的数据（例如基线数据），并将其与变革理论联系起来，以便进行干预。图4-1说明了这些关键问题和注意事项。

4.3.2　调查数据

大规模调查数据通常由政府部门和研究机构收集，用于统计和研究。这些例子包括儿童基金会（DfE）的儿童保育和早期提供者调查、英国税务海关总署（HMRC）客户调查③④。

大规模调查数据通常具有较大的代表性样本，可以实现稳健的估计。使用这些调查的成本可能比收集新数据更低。然而，它们也有潜在的缺点：

·收集数据的目的与评估的目的不同。

① Infrastructure and Projects Authority. (2017). *Guide for Effective Benefits Management in Major Projects* [pdf]. Crown Copyright. Available at: https://www.gov.uk/government/publications/guidefor-effective-benefits-management-in-major-projects [Accessed 5th November 2019]

② Jenner, S. (2014) Managing Benefits. 2nd Edition. The Stationery Office.

③ Gov.uk. (2019). Gov.uk Official Website. [online] Available at: https://www.gov.uk [Accessed 8th November 2019]

④ understandingsociety.ac.uk. (2019). Understanding Society official Website. [online] Available at: https://www.understandingsociety.ac.uk/ [Accessed 8th November 2019]

应该收集哪些新数据来填补测量中的空白？应考虑以下数据：
1. 利益相关者对干预/行为改变的看法/态度
2. 与干预的支出有关的财务数据
3. 处理数据以评估干预措施是否已按预期实施
4. 追踪干预结果和影响的数据

谁将负责收集这些数据？
1. 确定最适合收集数据的个人，例如方案/项目交付小组、现有的绩效监测小组、评估者等
2. 需要哪些资源？负责人有时间和技能吗？

什么时候收集数据？
1. 管理/监测数据应该多久收集一次？（如每月、每季、每年）。这能否与供资机构的审计/审查过程相一致？
2. 收集新数据的时间表是什么？这是否与评估的报告时间表一致？

如何收集和存储数据？
1. 系统应该使用什么格式？它能与现有的监测系统相匹配吗？
2. 为了满足安全性和数据共享的要求，需要建立数据保护协议
3. 同样，需要考虑伦理因素（如知情同意）
4. 数据将储存在哪里？

如何核实数据以确保准确性和一致性符合要求？
1. 谁是核实数据的最合适人员，例如分析员、资助机构的规划/项目领导、独立评估者等？
2. 承担这项任务需要什么资源？

设计并实施监测系统

图 4-1 开发监测系统

·他们不太可能给出所需的详情；也就是说，对有关感兴趣群体的具体问题或信息的回答（例如，调查的总体样本可能很大，但干预所针对的样本中的人可能很少，可能无法准确识别他们）。

·调查的时间将是固定的，可能不适合评估的目的。

然而，它们往往是背景或探索性数据的良好来源。例如，提供一般人群中特定活动/行为/态度的流行程度，这在确定问题或解释背景方面是有用的。

新的定量数据收集通常包括对人群进行抽样调查，以对更广泛的人群进行估计。对全体人群进行普查可能是合适的方法；或者在某些情况下，作为参与干预的条件之一，答复可能是强制性的。在这些情况下，出现无反应偏差的可能性会更小。

抽样

抽样方法分为两大类：概率抽样和非概率抽样。

在评估中使用的大多数调查将基于概率抽样方法，包括从一个抽样框架（即感兴趣的总体中所有受访者的列表）中随机选择受访者。概率样本的求取方法主要有：

·简单随机抽样：使用一种随机的方法（通常由计算机生成）来选择个体，所有个体都有相同的选择概率。

·分层抽样：将一个人群分成若干组，然后从每个组中选择一个概率样本，例如根据地理位置。选择的概率可以在不同的组之间变化，以确保每个组有足够大的样本。

·群集抽样：使用概率方法选择群集，只选择群集内的个体。这可以帮助减少实地调查的成本，主要是面对面的调查，这些调查的集群通常是地理区域，但确实增加了从数据得出的估计的不确定性。

·多阶抽样：包括使用多种抽样方法的组合。

如果所有问题都有人回答，那么这种类型的抽样将确保调查产生的估计能够代表总体人群（或可以加权，使其代表），而这些估计值的抽样误差也可以计算出来。

非概率方法可能方便且成本较低，但应谨慎使用，因为不可能有把握通过调查结果推断出关于整个人群的任何信息。

配额抽样是一种广泛使用的非概率方法，它涉及为不同类型的受访者设置"配额"。这样可以更好地控制样本组成，例如确保不同群体有足够的代表性，或对不一定在抽样框架中确定的少数群体进行过度抽样。设计良好的配额抽样是替代概率抽样的有效方法。最强有力的配额样本设计是从一个具有代表性的抽样框架中随机抽取一个样本，然后为特定群体的采访数量设置配额。它应该有实地调查程序，以减少仅纳入最容易答复的受访者的风险。较弱的设计可能涉及容易接触的个人的"便利样本"或"雪球样本"。政府还提供了关于配额抽样的进一步指南①。

所有的调查设计都需要仔细考虑如何最大限度地提高应答率和尽量减少非应答偏差，例如通过实地调查协议来明确应尝试联系人群的次数。如果非应答水平在概率样本中没有均匀分布，除了与在抽样框架中观察到的特征相关外，这可能会导致有偏差的结果，降低对更广泛人群的推断信心。

调查问题

调查问题可以用来收集不同类型的资料，见表4-3。

表4-3　调查问题类型

问题类型	收集的信息类型
事实问题	调查往往是收集这类信息唯一实用的和经济实惠的方法，在某些情况下，没有其他来源或方法来衡量感兴趣的属性。这可能包括客观和主观的衡量标准

① 参见 https：//gss. civilservice. gov. uk/wp-content/uploads/2018/03/Quota-sampling-guidance-4. pdf.

问题类型	收集的信息类型
知识性问题	评估受访者对某一特定话题的了解程度，以及他们对正在评估的干预措施的认识程度
态度问题	测量受访者无法通过观察或外部数据来源证实的意见、信仰、价值观和感受
行为问题	衡量人们做了什么，或打算做什么，以及这些行为在干预后发生了怎样的变化。这里的一个风险是受访者给出了社会可接受的答案（但是良好的调查设计和经验丰富的采访者可以尽量减少这一点）。用观察到的行为进行三角测量很有用
偏好问题	受访者提供了不同的可能选项和结果的偏好，包括相互竞争的政策目标之间的权衡。这些指标可用于得出不同结果的货币价值，包括不容易得到市场价格的结果（例如空气质量变化、健康状况），用于成本效益分析

在设计调查时，有四条规则值得考虑：

（1）受访者能理解这个问题吗？他们的理解和您一样吗？

（2）受访者能回答这个问题吗？

（3）受访者愿意回答这个问题吗？

（4）这个问题会产生可靠和有用的回答吗？

大多数数据收集工具及其相关材料（如展示卡）都需要制作，可能涉及认知测试（研究人们如何理解和回答面试问题）或确保问题符合目的。在可能的情况下，采用其他调查中使用的相同问题可以减少测试的需要，可以在调查之间进行比较，并有助于建立更广泛的证据基础。

问题的标准格式包括：

·协调的问题：英国国家统计局（ONS）的"协调"计划一直致力于在年龄、性别和族裔等领域的协调问题[①]。

·验证问卷：使用经过验证的问卷（例如测量心理健康的 GHQ-12 问题集和测量健康状况的 EG-5D 问题）能够与其他研究进行比较，并确保能够正确解释评估结果。

·问题库：英国数据档案馆[②]保存了一个题库，它对以前调查中使用过的问题进行了分类。

·保持调查之间的一致性：在同一时间、同一地理区域重复调查，或使用相同的抽样框架，可确保两次调查的结果具有可比性，不受季节变化或其他与干预无关的因素影响。

从一开始就应该假定所有调查数据都存档，如果可能的话，通常通过英国数据服务存档[③]。匿名处理数据集通常需要额外的工作，它应该被纳入委托调查工作的任何合

---

① Ons. gov. uk.（2019）. Harmonisation with the GSS.［online］. Available at：https：//www. ons. gov. uk/methodology/classificationsandstandards/harmonisationwiththegss［Accessed 8th November 2019］

② UKdataservice. ac. uk.（2019）. Question banks.［online］. Available at：https：//www. ukdataservice. ac. uk/get-data/other-providers/question-banks. aspx.［Accessed 8th November2019］

③ UKdataservice. ac. uk.（2019）. UK Data Service Official Website.［online］ Available at：https：//www. ukdataservice. ac. uk/［Accessed 8th November 2019］

同中。

如果计划保留个人信息以便于今后的跟踪，则需要在调查中加入知情同意和数据管理流程，以实现这一点。合同还应考虑知识产权的版权，包括问卷和数据集。① 4.5 节数据搬运中讨论了根据《一般数据保护条例》（GDPR）处理个人数据需要符合的法律要求。②

4.3.3 定性数据

定性的数据收集方法提供了对社会现象的行为、感知和潜在原因的深入认识。定量方法通常用于衡量"是什么"，定性方法最常用于探究"怎么样"和"为什么"。

常用的定性数据收集方法包括：

·深入访谈：这些访谈用于收集个人的个人经历、观点和体验的数据，特别是在探究敏感话题时，或者正在讨论的问题没有被很好地理解时。问题往往是"开放式的"，可以详细回答。深度访谈通常是面对面或通过电话进行的。

·焦点小组：我们鼓励焦点小组的参加者公开讨论和辩论，以了解他们的意见和体验，让他们可以探讨不同的意见。这些可以有效地用于行动规划与开发或改进产品和服务。

·案例研究：这些是对单个问题或少数人、事件、背景、领域、组织或政策的深入的、可能长期的调查。

·观察结果：观察研究对象（在他们的同意和了解的情况下），观察他们的行为而不质疑他们的过程。可在试用新程序或流程时有效使用，以衡量受访者的行动和行为。

·人种学：这包括观察结果，也包括参与。人种学试图了解人们以及他们如何生活在他们的文化和物理环境中。人种学采访不同于更传统的深度采访，因为研究者通常会共享时间，并与受访者建立关系和信任。电影人种学是政策实验室和政府如何使用这种方法的一个例子③。

选择受访者

收集定性的数据时，受访者的选择旨在确保数据捕获感兴趣的人群的观点和意见的丰富性，或者通过非常深入的探索阐明特定的故事或背景。考虑哪些观点应该纳入评估是很重要的，因为这将影响样本量。

对于应该选择多少受访者，并没有公认的经验法则。它的目的不是要得出在统计上具有人群代表性的结果，而是要了解关于某一特定主题的观点范围，并对社会现象提供更深刻的见解。达到饱和点（在这个点上，新数据的添加没有给研究结果增加任何新信息）是一个很好的迹象，表明已经捕获了广泛的观点和意见，额外的采访不太

---

① 此外，也有关于数据管理、记录和保存的政府统计服务协议。参见 Statisticsauthority. gov. uk. （2019）. Code of Practice for Statistics. ［online］. Available at：https：//www. statisticsauthority. gov. uk/monitoring－and－assessment/code－of－practice/［Accessed 8th November2019］

② Gov. uk. （2018）. Guide to the General Data Protection Regulation. ［online］. Available at：https：//www. gov. uk/government/publications/guide-to-the-general-data-protection-regulation［Accessed 8th November 2019］

③ Andrews，B. （2018）. *Positive engagement－our user－centred approach*. ［blog］Policy Lab. Availableat：https：//openpolicy. blog. gov. uk/2018/07/25/positive-engagement-user-centredapproach/. ［Accessed 5th November 2019］

可能增加价值。

还有其他的信息来源可以帮助选择定性样本，例如由国家研究方法中心（NCRM）发表的信息①。

4.3.4 社交媒体数据

近年来，无论是定性分析还是定量分析，越来越多的社交媒体被用作评估的数据来源。社交媒体如何被用作数据来源，取决于被研究的行为类型和被用作来源材料的平台。自动化工具（网络抓取）的发展使得大量数据能够被快速收集、清理、存储和分析。社交媒体数据的使用带来了特殊的挑战，因为样本虽然非常大，但都是自行选择的，而且评估数据的可靠性和准确性并不总是很容易。

GSR 提供了关于使用社交媒体数据的进一步指南②。

4.4 数据质量

数据质量对于产生强有力的发现至关重要，这些发现可以被决策者清楚和适当地解释。一开始就应评估现有数据的质量。数据质量差或不完整会影响数据对评估的贡献的范围和规模。透明度是关键，将在 6.6 节开放和透明中进一步讨论。质量检查应该被纳入评估设计，5.8 节质量保证中讨论了这一点。

数据质量将取决于所问问题的类型和所使用的数据收集工具的类型。

关于潜在敏感问题的数据，如性取向或残疾，不同的人可以以不同的方式解释问题，当作为研究活动的一部分收集时往往比通过监测系统更可靠。

另外，在审查加入或退出某个方案的确切日期等问题时，管理或监测数据将具有更高的质量。这样的数据更有可能准确地记录在监控系统上，而不是由访谈的参与者回忆。在某些情况下，通常当直接作为支付系统的一部分使用时，数据要经过正式审计，因此特别可靠。

《浅绿皮书》③ 和《绿皮书》④，为政府提供了生产质量分析的进一步指南。附件 B 概述了关于质量评估的附加指南。

---

① Baker, S. (2012). *How many qualitative interviews is enough? Expert voices and early career reflections on sampling and cases in qualitative research.* ［pdf］. Available at：http：//eprints. ncrm. ac. uk/2273/4/how＿many＿interviews. pdf ［Accessed 5th November 2019］

② Social Media Research Group. (2016). *Using social media for social research：An introduction* ［pdf］. Government Social Research. Available at：https：//www. gov. uk/government/uploads/system/uploads/attachment＿data/file/524750/GSR＿Social＿Media＿Research＿Guidance＿＿Using＿social＿media＿for＿social＿research. pdf ［Accessed 5th November2019］

③ HM Treasury. (2015). *The Aqua Book：guidance on producing quality analysis for government.* ［pdf］ Crown Copyright. Available at：https：//assets. publishing. service. gov. uk/government/uploads/system/uploads/attachment＿data/file/416478/aqua＿book＿final＿web. pdf ［Accessed 5th November 2019］

④ HM Treasury. (2018). *The Green Book.* ［pdf］ Crown Copyright. Available at：https：//assets. publishing. service. gov. uk/government/uploads/system/uploads/attachment＿data/file/685903/The＿Green＿Book. pdf ［Accessed 5th November 2019］

4.5　数据搬运

所有数据必须适当地收集、处理和访问，每个处理数据的人都必须接受适当的培训，以理解如何做到这一点。GDPR[①] 在涉及个人数据[②]时有特殊考虑事项。

在评估中使用的所有数据，无论其来源如何，都必须按照 GDPR 和任何特定的部门安全流程进行收集、转移、存储、处理和删除。这适用于代表某个部门收集数据的外部组织，比如研究承包商。数据存取协议应涵盖以下问题：如何授权不同组别获取数据；远程访问；无线上网；数据处理和安全培训；屏蔽/加密数据。

数据可以以多种不同的格式存储，例如在数据库、数据集、电子表格或数据仓库中。确保适当的数据获取——能够读、写、存储和更改数据的人至关重要，应该限于那些有合法权利和工作需求的人。

数据处理有严重风险，包括犯罪数据泄露、个人或群体遭受严重伤害或尴尬、不正当的入侵、隐私丢失、数据丢失或泄露、法律的挑战，以及部门、公务员和更广泛的政府层面的声誉损害。

应该一有机会就对数据进行匿名处理，也就是说，应该从分析文件中删除姓名和地址等直接标识符。如果有必要保留这些（至少暂时保留），它们应该单独存储，并严格控制获取。即便如此，在大多数情况下，这些数据仍可能是个人数据，因此应小心保护。5.9 节将讨论知情同意过程的影响。

在项目结束时，数据应该尽可能完全匿名。例如，这个过程可能包括用出生月份和年份替换准确的出生日期，或者用更广泛的地理编码替换准确的邮政编码。如果不可能实现，而又认为有必要或适合在计划期限后保留个人资料，则必须采取适当的保障措施。

4.6　数据链接

链接不同的数据可以创建更丰富的数据集，改善分析，提高数据质量，避免重复收集数据。它可以使评估者以具有成本效益的方式回答复杂的问题。然而，将数据集链接的过程并不简单，而且会带来数据管理、伦理和分析方面的挑战。

数据链接是为了不同目的而收集的不同数据集的组合。它可以是两个或几个数据集的组合，并将调查数据与操作或管理数据联系起来。数据链接不一定涉及公共管理数据，也可以使用私营部门或学术组织收集的数据进行。

在当前"大数据"和"开放决策数据"的环境下，数据关联的潜力已经增加。最近的发展，包括《数字经济法》的出台和英国管理数据研究机构的建立，应该使得数据链接比过去更加可行。下面将讨论这些问题。

---

① Information Commissioner Office. (2018). *Guide to the General Data Protection Regulation.* ［pdf］. Available at：https：//www.gov.uk/government/publications/guide-to-the-general-data-protectionregulation［Accessed 5th November 2019］

② GDPR 将"个人数据"定义为与可直接或间接识别的人员相关的任何信息，特别是通过引用标识符。

4.6.1 数据链接的工作原理

对于要链接的数据集，它们必须包含允许记录配对的标识符。一些数据集将包括唯一的标识符，如国家保险号码或 NHS 号码。公司也可以通过英国公司登记局的数据进行增值税注册。在这些情况下，链接可以变得很简单。

如果没有唯一标识符，可以通过使用姓名、出生日期和邮政编码等信息来实现链接。由于它们可能不完美、使用不同的格式，因此通常使用"模糊匹配"尽可能增加链接的数量。因此，不可避免地会出现一定比例的假阳性（同一个人对应的记录不能链接）和假阴性（不相关的记录被错误链接）。需要仔细考虑匹配协议，以在这些协议之间取得适当的平衡，并考虑对关联数据的分析所产生的影响。

重要的是，要确保数据集以准确的方式捕获相同的案例，并一致地记录标识符，以确保数据质量。例如，对病历数据关联的研究发现，一些相关的患者或人群因素可能与不完整的数据关联有关，导致报告的临床结果存在系统性偏差①。

4.6.2 英国的法律框架

数据链接会引起有关查阅个人资料、资料保护、同意和道德等方面的问题，特别是当链接的资料是由政府收集和持有时。

为了方便研究人员获取链接的政府数据，同时确保个人隐私受到保护，许多国家建立了数据关联研究中心和项目。该模式是一个"可信任的第三方"，因为这些中心使研究人员可以在安全的环境中获取去身份识别的链接数据。在英国，《数字经济法》（2017 年）授予数据处理者接收、链接管理数据和允许研究获取管理数据的权力。这些权力机关，包括数据处理者、研究人员和研究项目的认证，由英国统计局与数据拥有部门合作管理。

ESRC 已经建立了英国管理数据研究中心②，它在多个数据处理者（包括 ONS）之间建立了关系，以方便和促进对政府所有的数据的获取。该关系特别注重支持与政府各部门的战略重点相一致的研究，同时力求将各部门的负担降至最低。

问题家庭计划（住房、社区和地方政府部）（MHCLG）

对第二个问题家庭规划（2015—2020 年实施）的评估使用了来自国家管理数据集的个人数据，以衡量该规划的影响（National Impact Study, NIS）。图 4-2 说明了数据链接过程。

NIS 数据链接

个人标识符（姓名、出生日期、地址、性别）从地方当局（LA）收集，用于链接到其他政府部门（OGD）持有的管理数据。

---

① Bohensky, M. A., Jolley, D., Sundararajan, V. et al. (2010). Data Linkage: A powerful research tool with potential problems. BMC Health Services Research 10 (346) doi: 10.1186/1472-6963-10-346.

② Adruk.org (2019). ADRUK Official Website. [online] Available at: https://www.adruk.org [Accessed 8th November 2019]

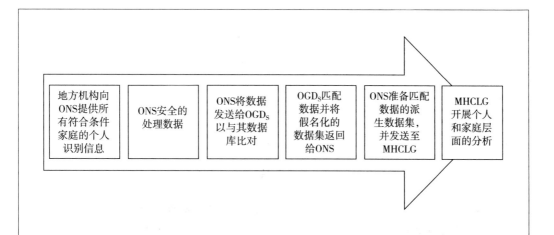

图 4-2　数据链接过程

地方当局需要向作为 MHCLG 的数据处理者的国家统计局（ONS）提供符合该计划条件的所有个人的个人信息（姓名、地址、出生日期和性别），包括地方当局的 ID 号码。这包括所有参与该计划的家庭，以及每个地区的对照组。

国家统计局用其 ID 号码替换了地方当局的 ID 号码，清理了数据，并为提供评估数据的每个政府部门准备了一个由国家统计局 ID 号码和个人信息组成的数据集。每个部门使用提供的个人信息来识别其管理数据集中的个人，并创建一个假名数据集（一个只包括国家统计局 ID 的匹配数据集，即不包括个人信息）。假名数据被返回给国家统计局。国家统计局使用原始匹配数据创建了一个衍生变量数据集，以便进行分析。这些数据被发送给 MHCLG 分析师，用于对匿名数据进行个人层面和家庭层面的分析，并估计该项目对一系列结果的影响。所有公布的研究结果都是基于总体统计数据，并且以一种不允许识别个人或家庭身份的方式呈现。

数据链接由每个地方当局的数据共享协议和政府各部门达成的谅解备忘录（MOU）管理（司法部警察国家计算机数据、教育部国家小学生数据库、工作和养老金部/英国税收和海关工作和养老金纵向研究数据）。编制了一份数据隐私影响评估（DPIA）。律师和数据安全专家参与起草这些文件，信息专员办公室（ICO）提供了如何满足数据保护法规要求的建议。

为了达成 MOU，我们与包括地方当局和政府部门在内的主要合作伙伴进行了两年的谈判。MOU 允许项目结束后的数据保留两年半，以促进一项纵向研究，并观察结果是否持续。这些谈判包括考虑共享数据的法律途径、道德问题（发布隐私通知而不是依赖知情同意），以及项目数据流各个部分的数据安全措施。数据安全措施必须满足跨政府的安全标准。

第 5 章 管理评估

总结

在评估的开始阶段建立有效的治理结构至关重要，以确保评估符合目的，能够适应不断变化的情况，有质量保证和利益相关方的支持，并能够影响决策。

不应低估财政和人力资源需求。管理评估需要专家评估技能和一般项目管理技能。

进行评估有不同的途径：外部、内部或两者的结合。

不管选择的途径如何，规范对于确保任何评估的质量都至关重要。规范的定义可以很严格，也可以很松散；这两种方法各有利弊。

评估经常需要灵活，并且必须在规范和管理过程中建立。

需要全面考虑伦理问题。

5.1 引言

本章提供了管理不同评估方面的指南，包括治理、与干预设计的链接、指定和委托、管理、确保评估的质量以及更广泛的问题，如道德和资源。

5.2 建立评估

规划评估的最佳环境是期望对所有干预措施和政策进行评估的环境。如果情况不是这样，应在过程中尽早确保对评估做出承诺。正如第 2 章所述，在业务规划的所有阶段都应该明确考虑评估并将资源纳入业务案例，以涵盖内部专业知识和外部支出。

评估可能需要大量资源，既有金融方面的，也有来自分析师和决策者的。第 7 章更详细地描述了所需的功能。表 5-1 中描述了应采用的主要资源和考虑因素。

需要有足够的时间和专业知识来进行评估管理，以确保评估按时并在预算范围内达到足够的质量，且满足负责干预的政策和实施团队的需求。

表 5-1　评估需要的资源

资源	考虑因素
财务	没有任何政策价值的标准权重应该用于评估。不过，评估的尺度一般与政策的尺度和雄心成正比 相比常规的、成熟的政策，更多的（相称的）试点、试验和其他新政策将用于评估 收集新数据通常占评估成本的很大一部分。因此，将数据需求纳入日常监测活动可以大大降低成本
管理	在政府部门内，评估要求项目经理负责计划、委托、日常管理和问题解决 当项目经理拥有适当的分析技能来保证质量并解决技术问题时，这种方法最有效。政府项目经理还应确保设计或评估的人保持独立和公正，不允许有关干预的未经承认的假设干扰他们的工作 对于项目经理来说，与政策或实施团队紧密合作以确保评估发挥最大价值，是很有用的方法
分析（包括开展评估的外部研究人员）	评估是一项多学科活动，通常需要一系列专家就其设计和产出提供建议，包括评估专家、社会研究人员、统计人员、业务研究人员和经济学家 不应低估评估专家的价值，特别是对于大型或复杂的评估。评估的设计和执行通常是一项复杂而技术性的任务 多学科的支持也有助于指导和质量保证评估。外部同行评审通常是委托的，因此需要获得资源并给予准备时间 通常，专门从事评估的外部研究人员将承担评估工作。重要的是，他们必须充分了解评估的要求，但在某些情况下，他们与其专员保持一定程度的独立性以便对评估结果产生信心，这可能有益
政策	参与评估对于负责干预的政策或实施团队来说必不可少，他们应该相应地分配资源。这将包括日常的参与，以确保评估的重点和发现是有用的，并在适当的情况下通过政策/规划委员会的讨论（参见治理）
实施机构	成功的评估往往取决于参与实施干预的组织和个人的参与和合作。重要的是要获得他们的承诺，并清楚地知道需要他们提供什么投入。实地评估工作往往需要根据执行机构的参与能力和所需的时间承诺来进行
更广泛的利益相关者	其他利益相关者经常参与其中，例如直接或间接受政策影响的人。可以邀请他们加入指导小组，告知他们关于评估的信息，或让他们担任研究的参与者，使这个小组参与其中
实施后资源	通常在干预措施实施之前开始评估，并在实施后继续进行评估，以回答所提出的评估问题。这可以在主要政策和实施团队的资源分配结束之后进行。必须维持财务、管理和分析资源，直至评估结束。这确保了学习的实现以及证据的综合和公布，以便为未来的干预提供信息

花时间监督和管理项目也能确保任何问题都能被迅速地提出和处理。通常会出现一些问题，如干预设计或执行的变更，或数据收集的问题，这些问题需要快速变更评估设计。同样地，新发现可能改变感兴趣的焦点并要求改变评估设计。密切的管理和合作确保收集的数据与评估人员的学习需求保持相关，并最大限度地发挥有用结果的影响。评估经理不一定必须是评估专家（虽然这样更有效），但需要专家的投入。

5.3　治理

在评估的开始阶段建立有效的治理结构至关重要。这将有助于确定范围阶段（第2章），委托评估，并指导评估直至实施。当需要更灵活的评估设计以及评估计划需要随时间发展时，这一点特别重要。对于关键的利益相关者来说，了解并接受评估以及对其新发现有一个早期的认识也是有利的。

通常，评估由分析专家设计和管理，包括评估者、社会研究者、经济学家、运筹学研究者或统计学家。如果设计与最终将使用这些发现的利益相关者的需求紧密结合，评估就是最成功的（参见 1.10 节）。

有了约定的治理过程，利益相关者之间的角色、责任、期望和潜在冲突就可以被澄清和管理。

管治安排通常涉及以下事项：

·政策计划/项目委员会。政府干预的评估需要决策者的支持和他们对研究结果的使用。可以通过确保政策团队正式拥有评估并确保评估团队参与/定期向政策委员会报告进展情况来实现这一点。这可以使策略委员会：

○帮助塑造和引导评估的方向；

○约定资源；

○清楚理解评估将会提供什么，不会提供什么；

○确保评估能适应不断变化的情况（例如关键决策点的日期）；

○注意新发现；

○使用新兴的发现。

·评估指导小组。指导小组的重点只在于确保评估达到其目标，并对新出现的问题做出适当反应。它应该包括所有主要利益相关者（评估者、专员和干预政策小组的代表）的声音。理想情况下，它还应该包括负责干预实施的人员、参与者，对于更大的项目，还应包括独立的专家审查和建议。

指导小组应该在整个评估过程中开会，从设计阶段开始①，不断地与评估小组沟通和参与评估，以便真正地指导进展并解决任何不可预见的问题。它的任务是：

○就评估设计和是否可能达到预期的评估目标提供建议；

○考虑所提出的方法是否可行；

○提供指南，确保提供高质量和与政策相关的评估；

○在情况发生变化时，提供如何进行的建议；

○推进外部评估者的工作；

○提供获取信息和联系方式的途径；

○质量保证评估设计、问题、方法和研究工具；

○建议和质量保证对证据的分析和解释。

·专家同行审查。专家同行审查在评估的所有阶段都是有用的，但它在设计和报告阶段最常见。同行评审允许独立于干预及其评估的专家来评估问题、设计、执行和

---

① 理想情况下，在设计评估之前应该成立指导小组，以确保所有利益相关者能够做出贡献，并就总体评估问题、范围和设计达成一致。指导小组成员如果不同意评估的基本要素，就不太可能满足于评估的进展。

调查结果是否符合目的并满足规定的目标。它还允许评估和遵守道德、法律及商业程序。同行评审可以由与评估无关的个人在内部进行，也可以由评估或主题专家在外部进行。

外部同行评审通常由所用的评估途径或方法，或所研究的主题领域的著名专家进行。他们提供高质量的审查和挑战，他们的专门知识和独立性可以提高评估的可信性，并带来更广泛的专门知识和观点。在寻求外部建议时要小心，以避免利益冲突。

5.4　链接评估与干预设计

如第2章所述，来自评估的证据要求可以有效地影响干预措施的设计，以提高所产生的证据的质量和强化可以实现的结果学习。因此，评估计划应与干预措施的计划一起设计。

干预能够支持评估的主要途径包括：

○将评估数据需求纳入监测数据收集。对监测数据的收集进行简单的调整，可以提供可供评估使用的丰富数据。这是一种成本效益高的信息收集方式，可以使对参与者的调查变得不必要或更短。

○收集联系方式和同意。除了需要参与研究的参与者的知情同意，还需要获得任何拟议的数据链接或联系方式的同意，以便用于后续研究（参见5.9节）。在这种情况下，应该获得GDPR专家的建议（参见4.5节）。

○对参与者进行普查。对所有参与者进行普查或自动调查是收集数据的一种经济有效的方法。这可能意味着：联系并邀请所有参与者参与调查；参与调查是干预的一项强制性规定（例如申请资助的申请人必须完成一项调查）。在这种情况下，需要将需求构建到干预中，并在任何宣传中清楚地解释。

○试点/测试。试点和测试可以让一种干预措施在更小的范围内进行试验，以了解它是否有效、它是否可以修改以改进以及它如何最好地提供。如果干预成功的可能性存在任何不确定性，这一点至关重要。

○有针对性的实施，以创建对照组。如第3章所述，一些评估方法需要干预和对照组来衡量干预的影响。最好将个人或组分配到干预或比较组的方法纳入干预设计本身。两种最常见的方法是：①随机对照实验（RCT）。随机分配个人或组到治疗组或对照组。这需要作为干预设计的一部分来完成。②分阶段实施。在一组之前，对另一组进行干预，以便两组之间进行比较。如果在第二组接受干预之前，可以在短期内观察到第一组的结果，那么这种方法是可行的。

应注意的是，某些数据获取或数据收集可能需要立法，例如自动收集国家计划参与者的具体信息。如果是这样，那么需要尽早确定数据需求，并将其纳入干预的立法中。如果没有这些数据，识别参与者和从参与者那里获得数据可能是非常困难的。

5.5　指定评估

评估可由部门分析专家在内部进行，也可外包给专家团队进行，即使在内部进行，也经常需要向外部委托评估的某些部分（例如收集新的初级数据）。选择哪条途径将取决于：

○内部分析团队的能力和实力。评估可以是资源密集型的，特别是如果涉及研究现场工作，可以使用一些需要专业知识的复杂技术，以及专门的软件或硬件进行评估。

○展示独立性的需要。这可以提高发现的可信度和信任度。

○涉及的时间段。评估通常是长期项目，内部资源可能会发生变化。过度依赖特定的个体会导致问题。

无论委托途径如何，都需要稳健的规范。规范可以非常严格，准确地列出预期发生的事情和时间；或者是松散的，说明工作的目标和时间表，但要求工作的投标方提出适当的方法。这两种方法各有利弊。一个非常严格的规范的优点是，专员清楚地知道要期待什么，可以制定标准，可以根据价格比较投标，因为每次投标都会提出完全相同的方法。缺点是，它可能会错过来自外部专家的创造性想法，并可能打击热衷于"解决问题"和创新的评估设计。

通常情况下，规范采取中间立场，具体规定了需要回答的评估问题、建议采用的方法和可能使用的方法，不过它让投标人有机会提出创造性的解决方案。

对外委托工作的规范中是否规定预算，并没有固定的实践。然而，宽泛的价格范围可以帮助投标人评估工作的规模，并确保投标不会超过预算。

当指定一个评估时，重要的是要包括：

○评估证据的目的和预期用途；

○评估将告知的任何决定的时间；

○建议的评估途径和/或方法；

○已经存在的数据（干预本身的监测数据或其他可用的相关数据）；

○任何具体的必要评估活动；

○一项指示性出版策略，它列出了将出版的内容和时间。

要求投标人提供一项综合策略（关于如何将评估的各种研究和数据汇集成一份回答评估问题的清晰叙述的计划）很有用（参见第3章）。

工作的质量规范将决定最终的质量评估。花时间和专业知识准备一份经过深思熟虑的、清晰而准确的规范是值得的。对于复杂的评估，可以在"评估复杂性"补充指南中获取更多关于委托规范的信息。

5.6 委托评估

委托外部专家进行评估是常见的做法，特别是在需要进行新的实地调查时。准确的委托途径因部门而异，评估项目经理应寻求部门商业专家的建议，以确定最适合他们的途径。最常见的途径是通过部门框架合同、通过跨政府架构、通过皇家商务服务研究市场或者通过公开竞争。

与广泛的潜在外部评估者保持合作是有益的，以确保不断提供新的想法，并保持供应商之间的竞争。还可以邀请投标人组成财团，以确保将评估所需的全部技能集中到一个投标中。"供应商日"将潜在的投标人聚集在一起，听取更多关于干预和评估要求的信息，这是一种鼓励对评估产生兴趣并将潜在的财团合作伙伴聚集在一起的有用方式。

评标由项目经理和至少两名其他评估者进行。他们可以是指导小组的成员，干预设计或实施团队的成员，或者其他评估或分析专家。评估标准必须在招标邀请书公布的规范中明确，评估者在收到标书前应就"良好"的外观达成一致。通常，成本信息与投标分开，因此投标评估只针对质量。然后考虑成本，以区分被认为具有足够质量的投标。

值得注意的是，知识产权（IP）权利属于单个投标人。不可能从一个投标中获取想法并建议给另一个投标人。

在任何情况下，都应该给委托过程足够的时间。所涉及的步骤——获得所有利益相关者对规范的认可、获得采购签字、为投标人提供足够的响应时间、为评标和协议预留时间以及合同的授予可能需要几个月的时间。

5.7 灵活性和一致性

在设计和管理评估时，常常要在一致性和灵活性之间取得平衡。实验方法和准实验方法具有一致性。这在进行干预组和对照组之间的比较，或在"之前"和"之后"样本之间的比较方面有明显的优势，但在整个实施过程中，干预和评估都需要保持不变。然而，干预往往是复杂和综合的。决策者往往热衷于调整和"动态调整"，以最大限度提高预期的利益。同样地，可能很难预先知道所使用的评估方法中哪一种最有可能产生有用的结果。

在早期阶段灵活规划将使评估能够适应干预设计、实施机制和数据收集方面需求的变化。这在评估新的或创新的干预措施时尤为重要，因为变革理论尚未经过测试，干预设计的各个方面也不确定。灵活性将使评估者能够适应新出现的调查结果——"深入挖掘"或重新集中注意力，并对在不同时间报告调查结果的需要做出反应。

评估者和利益相关者之间的沟通是确保各方同意评估设计变更并理解其含义的关键。必须保持对变更和决策的清晰的审计跟踪。治理流程可以对此有所帮助。

5.8 质量保证

质量保证是所有评估的基础。独立审查通常有用，特别是从一系列分析的角度，但即使没有这一步，项目经理也必须采取适当的步骤，以确保设计、执行和发现符合合适的标准。

质量保证是一项持续的任务，需要从一开始就进行计划。这是为了确保评估的所有方面——设计、执行（包括所有实地工作）、分析和报告都按照适当的标准进行，并符合目的。

在每个阶段，可以通过内部专家/内部同行评审、指导小组评审或外部专家同行评审进行质量保证。通常是三者兼而有之。

在报告阶段，质量保证确保调查结果基于对结果的客观和合理的解释，并与评估的最初目标相关。应明确通报分析的局限性和注意事项，纳入技术方法附件也可加强信心和援助的可重复性。

应该尽可能检查所有报告的数字。进一步的检查可能包括观察数据收集（例如听电话访谈或观察焦点小组），审查分析框架，或检查分析结果的样本，以确保可以使用承包商提供的文件从原始数据中复制它们。注意，这里可能需要数据匿名处理和其他道德方面的考虑。

5.9 伦理

伦理考虑是一个积极的过程，应该贯穿于评估的设计、实施和报告。评估与社会研究一样，常常提出可能影响评估方法、实地工作和报告的伦理问题。很少有预先确定的"正确"或"错误"答案，而决策往往涉及权衡相互竞争的义务。表5-2列出了四组利益相关者及与之相关的道德考虑因素。

表5-2 利益相关者和道德考虑因素

利益相关者	道德考虑因素的示例
参加者	·保护机密性 ·避免伤害（考虑在哪些情况下，出于对受访者身心健康的考虑，可能有正当理由打破保密性） ·减少受访者负担，避免干扰 ·避免操纵或欺骗
同事/合作伙伴机构	·报告有争议或潜在破坏性的发现（如声誉） ·通过收集和共享数据而产生的额外负担 ·著作权和合适的信用
资助者、雇主和研究人员	·招标规则及程序 ·合同明确和责任分工 ·规则/出版规范 ·保护实地工作者 ·举报
更广泛的社会	·保护弱势群体 ·发布公共资金资助的研究 ·诚实对待研究的局限性

5.9.1 伦理原则

有很多关于研究伦理的指导来源，包括社会研究协会①，经济和社会研究理事会②以及英国评估协会③。在政府中，政府社会研究（GSR）服务具有伦理指导作用④，这适用于评估。它有五个原则：

（1）良好的社会研究方法的应用和实施，以及对研究结果的解释。

所有的方法、分析和报告应该适合目的，能够经受住强大的外部审查，并满足真正的未满足的需求。

（2）基于知情同意的参与。

必须获得研究参与者的知情同意，才能收集、分析、转移、存储和链接数据。知情同意是一个人在了解以下情况的基础上参与评估的持续协议：

○研究目的；

○他们在研究中的角色；

○他们的数据将如何管理；

○他们的数据在未来将如何使用；

○他们的参与是自愿的/他们可以随时退出。

知情同意提出了一些法律问题，概述如下：

○数据保护法（2018）（DPA)⑤，该法律规定处理与个人有关的资料的规定，以及个人可索取有关自己的哪些资料。

○《通用数据保护条例》（2018）（GDPR)⑥，它制定了控制和处理个人身份信息的规则。

○《平等法》（2010)⑦，要求公共机构通过公平、平等地对待不同群体的人来确保其工作支持平等。因此，评估工作应以能使不同群体的人参与的方式进行。

---

① sra. org. uk.（undated）The Social Research Association Official Website［online］. Available at：http：//the-sra. org. uk/［Accessed 5th November 2019］

② ESRC. UKRI. uk.（2019）. Economic and Social Research Council Official Website［online］. Available at：https：//esrc. ukri. org/［Accessed 5th November 2019］

③ Evaluation. org. uk.（2019）. Good Practice Guidelines.［online］. Available at：https：//www. evaluation. org. uk/professional-development/good-practice-guideline/.［Accessed 5thNovember 2019］

④ Civil Service Government Social Research Unit.（2011）. *GSR Professional Guidance - Ethical Assurance for Social Research in Government*.［pdf］. Available at：https：//www. gov. uk/government/publications/ethical-assurance-guidance-for-social-research-ingovernment［Accessed 5th November 2019］

⑤ Gov. uk.（2018）. Data Protection Act 2018.［online］. Available at：https：//www. gov. uk/government/collections/data-protection-act-2018.［Accessed 5th November2019］

⑥ Information Commissioners Office.（2018）. *Guide to the General Data Protection Regulation*.［pdf］. Available at：https：//www. gov. uk/government/publications/guide-to-the-general-data-protectionregulation［Accessed 5th November 2019］

⑦ Gov. uk.（2013）. Equality Act 2010 guidance.［online］. Available at：https：//www. gov. uk/guidance/equality-act-2010-guidance［Accessed 5th November 2019］

○《精神卫生法》①，它规定研究应该只涉及在特定条件下缺乏心智能力的人。

○《信息自由法》（2000）②，它提供了对公共当局所持有的信息的使用权，包括研究信息。

（3）允许参与。

根据年龄、残疾、性别、性取向或种族等"受保护特征"歧视任何人是违法的（见公共部门平等义务③）。需要考虑的潜在障碍包括地理、文化、金融和沟通。评估应考虑可能成为参与障碍的问题（例如残疾人、生活在采访者不愿旅行的被排斥社区的人、母语不是英语的人或没有永久住址的人），并概述为解决这些问题所采取的合理步骤。

对于每一种研究工具，需要权衡采取措施达到可能被排除的人群的利弊，并在设计阶段制定纳入策略。

（4）避免对个人和社会造成伤害。

研究的个体参与者（包括退出者）、他们所属的更广泛的社会群体或组织以及研究人员在研究过程的所有阶段都应该保护他们的身体、社会和心理健康。

应避免因收集评估数据而造成的侵犯，应尊重受访者的隐私。在某些情况下，参与者可能会发现分享信息的过程令人沮丧或痛苦（例如一些人可能会发现谈论疾病和/或失业很困难）。

GSR 建议，在参与者面临的风险"超过最低限度"的情况下，可能适宜进行正式的风险评估，特别是在研究涉及弱势群体（例如儿童、罪犯或残疾人）和/或涉及心理健康等社会敏感问题的情况下。

（5）身份保密。

在整个研究过程中（包括受访者招募、数据收集、数据存储、分析和报告），应保护参与者和潜在参与者的身份和数据（包括决定是否参与的信息）。

5.9.2 社交媒体研究中的伦理问题

社交媒体在研究和评估中的使用仍在发展，伦理原则不能总是以与更传统的研究方法相同的方式应用。政府的社交媒体研究小组根据 GSR 的五项关键原则制定了指导方针④，见表 5-3。

---

① Legislation. gov. uk. （2007）. Mental Health Act 2007. ［online］. Available at：https：//www. legislation. gov. uk/ukpga/2007/12/contents［Accessed 5th November 2019］

② Legislation. gov. uk. （2000）. Freedom of Information Act 2000. ［online］. Available at：https：//www. legislation. gov. uk/ukpga/2000/36/contents［Accessed 5th November 2019］

③ Gov. uk. （2012）. Public sector equality duty. ［online］. Available at：https：//www. gov. uk/government/publications/public-sector-equality-duty［Accessed 5th November2019］

④ Social media Research Group. （2016）. *Using social med ia for social research：An introduction*. ［pdf］. Government Social Research. Available at：https：//www. gov. uk/government/uploads/system/uploads/attachment _ data/file/524750/GSR_ Social _ Media _ Research _ Guidance _ _ Using _ social _ media _ for _ social _ research. pdf［Accessed 5th November2019］

表 5-3 社交媒体研究的伦理原则

原则	关键考虑因素
1. 良好的社会研究方法的应用和实施以及对研究结果的解释	·社交媒体技术是最合适的方法吗？ ·这些方法是以专业方式使用的吗？ ·是否有适当的质量保证？ ·项目的细节是否公开（包括研究目的和所使用的数据）？
2. 基于知情同意的参与	·用户是否签署了收集、分析和使用其数据的条款和条件？ ·如果需要个人知情同意，将如何联系参与者？ ·如果数据被发布到社交媒体平台上，然后被删除，那么先前获得的同意是否仍然有效？
3. 允许参与	·根据研究问题和/或使用的平台的性质，是否有任何群体被不恰当地排除在外？
4. 避免对个人和社会造成伤害	·数据是公开的还是私有的？任何涉及私人内容的研究只能在得到用户明确知情同意的情况下进行。 ·如何减少收集不必要的个人资料？
5. 身份保密	·如何保护用户的身份？（社交媒体研究不能保证完全匿名。如果研究人员希望包含逐字逐句的内容，他们应该考虑联系社交媒体用户，询问他们是否愿意让自己的内容被引用。）

第 6 章 评估结果的使用和传播

总结

评估的价值来自它的使用和影响。事先为此进行规划将加强评估产出的可用性和应用。

一项明确的使用和传播计划将确保捕获所有用户和应用，并制定产出框架，以最大限度地发挥对这些群体的影响。

定期报告可以确保在整个评估过程中，将调查结果用于决策。

GSR 发布协议是一个有用的框架，可以在考虑结果的发布时使用。

对所有的评估结果和材料都应该有一个开放的假设。这包括基础数据和研究工具。

6.1 介绍

评估的价值来自它的使用和影响。这一点应在规划阶段加以考虑，并在整个评估执行过程中不断加以审议。

评估的使用者可以是直接的也可以是间接的。

·直接：设计和实施干预措施的人利用研究结果来改进干预措施的设计或实施，并最大限度地提高实现预期结果的机会。审查政府绩效的机构利用评估结果来评估政策的绩效和结果。

·间接：利用这些发现来回答其他相关问题、设计相同或相似领域的未来政策，或者获取关于公共资金使用的知识。

必须仔细设计评估产出，以满足各种用户的需要。相关决策者只有能够在正确的时间获得和使用结果时，对未来决策有明确和证据影响的评估才有价值。同样地，审查机构和广大公众应能够容易地取得、了解和利用调查结果，以评估政府政策的设计、执行和结果。所有尝试从研究中获取最大价值的组织都面临着实现利用和影响的难题[1][2]。

6.2 制定评估、使用和传播计划

没有固定的方法来制定评估、使用和传播计划。关键是要考虑以下四个问题：

·哪些组？第1章提供了潜在利益相关者的列表。值得单独考虑所有潜在用户，因为很容易忽略关键的利益相关者，他们可能有与评估大相径庭的需求。利益相关者映射练习可能会很有用。

·哪些信息？了解每一组需要哪些信息，将有助于提出评估问题。

·哪个时间点？在任何干预措施的实施和实施过程中都会有决策点（见表2-1）。了解这些要点，就可以设计各种数据收集计划，以满足这些需求。需要注意的是，证据需要经常出现在最后的决定点之前，以帮助思考。

·用于什么目的？评估证据可用于各种目的，这将影响产生的证据的类型以及如何使用和传播证据。这对于临时决策点尤其重要。当决策很小时（例如审查支持干预的人员数量），新出现的监测数据可能就足够了。然而，如果决策很大（例如是否在全国范围内推出一项干预措施），需要的证据就会大得多，需要的稳健性也会高得多。

在评估设计阶段确定这些需求，可以从一开始就讨论、协商预期的时间表和管理。

该计划应包括将发布的内容、何时发布以及将使用何种通信工具发布（例如印刷出版物、社交媒体或研讨会和会议演示等）。它应该包括决策点和可以得到哪些证据，包括将发表的所有产出，包括报告、基本数据和研究工具。

在使用和传播计划中详细说明"影响目标"是有用的方法。影响目标说明了评估

① Department for International Development and UK Aid (2014). *DFID Evaluation Strategy* 2014 to 2019. [pdf]. Available at：https：//assets. publishing. service. gov. uk/government/uploads/system/uploads/attachment _ data/file/380435/Evaluation-Strategy-June2014a. pdf [Accessed 5th November 2019]

② Nesta. org. uk. (2019). Using Research Evidence：A Practical Guide. [online]. Available at：https：//www. nesta. org. uk/toolkit/using-research-evidence-practice-guide/ [Accessed 5th November2019]

的预期影响。例如，可以进行评估以确定监狱改造计划的良好实践。影响目标可以是利用评估结果积极改变实施改造方案的方式。当影响目标明确时，可调整评估产出以实现这一目标。

为了获得支持，最好的做法是与尽可能广泛的利益相关者就使用和传播计划达成一致，这通常由规划委员会和指导小组负责。这种早期参与还可以帮助确定预期的优先级并管理预期，因为提出的所有问题不太可能都得到回答。

在制定使用和传播计划时还可以同另外两个有益的团体接洽，即各部新闻办公室（约定计划中的一般原则和将使用的广泛办法）和部长办公室（预先获得其对出版计划的支持和同意）。这是一种良好的做法，可以避免人们认为发表决定受到调查结果性质的过度影响。

了解了不同的受众及其证据需求并确定了优先次序，就应根据这些需求调整报告和通信。以这种方式调整交流的价值不可低估。通过帮助特定的受众理解这些发现如何与他们感兴趣的领域直接相关，从而提高这些发现的可用性，对于确保这些发现得到使用是非常宝贵的。

改进这些发现的使用涉及考虑哪些群体有能力根据这些发现采取行动、以何种方式和他们可能受到的限制。

6.3　传播评估成果

必须确定和使用最适当的输出和沟通渠道，以最大限度地触及和影响评估的各个利益相关者群体。

虽然最终评估报告是评估研究的重要文件，但它并不是确保影响力的最佳方式。例如，前线工作人员和部长的信息需求和首选的沟通方式大相径庭。能够将新的发现提交并纳入委员会的讨论中，对小组的评议是非常重要的。

可供选择的交流方式包括一页式摘要、视频输出、信息图表、数据共享、时事通讯、社交媒体帖子、会议演示和研讨会。与利益相关者讨论证据需求可以帮助确定对该群体最有效的沟通渠道。应该指出的是，在研究结果以某种形式发表之前公开讨论是不合适的。然而，确保利益相关方如指导小组和政策/实施领导在发布之前就这些信息达成一致是有用的做法，特别是在处理负面发现时。

发表对政府评估经理来说可能是资源密集的，因为它需要质量保证、编辑、部长许可和新闻办公室投入。在适当的情况下，可以选择定期发表简短的产出，以确保公布发现并及时公开使用。

学术承包商可能试图在学术期刊上发表评估成果，这有助于将作品展示给更广泛的人群，进一步保证质量和知识的传播。

在项目开始时鼓励这一点也有可能吸引更多的学者参与评估活动。

6.4　建立评估文化

将评估理解为一种嵌入式实践意味着它不应该作为一个独立的功能来运作，而更应该作为一个组织文化和运营结构的集成部分。这意味着，评估和反思实践是"我们在这里做事的方式"的一部分，所有同事都在寻找、学习和批判性地思考支持他们行为的证据。

嵌入这种思维方式很少是偶然发生的。它意味着一种转变，即从将评估视为一种必要的邪恶或一种仪式上的必要，转变为将政策执行的价值作为良好政策实践的核心维度。它强烈暗示"使用"评估来指导未来的行动和"下一步"，与在复杂环境中工作特别相关（参见"评估复杂性"的补充指南）。在日常事务中，这意味着部门主管或具体行动强调在政策设计阶段需要一个评估维度的预期。

应积极鼓励同事理所当然地考虑如何确定一项政策的价值。

6.5 发表

GSR 发表协议①为研究的发表提供了跨政府的建议，包括评估。它通过以下五项原则涵盖出版的所有方面。

·原则 1：政府社会研究和分析的成果将向公众公开。

这就建立了一种假设，即所有产出都将发表。

·原则 2：所有政府的社会研究和分析都将立即发表。

这设定了 12 周的最长时间，从最后的产出协议到发表。

·原则 3：研究和分析必须以促进公众信任的方式发布。

这确立了一项强有力的研究特点，没有政府部门的干预。

·原则 4：应该为政府所进行的所有社会研究和分析制定明确的传播计划。

这就意味着，各部门应该公开宣布已经委托的研究项目，并且作为项目管理原则的一部分，应该为所有项目制定交流计划。

·原则 5：必须明确政府发布研究报告和分析报告的责任。

每个部门都应该有一个指定的人负责确保协议的执行。

6.6 开放和透明

这样的假设应该保持最大限度的公开和透明，允许其他人批评所使用的方法，并从中学习和复制它们。发布传播计划，以便外部观察者知道何时将发布什么，这也是一种很好的做法。

虽然许多评估产出的直接用户往往不需要详细了解产出如何产生，但这些资料仍然是完整记录的重要部分。技术附件、数据表、同行评审意见等是确保为透明度和有需要的读者提供更详细的方法信息的重要途径。

如果其他人利用这些数据可以获得进一步的公共价值，则应考虑将这些数据存档，

---

① 政府社会研究协议［EB/OL］.［2019－11－05］.https://www.gov.uk/government/publications/government-social-research-publication-protocols.

但这样做要花费相应的成本。

有时,为回答特定问题而设计的评估可以提供对更广泛问题的洞察,从而增加数据收集成本的价值。

第7章 评估能力

> ## 总结
>
> 评估经理需要具备四个方面的能力:确定范围、领导和管理、方法、使用和传播。
>
> 确定范围的能力包括理解评估的基本原理、建构干预的变革理论、确定正确的评估方法、制定相应的评估计划。
>
> 领导和管理能力包括展示领导能力以保持势头和影响、协同工作并影响利益相关者、适应变化的环境、展现出正直和坚韧。
>
> 方法能力包括如何使用监控和管理数据、初步研究与分析方法,以及影响评估(实验、准实验和理论)、过程评估、性价比评估和研究综合等方法。
>
> 使用和传播能力包括报告和呈现数据、考虑到政策的影响并传播评估证据。
>
> 评估能力框架提供了进一步的信息(参见补充指南"政府分析性评估能力框架")。自我评估工具可供评估经理使用。

7.1 介绍

这一章借鉴前面的章节,汇集和总结了评估经理在政府中设计和实施评估所需的知识和技能。

本章(及其附件)的重点是政府评估项目经理,通常是来自主要分析专业之一的分析师,以及他们可能需要的知识和技能。评估能力框架(参见补充指南"政府分析评估能力框架")提供了进一步的信息,并包含了一个供评估经理使用的自我评估工具。

7.2 确定范围

在评估之旅的开始,评估经理将需要:

· 理解并沟通评估的基本原理。评估经理需要能够向利益相关者阐明评估的目的和要求。他们还需要能够支持评估的价值，并了解评估如何支持问责制、衡量影响、学习和规划开发。

·理解干预，构建变革理论。与利益相关者合作的评估经理需要能够发展变化理论，将评估中的因素链接到可观察的结果。他们需要确保评估和理论框架捕获并符合业务案例中的规划目标、干预的利益映射方法和评估中的假设。

·确定适当的评估类型和方法。评估经理需要了解可以使用的评估方法的范围，并确定适合特定情况的最合适的途径和方法。他们必须能够设计适当的评估问题并评估能够可靠和可信地回答这些问题的程度（评估可评估性①）。如有需要，他们也须确保有适当安排以取得和使用计划的监测数据。

·制定相称和适当的评估计划。评估经理需要能够为内部工作或委托项目设计评估，并在适当时获得外部评估。作为其中的一部分，他们需要了解观察影响的时间框架和政策时间框架之间的权衡。它们还需要确保评估工作的目的和目标与现有资源一起考虑，以便拟订现实和可实施的建议。

7.3 领导和管理

在经常具有挑战性和变化的政策环境下进行评估，需要强大的领导和协作技能。评估经理需要通过以下方式展示这些技能和行为：

·展示领导能力，支持评估，以保持势头和影响；

·协同工作，管理关系并支持他人（如承包商和同事）；

·积极影响利益相关者，确保得到较少参与评估的用户的支持；

·要意识到并适应不断变化的环境，将其纳入评估实施；

·在面临挑战时，展现完整性和恢复性，保持标准；

·在参加的政策和分析团队中建立一种评估、学习和透明的文化；

·跨分析学科，有效地开展工作；

·了解主要部门的采购/调试程序；

·确定和建立适当的治理结构，以保证评估产品的投入和质量；

·确保所有各方充分意识到他们的责任和关键目标/截止日期被满足；

·考虑并实施影响评估的相关政府指南（包括平等、透明度和道德）；

·准备好投入时间和精力在个人发展上，并愿意用新的方法来应对特定的挑战。

除了这些管理特征之外，最近关于评估新方向的文章强调了鼓励"评估思维"的必要性。Vo 等（2018）②，在文献回顾中列出了一些评估性思维的主要特征。尤其是：

·对自己（评估者）以及他人、假设、动机和偏见的调查；

·理解语境依赖的相关性；

---

① Davies R. 评估性评估 [EB/OL]．[2019-11-08]．http：//betterevaluation. org/themes/evaluability_assessment.

② Vo A., Schreiber J., Martin A. 对评估思维的概念性理解 [Z]．2018.

·控制不确定性（如结果）、模糊性（如数据和证据）和复杂性的能力。

7.4　方法

有效的设计、管理和执行评估需要一系列的数据收集和分析技能。来自不同分析学科的个人可能在不同的领域有优势，评估经理可能希望根据评估需要邀请其他专家，以补充他们的优势。

第 3 章和第 4 章详细介绍了所需的数据收集和评估方法。综上所述，对政府评估项目经理的要求是：

·监控和管理数据的使用。要了解在评估中使用监测数据的益处，了解何时以及如何使用它。这包括在确保有效收集和使用方案监测数据方面认识到法律、道德和实际问题。它要求能够识别来源，权衡数据和关键指标的优缺点，以帮助回答关键的评估问题，特别是在设计阶段。

·初步研究与分析的方法。需要的一项关键技能是定性和定量数据收集和数据分析方法的知识，以及演示这些实际应用的能力（即知道如何设计和应用特定的方法）。评估项目经理还需要确保在适当的阶段将必要的质量保证过程纳入数据收集和分析方法。

·过程评估。必须了解过程评估的价值和作用，以及它与监测和影响评估的联系，了解方案如何起作用以及为什么这样做。项目经理需要从变革理论和利益相关者群体出发，建立关键的过程评估问题，并从中收集数据。他们需要能够对过程评估的可实施成果进行计时，以便与产生影响的机会相一致，并识别和创建合适的中期评估产品。

·影响评估的理论方法。评估项目经理需要熟悉基于理论的评估和基于理论的方法及它们对于解决不同的评估问题的适宜性，以及何时使用基于理论的方法。他们需要能够识别和使用适当的测试和技术来评估因果关系。

·影响评估的实验方法。评估项目经理需要认识到反事实和对照组在确定归因方面的重要性，并能够应用实验或准实验方法来归因影响。他们需要了解何时及如何应用 RCT，以及根据每种方法所需的假设和条件进行的可靠实施是什么样的。

·性价比评估。这需要很好地理解 HMT《绿皮书》指南的经济评估和成本效益分析①。同样重要的是，评估经理可以使用经济技术来帮助改进正在为其他影响评估/评审所制定的成本效益分析的假设和方法。

·研究综合。要有效、清晰地收集评估证据，需要评估项目经理理解一系列的综合和荟萃分析方法，以及证据三角分析的作用。

更多详情，请参见关于"能力"的补充指南。

---

① 英国财政部 . 绿皮书：中央政府考核与评估指南［EB/OL］. ［2019－11－05］. https：//assets. publishing. service. gov. uk/government/uploads/system/uploads/attachment_data/file/6859 03/The_Green_Book. pdf.

7.5 使用和传播

提供符合目的的报告、使用和传播所需的技能包括：

·报告和提交数据。评估项目经理需要了解报告格式和风格。这包括及时采用新的和创新的方法，以便能够以口头和书面形式清楚和有效地报告评估结果。他们需要尽可能利用定期报告来实现"实时学习"。他们还需要清楚评估的任何限制，并能够沟通这些限制。

·考虑政策影响并分享研究结果。评估经理需要了解政策前景，建立关系，确定利益相关者和决策点，以便尽量提高价值和利用研究结果。这意味着要知道哪些群体在什么时候为了什么目的需要什么信息，并从一开始就制定一个使用和传播计划来满足这些需求。

评估经理需要能够根据不同受众的需要调整报告和交流结果。证实这些发现如何与特定受众感兴趣的领域相关联，可以提高发现的可用性。对各种沟通模式和工具的了解将使他们能够最大限度地发挥影响（参见第 6 章）。

评估经理需要能够在报告之外继续发表产出，包括数据集、技术附件和研究工具。

7.6 进一步的详情

上面列出的技能和知识是评估经理将需要总结的内容。更详细的清单可参阅补充指南"政府分析评估能力框架"，该框架对这些技能和知识提供了更全面的描述。评估经理也可以使用自我评估的工具自我评估。

英国评估协会也有一个"评估能力框架"。①

---

① 评估能力框架［EB/OL］. ［2019 - 11 - 08］. https：//www. evaluation. org. uk/professional - development/framework-of-evaluation-capabilities/.

第七章

澳大利亚首都特区政府政策评估指南
（ACT Government Evaluation Policy and Guidelines）

目 录

1 引 言

自我反省带来知识和自我完善，是个人成长的准则，但同样适用于组织。事实上，对政府来说，不断质疑做了什么以及为什么做是良好的绩效管理和问责制的关键部分。

·我们实现了我们设定的目标了吗？

·我们能做得更好吗？

·我们应该继续做这个事情还是做些其他的事情？

这些问题有助于理解什么事情有效什么事情无效，什么事情做得好什么事情做得不好，什么应该追求什么不应该追求。

通过保持优势、庆祝成就、认识和纠正错误和弱点，并相应地调整目标和努力，机构可以在内部发展并提高其提供的服务质量。

通过明确的承诺和深思熟虑的努力，评估、学习和改进过程可以成为一个组织文化和运作的惯例和有价值的部分。

1.1 澳大利亚首都特区的评估政策

澳大利亚首都特区政府致力于加强其政策和项目的评估方式，以改善其职能和向社区提供的各项服务的绩效和问责制。

《澳大利亚首都特区政府评估政策和指导方针》（以下简称"政策"）中概述了这一承诺并在整个政府范围内提供增强评估所需的支持行动。本政策旨在支持机构规划和执行评估，而不是向机构的项目引入新的离散流程。

表1总结了该政策的主要特点。

1.2 本文的内容

本政策文件：

· 介绍和总结本政策的主要特点；
· 界定评价，概述其益处和成本，并描述其在政策制定周期中的位置；
· 阐明澳大利亚首都特区政府政策评估的目标、要求和指导方针；
· 介绍了实施该政策的简单方法；
· 概述评估的分步指南。

表1　本政策的主要特点

理论基础	澳大利亚首都特区政府已经制定了评估政策和指导方针，以支持和改善该地区的绩效和问责制。学术文献和公共成果都证明了评估的实际益处。在努力实现这些目标的过程中，该政策确定了有效评价进程和实际执行战略的切实好处
重点	政策和计划实施后的评估（"事后评估"）以及政策制定和评估过程中用于分析和研究的原则的确定（"事前评估"）
观众	主要是澳大利亚首都直辖区政府机构——决策者和参与者协助规划和开展评估。根据政府加强问责制的承诺，立法议会成员和公众也可能对这项政策感兴趣
应用	所有澳大利亚首都特区政府机构
政策背景	该政策是总体绩效和问责框架的关键组成部分，该框架规定了政府更广泛的绩效管理、报告要求和期望 通过鼓励三重底线评估，该政策还支持政府的可持续性政策
主要目标	加强整个政府的评估实践，以使决策更加明智，并提高政府服务的效率、有效性和适当性 有关本政策的完整目标列表，请参见第3.1节
方法	该政策未采用规定性方法，而是确定了评估要求和指导方针，以支持和指导评估活动。各机构负责实施本政策 政策实施是灵活的，将由中央机构监测和支持。这种方法认识到不同政府的评估要求和方法会有所不同

关键原则	评估应具有战略意义。应根据对计划重要性、风险、潜在利益和公共利益的评估，将重点和精力放在优先位置
关键要求	每年所有机构都将制定一份简短的机构评估计划，概述主要战略和未来活动的时间表。中央机构将指导、审查和监督这些计划，在重大评估上进行协作，并帮助与预算过程整合

2　什么是评估？

评估是指衡量和评估政府政策、战略和方案的影响和优点的过程。它是确定政府政策和方案的适当性、有效性和效率的一种手段，有助于政策的改进和创新。

评估有助于回答以下问题：

· 该政策是否产生了预期结果或任何意外结果？

· 该政策是否实现了既定目标？

· 是否有更好的方法来实现这些结果和目标？

· 特别是在不断变化的情况下，该政策是否仍与政府优先事项保持一致？

· 当前计划是否应扩大、收缩或中止？

· 是否有理由建立新的项目？

· 是否可以通过修改特定程序或程序组合来更有效地分配资源？

评估政府政策的方法和技巧有很多。然而，评估通常包括：

· 某种形式的分析、解释和判断；

· 所述的目标、绩效指标和实际结果之间的比较；

· 对影响的考虑和衡量；

· 与其他政策（现有政策或潜在政策）相关的评估；

· 注重效率和有效性；

· 试图理解政策在实践中是如何运作的，尤其是相对于它在理论上是如何运作的。

2.1　评估——政策周期的关键组成部分

评估是政策周期或构想、制定、实施和修改公共政策过程的关键组成部分。由于公共政策问题的内在复杂性和解决利益冲突的需要，这一政策制定过程往往是有机的、反复的和不规则的。政策制定周期如图1所示。

评估有助于确定政策制定周期中早期步骤的成功与否，该计划是否产生了预期的影响并实现了目标，以及未来是否可以做得更好。

大多数机构目前都参与评估活动。本政策和指南无意鼓励采用流程驱动的方法，而是强调有必要对评估采取有计划的战略方针。它们还提供了一种将评估规划和活动纳入整个政府的政策制定过程的正式机制。

图1　政策制定周期

2.2　分析、监控、评估和内部审计

评估建立在机构内部项目监控实践的基础上。各机构目前采用一系列方法开展评估活动。然而，在政府职能范围内可辨别的有效评估的技术包括：

·通过提出更深层次的问题和更详细、更广泛的探索问题来检查绩效；

·使用替代数据源来验证和检查更具体的绩效维度以及政策和项目对社区的更广泛的影响；

·确定项目交付过程中事情发生的方式和原因；

·质疑是否有更好的方法来实现政策或项目目标，或者这些目标是否合适。

将评估与政策分析、监控和内部审计区分开来也很有用，因为所有的这些过程都是相互关联的。

政策分析检查各种选择的影响、收益和成本，以评估对已确定问题的最佳响应。由于这一阶段发生在实施之前，因此通常被称为"事前评估"。

监控发生在实施之后，跟踪特定项目目标、目的和里程碑的进度。监控在很大程度上将该项目的目的和优点视为理所当然，它的作用是协助日常管理并确保最佳表现。

内部审计是一种评估活动。它检查一个组织是如何做事的，特别是它的风险管理实践和治理过程。它可能会检查单个项目，但会将重点放在项目的交付方式以及它是否实现了目标上，而不是质疑其目标并评估其他项目选项。

2.3 政策和项目评估

政策评估和项目评估不是相互排斥的概念。然而，出于实际目的，区分两者是有用的。

在许多情况下，各机构能很好地将项目评估作为其核心业务的一部分。这种做法有助于确保他们负责的项目或计划取得良好的结果。项目评估还考虑了政策的设计对计划或计划实施方式的影响，并可能导致更广泛的政策评估过程，这一点是很重要的。

政策评估范围更广、更具战略性，并考虑到了澳大利亚首都特区政府为解决某个问题而采取的特定政策的优点和有效性。进行这种评估的动力可能各不相同。例如，内阁可能将战略评估作为高度优先事项，或在支出审查和评估委员会的主持下进行。

2.4 为什么评估？评估的好处

评估是一项有价值的活动。如果规划和执行得当，它可以为政府、机构、公务员和社区带来好处。表 2 列出了这些好处的一些例子。

表 2　评估的好处

受益人	潜在利益
政府	·提供更多信息有助于决策 ·提高实现政府优先事项的能力 ·更有效的资源分配 ·突出成就和机会，以加强绩效 ·鼓励公众更加信任政府
机构	·为政府的优先事项和资源分配提供更坚实的基础 ·改善服务提供和客户满意度 ·建立组织创新和持续改进的声誉
公务员	·发展新技能，丰富经验 ·有更多机会制定公共政策 ·营造更具活力和创造力的工作环境 ·认可并奖励为提高绩效而做出的努力
社会	·更好的政府服务 ·更多信息丰富的报告 ·更加透明和负责任的政府 ·公共资金的使用更有效 ·增强了对政府工作的信心

2.5 评估和资源配置的复杂性

尽管有很多好处，但评估过程可能具有挑战性。不同的评估目标、方法和评估者可能会产生不同的信息并得出不同的结论。

时滞、数据可用性和质量以及确定因果关系的复杂性可能会产生不确定或不可靠的信息。因此，评估结果可能会受到解释、批评和抵制。

该政策旨在帮助各机构加强和进一步发展评估文化，并将其作为核心业务活动的一部分。在项目评估阶段，认识到进行评估可能需要资源是很有用的。对评估活动进行规划并将其纳入倡议的设计中可提供改进此类问题的策略。

总的来说，对这种资源的需求应在现有预算的范围内加以考虑，并在政策制定过程中加以考虑，以便在早期阶段规划任何评估要求。这一策略不仅确保减少进行评价所需的资源数量，而且使这项工作更好地融入各机构的核心业务。

评估成本还必须考虑机会成本。也就是说，将稀缺的公共资源分配给特定的评估活动将：

· 减少分配给项目本身或整个政府的资源；

· 降低进行另一项可能更有用的评估的能力。

面对这些挑战，我们不能袖手旁观。相反，它表明需要认真规划评估活动，以确保产生可靠的、及时的和相关的信息。

政策评估的范围更广，通常涉及更高程度的风险，因为它涉及评估支持计划和战略决策的基本原理。此类工作可能不在机构的核心业务范围之内，并且需要大量资源，因此需要由管理层的参与来推动。

还应认识到，各机构和当局可能受到法定评估和报告安排的制约。本政策无意与此类安排冲突。本政策鼓励所有机构和当局评估和考虑内部流程的有效性。在可行和适当的情况下，该活动可作为法定要求的一部分完成。本政策的目的不是要导致流程的重复，而是要促进整个政府采取协调、深思熟虑和充分知情的方法进行评估。

3 澳大利亚首都特区政府评估政策

3.1 政策目标

澳大利亚首都地区评估政策旨在提高政府服务的效率、有效性和适当性，并在整个政府中建立成熟的评估。表3列出了政策目标的层次结构。

表3 政策目标的层次结构

关注点	目的	指示性衡量指标
结果	更高质量的政府服务（即提高政府活动的效率、有效和适当性） 提高公众对政府服务的满意度和公众对政府的信任	通过评估确定实现的预算效率 评估后绩效有所提高的项目百分比

续表

关注点	目的	指示性衡量指标
直接结果	更明智的政府决策 反应更迅速、以绩效为导向的政府 与社区就共同目标以及如何实现这些目标进行更深入的交流	评估支持的政府决策 定期寻找和使用评估信息的管理人员所占的百分比 已实施的评估建议所占的百分比
产出	增加评价的数量、广度、相关性和质量 提高政府绩效报告的质量	符合质量标准的评价
投入和活动	提高政府评估能力	有评估计划的机构所占的百分比
组织行为	建立一种探究、学习和持续改进的文化	认为评估是一个机会的工作人员百分比

本政策自发布之日起五年内将接受评估。上文提到的衡量指标表明了将用于帮助评估其成功性、持续价值以及如何改进的信息类型。实际的衡量指标可能会有所不同，具体取决于数据可用性、实施速度和可用资源。

3.2　政策要求

为了促进和加强政府内部的评估文化，所有机构都必须：

·编制年度机构评估计划；

·使评估与供资周期一致。

编制机构评估计划

机构评估计划是每年编写的简要文件，概述了随着时间的推移改进评估做法的策略。机构评估计划包括机构的评价优先事项，并应在每年 7 月 31 日之前提交给支出审查和评价委员会。

机构评估计划旨在补充核心业务活动，促进改进计划，将评估纳入机构工作计划中。

有关制定机构评估计划的详细信息，请参见附录 A。还将通过首席部长办公室向机构提供进一步的建议和指导。

使评估与供资周期相一致

评估活动应与年度预算流程保持一致。这包括：

·通过评估现有资金支持预算倡议，特别是扩大或扩展基础资金的提议；

·概述所提出的方法用于评估提交审议的任何计划，作为预算流程的一部分，概述的评估方法应适当设计，以反映所提出的方法的规模、风险和优先级；

·在政府认为有必要或高度重视特定战略评估的情况下，确定适当的资源需求；

·将新资助计划的评估纳入机构评估计划。

3.3　政策指南

提高机构评价的成熟度需要：

·培育评估文化；

·建立评估能力；

·将评估嵌入政策和项目并协调评估活动规划评估；

·根据对重要性、风险性和复杂性的评估，对评估活动进行优先排序和扩展，以此来进行战略评估；

·从可持续性的整体角度出发，以高标准进行评估；

·根据沟通结果和提出的建议采取行动，使评估有价值。

如机构评估计划中所述，机构可以使用这些指南来帮助了解其评估目标和战略。

3.3.1 培育评估文化

强大的评估文化的重要性

组织文化显著影响评估活动的成功。支持性文化鼓励自我反思和循证决策，重视结果和创新，总是寻找更好的做事方式，分享知识并从错误中学习。

如果没有这样的文化，评估很可能会遭到抵制，被视为威胁而不是机会，并被视为一项合规行为。在这种环境下，加强评价活动的努力将受到损害。

如何培养评价文化

高级管理者，尤其是首席执行官，在塑造和培育组织文化方面发挥着重要作用。为了帮助培养评估文化，有必要：

·通过以下方式领导：

〇设定清晰的评估愿景，倡导持续改进；

〇要求定期提供高质量的绩效和评估信息；

〇将评估纳入决策过程，并根据这些信息做出决策。

·通过以下方式赋予员工权力：

〇确立明确的评估责任和期望；

〇提供适当的培训和指导材料；

〇鼓励广泛参与评估活动；

〇允许自主回应评估结果。

·通过以下方式鼓励学习：

〇支持和鼓励机构内外的知识共享；

〇容忍错误，以便将其作为学习和提高绩效的机会；

〇寻找能突出所学知识的信息，而不仅仅是进步或成就；

〇奖励和展示为评估和改进工作而做出的努力。

·通过以下方式建立信任：

〇支持稳健的评估结果；

〇欢迎查明问题和弱点；

〇定期根据评估结果采取行动；

〇不使用评估来责备或惩罚。

3.3.2 建立评估能力

能力补充和加强文化

在探究文化中，一切经受评估的机会都能得到认可和重视。然而，要使这种文化发扬光大，就必须具备开展这种活动的技能和能力。

专业知识、经验、系统、结构和流程是促进有效评估的必要条件。在大多数情况下，这些资源已经存在于各机构内部，尽管这些资源可能尚未被确定为明确的评估目的。

通过有计划和持续的努力，在各机构内部利用和巩固这些技能和资源，不仅可以确保有效的评估，还可以为评估活动建立能力。建立评估能力是一个随着时间推移而发生的迭代过程。

建立评估能力的一般原则

该政策基于一种分散的方法，在这种方法中，每个机构都有责任通过集中监控和协调整体工作来发展自己的评估能力。机构开展的评估活动将与预算流程保持一致，并为机构提供机会，使其积极参与政府整体审查流程，例如在支出审查和评估委员会的主持下参与。

首席部长办公室还将为机构提供计划和评估活动的建议和支持，以将评估活动纳入其核心业务活动。可用支持的程度取决于资源的可用性。

指导评估能力开发的一般原则包括：

· 根据机构规模、活动和风险状况调整和确定评估能力；

· 利用现有能力，特别是信息管理系统和工作人员技能；

· 在内部和与其他机构共享相关的评估专业知识和经验。

发展评估能力

一系列组成部分有助于提高一个机构进行有效评估的总体能力。以下概述的要素和关键考虑因素旨在协助各机构考虑发展评估能力的备选方案。各机构最适合评估这些杠杆或机制在增强评估能力方面的适当性。

评估能力的贡献要素包括：

· 工作人员：

○ 向员工介绍该机构的评估愿景、总体期望和机会；

○ 进行有针对性的评估培训，以增加适当人员的技术技能；

○ 促进广泛参与评价以积累经验；

○ 定期介绍已完成的评估活动，包括利用专业知识与经验的过程和结果。

· 结构和流程：

○ 每个机构应建立或确定现有的结构和程序，以支持其评估活动的水平和范围；

○ 应该有明确的渠道传达评估要求和报告结果；

○ 应考虑各机构分散或集中评估活动的相对优势，以及与内部审计团队的潜在联系。

·指导材料:

○制定机构评估目标、要求、支持结构和协议,并在内部指南中明确表述;

○一些机构也可能从开发支持评估的更多技术方面的支持工具包中受益。

·信息系统:

○应进行审查,以评估如何使用、调整或改进这些工具来支持评估目标;

○应确定所有机构信息系统,并在评价指导材料中列出,以确保它们得到使用;

○在可能的情况下,各机构应共享信息;

○新的信息系统应设法解决其设计和开发中已发现的证据空白。

3.3.3 计划评估

将评估嵌入个别政策和项目中

评估应嵌入机构实践中。它不是一个独立的、不相关的活动,而是一个完整的政策周期的重要组成部分。评估有助于确定早期政策制定、实施和管理的有效性。缺乏评估会削弱整个政策周期,并导致一系列服务和计划的中断。

因此,应在政策制定周期的早期考虑和规划评估,并将其嵌入到所有政策中。至少应该包括:

·确保政策有明确规定的绩效目标、指标、里程碑和计划逻辑,以为将来的监测和评估提供基准;

·制定指标以衡量针对这些目标的绩效,并建立简单的系统以获取相关信息;

·确定适合政策规模、风险和优先级的初步评估策略。

早期评估规划

第2.5节已经指出了资源需求和评估挑战。但是,通常情况下,这些成本和挑战往往会在没有早期考虑和评估计划的情况下被放大。

没有明确的目标,很难评估一个项目。同样地,评估一个没有任何跟踪和测量绩效手段的项目也很难。在这两种情况下,可能会丧失收集有用数据的机会。

协调评估活动——制定机构评估计划

机构评估活动应由高级管理层协调并确定优先级。该计划应在机构评估计划中明确表达。

附录A概述了本计划的要求内容。

3.3.4 战略评估

评估应该是普遍的,而不是统一的

所有政策和计划都应该在某个时候进行评估。批判性审查是学习、提高绩效和问责制的基石。

在实践中,评估并不统一。由于政策不同,需要认真考虑适当的评估级别、形式、频率和范围。开展评估需要资源和时间,这一事实强调了这一点。

作为一般原则,评估应针对每个特定的项目,并根据其规模、风险、重要性和公众期望进行调整。对于许多项目来说,评估可能是粗略的、具体的和不频繁的。对于其他项目，评估需要更正式和详细的方法。

确定评估重点

各机构需要采取战略性的评估方法，将评估工作的优先级和重点放在新的、大的或涉及高风险的项目上。

优先排序应考虑的关键因素包括：

· 项目的重要性或规模；

· 客户、利益相关者和机构面临的风险；

· 与机构和政府的优先事项保持一致；

· 交付的复杂性或项目结果的不确定性；

· 评估方案及其预期收益和成本；

· 外部审查要求；

· 过去的评价结果；

· 敏感性。

虽然优先顺序最终取决于判断，但机构可能希望制定一个风险指数来协助这一过程。按优先级排序确定的重要评估活动应在机构评估计划中列出。

扩展评估活动

表4说明了如何根据特定项目的评估优先级进行评估。

表4 评估规模

	评估规模		
政策或项目的特点	· 低风险 · 有限的资源需求 · 类似于以前的成功和好评项目 · 没有广泛宣传 · 低战略优先级	· 新的和未尝试的项目 · 最近未审核 · 需要用于测试、研究的资源和外部利益相关者的参与	· 高风险 · 资源密集型 · 有争议的项目 · 公众高度关注和期望 · 政治意义重大
	←————————————————————————→		
评估的相似特点	· 非正式程序 · 有限的数据需求、问题分析和报告 · 低资源分配 · 对政策或计划的较少方面要求的评估较少 · 可以在内部完成	· 更高水平的数据收集和分析 · 在整个开发和实施过程中经常出现 · 定期报告进度 · 可由从业人员在开发和实施期间进行	· 正式程序 · 详细 · 高资源分配 · 全面的报告与广泛的公开发布和参与 · 可能涉及外部评估者或中央机构

举一个更具体的例子，对于一个小的、低风险的赠款项目，一个适当的评估策略可能只是对赠款管理的年度审查（即支付了多少、支付给谁以及用于什么目的）。如有必要，可以扩大范围，纳入与赠款申请人和接受人的非正式协商，以确定可获

得性和适当性。

3.3.5 进行高标准评估

评估标准

评估的标准是评估能力的关键决定因素，它能够揭示、通知、影响和推动变化和改进。以下考虑因素可能有助于衡量评估的质量：

- 效用——评估可满足其预期用户的需求；
- 可行性——评估是切合实际的、审慎的和具有成本效益的；
- 适当性——评估是在法律、道德和适当考虑利益相关者福利的前提下进行的；
- 准确性——评估对项目价值和优点的评估在技术上是充分的。

持续性

高质量的评估将从社会、环境和经济的角度考虑被评估的项目或政策是否可持续。具体而言，本政策强调，在相关和可行的情况下评估应：

- 考虑经济、环境和社会影响；
- 认识到这些可持续性层面的相互依赖性；
- 承认决策通常涉及这三个方面的权衡。

该标准反映了政府的可持续发展政策——"人类、家园、繁荣"，它致力于在三重底线的基础上进行决策和报告。

目前正在制定一个三重底线框架，它将帮助机构采用这种方法进行进一步评估。

3.3.6 使评估有价值——沟通和行动

评估是一种投资，应该产生更有效率和效力的政府服务。要获得良好的投资回报，就必须广泛宣传评价结果，特别是向决策者提供信息，并根据结果定期提出建议。

沟通

在评估过程之前和过程中的参与和协作加强了评估结果的严谨性和可信度，并减少了未来的防御和不确定性。交流评估结果有助于传播关键的经验教训，为决策提供信息，促进透明度和问责制。

指导沟通的一般原则包括：

- 双向沟通——决策者应明确传达信息要求，评估者应及时做出回应；
- 尽早与利益相关者接触，并保持合作的评估方法；
- 制定与评估的优先级和风险相一致的沟通策略，例如对于大型、高知名度的项目，在整个评估过程中部长、中央机构和客户应充分了解情况；
- 提出清晰、合理和重点突出的评估结果和建议；
- 在机构内部和政府之间共享评估结果；
- 公开重要评估的结果。

为决策提供信息

沟通的目的是为决策提供信息。这取决于在正确的时间向正确的决策者提供正确的信息。

向决策者寻求关于项目要求和可用信息的指导，并进行高标准的评估，将确保评估过程的质量和结果的有用性。

适当的决策者将取决于评估的优先级和启动此类活动所需的权限。范围可能从计划经理、法定办公室负责人或首席执行官到内阁。在机构内部，首席执行官应委派并明确传达与评估及其建议的重要性相一致的决策权。

评估应与决策周期保持一致。这可能包括澳大利亚首都特区政府的年度预算或内部预算、公司规划、内阁会议和外部决策过程，特别是澳大利亚政府的决策过程。

根据评估采取行动

评估有很多好处，它可以培养员工技能、建立新的关系、改善报告。然而，评估的最终目的是促进政府服务的质量、效力、效率和影响，以产生积极的社会效益。也就是说，它应该推动积极的变化，保护优势，解决劣势，并调整目标和活动，以促进整体绩效的提高。

高标准的评估信息在正确的时间传达给正确的决策者将增加评估产生积极变化的概率。它还将取决于决策者本身的经验、态度、动机和偏好。

理想情况下，决策者应该：

· 熟悉评价的目的、原则、标准、价值和局限性；

· 不断寻求可靠的信息和证据作为决策依据；

· 鼓励使用评估信息，并对其使用方式负责；

· 支持正面和负面的评估结果，并愿意就两者采取行动；

· 认识到变革有其风险，但可以用有力的证据为其辩护，而且风险可能比替代方案小。

组织文化可以影响决策者如何看待和使用评估信息，然而评估的接收和回应方式也有助于形成评估文化。

4 政策实施——提升评估成熟度

实施本政策的适当方法将取决于机构活动的性质、当前的组织成熟度、具体的评估目标和资源的使用方式。

4.1 评估成熟度

虽然实施方法会有所不同，但随着时间的推移，每个机构的结果应该是在评估成熟度方面有所改进。

表5提供了不同评估成熟度级别的示例。它描述了本政策中强调的六个评估要素

从开始到领先的四个成熟度级别。

本政策认识到发展和保持评估成熟度是一个持续的过程，必须与其他组织目标相平衡。因此，没有政策要求在指定时间内达到特定的成熟度。

4.2 实施

下面概述了实施本政策和提升评估成熟度的简单四步方法。

4.2.1 评估当前评估成熟度

在实施本政策之前，各机构应评估其当前的评估成熟度。这将为进一步发展建立一个基准，并确定弱点、优势和需要改进的优先事项。

关键问题可能包括：

· 机构对评估的总体看法如何？

· 该机构有什么评估能力？

· 目前评价活动的规模、广度和质量如何？

· 评估活动是否优先，如果是，如何优先？

· 评估是否有任何影响？

4.2.2 制定评估策略

一旦建立了基准，就可以制定评估策略（反映本政策）。这将涉及：

· 设定评估目标、指标、里程碑、指标和时间安排；

· 确定并优先考虑实现这些目标的行动；

· 分配实施责任。

商定的评估策略应纳入机构评估计划，该计划还将列出具体评估的时间表。

表5 评估成熟度

元素	成熟度水平			
	开始	发展	深入	领先
文化	评估意识较低，是对已识别问题的回应	广泛认识到评估的好处	评估被视为良好绩效管理的一个组成部分	在整个机构中表现出对不断学习和改进的承诺
能力	评估技能是有限的。没有正式的评估程序和结构。	有针对性的培训和招聘，以发展员工技能正式的评估政策和结构已经到位	一般评估技能广泛存在相关工作人员具有更高的订单技能和经验，该机构可以利用这些技能和经验评估系统、结构和程序是稳健的、综合的、有效的	该机构以其评估专业知识以及创新的程序和系统而闻名

元素	成熟度水平			
	开始	发展	深入	领先
计划过程	对某些计划政策进行评估规划，主要是在实施之后 没有或非常基本的机构评估计划	政策计划有明确的目标和绩效指标以作为未来评估的基准 协调评估活动并制定评估计划	评价计划是政策制定的一个组成部分	大多数政策和计划都有评估计划
战略	存在已识别问题的项目将被优先考虑	大型和高风险的项目被优先考虑	使用了评估活动的优先顺序和规模准则	复杂的风险指数和指导材料被用于确定评估的优先级和评估规模
实施	评估时有发生，但不频繁且不定期	评估优先项目	政策评估非常普遍，符合机构的质量标准	评估几乎是普遍的，符合公认的质量标准
使用	评价结果在机构内部传播 重要建议已得到执行	评价结果通常为决策提供信息，并经常在机构外传播	评估结果得到广泛传播，并用于提高绩效	调查结果用于优化服务交付，并在机构外产生影响

4.2.3 监控和报告实施进度

应使用商定的里程碑和绩效指标跟踪评估策略的执行情况。根据机构的评估目标，这些可能包括：

· 工作人员对评价的看法发生变化；

· 制定机构评估风险指数；

· 参加评估培训课程的工作人员所占的百分比；

· 评估活动增加的百分比；

· 已落实的评估建议的百分比。

进展情况应在机构评估计划中报告。重要的评价里程碑和举措也应在年度报告中报告。

4.2.4 审查和完善评估策略

应定期（可能每两到三年）对评估策略进行审查，以确定该战略是否有效、是否可以改进或是否需要调整。

可能提出的问题包括：

· 该机构的评估目标是否仍然相关且适当？

· 该机构的经营环境发生了哪些变化？这些变化如何影响评价策略？

· 评估成熟度是否得到了改善？可以保持这些改进吗？

· 当前的评估行动和计划是否有效？这些措施可以改善吗？是否有其他更合适的措施？

· 可以从其他机构和其他司法管辖区学到什么？

5 实践中的评价——分步指南

评估的方法有许多，每个过程都会根据评估的主题、优先级和目的而有所不同。本政策提出了一个简单而概括的十步方法，作为规划、实施、使用和审查评估的实际考虑指南。

5.1 规划

与任何项目一样，良好的规划是成功评估的关键。最好将评估计划草案作为政策或计划设计的一部分。这样的计划通过完成下面的步骤 1~7 来准备。

在开始实际评估过程时，应对计划进行审查和修订，在完成步骤 8~10 之前应重新审视步骤 1~7。

5.2 十个步骤

5.2.1 定义评估的主题

关键问题：我们在评估什么？

要进行有效的评估，必须有一个定义明确的主题。一个好的定义应该：

· 识别并描述要评估的政策、计划或一组行动；

· 概述计划目标、指标和里程碑；

· 列出该项目如何与长期结果联系的逻辑；

· 列出相关的政策和计划，以及与机构和政府优先事项的联系；

· 描述到目前为止的项目表现，包括任何问题和改进的机会。

这些信息大部分应该在程序设计过程中定义。

一个定义明确的主题有助于保持评估的可控性和正确性，为评估提供明确的基础，并使评估的优先级更容易估算。

5.2.2 估算评估的优先级

关键问题：鉴于其他可能的评估活动，这是否是评估的优先级？

所有评估活动都需要放在更广阔的背景下看待。一旦确定了一个项目，就必须确定在给定所有其他机构项目的情况下，该特定的项目是否是评估的优先级。

第 3.3 节讨论了优先排序时应考虑的因素。最好制定机构特定的风险指数，以确保评估活动的一致优先级。计划和执行评估的工作程度应根据其相对优先级进行调整。

5.2.3 确定主要利益相关方

关键问题：这个评估对谁有影响？他们的需求是什么？

应尽早确定利益相关方。客户的经验、决策者的信息要求以及在适当的情况下的部长级指示应有助于确定评估的目标、时间和方法。

主要利益相关者可能包括：

- 该计划的客户；
- 部长和内阁；
- 首席执行官和其他决策者；
- 项目经理和合作伙伴；
- 客户经理和项目管理员；
- 学者、政界和专家；
- 更广泛的团体；
- 其他机构；
- 外部尖端人员。

利益相关方也可以提供用于评估过程的见解和专业知识。尽早让利益相关方参与进来将有助于避免不可预见的障碍，并鼓励他们接受最终的评估结果。

5.2.4　设定目标、目的和范围

关键问题：我们为什么要评估？我们想回答什么问题？

评估有很多原因，任何项目都有很多可以评估的方面。应明确定义评估的目标和范围，以便评估具有针对性和有效性。

目标和目的

评估有两大目标：估算项目的影响和成就（总结性评估）以及确定改进项目的方法（形成性评估）。

通常，评估的目的是解决这两个目标。

一旦商定了评估的总体意图，就应进一步明确目标，同时考虑到：

- 有待估算的成就；
- 项目有待改进的方面；
- 报告信息的方式以及如何使用信息。

范围

一旦商定了评估的目的，就可以确定范围。也就是说，应该问哪些问题，或者应该检查这个项目的哪些方面？

问题可能包括：

- 访问——目标客户是否知道该策略并能够访问它？
- 管理——该策略是否易于管理？
- 复杂性——客户和政策官员是否了解该政策？是不是太复杂？
- 成本和收益——该策略的成本和收益是什么，它们是如何分配的？
- 一致性——该政策是否与其他政府政策和优先级一致？
- 股东权益——各种客户群体如何分担利益和负担？差异是否合适？

·交付——谁能最好实施该政策？政府、私营部门还是两者合作？

·可接受性——社区和政府是否可以接受该政策？

所有这些问题通常分为三种来评估：

政策或项目的效率——项目是否物有所值？输入和过程用于获得输出的效果如何？

政策或项目的有效性——项目是否达到其目标并产生有价值的产出？

政策或项目的适当性——项目是否符合政府的优先级并满足社区需求？它是否产生了有价值的结果？

5.2.5 确定要求和限制

关键问题：我们如何实现我们的目标？要求和限制是什么？

评估的目标和范围应根据实际考虑来确定和细化。其中包括：

·资源——有哪些资金（如果有）和员工可供评估？

·时间——评估触发因素（例如预算压力、问题迹象等）是什么？评估需要遵循哪些报告和决策周期？需要或有多少时间来充分回答评估问题？

·信息——目前有哪些相关信息？需要或期望哪些附加信息？收集和解读信息需要多长时间？

·专业知识——实现评估目标需要哪些经验和专业知识？该机构是否能够获得这种专业知识？

·受众——谁需要、将要使用或对评估感兴趣？这可能包括以下一项或多项：项目负责人、高级管理人员、部长、公众、议会和非政府合作伙伴。

·产出——呈现评估结果并与目标受众沟通的最佳方式是什么？选项包括内部简报、正式或总结报告、研究论文、演示文稿、内阁文件、媒体发布或网站。

·风险——评估的风险是什么，如何管理？

5.2.6 选择评估者

关键问题：谁应该进行评估？

有许多可能的评估者，包括机构内部的、外部的或具有合作伙伴关系的。

其中包括：

·项目或政策人员；

·机构内的专家评估单位；

·相关机构委托的外部评估人员（例如顾问）；

·独立专家小组；

·内部指导小组或同行的专业评估人员；

·外部机构，特别是中央机构；

·政府或立法机构，如支出审查委员会或议会委员会。

合适的评估人员将取决于评估的优先级、目标、预算、受众、技术要求和时间安排。

内部评估人员可能对政策或项目和政府流程有更好的理解。外部评估者可能更客观，并需要技术专业知识。

在聘请评估人员时，在评估开始时就建立并商定目标、范围、角色和职责非常重要。

5.2.7 制定方法

关键问题：需要哪些信息？我们如何得到它？

成功的评估依赖于良好的信息，即有助于回答商定的评估问题的信息。

评估方法是确定信息需求以及收集、管理和解释相关数据的方式。数据可以是定性的（与开放式探索性问题相关联），也可以是定量的（与具体的绩效衡量标准和指标相关联）。

按目的分组的可能的评估方法包括：

·效率评估——检查账目和发票，基准、差距分析，合规性审计；

·有效性评估——与参与者和客户的访谈、调查、焦点小组、征集意见、绩效指标；

·适当性评估——成本效益分析、纵向研究、外部政策审查、针对绩效目标的长期测试。

当制定一种方法时，请考虑什么数据源已经可用，是否需要创建新的数据源，以及任何相关的成本。在可能的情况下，数据收集应在其开发过程中嵌入到政策或计划中。这将扩大未来评估的机会。

5.2.8 进行评估

关键问题：我们如何管理评估流程？

一个成功的评估取决于一个好的计划（通过前面的七个步骤制定的）和它的实施。指导评估的主要原则包括：

·在整个过程中保持诚信和公正；

·与利益相关者持续磋商与合作；

·侧重于提交一份符合逻辑、易于理解且面向行动的最终报告。

以诚信合作的方式进行评估将增强调查结果的可信度和可接受性，并有助于克服阻力和批评。

产生合理、高质量的输出确保了评估将被使用。

5.2.9 使用评估——沟通并行动

关键问题：我们如何确保评估有所作为？

正如第3.3节所讨论的，评估的最终目的是采取行动和进行积极的改变。积极主动的方法将有助于推动这种变化。这包括：

·广泛传播调查结果，特别是向关键决策者传播；

·使报告与决策周期相一致；

·根据每个受众的需求定制调查结果的呈现方式；

·实施共识的责任分配；

·总结调查结果，并酌情将其应用于其他政策。

5.2.10 评价评估

关键问题：我们达到评估目标了吗？这个过程可以改进吗？

一旦完成，评估过程本身就可以被评估。值得考虑的问题包括：

·目标和范围是否合理？

·评估的既定目的是否过于宽泛？

·利益相关方是否充分参与？

·是否选择了正确的评估者？

·资源是否充足并得到有效利用？

·评估水平是否反映了政策或计划涉及的风险？是否避免了风险？

·是否所有感兴趣的人都能够获得这些信息？

·研究参与者是否对这个过程满意？

·数据是否可靠？解释是否公正？

·评估中的信息是否有用？建议是否得到执行了？

·是否吸取了有助于改进决策的经验教训？如果没有，为什么没有？

批判性地分析已完成的评估的有效性和适当性将有助于改进未来的评估，并有助于改进政府政策和方案。

参考文献

Althaus C, Bridgman P and Davis G 2007, *The Australian Policy Handbook*, 4th edn, Allen & Unwin, Sydney.

The Queensland Government 2009, *A Guide to the Queensland Government Performance Management Framework*, Department of Premier and Cabinet, Brisbane.

—— Service Delivery and Performance Commission 2007, Performance Management Review Framework Assessment Criteria.

—— 2000, *The Queensland Policy Handbook*: *Governing Queensland*, Office of the Director-General, Department of Premier and Cabinet, Brisbane.

Treasury Board of Canada Secretariat 2009, *Policy on Evaluation*, http://www.tbs-sct.gc.ca/cee/indexeng.asp.

UK Cabinet Office 2003, The Magenta Book: Guidance Notes for Policy Evaluation and Analysis, http://www.nationalschool.gov.uk/policyhub/evaluating_policy/magenta_book/index.asp.

Victorian Department of Planning and Community Development (DPCD) 2008, *Evaluation Step by Step Guide*, http://www.dpcd.vic.gov.au/communitydevelopment/community-sector/evaluation.

附录 A　准备机构评估计划

机构评估计划是一份简短的文件，包括大约三页。它旨在协助各机构规划评估活动，作为机构工作计划的一部分，并确定这一努力的预期成果。

机构评估计划应包括以下内容：

· 考虑到第 3.3 节概述的政策准则，逐步改进评价做法的简短战略。该战略应包括以下方法：

- 培养评估文化；

- 建立评估能力；

- 通过将评估嵌入政策和计划，并协调评估活动来计划评估；

- 根据重要性、风险和复杂性的评估，通过确定评估活动的优先级和规模，进行战略性评估；

- 从整体可持续发展的角度进行高标准的评估；

- 通过沟通结果和根据建议采取行动，使评估变得重要。

· 未来四年的计划评价时间表：

- 战略重点，只注意根据对重要性、风险和复杂性的评估而确定的重要评价活动；

- 涵盖机构目标和政策的范围，并包括现有的和新的倡议；

- 注意这些评价的预期资源需求，以及如何确定评价活动的优先次序。

· 对上一年度的评价成果进行概述。这一概述应包括：

- 实施机构评价战略的进展；以及

- 已完成的评价工作的主要结果和成果。

机构评价计划应该是：

· 以支出审查和评价委员会确定的政府战略评价优先事项为依据；

· 与首席部长部和财政部协商后制定；

· 由行政长官同意，并在每年 7 月 31 日前提交给支出审查和评价委员会。

附录 B　计划逻辑模型

计划逻辑模型描述了一个计划的预期绩效背后的故事，并建立了一个达到预期目标的逻辑顺序。计划逻辑模型的目的不是为了证明一个计划将如何实施。相反，它反映了一个计划在概念层面上是如何运作的。

计划逻辑模型是一个"路线图"，显示了连接一个计划所开展的活动和政府所期望的最终长期成果的结果链。计划逻辑模型可能已经作为事前评估的一部分完成。如果没有，则需要完成，以指导过程和事后评估。各机构可以使用下表在评估期间应用该模型。

在机构控制范围内						机构可以影响	
目标	资源投入	活动	产出	受益人和目标群体	绩效措施	短期成果	长期成果

说明：本作品的版权归堪培拉首都地区政府所有。根据1968年《版权法》的规定，该译本是被允许的。原始文件见 http：//www. cmd. act. gov. au/＿ ＿data/assets/pdf_file/0004/175432/ACT-Evaluation-Policy-Guidelines. pdf。

This work is copyright by ACT Government，Canberra. The translation is permitted under the Copyright Act 1968. Orginal documents are available at http：//www. cmd. act. gov. au/＿ ＿data/assets/pdf_file/0004/175432/ACT-Evaluation-Policy-Guidelines. pdf.

第八章

日本政策评估的法令、基本方针、指导方针

一、行政机关发布的政策实施评估的相关法令

二、关于对行政机关的政策实施评估的相关法律命令

三、关于顺利且有效地实施政策评估事宜

四、行政机关政策实施评估相关的法律实施细则

五、关于政策评估的基本方针

六、关于政策评估实施的指导方针

七、关于规制实施事前评估的指导方针

八、关于目标管理型政策评估实施的指导方针

九、关于与政策评估相关的信息公布的指导方针

一

行政机关发布的政策实施评估的相关法令

行政机关发布的政策实施评估的相关法令

2001 年 6 月 29 日法令第 86 号

一、总则

（目的）

第一条　本法令旨在通过规定行政机关发布的政策实施评估的相关基本事项，客观、切实实施政策评估，使其结果准确反映政策的同时，公开与政策评估相关的信息，有利于有效并高效推进政府工作，同时促使政府对所进行的各种活动向国民进行说明。

（定义）

第二条　本法令中的"行政机关"以下简称"机关"。

1. 内阁府设置法（1999 年法令第 89 号）第四条第三项规定负责处理政务的机关即内阁府（下一条所列举的机关除外）。

2. 宫内厅及内阁府设置法第四条第三项规定掌管政务的机关，即同法第四十九条第一项规定的机关（如果是国家公安委员会，则警察厅除外）及警察厅。

3. 各省按照《国家行政组织法（1948 年法令第 120 号）》第五条第一项的规定，掌管各省大臣分担管理的行政事务的机关即各省，如果是总务省，则以下条款所列举的机关除外；如果是环境部，则第五号所列举的机关除外。

4. 环境纠纷协调委员会。

5. 原子能监督管理委员会。

本法令中的"政策"是指行政机关在其任务或者所掌管事务范围内，为实现一定的行政目的所计划和规划的关于行政上的一系列行为方针、政策等。

（政策评估的性质）

第三条　行政机关必须随时把握与其掌管范围相关的政策的效果（指根据相关政策予以实施，或者即将实施的行政方面的一系列行为给国民生活及社会经济带来的或有可能带来的影响。下同），并以此为基础，从其必要性、效率性或者有效性及该政策的特殊性等方面进行自我评估，使评估结果准确反映该项政策。

为了确保根据上述规定所进行的评估（以下简称"政策评估"）能够客观且严格地得以实施，必须按照以下条款的规定予以推进。

1. 政策的效果必须根据政策的特性采用合理的手段尽可能地控制在一定范围内。

2. 必须根据政策的特性灵活采纳专家学者的建议。

（政策评估结果的运用）

第四条　关于政策评估结果的运用，政府除了按照前一条第一项的规定予以实施外，还必须致力于将政策评估的结果运用于预算的编制，如果是与两个以上的行政机关掌管范围相关的政策，则必须将其灵活运用于计划和规划之中，综合推进。

二、关于政策评估的基本方针

第五条 为有计划地切实推进政策评估工作，必须制定关于政策评估的基本方针（以下简称"基本方针"）。

基本方针规定了与以下所列事项相关的基本计划的指导方针。

1. 与政策评估的实施相关的基本方针；

2. 与政策评估的观点相关的基本事项；

3. 与政策效果的把握相关的基本事项；

4. 与事前评估（指决定政策前所进行的政策评估，下同）的实施相关的基本事项；

5. 与事后评估（指决定政策后所进行的政策评估，下同）的实施相关的基本事项；

6. 与灵活采用专家学者建议相关的基本事项；

7. 与将政策评估的结果反映于该项政策相关的基本事项；

8. 与通过利用互联网等公布政策评估相关信息相关的基本事项；

9. 其他与政策评估的实施相关的重要事项。

除了前项所列举的事项之外，为顺利实施第二十条至第二十二条或即将实施的措施及其他政策评估必须制定相关事项的基本方针和必要的措施。

总务大臣必须听取审议会等政府机关（指国家行政组织法第八条规定的机关）颁布政令时的意见，制定基本方针，并征求内阁会议的决定。

总务大臣在根据前项规定的内阁会议作出决定后，必须立即公布基本方针。前两项的规定也适用于基本方针的变更。

三、行政机关实施的政策评估

（基本计划）

第六条 行政机关的首长（如果指的是公正交易委员会、国家公安委员会、个人信息保护委员会、公害等调整委员会或者原子能监督管理委员会，则行政机关分别是公正交易委员会、国家公安委员会、个人信息保护委员会、公害等调整委员会或者原子能监督管理委员会。下同）必须根据基本方针，针对该行政机关所掌管的相关政策，制定三年以上五年以下期间内的、与政策评估相关的基本计划（以下简称"基本计划"）。

计划规定以下所列举的事项：

1. 计划期限；

2. 关于政策评估实施的方针；

3. 关于政策评估观点的事项；

4. 关于政策效果把握的事项；

5. 关于事前评估实施的事项；

6. 关于在计划期限内希望作为事后评估对象的政策及其他事后评估实施的事项；

7. 关于灵活采用专家学者的建议的事项；

8. 关于将政策评估的结果反映于政策的事项；

9. 关于通过利用互联网等公布政策评估相关信息的事项；

10. 关于政策评估实施体制的事项；

11. 其他与政策评估的实施相关的必要事项。

作为前项第六号的政策，行政机关的首长为了完成该行政机关的任务，应根据社会经济形势等制定实现主要行政目的的相关政策。

确定了基本计划后，行政机关的首长必须立即通知总务大臣同时公布基本计划。

前两项的规定也适用于基本计划的变更。

（事后评估的实施计划）

第七条　行政机关的首长必须每年制定与事后评估的实施相关的计划（以下简称"实施计划"）。

在实施计划中必须规定计划期限及以下所列举的政策以及每项政策的具体的事后评估方法。

1. 在前一条第二项第六号的政策中，准备在计划期限内将其作为事后评估对象的政策。

2. 在计划期限内符合任何一条以下所列举条件的政策：

A. 从决定实施该政策起，根据该政策的特性，在政府命令规定的五年以上十年以内，没有实施为达到政策预期效果所必需的各种活动。

B. 从决定实施该政策起，根据该政策的特性，超过 A 项所述的政府命令规定的五年以上十年以内的期间，该政策并未达到预期效果的。

3. 除前两项所列举的政策之外，准备在计划期限内将其作为事后评估对象的政策。

行政机关首长决定实施计划后或对实施计划进行变更时，必须立即通知总务大臣同时予以公布。

（事后评估的实施）

第八条　行政机关必须根据基本计划及实施计划进行事后评估。

（事前评估的实施）

第九条　行政机关要决定对与其掌管范围相关的、作为符合以下所列举条件的政策、在实施各个以研究开发、公共事业及政府开发援助为目的的政策及其他政策，在颁布这些政策时，必须进行事前评估。

1. 实施该政策时产生的行政方面的一系列行为会给国民生活或者社会经济带来相当程度影响的，或该政策为达到预期效果、预计需要大量费用的。

2. 事前评估所必需的政策效果的把握方法及其他进行事前评估的方法已经得到开发。

（评估报告的制作等）

第十条 进行政策评估后，行政机关首长必须制作记载有以下所列举事项的评估报告。

1. 作为政策评估对象的政策；

2. 政策评估的部、局或者机关及实施评估的时期；

3. 评估的观点；

4. 效果的把握手法及其结果；

5. 灵活运用采纳专家学者的建议的事项；

6. 在进行政策评估的过程中所使用的资料及其他信息的相关事项；

7. 评估的结果。

根据前一项的规定，行政机关首长制作评估报告后，须迅速将其提交总务大臣，同时公布该评估报告及其摘要。

（政策反映情况的通知及公布）

第十一条 行政机关首长每年至少向总务大臣报告一次该行政机关的政策评估结果在政策中的反应情况，同时予以公布。

四、总务省实施的政策评估

（总务省实施的政策评估）

第十二条 如果总务省认为是属于两个以上的行政机关共通的各自的政策，有必要从确保政府整体的统一性出发进行评估，或者认为是与属于两个以上的行政机关所掌管的范围相关的政策，可以综合推进进行评估，但必须确保其统一性或者综合性的评估。

总务省根据行政机关的政策评估的实施情况，如果认为有必要由该行政机关重新进行政策评估时，或者为了切实应对社会经济形势的变化等需要由该行政机关进行政策评估而该行政机关无法确保评估能够实施时，或者接到行政机关的请求，认为有必要与该行政机关共同进行评估时，要确保该政策的评估能够客观且严格。

按照前两项的规定实施的评估，应该把握评估效果并以此为基础，根据其必要性、效率性或者有效性及其政策对应的特性予以实施。

（总务省实施政策评估的计划）

第十三条 总务大臣必须每年制定该年度以后三年的前一条第一项及第二项规定的评估计划。在前一项的计划中必须规定以下所列举的事项：

1. 前一条第一项及第二项规定的实施评估的基本方针；

2. 在计划期限内，准备作为前一条第一项规定的评估对象的政策；

3. 在该年度内，准备作为前一条第一项规定的评估对象的政策；

4. 第一条第一项及第二项规定的与实施评估相关的其他重要事项。

总务大臣在制定了第一项的计划或对计划进行了变更时必须立即予以公布。

第十四条　总务省必须根据前一条第一项的计划，实施第十二条第一项及第二项规定的评估。

（提出资料的要求及调查等）

第十五条　在根据第十二条第一项及第二项的规定进行评估所必需的范围内，总务大臣可以要求行政机关的首长提出资料及进行说明，或对行政机关的业务进行实地调查。

总务大臣可以对第十二条第一项及第二项与评估相关的业务进行书面形式调查或实地调查。在此种情况下，接受调查的一方不得拒绝调查。

1. 独立行政法人［指《独立行政法人通则法》（1999 年法令第 103 号）第二条第一项规定的独立行政法人］的业务。

2. 按照法令直接设立的法人或者根据特别的法令应该以特别的设立行为设立的法人［除不适用《总务省设置法》（1999 年法令第 91 号）第四条第一项第九号规定的法人］的业务。

3. 依据特别法令设立且其设立需要行政机关批准的法人（其资金的二分之一以上由国家出资的法人，只限于进行国家补助相关的业务）的业务。

4. 与国家的委任或辅助相关的业务。

为实现第十二条第一项及第二项规定的评估目的，对地方自治法（1947 年法令第 67 号）第二条第九项第一号规定的属于第一号法定受托事务的地方公共团体的业务（只限于需要与行政机关的业务共同把握的业务，前一项第四号所列举的业务除外），总务大臣可以进行书面或实地调查。在此种情况下，需事先听取相关地方公共团体的意见。

总务大臣可以根据第十二条第一项及第二项规定的评估实施方面的需要，要求公私团体及其他相关人员协助提出必要的资料。

（评估报告的制作等）

第十六条　总务大臣在进行第十二条第一项或者第二项规定的评估后，必须制作评估报告，载明第十条第一项所列举的事项。根据前一项的规定，总务大臣在制作评估报告后，必须在附加必要意见后提交相关行政机关首长，同时公布该评估报告及附加意见。

（建议等）

第十七条　根据第十二条第一项或者第二项的规定，总务大臣认为评估结果有意义时，可以建议相关行政机关长官采取必要措施，同时公布该建议。

总务大臣根据前一项规定提出建议时，可以要求有关行政机关长官在采纳该建议后对其采取的措施进行汇报。

如果总务大臣认为有必要将第十二条第一项或者第二项规定的评估结果反映于政策时，可以向内阁总理呈报意见，请求根据内阁法（1947 年法令第 5 号）第六条规定采取措施。

（确保评估与监督联合执行）

第十八条　总务大臣在实施第十二条第一项或第二项规定的评估时，须确保总务省设置法第四条第一项第十二号的监督规定同时执行，确保评估与监督联合执行。

五、其他规定

（向国会呈交报告）

第十九条　政府须每年进行政策评估，并根据第十二条第一项或第二项规定的评估（以下简称"政策评估等"）的实施情况以及评估结果制作评估报告，在将报告呈交国会的同时予以公布。

（关于推进政策评估方法的调查研究等）

第二十条　政府在对政策评估方法等进行调查、研究及开发的同时，必须对从事政策评估的人员进行培训，提高其资质。

（关于政策评估等信息的应用）

第二十一条　为了政策评估高效且顺利地实施，总务大臣应该采取必要的措施，促使行政机关相互之间灵活运用对实施政策评估有用的信息。

（关于信息提供）

第二十二条　为了给希望得到政策评估结果及其他有关政策评估等信息的人提供便利，总务大臣应该采取必要的措施。

附则（摘要）

（生效日期）

第一条　本法令自 2002 年 4 月 1 日起生效。其中，第五条规定于公布日起六个月内、按政府命令所规定之日起生效。

（研讨）

第二条　政府将在本法令生效三年后对本法令施行的状况加以研讨，并根据研讨结果采取必要的措施。

（关于事后评估实施计划的过渡措施）

第三条　本法令生效后，根据第七条第一项的规定，国家公安委员会、金融厅长官或者警察厅长官最初规定的实施计划适用同项规定，同项中的"每年"为"未满一年、金融厅长官或警察厅长官决定的计划期限"。

（关于事后评估实施的过渡措施）

第四条　第七条第二项（只限于第二号相关部分）规定，本法令生效前发布的政策，其中 A 和 B 所规定的期限在本法令生效后仍然适用。

附则（2003 年 4 月 9 日法令第 23 号）（摘要）

（生效日期）

第一条　本法令自公布日起生效。

第三条　除前一条规定的内容之外，由政府命令规定与本法令生效相关的必要过渡措施。

附则（2012 年 6 月 27 日法令第 47 号）（摘要）

（生效日期）

第一条　本法令自公布日起三个月内，按政府命令规定的时间生效。

附则（2013 年 5 月 31 日法令第 28 号）（摘要）

本法令按号码利用法的生效日执行。但是，以下各号所列举的规定，按该各号规定的日期生效。

第三条、第二十八条、第二十九条（只限于行政手续等的信息通信技术利用法令的第十二条相关修改规定）及第四十四条（内阁府设置法第四条第三项第四十一号之后增加一号的修改规定除外）规定：号码利用法附则第一条第二号所列举的规定生效日期。

附则（2015 年 9 月 9 日法令第 65 号）（摘要）

（生效日期）

第一条　本法令自公布日起在不超过两年的范围内按政府命令规定的日期生效。但是，以下各条所列举的规定，从该条规定的日期起生效。

第一条、第四条以及附则第五条、第六条、第七条第一项及第三项、第八条、第九条、第十三条、第二十二条、第二十五条至第二十七条、第三十条、第三十二条、第三十四条以及第三十七条的规定：2016 年 1 月 1 日。

附则（2015 年 9 月 11 日法令第 66 号）（摘要）

（生效日期）

第一条　本法令自 2016 年 4 月 1 日起生效。

二 关于对行政机关的政策实施评估的相关法律命令

关于对行政机关的政策实施评估的相关法律命令

2001 年 9 月 27 日政府命令第 323 号

2002 年 3 月 20 日政府命令第 49 号

2007 年 4 月 4 日政府命令第 157 号

2008 年 8 月 27 日政府命令第 259 号

最终修订 2010 年 5 月 28 日政府命令第 143 号

内阁根据对行政机关的政策实施评估的相关法律（2001 年法律第 86 号）第五条第四项（含同一条第六项适用的情况）的规定，制定此政府命令。

（法第五条第四项规定的审议会等由政府命令规定的行政机关）

第一条　行政机关实施政策评估的相关法律（以下简称"法"）第五条第四项（含同一条第六项适用的情况）规定，审议会等由政府命令决定的行政机关担任政策评估、独立行政法人评估委员会。

（法第七条第二项第二号政府命令规定的期限）

第二条　法第七条第二项第二号 A 政府命令规定的期限为五年。法第七条第二项第二号 B 政府命令规定的期间为五年。

（法第九条政府命令规定的政策）

第三条　法第九条的政府命令规定的政策为以下所列。但是由总务大臣以及规划和实施该项政策的行政机关长官（如果是法第二条第一项第二号所列举的机关则为内阁总理大臣，如果是同一项第四号所列举的机关则为总务大臣）共同发布的，事前评估的方法尚未开发或者有充足理由可以不进行事前评估的政策命令除外。

一、实施预算为十亿日元以上的研究开发（只与人文科学相关的研究开发除外，下同）的政策。

二、实施预算为十亿日元以上的研发者，对其实施所需费用的全部或者部分进行补助的政策。

三、预算为十亿日元以上的对道路、河川及其他公共设施进行整修的公共建设事业（与设施的维持或者修缮相关的事业除外，以下简称"单个的公共建设事业"）的政策。

四、实施预算为十亿日元以上的公共建设事业机构对其实施所需费用的全部或者部分进行补助的政策。

五、在各个政府开发援助中，预计提供无偿资金金额在十亿日元以上的合作［只限于以根据条约及其他国际承诺进行的技术合作或与此密切相关的事业的设施（含船舶）营建（含该设施的维持及运营所必需的设备及器材的采购）为目的的合作］及预计提供有偿资金金额在 150 亿日元以上的合作［只限于提供资会的条件对于发展中地区不构成沉重负担的、在利息和偿还期间等方面附有优惠条件的合作，根据独立行政法人国际合作机构法（2002 年法律第 136 号）第十三条第一项第二号 A 的规定，对于外交部长指定的机构所实施的开发事业贷给必要的资金］的实施为目的的政策。

六、基于法律或者政府命令对于规制进行制定或者修正、新设、废止［指限制国民权利或增加义务（租税、诉讼手续、补助金交付的申请手续及其他总务大臣命令规定的事项除外），下同］及对规制内容进行变更（应该提交的文件种类、记载事项或格式的轻微变更及其他预计不会对国民生活或者社会经济带来影响的变更、总务大臣命令变更除外）为目的的政策。

七、关于下列措施，根据法律或者行政命令（含告示）进行修订，扩充内容或者变更期限（期限提前的措施除外）的政策。

A. 租税特别措施的适用情况透明化等相关法律（2010 年法律第 8 号）第三条第一项规定的法人税方面的特别措施。

B. 地方税法（1950 年法律第 226 号）第七百五十七条第一号规定的减轻税负措施等，其内容为减少税额或者所得金额［只限于法人的道府县民税（含都民税）、法人的事业税或者法人的市町村民税相关的内容］。

八、除前一条所列举的内容之外，关于国税或地方税，通过租税特别措施法（1957 年法律第 26 号）或者地方税法的修订，采用减少税额或者所得金额的措施［只限于法人税、法人的道府县民税（含都民税）、法人事业税或者法人的市町村民税相关的措施］的政策。

附则

（生效日期）

一、此政府命令从行政机关实施的政策评估相关的部分法律的施行之日（2001 年 9 月 28 日）起生效。

二、对总务省组织命令（2000 年政府命令第 246 号）部分内容修订如下：在第一百二十三条第一项第三号由"独立行政法人通则法"之下增加"及行政机关实施的政策评估相关的法律（2001 年法律第 86 号）第五条第四项（含同一条第六项适用的情况）的规定"。

（修订部分政策评估、独立行政法人评估委员会命令）

三、政策评估、独立行政法人评估委员会命令（2000 年政府命令第 270 号）的部分内容修订如下：

第五条第一项的政策评估小组会的项下增加下列一项：三、根据行政机关实施的政策评估相关的法律（2001 年法律第 86 号）第五条第四项（含同一条第六项适用的情况）的规定，必须规定属于委员会权限的事项。

附则（2002 年 3 月 20 日政府命令第 49 号）　此政府命令从 2002 年 4 月 1 日起生效。

附则（2007 年 4 月 4 日政府命令第 157 号） 此政府命令从 2007 年 10 月 1 日起生效。

附则（2008 年 8 月 27 日政府命令第 259 号） 此政府命令从 2008 年 10 月 1 日起生效。

附则（2010 年 5 月 28 日政府命令第 143 号） 此政府命令从公布之日起生效。

三

关于顺利且有效地实施政策评估事宜

关于顺利且有效地实施政策评估事宜

目前各个行政机关正在根据政策评估的相关法律（2001 年法律第 86 号）、《关于政策评估的基本方针》（2001 年 12 月 28 日内阁会议决定），积极地致力于政策评估的实施。由于在政策评估的实施方面，提出了各种各样的问题，为了解决这些问题，在兼顾各行政机关的政策特性和当前实际情况的同时，顺利且有效地推进政策评估实施。

一、推动政策评估结果在政策中的反映

在政策的管理周期中，为了明确将政策评估制度化、系统化，各行政机关应该采取以下措施：

（一）制作基本计划及实施计划的事前评估或者事后评估相关的政策评估报告，原则上应在计划［包括预算要求（含规定人数等）及基于法令的制度的新设、修正工作，下同］实施之前，最迟也要在计划实施过程中制成，并向该政策的规划及计划部、局提交。另外，预算（包括规定人数等，下同）、法令等的编制工作进行之前，最迟也要在其实施过程中能够向预算、法令等的编制部、局提交。

（二）政策的规划或预算、法令等的编制为重要信息，可以将其记载于政策评估报告。这样能够使相关部、局灵活运用和实施。

（三）为了提高上述（一）及（二）的有效性，政策评估部门应与政策的规划或者预算、法令等的编制部、局密切合作。

二、政策评估的适时实施和政策评估报告的快速公布

以"一"为基础，各行政机关在面对请求实施政策评估时，应立即制作切实反映相关规划及预算的便于灵活运用的政策评估报告，并予以公布。

三、反映预算编制情况的政策评估结果的公布

总务省应对各行政机关反映预算情况的政策评估结果进行汇总，并予以公布。在总结、研讨时，应考虑各行政机关的工作负担、工作效率及实施效果等情况。

四 | 行政机关政策实施评估相关的法律实施细则

行政机关政策实施评估相关的法律实施细则

2007 年总务省令第 95 号

最终修正 2016 年总务省令第 19 号

第一条　根据行政机关政策实施评估相关的法律实施令（以下简称《命令》）第三条第六号中总务省令规定的事项如下所示。

一、国税或者地方税的赋税和征收。

二、根据法律，符合一定条件的人直接成为被保险者、加入者，保险、年金、互助、基金等从其工资或与此相似的收入中征收保险费、分期付款及其他赋税。

三、诉讼手续及其附加手续。

四、以调解利益冲突人之间的利害为目的的法律规定及其他处分（只限于其双方为指定人的情况）相关的手续。

五、关于审查请求、异议申请及其他不服申请的行政厅裁决、决定以及其他处分的相关手续。

六、赋予询征及申辩机会的手续及其他意见陈述的手续。

七、犯罪搜查或少年事件调查。

八、基于国税或地方税犯罪事件、金融商品交易犯罪事件、禁止私人垄断和确保公平交易的相关法律（1947 年法律第 54 号）对犯罪事件实施的调查。

九、诉讼执行。

十、补助金或间接补助金等［指关于与补助金等相关的预算执行的法律（1955 年法律第 179 号）第二条第一项规定的补助金等或同一条第四项规定的间接补助金等中向国民交付的款项］的交付申请手续及政府或地方公共团体向签署其债务的保证合同的法人贷款或者出资的申请手续。

十一、根据《自卫队法》（1954 年法律第 165 号）第七十六条规定的防卫出动及根据同法第七十七条第二点规定的为了防卫构建设施的措施。

（《命令》第三条第六号的总务省命令规定的变更）

第二条《命令》第三条第六号的总务省命令规定的变更、以下各条款所列行为，必须采取书面记录方式，有关记录事项、格式及下列第一条款和第二条款所列行为，必须采取电磁记录方式（以电子方式、电磁方式制作记录，供电子计算机用于进行信息处理），记录事项、格式及下列第三条款和第四条款所列行为，或电磁记录的记录事项的轻微变更，都必须采取电磁记录方式。

一、保存、保管、管理、准备、准备放置、备置或常备。

二、制作、记载、记录或进行制备。

三、公告、提示、供纵览或阅览，或者复制。

四、交付、提交或提供。

附则

此省令从 2007 年 10 月 1 日起生效。

五

关于政策评估的基本方针

关于政策评估的基本方针

2005 年 12 月 16 日内阁会议决定
2007 年 3 月 30 日部分变更
2010 年 5 月 25 日部分变更
2015 年 3 月 24 日部分变更

日本的行政立足于国民的利益，意图强化基于国内外社会经济形势变化的客观的政策评估功能，并在将政策评估的结果正确地反映于政策已经成为课题的认识之下，通过中央部、厅等的改革，导入政策评估制度。政策评估制度的定位为：灵活运用科学的知识见解，通过合理的手法检测或者分析政策的效果等，对照一定的尺度，进行客观的判断，提供有利于政策的规划方案和基于规划方案的切实的实施信息，将其结果正确地反映于政策，不断对政策加以重新评估和改善，在推进高效、高质量的行政及重视成果的行政的同时，彻底履行行政对于国民的说明责任。

关于政策评估，各行政机关对于其所掌管的政策亲自进行评估是基本原则。另外，作为与各行政机关不同的专门负责评估的组织总务省，突破各行政机关局限、为确保政策评估的综合性及更加严格的客观性，对于各行政机关的政策实施进行统一或综合的评估，同时对确保政策评估的客观且严格实施进行评估。

据此，各行政机关实施的政策评估和总务省实施的政策评估通过分别分担切实发挥功能，以确保在内阁的统辖之下政策评估的切实实施。

关于这样的政策评估制度，对其提供明确的框架，在提高其有效性的同时，从进一步提高国民对此的信任的观点出发，我国制定了与行政机关实施的政策评估相关的法律（2001 年法律第 86 号，以下简称"法"）。据此，各行政机关在明确的计划之下，明确了在决定政策之后应该进行评估的职责任务。另外，在确保以恰当的形式在政策决定之前实施评估的同时，明确了总务省实施的政策评估，对其内容等进行了明确规定。

自此之后，政府在此法律的框架下，针对行政机关的政策，适时地把握其效果，并以此为基础进行必要的评估，推进了政策的重新评估和改善。

这个"关于政策评估的基本方针"意图在法律的框架下有计划地、切实地推进政策评估。为此，根据法第 5 条的规定，在确定各行政机关的首长规定的基本计划的事项的同时，明确政府的政策评估活动应该成为基本的方针。

另外，由于从 2002 年 4 月 1 日法生效以来已经过了 3 年，根据法的附则第二条的规定，对法令实施情况加以探讨，作为改善、充实政策评估的必要措施，对本基本方针进行修订。

一、关于政策评估基本计划的指导方针

（一）关于政策评估实施的基本方针

1. 关于政策评估实施的基本考虑方法

政策评估是指各行政机关对于其所掌管的政策适时地把握其政策效果，并以此为基础，根据必要性、效率性或者有效性的观点及政策的特性，从必要的观点出发，通过自行评估对政策的企划方案和为政策得以切实实施提供重要的信息措施，与政策的决定是不同的概念。政策评估是在以"规划方案（Plan）""实施（Do）""评估（See）"为主要元素，在政策的管理周期中，明确植入制度化的系统，确保得到客观且严格的实施，通过公布以政策评估的结果为主的、关于政策评估的一系列信息，不断对政策重新评估和改善的同时，意图彻底实现行政对于国民的说明责任。

政策评估被植入政策的管理周期中，通过这个周期的有效作用，在带来政策的质的提高的同时，还提高了行政的政策形成能力并推进了员工的意识改革，通过这些措施，实现了以人为本的高效的、高质量的行政和立足于国民的利益重视成果的行政。进一步地，通过公布关于政策评估的一系列信息，以及彻底实现行政对于国民的说明责任，确保了政策和基于政策的活动的透明性，从而可以提高国民对于行政的信任。

为了政府整体范围内切实实现政策评估制度的目的，政府根据法及基本方针等确保评估制度在政府整体范围内得以实施，一方面意图实现政策评估的重点化及效率化，另一方面推进符合各行政机关各自政策特性的制度，同时通过政策评估的实施过程，意图实现制度的改善和发展。

2. 政策评估方式

充分发挥政策评估预期作用的同时，为了确保政策评估的高效实施，在实施政策评估时，应该采用符合政策特性的、符合目的的"事业评估方式""实际成绩评估方式"及"综合评估方式"（附件）和组合了这些主要元素的前后一致的机制等恰当的方式。

为了确保政策评估系统合理地实施，预先明确政策体系是基本原则，在具体实施时，作为政策评估对象的政策，应该明确在何种目的之下、采用何种手段予以实施。

另外，如果各行政机关所掌管的政策与多个行政机关的政策（更高目标）相关时，应该致力于预先明确与多个行政机关的政策之间的关系。

（二）关于政策评估观点的基本事项

当实施政策评估时，应根据评估对象的政策特性，选择合适的观点，将其具体化、综合地进行评估。

作为政策评估的观点，存在法第3条第1项明示的必要性、效率性及有效性的观点。其中，基于必要性观点的评估，从政策效果看，应该明确与对象政策相关的行政目的是否与国民和社会的需求或者更高的行政目的相符；从行政参与的方式看，应该明确行政是否有必要负责实施该政策。另外，基于效率性观点的评估，应该在明确其

政策效果与该政策活动的费用等之间的关系后予以实施。基于有效性观点的评估，应该在明确其预期政策效果与实际效果及可预估的政策效果之间的关系后予以实施。

除此之外，根据政策特性选择使用的观点还有公平性观点和优先性观点等。基于公平性观点的评估，应该明确对照行政目的、政策效果和费用的负担是否公平分配或是否被分配后予以实施。另外，基于优先性观点的评估，应该明确根据这些观点的评估，该政策是否应该优先于其他的政策。

政策评估观点基于基本的、适用的考虑，应在基本计划中予以明确。

（三）关于把握政策效果的基本事项

A. 把握政策效果时，应根据对象政策的特性，综合考虑把握政策效果所需要的成本、可能得到的结果等，采用合适的方法。

此时，应该使用能够尽可能地把握政策效果的方法，如果有困难，或者此方法不能确保政策评估得以客观且严格的实施时，则采用定性把握政策效果的方法。即使在此种情况下，仍然应该尽可能地使用客观的信息和数据以及事实，以确保政策评估得以客观且严格实施。另外，在所有方面，与其从最初就统一采用高度且严格的方法实施，不如采用简单的方式，只要能够认可其有用性，则采用该方法，通过政策评估实施的过程积累知识见解，逐渐改进方法，不断提高政策评估质量。

B. 关于把握政策效果的基本考虑，应在基本计划中予以明确。

C. 把握政策效果时，应该根据政策特性，对照综合性的政府活动目的，尽可能地把握其效果和影响。

D. 关于政策效果的把握，应该在该政策的实施过程中，有效地、高效地取得把握政策效果所必需的信息、数据以及事实，对于收集、报告的方法等也应该事先有所考虑。此时，如果有必要寻求有关人员的协助，应该在可理解的范围内把握恰当的效果。

E. 由于政策具体的实施主体是行政机关以外的机构，为了掌握政策效果，该实施主体需要掌握政策效果和方法，尽可能地取得实施主体理解和协助，恰当地掌握实施政策的效果。

（四）关于事前评估实施的基本事项

A. 事前评估是指在决定政策之前，根据该政策活动的预期效果，提供对政策采纳和实施有用的信息。此时，从多种政策方案中选择恰当的政策，使政策的改善、重新评估的过程尽可能地明确。

B. 关于事前评估，根据法令第9条规定，即使是实施义务之外的政策，如果是符合同一条第1号的政策，也应该积极对政策效果的掌握方法进行研究及开发，并根据情况按顺序实施。

C. 事前评估应该明确希望得到的效果和事后评估的方法等，在发现政策效果的阶段验证其结果的妥当性等，并将得到的知识见解反馈于以后的事前评估。

D. 在事前评估中使用的方法及其他事前评估的方针，将在基本计划中予以明确。

E. 当实施以研究开发为对象的事前评估时，除了应该根据法令及本基本方针的规定之外，还应该根据《关于国家的研究开发评估的大纲指导方针》（2008 年 10 月 31 日内阁总理决定）予以实施。

F. 关于限制的事前评估，即使是具有实施义务之外的限制，也应该积极、主动地进行事前评估。

G. 国税的租税特别措施及地方税的税负减轻措施等（以下简称"租税特别措施等"）相关政策的事前评估，在 2010 年度税制修订大纲（2009 年 12 月 22 日内阁会议决定）中，根据租税特别措施等的根本性的重新评估方针，即使是与具有实施义务的法人税、法人居民税及法人事业税方面的租税特别措施等以外的措施（只限于为了实现特定的行政目的，减轻、递延税负）相关的政策，也应该积极、主动地进行事前评估。

（五）关于实施事后评估的基本事项

A. 事后评估是指在决定政策之后，掌握政策的效果，并以此为基础为政策的重新评估及改善和新政策的规划方案提供信息。

B. 进行事后评估时，应时刻考虑行政目的与手段的关系，为了将政策评估的结果恰当地反映于政策，应该委托合适的机构实施。另外，关于各行政机关的任务及与其密不可分的基本方针目的，与此对照进行评估。

C. 应该考虑随社会经济形势的变化重新评估及完善政策的必要性及政策效果等，在恰当的时机实施事后评估。

D. 关于在事后评估中使用的方式、观点及其他事后评估方针，将在基本计划中予以明确。另外，在确定实施计划中的事后评估的对象政策时，应根据法第 7 条第 2 项各号的区分予以确定。

E. 当实施以研究开发为对象的事后评估时，除了应该根据法及本基本方针的规定之外，还应该根据《关于国家的研究开发评估的大纲指导方针》予以实施。

F. 各行政机关的长官，应根据社会经济形势等确定事后评估的对象政策，在确定应该实现的、与主要行政目的相关的政策时，在 2010 年度税制修订大纲中，考虑到提出了租税特别措施等的根本性的重新评估方针，与租税特别措施等（只限于为了实现特定的行政目的，进行税负的减轻、递延）相关的政策、与各行政机关所掌管的范围相关的政策，在基本计划中作为事后评估的对象予以确定。

在此种情况下，与法人税、法人居民税及法人事业税方面的租税特别措施等相关的政策，必须在基本计划中明确标注，其他税目方面的租税特别措施等相关政策，也应该积极、主动地将其列为事后评估的对象。

（六）关于灵活运用专家学者观点的基本事项

根据政策的特性灵活运用法令第 3 条第 2 项第 2 号专家学者的观点，确保政策评估客观且严格实施，灵活运用知识见解、专业知识和能力、国民生活及社会经济的政策实践的知识，采用符合评估对象政策的特性及评估内容的恰当方法予以实施。灵活运用符合政策特性的知识见解的基本观点及其方法，应在基本计划中予以明确。

（七）关于政策评估的结果反映于政策的基本事项

关于政策评估的结果，在各行政机关，政策评估结果在政策规划方案工作［预算申请（含规定人数等）、税制修订要求、基于法律的制度的新设、修正工作］中作为重要的信息适时地、切实地被灵活运用，有必要恰当地反映于该政策。为此，根据各行政机关的实际情况，以政策评估负责组织为中心，在总结政策管辖部门的政策评估结果和该评估结果反馈的同时，确保与预算、税制、法律等编制部门之间的合作等，设置提高反映政策的评估结果的有效性的机制等，其内容将在基本计划中予以明确。

另外，为了强化政策评估与预算、决算、税制的合作，根据相关内阁会议决定等宗旨，推进必要的举措。

为了促进各行政机关将政策评估结果反映到政策中，总务部应该采取必要的措施。

（八）关于通过互联网及其他方法公布政策评估相关信息的基本事项

A. 在根据法令第 10 条第 1 项规定制定评估报告时，基于从外部能够对政策评估的结果进行验证的重要性，应尽可能具体且明确地记载同一项各条款所列举的事项，此时应该明确反映政策的评估结果的方向性。另外，评估时使用的数据、假设、外部因素等也应该予以明确。

B. 评估报告的摘要应该简单明了地记述该评估报告的主要内容，使评估结果一目了然。

C. 另外，公布评估报告时，对于危害国家及公共安全的信息和与个人隐私、企业秘密等相关的信息应该根据行政机关所有的信息公开的法律（1999 年法律第 42 号）进行恰当的对应。

D. 政策评估的结果反映于政策的情况公布方面，政策评估的结果和基于该结果的措施情况（内容、时期、今后的计划等）应尽可能具体地公布出来。

E. 当公布评估报告和政策评估的结果反映于政策的情况等时，除了刊登于互联网的主页之外，还应该通过新闻稿、宣传点备置、在联络窗口发放等恰当的手段，使国民能够容易地把握其内容，其具体的方法将在基本的计划中予以明确。

（九）其他与政策评估的实施相关的重要事项

1. 实施体制

为了确保政策评估客观且严格的实施，在各行政机关，在政策评估负责组织与政策管辖部、局等的恰当的作用分担之下，应该根据各行政机关的实际情况，建立可以一体化地致力于政策评估的体制。关于实施体制及政策评估负责组织需要发挥的作用，将在基本计划中予以明确。

另外，为了使这样的体制能够有效地、高效率地发挥作用，以政策评估负责组织的员工为首，应该积极地致力于负责政策评估的员工人才的确保和其评估能力的提高。

2. 建立接受国民意见、希望的接待窗口

在各行政机关，应该建立接受从外部来的关于政策评估的意见、希望的接待窗口，该接待窗口除了在基本计划中予以明确外，还应该灵活地运用互联网的主页等积极地进行发布。另外，对于接收到的意见、希望，应该在相关的部、局等恰当地予以灵活运用。

3. 与地方公共团体的合作、联合

当实施政策评估时，国家与地方公共团体应该在恰当的角色分担的基础上，在互相合作的关系之下共同进行行政活动，在各自把握行政活动的效果并进行评估的基础上，根据评估对象政策的特性，在确保政策评估的客观且严格的实施方面进行必要的信息和意见交换，致力于与地方公共团体的合作、联合。

二、基于法第 20 条至第 22 条的规定的措施相关的事项

（一）基于法第 20 条的规定的措施

1. 调查、研究及开发的推进

当推进调查、研究及开发时，考虑到政策的特性等，应该重点致力于事前评估所必要的政策效果的把握手法及其他的事前评估的方法的开发、政策效果的把握手法的可靠性和精度的调查及研究、类似事业之间的评估指标和政策效果的把握手法的通用化的调查及研究等。

另外，推进这些调查、研究及开发的成果在各行政机关之间的信息的交换。

2. 推进调查、研究及开发的人才确保及资质提高

关于员工人才的确保及资质的提高，应该灵活运用一般职位的规定、任期员工的采用及工资的特例的法律（2000 年法律第 125 号），如注册会计师等具有专业实用知识的人的采用、包括退职公务员的灵活运用、在评估领域的官民交流、政策评估负责员工的人事交流、开展推进员工意识改革的活动等。另外，总务省应该致力于实施在各行政机关协助之下的、各行政机关从事政策评估的员工的有系统性和连续性的研修。

（二）基于法第 21 条的规定的措施

总务省在推进关于政策评估等的实施方面所必要的信息的探讨的同时，致力促进政策评估等的实施方面所必要的信息在行政机关相互之间灵活运用的系统。

（三）基于法第 22 条的规定的措施

总务省应该致力于在各行政机关协助之下从方便广大国民的观点出发的、能够集中且便于检索政策评估相关信息的所在位置信息的信息资源库功能。

另外，应努力使国民可以从总务省本省及管辖区行政评估局等获取以上信息。

三、其他为了顺利且切实地实施政策评估所必要的措施相关的事项

（一）举办联络会议

提高政策评估的质量，总务省在加强各行政机关之间的密切联系、顺利且高效实施政策评估制度的同时，为促进政策评估，举办由各行政机关组成的联络会议。

另外，为了顺利且高效实施政策评估，经过联络会议的联络、协商，总务省制定《关于政策评估实施的指导方针》《关于限制的事前评估实施的指导方针》《关于政策

评估的信息公开的指导方针》《关于租税特别措施等相关的政策评估实施的指导方针》。

（二）各行政机关实施的政策评估及总务省实施的政策评估

1. 各行政机关及总务部实施的评估的功能分担

为实现政策评估制度的目的——以人为本的高效率高质量的行政、转变为立足于国民的重视成果的行政及彻底履行对国民的说明责任，必须切实发挥各行政机关实施政策评估和与各行政机关不同的、专门负责评估的总务省实施的政策评估各自分担的功能。为此，提出政策方案并予以执行的各行政机关，从切实实现该行政机关的任务的角度出发，对其负责的政策进行评估，并将评估结果恰当地反映于政策。进一步地，总务省作为独立于各行政机关框架外专门负责评估的组织，从确保政府整体的统一性且综合推进的角度出发，对各行政机关的政策进行评估的同时，对各行政机关是否客观、切实实施政策评估进行评估，并根据评估结果通知相关行政机关，或者根据需要提出建议。据此，促使各行政机关根据各自的特性完善政策，政府在确保统一性、综合性的基础上完善政策，从而使政策更加准确、完善。

在这样的制度框架之下，为了有效且高效运用评估，各行政机关及总务省在不断斟酌评估的实施体制、业务数量、紧急性等情况下，根据作为内阁的重要政策，有计划、有重点地实施各自的评估活动。此时，鉴于政策评估等的实施目的，应以综合且统一的形式开展评估活动，不辜负国民的期待。

2. 各行政机关的评估活动

各行政机关应有计划、有重点地对所掌管的以下政策进行评估。

①根据施政方针演说等内阁的基本方针等，在重点行政领域该行政机关所掌管的主要政策；

②根据国内外的社会经济形势的变化，认为有必要进行修订、完善的主要政策；

③国民要求评估且有必要实施评估的政策；

④各行政机关重点实施的政策。

3. 总务省的评估活动

作为与主管政策的各行政机关不同的专门负责评估的组织，为推动各行政机关无法承担或不能完全达成的评估更有效、高效地实施，总务省将实施以下评估活动。

A. 为了确保统一性和综合性的评估活动

（a）总务省实施的为确保统一性和综合性的评估，应根据确保各行政机关政策的统一性或者综合性相关的、政府应该面向的一定的方向性予以实施。此时，对于各行政机关政策的共同方面，按照统一观点进行横向评估，或对与多个行政机关负责范围相关的政策，从综合推进的角度进行整体评估。另外，对于相关措施涉及众多方面的政策，为了使评估的结果恰当地反映于政策，应由合适的单位进行评估。

（b）有计划、有重点地对以下政策进行评估〔总务省应根据政策评估审议会（以下简称"审议会"）的调查审议选定对象〕。

①根据法律和内阁会议决定等，要求作为政府整体举措的与主要行政课题相关的

各行政机关政策；

②灵活运用行政机关共通的行政制度、系统的政策；

③与多个行政机关负责的范围相关的政策，根据法律和内阁会议决定等，与确保政策综合性相关的和已明确应采取措施的主要政策；

④除此之外，按照①至③所列举的政策，国民强烈要求且在确保统一性或者综合性方面有必要采取紧急措施实施评估的政策。

（c）实施评估时，应注意各行政机关的政策评估的实施情况，同时应充分联络、灵活、高效运用各行政机关在评估过程中收集的信息。

（d）为帮助相关行政机关制定政策方案，总务大臣应告知政策效果、与评估对象相关的课题等意见。另外，对于作为评估对象的政策，确保其统一性或者综合性，对照政府应该面向的一定的方向性，如果认为相关行政机关有必要采取具体措施，总务大臣应对该行政机关的长官提出建议。

B. 为了确保政策评估客观、严格实施的评估活动

为了确保政策评估客观、严格实施的评估活动，有计划、有重点地实施一系列评估活动。

①关于各行政机关实施的政策评估，在其实施手续等的评估的实施形式方面，关于应该确保的客观性、严格性的实现水准等的审查；

②在各行政机关实施的政策评估中，重新认定应该实施评估的政策或者为了切实应对社会经济形势的变化等与应实施评估的政策相关的实施评估的必要性（应根据审议会的调查审议认定必要性，在此种情况下，审议会将就进行评估的必要性再次听取相关行政机关说明及意见）；

③根据上述②的结果，在通知了应该实施政策评估但受委托行政机关不能确保客观、严格地实施评估时应该实施的评估（应根据审议会的调查审议实施评估，在此种情况下，审议会将就不能确保客观、严格地实施评估的情况听取相关行政机关说明及意见）；

④当行政机关提出要求，如果有必要，则与该行政机关共同实施评估。

（三）基本方针的重新评估

关于本基本方针，应根据政策评估的实施情况、政策效果的把握手法及其他关于政策评估的方法的调查、研究及开发的成果和动向等，进行所需要的重新评估。

附页

事业评估方式

在决定以每个事业和施策为目的的政策前，从方便采用与否、选择等角度出发，以该事业或者施策为对象，重新估计或者检测政策预期效果和其所需要的费用等。根据国民和社会的需求或更高目的判断政策是否妥当、从行政参与的方式判断行政是否有必要负担、通过政策的实施评估是否能够获得与费用相符的政策效果等，同时根据

需要在事后对事前进行的评估内容进行验证的方式。

注：事业评估有时候也指与个别公共事业相关的事前及事后评估。

实际成绩评估方式

决定政策后，为不断重新评估和完善政策，要不断明示政策的目的和相应的方法，预先设定为达到政策效果应实现的目标，定期、持续地对实际成绩进行检测，同时在目标期间结束时总结目标期间整体的努力与最终的实际成绩等，对目标的完成度进行评估的方式。

综合评估方式

决定政策一段时间后，根据为解决问题提供的各种信息，对政策进行重新评估或完善，从不同的角度对与特定主题相关的政策效果进行深入分析，在把握相关问题点的同时，对其原因进行分析的综合评估方式。

六 ｜ 关于政策评估实施的指导方针

关于政策评估实施的指导方针

2005 年 12 月 16 日，政策评估各行政机关联络会议批准。2010 年 5 月 28 日，部分修订。2012 年 3 月 27 日，部分修订。2015 年 4 月 1 日，部分修改。

在行政机关实施的关于政策评估的法律（2001 年法律第 86 号。以下称为"法"。）附则第 2 条中，规定了"政府在此法律生效三年后，对此法律实施的情况加以研讨，并根据其结果采取必要的措施"。

2005 年 4 月，由于从法生效后已经过了 3 年，决定对法的实施情况加以研讨，作为政策评估的改善及充实所必要的措施，修订《关于政策评估的基本方针》（2001 年 12 月 28 日内阁会议决定。以下简称《基本方针》）。

本指导方针是基于迄今为止的成果，根据基本方针拟定的，为政策评估的顺利、高效实施提出了标准指引。

另外，为了履行其说明责任、实行以人为本同时重视成果的行政运营，各行政机关应在评估目的及其掌管政策的基础上采取有效措施。

今后，为了政策评估的进一步完善及充实，在各行政机关政策评估举措的进展和关于政策评估的调查、研究的成果基础上，会对本指导方针进行必要的重新评估。

一、政策的系统化

为了确保政策评估的系统、合理、切实实施，应预先明确政策体系，当实施政策评估时，应明确政策评估的对象政策是在何种目的之下、采用何种手段予以实施的。

另外，如果各行政机关所掌管的政策涉及多个行政机关（更高目标）时，应该致力于预先明确涉及多个行政机关的政策目标与各相关行政机关所掌管的政策手段之间的关系。

（一）"政策（狭义）""施策""事务事业"的区分

各行政机关所掌管的政策，按照所谓的"政策（狭义）""施策""事务事业"的区分进行对应，其水平各不相同。为此，为了确保政策评估系统、合理、切实实施，有必要在预先明示"政策（狭义）—施策—事务事业"等的政策体系后实施评估。

关于所谓的"政策（狭义）""施策""事务事业"的区分，一般可以按以下方法进行整理。

"政策（狭义）"：以实现应对特定行政课题的基本方针为目的的行政活动。

"施策"：以实现上述"基本方针"的具体方针为目的的行政活动，可以认为是为了实现"政策（狭义）"的具体政策和措施。

"事务事业"：是使上述"具体政策和措施"具体化的各个行政手段，是行政活动的基础单位。

但是，上述"政策（狭义）""施策"及"事务事业"的区分是相对的，可以归为"理念类型"。由于现实政策的形态多种多样，由不同阶层组成的团体共同实施政策，与事务事业相关的事物不存在时，或措施、事务事业等分属不同的政策体系时，三者很难明确区分。

（二）政策体系的明示

关于政策体系，应事先进行明示，并在制定基本计划或者实施计划时公布。另外，如果政策体系出现变更、追加时，应该恰当地予以调整。

（三）强化政策评估与预算及决算的合作

对于"政策（狭义）""施策""事务事业"等的政策体系，政策评估负责组织与编制预算机构、政策主管机构合作，致力于实现对政策评估和预算、决算的强化合作。

（四）关于重要政策的评估

实现政策评估的重点化、高效化，通过施政方针演说等公示的内阁重要政策，对相关行政机关掌管的政策，应该在明确表示与政策的关系、目标以及方针的政策体系的基础上，适时且切实地实施评估。

特别是对于通过施政方针演说等列举了数值目标等实现目标的政策，应该以简单易懂的方式提示其手段，通过把握、分析进展状况，明确目标的实现情况。

另外，对于各行政机关重点实施的政策也同样处理。

二、评估方式

基本方针中列举了"事业评估方式""实际成绩评估方式""综合评估方式"三个标准的评估方式，其具体内容及在使用这些方式实施评估时的注意事项如下所示。

（一）事业评估方式

A. 事前的时间点

1. 应对照国民和社会的需求、更高级的目的判断评估对象政策的目的是否妥当，从行政参与的方式探讨是否有必要由行政负责。

2. 通过评估对象政策的实施，探讨是否能够获得与成本相符的效益。为此，尽可能对可预测的效果及所需要的成本进行估计和测定，并对这些进行比较。此时，要尽可能确定关于效益的受益归属范围和对象，进行定量化。另外，关于成本，除了与评估对象政策相关的直接支出外，还应尽可能包含随之发生的直接支出之外的成本（如社会成本）。

3. 探讨实现更高的目的是否能够获得必要的效益，通过实际效益来判断是否获得预期效益，并具体判定其状态。

4. 通过实施评估对象政策指定事后评估及验证是否获得预期效益的方法和时期，并预先予以明确。

5. 根据法令第 9 条的规定，即使是有义务实施的政策以外的政策，如果是即将实施的新政策或与国家的补助事业相关的政策，也应该积极实施评估。

B. 事后的时间点

1. 对实施了事前评估的政策和现行的政策中给国民生活和社会经济带来很大影响的政策及需要巨额成本的政策，应该进行事后政策效益评估和验证。

2. 应该注意是否确实获得预期效益，如果未能获得，是何种原因造成的，由此得到的数据及意见应该在今后的政策评估和政策的规划方案中灵活运用。

（二）实际成绩评估方式

1. 关于评估对象政策，应该以简洁易懂的形式告知国民"截至何时、关于何事、希望实现什么目的"，设定着眼于成果的目标（以下简称"基本目标"）。如果该目标难以实现或不适用时，则设定着眼于实际成绩的目标。

2. 对于难以展示具体实现水平的基本目标，采用与之相关的、可以检测的指标，设定显示各指标实现水平的具体目标（以下简称"实现目标"）。预期目标应该尽可能采用能够客观检测实现程度的定量或定性指标。

3. 设定目标时，应该不断以外国事例的调查研究成果和各行政机关的举措为参考，在具体指定预期目标的同时，明确实现目标的期限。另外，应该预先具体明示判定目标实现程度的基准。

另外，如果难以指定预期目标时，则应该不断斟酌在评估中所要求的必要因素等，探讨使用与政策特性等相应的更加恰当的评估方式。

4. 着眼于成果的目标，也不能够排除预期目标可能会受到行政机关管理范围外的外部因素的影响，将其实现程度全部归因于行政机关，有时也是不妥当的。为此，设定了着眼于成果的目标时，对于有可能对目标实现造成影响的外部因素，也应该尽可能地预先予以明确。另外，着眼于产出的目标也一样。

5. 关于目标和指标，为了不使获得用于指标检测的信息、数据成为过重的负担，应该预先就其获取方法进行探讨，根据对象政策的特性恰当地进行设定。另外，应该明示其思考方法和根据、实现目标的手段及成本等。当对这些事前的设想等进行明示时，使其成为易于使用、易于理解的事物并实现对国民的说明责任，确保各行政机关之间的统一性及一览性，基本原则是使用统一的标准格式。

6. 关于目标，应该定期、持续地检测其实际成绩，根据需要随时完善或调整相关政策或目标本身。另外，在目标期限结束时，对在整个目标期间的举措及最终实际成绩等进行总结，对于目标的完成度进行评估，根据需要对评估对象政策及下一阶段的目标设定方式进行重新评估。

7. 对于未能实现目标等存在问题的施策，根据需要采用事业评估方式和综合评估方式，对构成施策等的各个事务事业等进行深入分析及验证，对政策效果的发现状况进行多角度挖掘等，把握与该政策相关的问题，同时对其原因进行分析及验证。

8. 为了高效、灵活采用实际成绩评估方式进行评估，应每年对预设目标的完成度进行实际成绩测定，也可以考虑在一段时期后进行综合评估等，不断斟酌并调整业务量、紧急性等。

9. 当制作评估报告时，要使其易于使用、理解，并实现对国民的说明责任，确保各行政机关之间的统一性及一览性，基本原则是使用统一的标准格式。另外，该评估报告应兼备摘要。

10. 对于上述 1 ~ 9 的事项，也适用于包含对预设目标的完成度进行评估的事后评估。

（三）综合评估方式

1. 从多角度具体明确评估对象政策效益的状况时，应根据政策的直接效益、因果关系、情况对外部因素进行挖掘分析，根据需要对波及效果（二次效应）的发生状况及其发生的过程等进行分析。

2. 把握评估对象政策相关的问题，分析其原因。

3. 探讨评估对象政策的目的是否依然合适。另外，根据需要，从行政参与的方式探讨行政是否有必要负责。

4. 根据需要，比较、探讨政策的效益及其所需成本（含负效益和间接成本）。另外，探讨对于国民来讲是否有更加高效且高质量的代替方案。

5. 探讨与相关政策之间是否具有整合性。

6. 根据情况，探讨是否有必要优先于其他政策予以实施。

7. 关于评估的对象，如在评估与政策自身存在方式有关的主题时，对从政策（狭义）、施策及至事务事业进行评估，以实现政策（狭义）的具体施策手段为焦点进行评估时，以施策为中心，根据需要对事务事业进行评估等，根据设定的评估主题灵活地予以对应。另外，也可以考虑设定领域交叉的主题、以多个施策为对象实施评估。

8. 在探讨制度修订等政策的大幅度重新评估时，考虑采用综合评估方式进行评估。

9. 关于采用综合评估方式与采用事业评估方式，如在采用综合评估方式的评估中灵活运用采用事业评估方式的事前评估结果及事后的验证、评估结果，在采用综合评估方式的评估中，也可以考虑对采用事业评估方式的评估进行事前评估及事后的验证、评估。

10. 采用综合评估方式进行评估，在政策实施前，也可根据需要进行评估。此时，可以参考采用类似的综合评估的评估结果或者采用其他评估方式的评估积累的信息及数据。

11. 积极运用通过审议会报告和白皮书等获得的分析结果。

三、评估方法

各行政机关应该在斟酌评估所需成本等的基础上，根据评估的目的、评估对象的性质等，以合理的评估方法实施政策评估。此时，应考虑以下事项。

1. 实施政策评估时，首先应努力开发定量评估方法，尽可能采用基于具体指标数据的定量评估方法。

2. 如果难以采用定量的评估方法或不能确保客观性时，则采用定性的评估方法。此时，应该尽可能地使其基于客观的信息、数据和事实，或者在评估中雇用具有学识经验的人，以确保评估的客观性。

3. 在评估方法中，有的会在信息、数据的收集及评估的实施方面花费庞大的成本并造成事务方面的负担。实施政策评估不可避免会产生一定的成本，然而，统一使用分析精度高但成本庞大的评估手法并不是高效的。另外，评估方法在分析精度和适用范围等方面也存在技术上的限制，因此过于追求分析精度、过度追求定量的评估方法有时也并不是高效的。

为此，对于到底要寻求何种信息进行评估、需要何种程度的分析精度、为了进行评估应该花费何种程度的时间和成本等，应事前探讨，选择合适的评估手法。

4. 在选择评估方法时，还应该注意事后是否可以验证评估结果。

四、灵活运用专家学者的知识见解

当灵活运用专家学者的知识见解时，如对于计划制定等贯穿评估活动整体的事项，灵活运用专家学者组成的关于政策评估的会议，或者根据各个政策领域个别地、具体地听取拥有专业知识见解的专家学者的意见等，应该使其与评估的对象政策的特性、评估的内容、评估作业的效率等相符。

当专家学者的意见内容反映于评估结果时，应该将具体反映内容明确记载于评估报告，并予以公布。

另外，总务省应使政策评估审议会与各行政机关的由专家学者组成的关于政策评估的会议能够适当地就各行政机关的政策评估的实际形态等进行信息交换。

五、评估结果在政策中的反映

将政策评估的结果恰当地反映于政策是很重要的，各行政机关应推进以下举措。

A. 为了将政策的评估结果作为重要的信息切实反映于预算要求等政策规划方案工作中，应迅速制作评估报告并予以公布。

B. 为了使评估结果恰当地反映于政策，如在内阁各部的会议上等进行重要的政策决定时，应该尽可能地在评估结果的基础上进行讨论。在提出概算请求等时，应该进行负责政策评估的部门和负责编制预算的部门的会审，强化负责政策评估与编制预算部门的合作。

总务省应该在各行政机关的协助之下，归纳评估结果对预算请求等的反映情况，并予以公布。

六、政策评估的基础建设

为方便各行政机关实施政策评估，总务省应该通过基于基本方针的联络会议，进行以下活动以实现基础建设。另外，各行政机关也应该努力推进必要措施。

A. 实施调查研究、提供成果。

B. 实施包括实践方面的研修。

C. 实施政策评估时，提供、交换参考指南和信息。

D. 关于政策评估的宣传活动。

七

关于规制实施事前评估的指导方针

关于规制实施事前评估的指导方针

2007 年 8 月 24 日政策评估各行政机关联络会议批准

本指导方针在行政机关实施的关于政策评估的法律（2001 年法律第 86 号，以下简称《评估法》）框架之下，为了顺利、高效实施与规制新设或者修正相关政管的事前评估（以下简称《规制的事前评估》），有利于规制的质的提高，以及履行向国民的说明责任《关于政策评估的基本方针》（以下简称《基本方针》）及《关于政策评估实施的指导方针》（以下简称《政策评估指导方针》），规定关于规制的事前评估的内容、程序等标准。根据各行政机关的工作进展和其他国家先行工作的成果，为了改善及充实规制的事前评估，可根据需要对本指导方针进行必要的审查。

一、进行评估时

规制是为了维持社会秩序、生命安全、保护环境、保护消费者等行政目的，限制国民的权利和自由，或者对国民施加义务。因此，通过对规制进行事前评估并公布其结果实现规制的质的提高。同时，对于规制，除了利害相关者，获得广大国民的理解很重要。因此规制的事前评估所发挥的作用是非常巨大的。

规制的事前评估是预测因规制而产生的效益和负担并对其进行评估的行为。实施评估时，在对规制的新设或者修订、废止以及规制的具体内容、其程度进行探讨和分析的同时，将分析内容作为国民和利害相关者等议论的共同平台，在其过程中，充实的数据和信息的收集是很重要的。考虑到这些情况，从政策的立意开始到决定为止的一系列过程中，应该尽可能早地开始评估。

另外，由于规制的性质等，本指导方针规定的标准评估在实际操作方面有困难时，应在基本方针 I3 "关于政策效果把握的基本事项" 及政策评估指导方针 3 "评估方法" 的基础上，尽可能实施。

二、评估的方法

（一）评估的对象

（1）根据政策评估律施行令（2001 年政府命令第 323 号）第 3 条第 6 号规定：以规制新设或者修订、废止为目的的政策，必须进行事前评估。

因此，对于"国民"不起作用的、对限制权利或赋予义务不起作用的规定，其性质不适合进行事前评估的规定不需进行事前评估。以下列举具体例子，除此之外的其他规定也应该根据作用内容的性质进行判断。

①对于与行政机关之间拥有与一般国民和行政机关之间关系不同的关系人起作用

的规定。对于国家行政机关或者地方公共团体，因其固有的资格所适用的规定。

对于按照特别法律设立的法人、受国家委托进行行政方面事务的法人、在法令上与国家之间拥有与一般国民不同的特别关系的法人，只适用于该法人的规定。具体指独立行政法人、地方独立行政法人、国立大学法人、大学共同利用机关法人、特殊法人、认可法人或者指定法人（含法令上指定或者并无计划与此类似的行政行为但规定只由该法人实施的公共业务的法人）及只适用于与此类似法人的规定（关于指定法人只限于与指定相关的规定）。

对于在宪法和行政法（含一般的说法和先例中确立的解释）中预定接受与一般国民不同待遇的人，只适用于当事人的规定。具体指公务员或者曾任公务员的人、行政机关和国立大学法人设置的学校的大学生和中学生、在矫正和拘留设施收容及被拘留的人、处于保护观察之下的人等。

只适用于外国人或者外国法人的规定。

②对于犯罪及其刑罚一体化的规定（被行政机关劝告和处分的构成犯罪的行为，为了实现一定的行政目的行政机构策划并确立的情况下，该部分除外）。

另外，在处罚中，只有规定刑罚内容的部分不构成限制国民的权利或赋予义务的作用（在确定行政处分的规定中，确定处分内容的部分也是如此）。

③确定市民社会中对等的私人之间规则的规定。

为了规范民法、商业行为法中对等私人之间关系的规定。

为了保护消费者和投资者等只要求合同或者交易当事者的一方履行义务的情况不属于对等。

④实质上不具有限制国民权利、赋予国民义务作用的规定。

未规定违反措施的义务规定。

⑤社会的常识中明确不属于行政目的内容的规定。

关于征收提供行政服务的手续费、负担费等的规定。

当行政机关是合同一方当事人时，为了确保合同公平履行的规定。

（2）即使是非必须进行事前评估的规制，也应该根据基本方针，积极主动地进行规制的事前评估。

（二）评估的单位（单元）

1. 涉及上位法令和下位法令的单位（纵向单元）

上位法令和下位法令条款的规定为一体，构成规制内容，应该设定恰当的评估单位（单元组合）进行事前评估。上位法令和下位法令，在同一时期一并实施评估时，由各行政机关判断是根据各法令级别分别制作评估报告及其摘要（以下简称"评估报告等"）还是一并制作评估报告。

另外，从上位法令和下位法令同时评估开始，到下位法令的内容发生实质上的变更、需要进行评估的情况下，在下位法令修订时，重新实施关于该下位法令的评估。

2. 涉及多个条款的单位（横向单元组合）

当相关的规制内容涉及同一法令的多个条款和多个法令的条款时，采用适合分析个别事例产生的效果和能够承担相应关系的评估单位（单元组合）进行评估。

（参考）

评估的单位（单元）的案例

①将相关的重叠条款一并作为评估单位。

规定了许可批准等规制的主要部分的条款和附属的许可批准的取消、变更、纠正命令、遵守基准的条款。

②将个别条款作为评估单位。

命令个别作为或者不作为（禁止）的条款，单独规定了行政机关的命令权限的条款。

（三）分析及评估的内容

1. 规制的目的、内容及必要性

A. 现状及问题点

对现状及问题进行具体、通俗易懂的说明。如对目前的制度和政策体系发生了什么变化（列明相关条款及其内容）、问题产生的原因是什么、如果维持现状会发生什么问题、将来预计会成为什么样的状态等进行说明。

B. 规制的新设或者修订、废止的目的、内容及必要性

对照上述 A，对规制的新设或者修订、废止的目的、内容及必要性进行说明。通俗易懂地对行政参与的必要性、行政加强参与或者减弱参与的必要性，或者终止参与的必要性和收益发生的过程进行说明。规制放宽时，对放宽后的规制的必要性进行说明。

2. 成本及效益的分析

在本指导方针的以下说明中，"成本"或者"效益"同时分别包含被金钱价值化的因素和未被金钱价值化的因素。也就是说，即使有"成本"或者"效益"，也没有必要将不能金钱价值化的因素作为金钱价值化的前提。

接下来，对成本及效益的分析方法进行说明。

A. 共通事项

（i）分析对象期间。

在分析对象期间，考虑到成本及效益的经年变动和估计的预测精度，需设定对应于个别事例的恰当的期间。

另外，考虑到涉及多年度的被金钱价值化的成本及效益的总计时，可对将来的价值用折扣率换算成现在的价值。

（ii）对成本及效益进行估计时的比较对象（基准线）。

将"规制不进行新设或者修正时可预测的状况"作为比较对象（以下简称"基准线"）进行设定，通过比较基准线与"进行该规制的新设或者修正时预测发生的状

况"，估算成本及效益（探讨代替方案时也与基准线进行比较）。

（iii）成本及效益的各因素分析。

尽可能对因规制的新设或者修正产生或者增减的具体成本及效益的因素进行列举说明。并且，列明各要素负担成本主体或者接受效益主体的同时，对各要素的发生过程进行说明。

为了进行客观的评估，尽可能将成本及效益定量化或者金钱价值化后列明。如果不能进行定量化或者金钱价值化，则进行定性化的通俗易懂的说明。但是，需要注意，与效益相比成本易于进行基于金钱价值化的估计。

另外，如果定量化和金钱价值化都可以时，需对两者进行说明。

（iv）次要影响或者间接影响。

关于成本及效益的因素，在决定政策时，除了考虑直接影响之外，还应该考虑次要影响和间接影响。同时，如果在实现目标方面还有可能受外部因素的影响时，应该对此进行说明。对于在次要影响和间接影响中重要的一方，还有必要使其定量化或者金钱价值化。但是，对于间接的影响，要注意避免与直接影响记录同一个因素，即避免重复计算。

另外，对次要影响和间接影响进行分析，列明成本及效益在不同的主体之间是如何分配的，则有利于分配公正，做出更加恰当的政策判断。

B. 成本要素的区分

将成本进行以下区分，列明每一个要素的负担者并进行分析。

（i）根据负担者的类别，成本可以大致分为以下类型：

遵守成本是受限制的一方关心的成本，有必要进行充分探讨。对于判断行政的参与是否恰当和明确持续需要的成本等，行政成本作为进行评估的信息是很重要的。

其他的社会成本，如果对直接接受规制以外的人具有重大影响，同样是重要的信息。

①遵守成本。

接受规制的国民和事业者为了遵守规制所负担的成本。包含行政申请成本（文件的制作和提交等）、国民和事业者内部的成本（设备的引进和维持等）等。

②行政成本。

规制主体产生的成本，含导入该规制所需要的成本（为了形成制度化的研究和必要的设施、设备等）和导入规制后所需要的成本（检查、监测、增加人员等）。还应明确记载主体的类别（国家、地方公共团体或者相关法人）。

③其他的社会成本。

对于社会经济整体和环境等造成的广泛的负面影响。如果规制的新设或者修正明显影响竞争状况时，需考虑这个影响。

（ii）在初期所必要的成本、持续发生的成本、将来一定时期内所必需的成本等各成本的发生时期可以预计的情况下，在（i）的①~③分别列明这些类别，同时需留意

并分析成本产生的时间差（当前价值的换算和逐年的跟踪比较等）

3. 成本及效益的关系的分析

规制的事前评估的目的是表明通过规制获得的效益能否将该规制所带来的成本正当化（Justify），其中，效益和成本金钱价值化的成本效益分析是规制事前评估的主要方法。但是，在规制所带来的效益和成本中，存在难以进行定量预测的要素；即使能够进行定量的预测，但存在难以金钱价值化的要素。另外，在通常的成本效益分析中，不涉及分配的公平等效率性以外的因素。因此，采用成本效益分析时，不仅要根据估计的效益和成本，还应该通过成本效果分析的方法等，对未能金钱价值化的要素进行分析，进行效率性以外的政策目的的综合评估。

如果难以进行定量预测时，则进行定性分析。如果进行定性分析，需综合各要素的重要程度，进行易于理解的说明。如果可以定量预测，但是金钱价值化有困难时，可以采用成本效益分析。

A. 成本效益分析

估算金钱价值化成本和效益，分析成本和效益的关系。

B. 成本效果分析

估算为实现一定的定量化效益（效果）而产生的成本，分析成本和效果的关系。

如果有采用相同单位来表示效果的代替方案，则可以进行比较。有时容易产生效果印象。另外，根据需要，还应该采用将众多效果还原于一个要素的定量化的成本效用分析。

C. 成本分析

如果预测结果为多个方案之间的效益几乎相同，或效益明显大于成本等时，则不对效益进行详细分析，而是以成本为中心进行分析。

4. 与代替方案之间的比较

在提供对探讨政策选择切实有用的信息的同时，从履行对国民的说明责任的观点出发，应该提示可以预计的代替方案，对该代替手段也进行上述所列举的分析，并进行比较权衡。

如果可能提示采取作为代替方案的规制以外的手段。另外，当规制延缓时，如果预计该规制可能废止，将规制的废止也作为代替方案进行比较。

作为代替方案，除了采用规制以外的手段，还可以考虑权限行使主体不同的方案、行政行为和遵守确保手段等不同的方案、基准或期间等内容不同的方案等。但是，规制内容和上位法令规定的下位法令的委任内容，也有难以预计有效的代替方案的情况（另外，在本指导方针中，并未将基准线作为代替方案处理）。

关于代替方案的成本及效益，在分析与基准线的比较的同时，也应通俗易懂地标示该方案与代替方案的比较结果。

5. 专家学者的见解及其他相关事项

关于规制的新设或者修正的方案和规制事前评估的分析内容，如果有审议会的探讨结果和专家学者的见解，则应该将其记载于评估报告中。另外，关于在评估时使用的数据和文献等，也应该将其概要和出处等信息记载于评估报告中。

另外，从加强数据和信息的收集、提高接受规制一方的遵守意识的观点出发希望早期收集并提供规制事前评估的分析内容，并听取意见（参考各国的咨询手续等）。如采取上述措施，对其结果也应该进行说明。

6. 进行审查的时期或者条件

应该对照社会经济形势，对判断该规制（新设或者修订）是否恰当的时期和条件进行记载。另外，作为审查的一环，定期把握（监控）成本及效益的实际成绩也是很重要的。如果有监控计划，则对其进行说明。

（四）其他注意事项

1. 应对不确定性等

通过预测将来的现象进行规制的事前评估具有不确定性。需对估算值的不确定性程度进行说明，例如具有一定幅度的数量（上限值和下限值的设定等）。另外，即使很难获取进行定量化或金钱价值化的分析所需的数据或是部分数据不能把握的情况下，也应在一定的前提条件下进行定量化，并对此进行说明。

2. 临时新设或者修正的规制的评估

由于突发性事件或紧急事态的处理等原因，在规制新设或者修正的立案和制定过程中，可能难以按照标准的评估顺序实行。在此情况下，应根据评估法令宗旨，在允许的范围内进行规制的事前评估，即使最后变成事后评估，也应该在必要的范围内制作评估报告，并予以公布。但是，在该情况下，该评估主体应该将未能根据本指导方针标准实施评估程序的理由进行说明，履行对国民的说明责任。

另外，对于只适用于紧急情况的规制，只要没有上述的特殊情况，仍然是与普通规制相同的事前评估对象。

3. 充实分析内容

为提高规制的质量，各行政机关应根据规制的特性等，从多角度进行分析，充实内容。特别是在国外，对于对竞争状况影响大的规制，有在规制的事前评估中对该影响进行分析的事例。在此基础上，为了普及、落实对竞争状况的影响的把握、分析方法，设置由相关行政机关组成的联络会议，在公正交易委员会的协助下，推进应有的举措方法。

4. 评估功能与法令规划功能等的合作

在进行规制的新设或者修正时，各行政机关的评估功能与法令规划功能等之间的有效合作是不可或缺的。为此，各行政机关的政策评估负责组织和政策管辖部门及法令的编制部门等要合作，努力提高规制的质量。

（五）评估报告等的记载事项

1. 评估报告等的记载事项

以下的①～⑥，在规制的事前评估中是很重要的项目，应将下列内容记载于评估报告等中。

①规制的目的、内容及必要性；

②规制的费用；

③规制的收益；

④政策评估的结果（成本和效益的关系的分析等）；

⑤具有学识经验的人的见解及其他相关事项；

⑥进行审查的时期或者条件。

当公布代替方案时，应该在必要的范围内记载该代替方案的成本和效益以及与规制方案相比较的结果。

2. 评估报告的摘要的标准格式

在制作评估报告的摘要时，以附页为基本格式，需要对格式进行修改时，在适当修改的基础上制作评估报告。

（六）评估报告等的公布时间点

根据法律新设或者修正规制时，最迟应该在法律方案的内阁会议决定之前公布评估报告。政府命令的下位法令实施时，最迟应该在行政手续法（1993 年法律第 88 号）的公众意见征询手续之前（不适用公众意见征询手续的事项，则应该在内阁会议或者制定之前）公布其评估报告。在此种情况下，原则上是作为"电子政府综合窗口"的网站（www. gov. go. jp）公开公众意见征询手续的命令等（规制）方案的"相关资料"。另外，对公众意见征询手续提出意见，并在此基础上变更评估报告时，需要重新对此进行公布。

因保密等特别原因，无法在上述公布日期公布时，则在规制的公布时间（政府公告上公布的时间等）之前尽早公布。但是，如果不按照本指导方针规定的时期进行公布，作为评估主体的行政机关则对此负有说明责任。

另外，根据条约等国际合约规定的新设或者修正的规制，如需国会批准的规制，应在向国会提交该国际合约前提交评估报告；如无须国会批准的规制，应在国际合约签订之前提交评估报告，同时公布国内相关法令。对国内法令进行制定或者修正时，最迟也应该根据规定进行公布。

八

关于目标管理型政策评估实施的指导方针

关于目标管理型政策评估实施的指导方针

2013 年 12 月 20 日

政策评估各行政机关联络会议批准

本指导方针明确了在进行目标管理型政策评估实施时的基本方法、实施内容等，是对各行政机关举措的标准指导方针。

考虑到各行政机关举措的不断发展等，为改善及充实目标管理型政策评估，需对本指导方针进行必要的审查。

一、实施的基本方法

当实施目标管理型的政策评估时，从提高政策基础设施便利性的观点出发，在明确由政策的目的、目标、实现方法等组成的政策体系的基础上，采用各行政机关通用的目标完成度的标准表示方法予以实施。同时，为完善政策、做出贡献，应进行评估并提高评估工作效率。

二、事前分析表的制作

（一）宗旨

目标管理型的政策评估中，恰当地设定目标是很重要的。在此基础上，如果目的、目标（指标）及其实现方法以及各方法如何实现目标等相关的事前预估不明确，将给事后对该预估进行验证并将其反映到政策的改善中带来困难。相反，如果事前预估明确，则可使该预估的事后评估变得简明合理。

关于评估对象的施策水平的政策，可以认为与对所需要的成本（预算、决算信息）采取相同的措施，即预先对上述的事前预估以通俗易懂的形式对重要信息进行整理、公布以及在事后验证实际成绩，有利于进一步明确各行政机关的政策体系、有效促进外部验证、强化各行政机关长官管理。

在列明这些事前预估时，应使其易于使用、理解。同时为履行对国民的说明责任，确保各行政机关之间的统一性、一览性，各行政机关应该制作各评估对象施策的每一年度的事前分析表。

另外，根据评估对象施策的特性和预算结构等，在下列需对该格式进行修改的情况下，应在该格式要素的基础上确保统一性、一览性，进而予以修改并制作。

1. 为确保评估的连续性和评估结果的灵活运用等，同时标注与该格式规定的事项名称不同的事项名称；

2. 为了使记载内容通俗易懂，在该格式的记载事项之外追加记载必要信息的栏目

（如果需要记载的信息量大，并可能显著损害统一性、一览性时，应该采取附页记载等措施）；

3. 为了对评估对象施策进行明确定位，将其结构对应各行政机关的政策体系进行整理。

（二）事前分析表的制作对象等

事前分析表的制作对象是实施目标管理型政策评估的所有施策。

（三）其他

在公布制作完成的事前分析表时，应提交总务省行政评估局。

三、确保评估报告的统一性、一览性及评估报告的灵活运用

（一）确保统一性、一览性

对于与目标管理型的政策评估相关的评估报告（以下简称"评估报告"），应使其易于使用、易于理解，同时为了彻底履行对国民的说明责任，确保各行政机关之间的统一性、一览性，各行政机关应该制作每一个评估对象施策的评估报告。此时，对于每个施策的目标完成度，各行政机关均分为"目标超额实现""目标实现""有相当程度的进展""进展不大""目标方向不对"五个阶段，并予以明示。

另外，按照评估对象的施策特性和预算结构等，在下列需对该格式进行修改的情况下，在该格式要素的基础上，确保统一性、一览性，予以修改并制作。

1. 为了确保评估的连续性和评估结果的灵活运用等，对基于检测结果分析的分类应同时标注与该格式确定的事项名称不同的事项名称；

2. 为了使记载内容通俗易懂，在该格式的记载事项之外追加记载必要信息的栏目（如果需要记载的信息量大，并可能明显损害统一性、一览性时，应该采取附页记载等形式）；

3. 为了对评估对象施策进行明确定位，将其结构对应于各行政机关的政策体系进行整理。

（二）其他

关于评估报告，原则上应在 8 月底完成、公布，并提交总务省行政评估局。

此时，在基本方针 I9（2）所述的窗口，接受外部对该评估报告的意见、希望。对于接收到的意见、希望，应该在相关部门灵活运用。

另外，为了完善、调整评估对象施策，应该尽量积极运用评估报告。

四、推进政策重新评估

为推进政策的重新评估，各行政机关应在以下方面实施深入、综合的评估。此时，关于每年实施的评估，斟酌业务量、紧急性等的周期予以实施（在基本计划期间内至少实施一次）的同时，在不实施评估的年度，对预设目标的实现程度、每个年度的实际成绩进行测定（监测），实现评估工作的高效化。

1. 对非预设的外部因素和在目标中未列举的费用等要素进行分析；

2. 验证事前分析表中列举的实现方法对该施策目标是否有效；

3. 预设目标的妥当性及必要的重新评估、新目标设定的方式；

4. 施策时应该将目标未能实现的原因分析、实现目标的有效举措及思考等灵活运用于今后施策的企划方案及实施中。

在不进行上述总结性评估的年度实施监测时，各行政机关应将其记入事前分析表。

另外，检测结果显示有必要实施综合评估时，则在该年度实施综合评估。

五、确保政策评估与行政事业审查的合作

（一）政策评估与行政事业审查的相互运用

为方便施策和该施策相关事务事业状况的整体把握、政策重新评估和重点化、预算的缩减及高效化等，各行政机关在实施目标管理型的政策评估时采用（二）及（三）所列举的举措，实现与行政事业审查之间信息的相互运用。

（二）施策与事务事业对应关系的整理

各行政机关应该将施策和构成该施策相关事务事业的行政事业审查对象的对应关系在事前分析表中实现方法一栏予以明确化。

（三）实施过程中相关部局之间的合作

各行政机关在实施目标管理型政策评估与行政事业审查时，根据"行政事业审查实施要领"中推荐的政策评估协调措施，确保政策评估负责组织与行政事业审查的编制部局之间的合作。

（参考）行政事业审查实施要领 10（3）与政策评估之间的合作。

为此，推荐各行政机关推进以下举措。

A. 整体推进通过联合小组实施的审查和政策评估；

B. 审查外部专家学者的会议与关于政策评估的外部专家学者联合举办的同类型会议。

六、实施时期和过渡措施

本指导方针适用于 2014 年度以后实施的政策评估。

与 2014 年度实施的施策相关的事前分析表，如已完成也可以使用以往的格式。

九

关于与政策评估相关的信息公布的指导方针

关于与政策评估相关的信息公布的指导方针

2010 年 5 月 28 日政策评估各行政机关联络与会议批准

本指导方针在《关于政策评估的基本方针》（2005 年 12 月 16 日内阁会议决定）所规定的政策评估相关信息公布的基本事项基础上，制定关于评估报告制作等的指导方针。

关于本指导方针，应该根据各行政机关的工作进展等进行必要的审查。

一、评估报告、摘要的制作等

提供有助于国民对政策进行评估和判断的政策信息是政策评估的主要目的之一。根据需要，在传递易于理解的政策信息的同时，为了更进一步向国民提供更详细的信息，需要明确评估报告及其摘要所承担的作用。

另外，在政策评估过程中使用的材料，要确保外部对其验证的可能性。因此需要妥善保管。

（一）评估报告及摘要的作用分担

评估报告应明确记载法定记载事项，需要注意外部可以对评估结果及其评估过程进行验证。关于摘要，应包含评估应该具备的要素，在制作时注意简洁化，使国民能够轻松地理解该评估报告的主要内容。

各行政机关应该注意评估报告及摘要的不同作用，考虑到（二）所列举的事项，规定与所管辖的政策特性相符的评估报告格式。

（二）制作评估报告的注意事项

各法定事项记载的标准内容主要为以下所示的内容。

①作为政策评估对象的政策。

记载评估对象政策的目的、目标、方法、法令依据、在政策体系上的定位、背景等。关于各个公共事业的评估，还应该记载概要图或其出处信息。

②负责政策评估的部门或者机关及实施政策评估的时期。

部门或机关一般记载到科级为止，同时对于实施时期应尽可能详细记载。

③政策评估的观点。

关于必要性、效率性、有效性等的观点，应该记载具体是如何与该政策进行嵌合的内容。

④政策效果的掌握方法及其结果。

记载在掌握政策效果时使用的假设和前提条件等。

⑤关于运用专家学者的知识见解的事项。

记载运用专家学者知识见解的时期、方法及其反映内容的概要。

⑥关于政策评估过程中使用的资料及其他信息的事项。

记载评估过程中使用的数据及文献等的背景数据的概要或其出处信息。此时，应该注意确保外部验证的可能性。

ⅰ　进行记载时的注意事项如下所示：

（ⅰ）数据。

将数据的名称、制作者及制作日期记载于评估报告。另外，数据中应该附有基准时间点或者对象日期。

关于统计法（2007 年法律第 53 号）第 2 条第 3 项所规定的官方统计，将所使用汇总表的出处信息记载于评估报告。但是，关于评估调查等，将调查方法、用于提问的表格及使用的汇总表的出处信息记载于评估报告。

关于将官方统计及其他数据加工后进行的效果预测及验证，将计算方法及计算结果以及所使用的汇总表的出处信息记载于评估报告。

关于定性的数据（案例分析、采访等个别事例），应注意数据的代表性和客观性并将调查方法记载于评估报告。

（ⅱ）文献等。

将文献等的名称、制作者及制作时间记载于评估报告。

ⅱ　关于各公共事业的评估，需要注意以下事项：

关于效益计算，进行需要预测时，将预测模型、用于该预测的数据及预测结果的出处信息记载于评估报告。

关于成本效益分析，将使用的官方统计及其他数据的出处信息记载于评估报告。对于成本效益分析手册等予以公布。

⑦政策评估的结果。

以掌握政策效果为基础，根据专家学者的建议，对照必要性、效率性、有效性等观点，综合得出判定、评估的结论、评论和评估结果及其对政策的影响。以上都要记载于评估报告。

A. 将政策的成本、效益记载于评估报告并予以明示。

B. 给专业术语添加解说及注释，或灵活运用图表和图形，使其成为国民能够理解的内容。

C. 为了确保外部验证的可能性，将政策评估基础数据等评估相关信息，通过数据解析（CSV 形式的数据提供）、印刷（以设定了印刷范围的电子计算软件能够利用的电子表格格式提供数据）等形式予以公布。

另外，为使专家学者等实施的以政策评估研究为契机的政策评估高度化、行政机关将收集的统计调查信息灵活运用于学术研究等，各行政机关应积极根据统计法统计并制作提供匿名数据（同法第 35 条及第 36 条），同时积极推进官方统计的提供。

D. 如果收到因缺乏数据不能进行外部验证的意见时，应根据意见采取恰当且必要的措施，确保外部验证的可能性。

如果出现各行政机关共通的制度上的课题，总务省将整理思路并向各行政机关提出。

二、由专家学者等组成的政策评估相关会议的公开等

在召开由专家学者等组成的政策评估相关会议时，在对议事要旨、会议记录、会议资料进行公开的同时，原则上应公开的会议，应允许普通人旁听并在互联网上公开等。

为听取国民的意见及要求设置接待窗口，各行政机关应使其所在位置和所听取的意见及要求内容便于国民理解，同时公布对意见及要求的运用结果。

三、其他

在本指导方针完全落实为止，总务省将一直跟进。

第九章

韩国政策评估法规文件

一、政府业务评估基本法

二、政府业务评估基本法施行令

政府业务评估基本法

政府业务评估基本法

［施行：2017.07.26］［法律第 14839 号，2017.7.26，修改他法］

国务调整室（国政课题管理管室）044-200-2476

第一章　总则

第一条（目的）　该法规定了有关政府业务评估的基本事项，其目的是通过建立中央行政机构、地方自治团体、公共机构等的综合成果管理体制和加强自律性评估力量，提高国政运营的效率性、效果性及责任性。

第二条（定义）　本法所用用语的定义如下：<于 2016 年 3 月 29 日修订>

1. "评估"是指对一定机构、法人或团体执行的政策、事业、业务等（以下简称"政策等"）的计划的制定、执行过程及结果进行检查、分析、评定。

2. "政府业务评估"是指为了确保国政运营的效率性、效果性和责任性，评估下列各机关、法人或团体（以下简称"评估对象机构"）所执行的政策等。

A. 中央行政机构（包括总统令规定的总统所属机构及国务总理所属机构、辅佐官机构，下同）

B. 地方自治团体

C. 中央行政机构或地方自治团体所属机构

D. 公共机构

3. "自我评估"是指中央行政机构或地方自治团体对所管政策等进行自我评估。

4. "特定评估"是指国务总理以中央行政机构为对象，评估为综合管理国政所必需的政策等。

5. "重估"是指对已实施评估的结果、方法和程序，由实施评估的机构以外的机构重新评估。

6. "成果管理"是指在推进政府工作时，从经济效益、效率性、效益性等角度管理机构任务、重大长期目标、年度目标和绩效指标的一系列活动。

7. "公共机构"是指符合下列各项某一项的机构、法人或团体：

A. 根据《公共机构运营相关法律》第 5 条第 3 项指定的国营企业和准政府机构

B. <于 2016 年 3 月 29 日删除>

C. 根据《地方国企法》第 49 条规定的地方公社及同法第 76 条规定的地方公团

D. 根据《关于政府出资研究机构等的设立、运营和培养的法律》第 8 条或者第 18 条规定的研究机构或者研究会

E. 根据《关于科学技术领域政府出资研究机构等的设立、运营及培养的法律》第

8 条或第 18 条规定的研究机构或者研究会

F. 根据《关于设立和运营地方政府出资研究院的法律》第 4 条规定的地方政府出资研究院

G. 总统令规定的机构、法人或团体

第三条（构建综合性政府业务评估制度）

1. 中央行政机构的领导若非根据法律或总统令不得对其他评估对象机关的政策等进行评估。

2. 对中央行政机关及其所属机关的评估应依照本法规定统一实施。在这种情况下，对于综合实施评估的范围，必要的事项将以总统令的形式制定。

3. 因工作特点、评估时期等原因难以统一实施评估的情况下，可事先与第 9 条规定的政府业务评估委员会（以下简称"委员会"）协商，另行实施评估。在这种情况下，必须及时向委员会提交评估结果。

第四条（成果管理原则）

1. 成果管理对政策等的计划制定和执行过程赋予自律性，并确保对结果的责任。

2. 实施成果管理是为了提高政府工作的成果、政策质量和国民的满意度。

第五条（成果管理战略计划）

1. 中央行政机构的领导要树立实现包括所属机构相应机构的战略目标的中长期计划（以下简称"成果管理战略计划"）。在这种情况下，中央行政机构的领导可以在成果管理战略计划中纳入与此相关的其他法令的中长期计划。

2. 中央行政机构的领导应在成果管理战略计划中纳入机构的任务、战略目标等，至少每三年检讨该计划的可行性，并进行修改、完善等措施。

3. 中央行政机构的领导应在成果管理战略计划中反映根据《国家财政法》第七条规定的国家财政运用计划。<于 2006 年 10 月 4 日修订>

4. 中央行政机构的领导在制定成果管理战略计划时，应立即向国会常任委员会报告。

5. 地方自治团体的领导及公共机构的领导可以根据第 1 项及第 2 项规定的事项基础，制定成果管理战略计划。

第六条（成果管理实施计划）

1. 中央行政机构的领导要以成果管理战略计划为基础，制定并实施旨在实现当年成果目标的年度执行计划（以下简称"成果管理实施计划"）。

2. 成果管理实施计划应包括该机构的任务、战略目标、当年度成果目标、成果指标及财务部门过去三年的绩效结果等。在这种情况下，成果指标应被客观、定量地设定以测定成果目标，但难以客观、定量地设定时，应采用其他形式制定。<于 2016 年 3 月 29 日修订>

3. 中央行政机构的领导在制定成果管理实施计划时，应立即向国会所属常任委员会报告。

4. 中央行政机构的领导要对成果管理实施计划的履行情况进行半年一次的检查。

5. 国务总理应该将中央行政机构的成果管理情况及结果反映到自我评估及特定评估中。

6. 地方自治团体的领导及公共机构的领导可以根据第 1 项及第 2 项规定的事项基础，制定并执行成果管理实施计划。

第二章　政府工作评估制度

第七条（政府工作评估的原则）

1. 实施政府工作评估时，应该保障其自主性和独立性。

2. 政府工作评估要通过客观、专业的方法，确保结果的可靠性和公正性。

3. 政府业务评估的过程应透明化，保障政策等相关人员参与的机会，并公开其结果。

第八条（制定政府工作评估基本计划）

1. 国务总理要通过委员会的审议、表决，制定针对政府工作成果管理及政府工作评估政策目标和方向的政府工作评估基本计划（以下简称"政府工作评估基本计划"）。

2. 国务总理在政府工作评估基本计划中应包括下列各项内容，并至少每 3 年对该计划的可行性进行一次检讨、修改、完善。

A. 政府工作成果管理与评估政策基本方向相关事项

B. 政府工作评估制度发展方向的基本事项

C. 政府工作评估与研究、开发相关事项

D. 各种评估制度和评估方法等确保实效性的有关事项

E. 确保评估人员专业性和独立性的相关事项

F. 根据第 13 条第 1 项规定的电子综合评估体系（以下简称"电子综合评估体系"）的构建、运营及改善相关事项

G. 关于评估的预算、组织等援助事项

H. 其他总统令规定的关于发展评估工作的主要事项

3. 国务总理应以政府业务评估基本计划为基础，考虑前一年的评估结果，听取评估对象机关的意见后，经委员会审议、表决，于每年 3 月底前制定包括下列各项内容的政府工作评估年度实施计划（以下简称"政府工作评估实施计划"）并通知评估对象机构。

A. 对于当年度政策等的成果管理及政府工作评估的基本方向

B. 对于当年度政策等的自我评估事项

C. 对于当年度政策等的特定评估事项

D. 对于当年度政策等的公共机构评估事项

E. 其他对于当年度政策等的政府工作评估相关需要事项

4. 国务总理根据第 2 项及第 3 项的规定，制定政府工作评估基本计划及政府工作评估实施计划时，应向国务会议报告。

第九条（政府工作评估委员会的设置及任务）

1. 为了系统、有效地推进政府工作评估的实施和评估基础的构建，国务总理下设立政府工作评估委员会。

2. 政府工作评估委员会审议、表决下列各项事项：

A. 关于构建和推进国家中长期评估基础的制定和运营计划的事项

B. 政府工作评估基本计划及政府工作评估实施计划的制定事项

C. 政府工作评估的规划、调整、统筹相关事项

D. 与政府工作评估制度相关的成果管理事项

E. 政府工作评估结果活用及评估制度间联系方案相关事项

F. 政府工作评估结果报告相关事项

G. 评估机构间协调及评估业务调整相关事项

H. 特定评估计划的制定及实施相关事项

I. 自我评估制度的运营及改善相关事项

J. 自我评估计划的调整相关事项

K. 自我评估结果的确认及检查相关事项

L. 对于自我评估结果的重估相关事项

M. 考核评估制度运行情况的事项

N. 关于建立新评估制度的事项

O. 根据该法或者其他法律规定的委员会的工作事项

P. 此外，委员长认为政府工作评估制度的发展需要委员会的审议及表决的事项

第十条（委员会的组成和运作）

1. 委员会由包括 2 名委员长在内的 15 名以内的委员组成。

2. 委员长由总统从国务总理和第 3 项第 B 号规定的人中指定。

3. 委员将成为以下人物。<于 2008 年 2 月 29 日、2013 年 3 月 23 日、2014 年 11 月 19 日、2017 年 7 月 26 日修订>

A. 企划财政部长官、行政安全部长官、国务调整室室长

B. 属于下列任何类别并由总统任命的人员

i. 专攻评估相关领域的人员，曾在大学或认可的研究机构中担任过副教授或同等职务

ii. 曾担任公务员 1 级或更高级别的人员

iii. 在评估或行政方面，被认为与第 i 项或第 ii 项相同的学识和经验丰富的人员

4. 为处理委员会的事务，设 1 名干事，干事由国务总理在国务调整室所属公务员中指定。<于 2008 年 2 月 29 日、2013 年 3 月 23 日修订>

5. 非公务员委员的任期为两年，只限一次连任。

6. 委员会会议以在籍委员过半数出席为开议，以出席委员过半数赞成进行表决。

7. 委员直接参与工作等存在直接利害关系或无法公正的显著事由时，仅限于该事案不能参与审议及表决；委员认为有这种事由时，可以自行回避该事案的审议及表决。

8. 委员长必要时可以由有关中央行政机构的领导出席委员会并发言。

9. 在委员会的审议、决议事项中，可以事先研究、调整有关自我评估及特定评估的议案，并为了处理委员会委托的事项，设立实务委员会。

10. 关于委员会及实务委员会的构成、运营等必要事项由总统令规定。

第十一条（统筹评估机构）

1. 委员会为了有效地推进中央行政机构自我评估相关业务，可以要求对总统令规定的综合性评估相关的中央行政机构（以下简称"统筹评估机构"）进行各部门的自我评估结果的确认和检查。

2. 必要时，委员会可以让民间专家参与统筹评估机构对自我评估结果的确认和检查。

3. 统筹评估机构可以就所属部门的下列各项事宜向委员会提出意见：

A. 改进评估制度，制定评估方针及评估指标

B. 是否实施自我评估结果的确认、检查、重估

C. 自我评估的运营所必需的事项

第十二条（与评估对象机构的合作）　国务总理可以要求评估对象机构提供政府工作评估基本计划及制定、实施政府工作评估实施计划所需的资料，评估对象机构如无特殊情况，应予以回应。

第十三条（构建和运营电子综合评估体系）

1. 国务总理为了综合执行政府工作评估，可以构建电子综合评估体系，并让各机关及团体充分利用。

2. 电子综合评估体系应能实现评估过程、评估结果及回流过程的综合信息管理及评估机构之间的信息共享。

3. 国务总理为有效运营电子综合评估体系，必要时可委托评估机构、法人或团体进行管理、运营。

4. 关于电子综合评估体系的构建及运营，必要的事项由总统令规定。

第三章　政府工作评估的种类及程序

第十四条（中央行政机构的自我评估）

1. 中央行政机构的领导应当对其所属机构的政策等进行自我评估。

2. 中央行政机构的领导要成立并运行自评组织和自评委员会。在这种情况下，为了确保评估的公正性和客观性，三分之二以上的自我评估委员必须是民间委员。

3. 中央行政机构的领导根据《关于设立、运营责任机构的法律》第12条的规定，对所属责任运营机构进行评估时，可以将其评估结果根据第1项的规定用于自我评估。

4. 关于根据第 2 项的规定组成、运营自我评估委员会必要的事项由总统令规定。

第十五条（建立中央行政机构的自我评估计划）　中央行政机构的领导应以政府工作评估实施计划为基础，每年制定包含以下各项事项的自我评估计划，以提高该政策等成果。

A. 当年中央行政机构的任务、战略目标及成果目标有关事项

B. 当年度主要政策等内容的有关事项

C. 自我评估基本方向相关事项

D. 自我评估组织与自我评估委员会的组成与运作事项

E. 自我评估对象及方法相关事项

F. 自我评估结果的应用及措施相关事项

G. 其他关于自我评估的主要事项

第十六条（中央行政机构自我评估的程序）

1. 中央行政机构的领导要对当年度主要政策等制定自我评估计划，每年 4 月底前提交委员会。

2. 委员会必要时可以向中央行政机构要求补充自我评估计划或提交相关资料。

3. 中央行政机构的领导应以上一年度政策等的推进业绩为标准进行自我评估，并在每年 3 月底前向委员会提交其结果。

4. 关于中央行政机构的自我评估程序等必要事项，由总统令规定。

第十七条（对自我评估结果的重估）　国务总理对中央行政机构的自我评估结果进行确认、检讨后，认为评估的客观性、可靠性存在重大问题，有必要重新评估时，可通过委员会的审议、表决，进行重新评估。

第十八条（地方自治团体的自我评估）

1. 地方自治团体的领导应当对其所属机构的政策等实施自我评估。

2. 地方自治团体的领导要成立并运行自评组织和自评委员会。在这种情况下，为了确保评估的公正性和客观性，三分之二以上的自我评估委员必须是民间委员。

3. 地方自治团体的领导应以政府工作评估实施计划为基础，为提高其所管政策等的成果，每年制定包括第 15 条各项事项在内的自我评估计划。

4. 为了提高评估的客观性及公正性，行政安全部长官在评估指标、评估方法、评估基础等方面可以给地方自治团体提供支援。<于 2008 年 2 月 29 日、2013 年 3 月 23 日、2014 年 11 月 19 日、2017 年 7 月 26 日修订>

5. 地方自治团体的自我评估对象及程序等必要事项由地方自治团体的领导决定。

第十九条（关于特定评估的事项）　国务总理要在政府工作评估实施计划中反映有关特定评估的下列各项事项。

A. 当年度特定评估基本方向相关事项

B. 当年度特定评估对象相关事项

C. 特定评估的方法相关事项

D. 特定评估结果的应用及措施相关事项

E. 其他关于特定评估的主要事项

第二十条（特定评估的程序）

1. 国务总理要对中央行政机构相关政策、主要悬案政策、创新管理及总统令规定的对象部门进行特定评估，并公开其结果。

2. 国务总理在实行特定评估之前，应制定评估方法、评估标准、评估指标等，向特定评估对象机构通知并公开。

3. 国务总理可以要求特定评估对象机构提供必要的资料，或者让评估工作执行者访问特定评估对象机构，确认、检查评估相关资料。

4. 国务总理在委员会对特定评估结果进行表决时，应将其通报给特定评估对象机构。

5. 就特定评估程序，必要的事项由总统令规定。

第二十一条（对国家委托事务等进行评估）

1. 对于地方自治团体或其领导委托处理的国家事务、国库补助事业、其他总统令规定的国家主要政策等（以下简称"国家委托事务等"），为了有效履行国政需要进行评估时，行政安全部长官可以与相关中央行政机构的领导合作进行评估（以下简称"合作评估"）。<于 2008 年 2 月 29 日、2013 年 3 月 23 日、2014 年 11 月 19 日、2017 年 7 月 26 日修订>

2. 行政安全部长官要合作评估地方自治团体，必须经过委员会的审议、表决。<于 2008 年 2 月 29 日、2013 年 3 月 23 日、2014 年 11 月 19 日、2017 年 7 月 26 日修订>

3. 行政安全部长官对地方自治团体实施合作评估时，应及时向委员会报告结果。<于 2008 年 2 月 29 日、2013 年 3 月 23 日、2014 年 11 月 19 日、2017 年 7 月 26 日修订>

4. 为了有效地推进对地方自治团体的合作评估，行政安全部长官可以在行政安全部长官下设立和运营地方自治团体合作评估委员会。<于 2008 年 2 月 29 日、2013 年 3 月 23 日、2014 年 11 月 19 日、2017 年 7 月 26 日修订>

5. 尽管有第 1 项的规定，中央行政机构的领导因业务特点、评估时期等因素，存在对国家委托事务等要进行单独评估的不可避免的理由时，可就评估对象、方法等与委员会协商后进行评估。在这种情况下，必须及时向委员会提交评估结果。

6. 根据第 4 项的规定，地方自治团体合作评估委员会的组成、运营及国家委托事务等的评估程序，由总统令规定。

第二十二条（对公共机构进行评估）

1. 对公共机构进行评估（以下简称"公共机构评估"）应考虑公共机构的特殊性、专业性，为确保评估的客观性及公正性，由公共机构外部的第三方机构实施。

2. 根据下列各号法律实施评估时，将其视为依据该法律的公共机构评估。<于 2010 年 1 月 25 日、2014 年 5 月 28 日、2016 年 3 月 29 日修订>

A. 根据《公共机构运营相关法律》第 48 条进行的经营业绩评估

B. <于 2016 年 3 月 29 日删除>

C. 根据《国家财政法》第 82 条进行的评估

D. 根据《科学技术基本法》第 32 条第 3 项进行的评估

E. 根据《地方国企法》第 78 条规定进行的评估

F. 根据《关于设立、运营及培养政府出资研究机构等的法律》第 28 条规定进行的评估

G. 根据《关于设立、运营和培养科学技术领域政府出资研究机构等的法律》第 28 条规定进行的评估

H. 根据《关于设立和运营地方政府出资研究院的法律》第 10 条第 3 项第 4 号规定进行的评估

3. 非第 2 项规定评估对象的公共机构，可以由所辖中央行政机构的领导制定评估计划并实行评估。

4. 根据第 2 项或第 3 项的规定实施公共机构评估的机构，应提前向委员会提交其评估计划。

5. 委员会对根据第 4 项规定提出的评估计划可以提出意见。

6. 根据第 2 项或第 3 项的规定进行公共机构评估的机构，要及时向委员会提交结果。

第四章 建立政府工作评估基础的支援

第二十三条（建立政府工作评估基础的支援）

1. 政府为加强评估力量，应最大限度地支援必要的组织和预算等。

2. 政府为落实对中央行政机构、地方政府及公共机构的评估制度，应采取开发、推广评估方法和评估指标等必要措施和支援。

3. 政府为有效利用有关评估机构的援助方案及评估的专业人才，应研究必要的方案。

第二十四条（评估预算）

1. 中央行政机构的领导应当要求包括政策等评估所需的适当费用在内的预算。

2. 地方自治团体应该在预算中反映政策等评估所需的适当费用。

3. 委员会为确保评估费用，必要时可向企划财政部长官提出意见。<于 2008 年 2 月 29 日修订>

第二十五条（考核评估制度运营情况） 国务总理可以确认、检查评估制度的运营情况，并根据其结果采取改善制度方案等必要措施。

第五章 利用评估结果

第二十六条（公开评估结果） 国务总理、中央行政机构的领导、地方自治团体的领导以及实施公共机构评估的机构负责人应当通过电子综合评估体系及网站等公开

评估结果。

第二十七条（报告评估结果）

1. 国务总理应当每年综合各种评估结果报告，向国务会议报告或召开评估报告会。

2. 中央行政机构的领导应立即向国会常任委员会报告对上一年政策等的自我评估结果（由委员会审议、表决）。

第二十八条（考核评估结果反映预算、人事等方面的联系）

1. 中央行政机构的领导应将评估结果与组织、预算、人事和薪酬制度联系起来并反映出来。

2. 中央行政机构的领导应在下一年的预算要求中反映当年的评估结果。

3. 企划财政部长官应将评估结果反映到中央行政机构的下一年度预算编制中。

第二十九条（根据评估结果自行纠正措施及监查）　中央行政机构的领导根据评估结果，在政策等方面发现问题时，应立即制定相应的措施计划，并采取中断、缩小相应政策等的执行纠正措施，或对此实施自我监查，并将结果提交给委员会。

第三十条（根据评估结果的补偿等）

1. 中央行政机构的领导应根据评估结果，对被认定为优秀案例的所属部门、机构或公务人员采取奖励、发放奖金、在人事上给予优待等措施，并将结果提交给委员会。

2. 政府可以根据政府工作评估的结果，对优秀机构采取表彰奖励、奖金发放等优惠措施。

第六章　补则

第三十一条（中央行政机构对所属机构的成果管理及自我评估）　中央行政机构的领导根据其所属机构的规模及业务特性等，有必要时可以让所属机构自行进行成果管理及自我评估。

第三十二条（其他行政机构的成果管理及自我评估）　非评估对象的行政机构的负责人应根据本法的成果管理及自我评估的例子，制定并实施成果管理及自我评估计划，并努力公开其结果。

第三十三条（授权或委托）

1. 国务总理为了有效实施特定评估，必要时可以根据该法律，根据总统令将部分权限委任给相关中央行政机构的负责人。

2. 为提高评估的客观性和专业性，国务总理、中央行政机构的领导及地方自治团体的领导必要时可将评估工作的一部分委托给专门评估研究机构。

第三十四条（公务人员在适用处罚规定中的议题）　根据第 10 条第 3 项与第 10 项、第 11 条第 2 项、第 14 条第 2 项、第 18 条第 2 项、第 20 条第 3 项或第 21 条第 4 项规定，参加评估相关委员会的委员和对自身评估结果确认、检查的人员中不是公务人员的人以及根据第 33 条第 2 项的规定受委托执行评估业务的人员就其评估业务适用《刑法》第 127 条、第 129 条乃至第 132 条的规定，视为公务人员。

附则<第 14839 号，2017 年 7 月 26 日>

第一条（实施日）　本法自公布之日起施行。但是，根据附则第 5 条修改的法律中，对本法实施前公布的但尚未到施行日期的法律修改的部分，分别从该法律的施行日开始施行。

第二条到第四条删除（省略）

第五条（其他法律的修改）

至<304>省略

<305>政策工作评价基本法部分修改如下：

将第 10 条第 3 款第 1 项、第 18 条第 4 款及第 21 条第 1 款至第 4 款中的"行政自治部长官"修改为"行政安全部长官"。

省略<306>至<382>

第六条（省略）

二 | 政府业务评估基本法施行令

政府业务评估基本法施行令

[施行：2018.3.30] [总统令第28728号，2018.3.30，修改他法]

国务调整室（国政课题管理管室）044-200-2476

第一条（目的） 本令旨在规范《政府业务评估基本法》中委任的事项及其实施所需要的事项。

第二条（中央行政机构的范围） "政府业务评估基本法"（以下简称"基本法"）第2条第2项A号中，"总统令"规定的"总统所属机构及国务总理所属机构、辅助机构"指的是下列各号机构。<于2008年2月29日、2013年3月23日、2016年7月19日修订>

1. 总统所属机构：广播通信委员会

2. 国务总理所属机构：国务调整室、公平交易委员会、金融委员会、国民权益委员会及核能安全委员会

第三条（属于公共机构的机构、法人或团体） 基本法第2条第7项中"总统令规定的机构、法人或团体"是指《关于公共机构的运营的法律》第4条第1项各号机构、法人或团体（基本法第2条第7项的公共企业及准政府机构除外）中，所辖中央行政机构的负责人与基本法第9条的政府工作评估委员会（以下简称"委员会"）协商后指定的机构、法人或团体。

第四条（综合实施评估的范围） 根据基本法第3条第2项后段，综合实施的评估范围如下：<于2008年7月3日、2009年8月21日、2016年2月3日、2016年7月19日、2018年3月30日修订>

1. 根据《国家研究开发事业等成果评估与成果管理相关法律》第8条对研究开发事业的自身成果评估

2. 根据《人力资源开发基本法》第8条对人力资源开发实施计划的推进成果的评估

3. 根据《公务员人才开发法》第15条对中央行政机构教育培训的评估

4. <于2010年5月4日删除>

5. 根据《国家信息化基本法》第6条第6项和第7条第4项的基本计划及实施计划的主要政策推进成果分析及检查

6. 根据《国家信息化基本法》第25条第2项第5号对知识信息资源管理的评估

7. 根据《行政规制基本法》第34条的规定改革情况等的评估

8. 根据《关于公共机构信息公开的法律》第24条对信息公开制度的运营情况的评估

9. 根据《关于开放型职位及公开招聘职位的运营规定》第 27 条规定，对开放型职位的运营情况进行调查及评估

10. 根据《关于行政机关组织与定员的通则》第 32 条对政府行政组织运作的分析与评估

11. 根据《国家财政法》第 8 条第 6 项及同一法律施行令第 3 条的财政事业自我评估

12. 委员会与评估监督机构协商后，认为有进行综合评估的必要性可决定进行评估

第五条（政府业务评估基本计划评估工作发展事项） 基本法第 8 条第 2 项第 H 号中"其他总统令规定的关于发展评估工作的主要事项"指的是以下各条事项。

1. 关于有效实施政府工作评估的年度综合或关联方案的事项

2. 关于政府工作评估结果与组织、预算、人事及报酬体系等关联方案的事项

第六条（政府工作评估委员会的运作等）

1. 根据基本法第 10 条第 2 项规定，政府工作评估委员会的委员长（以下简称"委员长"）个人分别代表各自委员会，统筹委员会的工作。

2. 委员长因不得已的原因不能履行职务时，由国务总理指定的委员代行其职务。

3. 委员长将召开委员会并担任主席。

4. 委员长要召开会议时，除紧急情况外，要确定会议日期、地点及附议事项，并在会议召开前七天通知各位委员。

5. 委员会为了有效地推进评估业务，必要时可以向相关中央行政机构的负责人请求人力等工作方面的支援。<于 2008 年 7 月 3 日新设>

6. 除该条第 1 项到第 5 项规定的事项外，委员会运营等所需的事项通过委员会的表决，由共同委员长决定。<于 2008 年 7 月 3 日新设>

第七条<于 2008 年 7 月 3 日删除>

第八条（统筹评估机构） 基本法第 11 条第 1 项中"总统令规定的综合性评估相关中央行政机构"指的是根据下列各号分类的中央行政机构。<于 2008 年 2 月 29 日、2008 年 7 月 3 日、2013 年 3 月 23 日、2014 年 11 月 19 日、2017 年 7 月 26 日修订>

1. 主要政策部门：国务调整室

2. 财政事业部门：企划财政部

3. 组织、信息化部门：行政安全部

4. 人事部门：人事革新处

5. <于 2008 年 7 月 3 日删除>

第九条（支持电子综合评估体系的委托管理和运营） 国务总理根据基本法第 13 条第 3 项，委托管理、运营电子综合评估体系时，可以在预算的范围内给予必要的支援。

第十条（中央行政机构的自我评估）

1. 根据基本法第 14 条第 1 项实施自我评估的中央行政机构的负责人，应根据基本

法第 8 条第 3 项的政府工作评估实施计划为基础，自行选定成为自我评估对象的政策、事业、业务等，并包含以下各号政策等。

A. 实现该机构任务的基本、必需政策等

B. 实现该年度成果目标的政策等

C. 与自我评估结果、组织、预算、人事及报酬体系等联系所必需的政策等

2. 当一个政策等在多个部门重叠时，为了避免重复评估的问题，中央行政机构的领导可将其分类到任一部门进行评估。

第十一条（自我评估委员会的组成与运营）

1. 根据基本法第 14 条第 2 项，设立在中央行政机构的自我评估委员会（以下简称"自我评估委员会"）由包括 1 名委员长在内的 10 人以上 30 人以内的委员组成。

2. 自我评估委员会委员长由其中央行政机构的负责人从本条第 3 项的民间委员中指定。

3. 自我评估委员会的委员由中央行政机构的负责人委任或提名，由在评估或所管业务方面拥有丰富专业知识和经验的人或相关公务人员担任。

4. 自我评估委员会委员（公务人员委员除外）的任期为 2 年。<于 2016 年 7 月 19 日修订>

5. 根据本条第 3 项规定的委任委员有下列情形之一的，中央行政机构的负责人可以解聘该委员。<于 2016 年 7 月 19 日新设>

A. 因身心障碍无法执行职务时

B. 存在与职务有关的违法事实时

C. 因玩忽职守、体面受损或其他事由而被认定不适合担任委员时

D. 委员自行表示履职有困难时

6. 除本条第 1 项到第 5 项规定的事项外，关于自我评估委员会的构成、运营等必要的事项由相关中央行政机构的负责人决定。<于 2016 年 7 月 19 日新设>

第十二条（自我评估的程序等）

1. 中央行政机构的负责人应尽可能地根据量化评估指标进行测评，实行自我评估。

2. 委员会为确保自我评估的有效运行和公正性及客观性，必要时可向所有中央行政机构设定并提出共同的评估方法、评估标准及评估指标。

3. 中央行政机构的负责人除根据本条第 2 项的共同评估方法、评估标准及评估指标外，还可开发反映该机构特点的指标，用于进行评估。

4. 中央行政机构的负责人对自我评估对象的政策等有其他评估主办机构的评估结果时，可以把他利用于自我评估上。

第十三条（实施重估）　国务总理为根据基本法第 17 条进行重估，必要时可以要求提供资料或让评估工作执行人员访问现场，确认、检查有关评估的资料。

第十四条（特定评估的对象部门）　基本法第 20 条第 1 项中"总统令规定的对象

部门"指的是下列各号部门。

A. 各中央行政机构必须共同推进的政策需要持续管理的部门

B. 社会影响较大的国家主要事业，需要特别管理的部门

C. 衡量国民对促进体制或政策的满意度的部门

D. 被认为需要特定评估，经过委员会审议和表决决定的部门

第十五条（特定评估的程序等）

1. 国务总理为有效实施特定评估，必要时可请民间专家进行研究、调查。

2. 国务总理在实施特定评估时，可以要求相关专家、相关研究机构及团体的协助或支援。

3. 委员会对特定评估进行审议时，应听取评估对象机构的意见。

第十六条（国家主要政策等）　基本法第 21 条第 1 项中的"其他总统令规定的国家主要政策等"指的是下列各号的施策。

1. 需要提出国家政策目标和方向的政策

2. 需要中央行政机构与地方政府之间紧密合作推行的政策

第十七条（实施合作评估）

1. 行政安全部长官想要根据基本法第 21 条第 1 项对国家委任事务等实施合作评估（以下简称"合作评估"）时，必须与相关中央行政机构的负责人进行协商，并根据基本法第 21 条第 4 项进行地方自治团体合作评估委员会（以下简称"地方自治团体合作评估委员会"）的审议，并制定合作评估实施计划。<于 2008 年 2 月 29 日、2013 年 3 月 23 日、2014 年 11 月 19 日、2017 年 7 月 26 日修订>

2. 行政安全部长官根据本条第 1 项规定树立合作评估实施计划时，必须将其计划在评估实施 3 个月之前向委员会提交。<于 2008 年 2 月 29 日、2013 年 3 月 23 日、2014 年 11 月 19 日、2017 年 7 月 26 日修订>

3. 根据第 1 项规定的合作评估实施计划应包括下列各号：

A. 合作评估的目的及必要性相关事项

B. 合作评估的对象及范围相关事项

C. 合作评估的时期及方法相关事项

D. 选定合作评估对象及设定评估指标相关事项

E. 合作评估结果的利用方案相关事项

F. 与相关中央行政机构共同运营的地方自治团体合作评估团的组成及运营相关事项

G. 关于合作评估中央行政机构的意见等

第十八条（地方自治团体合作评估委员会的组成与运作等）

1. 地方自治团体合作评估委员会由包括 1 名委员长在内的 20 人以下的委员组成，为确保评估的客观性和公正性，三分之二以上的委员应由专业知识和经验丰富的民间专家组成。

2. 地方自治团体合作评估委员会委员长由行政安全部长官在本条第 3 项的民间委员中指定。<于 2008 年 2 月 29 日、2013 年 3 月 23 日、2014 年 11 月 19 日、2017 年 7 月 26 日修订>

3. 地方自治团体合作评估委员会的委员将成为下列各号人物：<于 2008 年 2 月 29 日、2013 年 3 月 23 日、2014 年 11 月 19 日、2017 年 7 月 26 日修订>

A. 在行政安全部所属公务人员或对评估方面具有专业知识和经验丰富的人中，由行政安全部长官委托、指定的人物

B. 由参与合作评估的相关中央行政机构的负责人推荐的其所属公务人员或对评估方面具有专业知识和经验丰富的人中，由行政安全部长官委托、指定的人物

4. 地方自治团体合作评估委员会的委员（公务人员委员除外）的任期为 2 年。

5. 行政安全部长官本条第 3 项规定的委任委员若符合以下各号中的一项，可以免去相应委员的职务。<于 2016 年 7 月 19 日、2017 年 7 月 26 日新设>

A. 因身心障碍无法执行职务时

B. 存在与职务有关的违法事实时

C. 因玩忽职守、体面受损或其他事由而被认定不适合担任委员时

D. 委员自行表示履职有困难时

6. 对于地方自治团体合作评估委员会的构成与运营必要事项经过地方自治团体合作评估委员会的审议由行政安全部长官决定。<于 2008 年 2 月 29 日、2013 年 3 月 23 日、2014 年 11 月 19 日、2016 年 7 月 19 日、2017 年 7 月 26 日修订>

第十九条（中央行政机构对公共机构进行评估） 中央行政机构的负责人根据基本法第 22 条第 3 项要对所属公共机构实施评估时，必须经过自我评估委员会的审议。

第二十条（津贴等） 除津贴评估相关的各种委员会的委员长及委员外，对于利害关系人、参考人及相关公务人员等，在预算范围内支付津贴、旅费以外所需的经费。但是，如果公务人员因与所管业务有直接关系而出席委员会，则不会这么做。

第二十一条（授权或委托）

1. 国务总理根据基本法第 33 条第 1 项将基本法第 20 条的对创新管理进行特定评估所需的权限委任给行政安全部长官。<于 2008 年 2 月 29 日、2013 年 3 月 23 日、2014 年 11 月 19 日、2017 年 7 月 26 日修订>

2. 根据本条第 1 项，行政安全部长官受权对创新管理实施特定评估时，应当制定创新管理的评估对象、评估方法、评估标准及评估指标等（以下简称"评估指标等"）并提交给委员会。在这种情况下，行政安全部长官要确保对创新管理的评估指标等与其他特定评估部门的评估指标等的公平性。<于 2008 年 2 月 29 日、2013 年 3 月 23 日、2014 年 11 月 19 日、2017 年 7 月 26 日修订>

3. 国务总理、中央行政机构的负责人及地方自治团体的领导人根据基本法第 33 条第 2 项，在委托评估业务时，为了顺利推进委托业务，可以在必要的范围内支援相关专业研究机构的运营及研究活动所需的部分费用。

附则<第 28728 号，2018 年 3 月 30 日>

第一条（实施日）　该令自公布之日起施行。

第二条省略

第三条（其他法令的修改）

①将政府工作评估基本法实施令部分修改如下：第四条第十款中的"第二十七条之二修改"为"第三十二条"

②省略

第十章

南非政策评估法规文件

一

政府监督与评估系统的政策框架

第一部分 了解监督和评估系统

1.1 为什么监督和评估很重要？

<关于本政策框架及其适用性>

本文是南非政府监督和评估的主要政策框架。首先，本文概述了一些支持性框架的政策背景，例如国家财政部方案管理信息的框架和南非统计局的信息质量保障框架，并附上负责执行的各利益攸关方的法律授权大纲。此外，本文还提供了指导未来实施方案的原则。

本政策框架适用于国家、省级和地方层面政府领域内的所有实体。

<M&E 的重要性>

政府面临的主要挑战是如何提高效率。M&E（Monitoring and Evaluation）流程可以帮助公共部门评估其绩效并找出影响其服务交付结果的因素。M&E 的独特之处在于帮助用户构建能力，使其能够在政策优先事项的选择、政策目标的资源配置、项目的实施方案、实际的服务交付效果及其对社区的最终影响之间建立因果关系。M&E 有助于为公共资源分配决策提供证据基础，并帮助确定应如何应对挑战和成功复制。

然而，监督和评估极为复杂，涉及多学科并且需要大量技能。政府监督和评估更是如此，因为这需要跨部门和部门内部的详细知识，以及规划、预算和执行之间的相互作用。当政府机构分散，权力和职能分布在政府的三个领域时，情况就更复杂了。这种权力和职能分散的复杂的政府间结构，更需要强有力的监督和评估系统来促进协调和防止传递断裂。

<监督的内涵>

监督包括收集、分析和报告有关投入、活动、产出、结果和影响以及外部因素的数据，从而为高效管理提供支撑。监督的目的是向管理人员、决策者和其他利益相关方定期提供关于执行进展和成果的反馈，以及需要纠正的问题的早期信号。它通常报告实际绩效，而不是计划或预期的绩效。

<评估的内涵>

评估是一项有时限和周期性的工作，旨在提供可信和有用的信息来回答具体问题，从而指导工作人员、管理人员和决策者作出决策。评估可以评估相关性、效率、效果、影响力和可持续性。评估影响力能够检验基本理论和假设是否有效、哪些有效、哪些无效以及为什么。评估还可用于从运营部门的经验中吸取各领域的经验教训，并以此确定是否需要修改战略成果框架。

<M&E 的关键概念>

如前所述，M&E 将围绕若干关键要素展开：

—投入：提供服务交付过程的所有资源。投入是"我们用来工作的东西"。其包括财务、人员、设备和建筑物。

—活动：使用一系列输入来产生预期输出和最终结果的过程或行动。本质上，活动描述的是"我们做什么"。

—产出：为交付而生产的最终产品、货物和服务。产出可以定义为"我们生产或交付的产品"。

—成果：特定受益者的中期成果，是实现特定产出的结果。结果应与机构的战略目标和计划中规定的目标明确相关。结果是"我们希望实现的"。结果通常进一步分为直接结果和中间结果。

—影响：实现具体成果的结果，如减少贫穷和创造就业机会。影响是"我们如何实际影响了社区和目标群体"。

1.2　监督与评估的原则

1. 监督和评估应能够促进良好治理	
透明度	除非有令人信服的理由，否则所有调查结果都是公开的
问责制	资源的使用接受公众监督
参与	向之前处于边缘地位的人提供发言权
包容性	整个 M&E 过程能够体现传统上被排除在外的利益
2. M&E 应该以权利为基础	
权利法案	通过将其纳入所有 M&E 过程的价值基础，促进并巩固基于权利的文化
3. 监督与评估在国家、机构和地方层面应以发展为导向	
扶贫导向 服务提供和绩效 学习 人力资源管理 考虑可能的影响	突出贫困的原因、影响和动态情况，把穷人的利益放在较有优势群体的利益之上 分析和审查反映机构绩效和服务交付的影响因素，确定相互间的联系并制定应对策略 鼓励机构和个人强化知识和培养学习欲望 起审议作用的 M&E 所需的技能是可获得的、可培养和可被保留的，战略人力资源所需的知识是可获得的和可被使用的 在计划中考虑和反映 M&E 干预措施的可能影响，并对其实际结果进行系统和一致的跟踪和分析
4. 监督和评估应"讲道德""讲诚信"	
保密 尊重 能力体现 公平报告	流程应确保安全地使用个人和敏感信息 尊重和履行匿名和不可识别的承诺 在利益相关者和受影响群体之间建立尊严和自尊心 M&E 流程的实施是娴熟且灵敏的 从事监督和评估的人公平地阐明了他们的能力和报告的局限性 报告对调查结果进行公正和适度的说明

5. 监督和评估应以使用为导向	
定义和满足期望 M&E 使用时的配套措施	M&E 产品应满足知识和战略需求？ 保留指导建议的记录，并跟踪其执行情况 维护存储评估报告和指标的可访问式中央数据库
6. 监督和评估应在方法上合理	
指标一致 基于数据/证据 适当性 稳健性	尽可能使用常用指标和数据收集方法，以提高数据质量并进行趋势分析 调查结果明确基于系统证据和分析 方法论与提出的问题相匹配 使用多个来源来建立更可信的调查结果
7. 监督和评估应在操作上有效	
计划 范围 管理 成本效益 系统性	作为公共管理的组成部分，监督和评估是常规的和正规的 M&E 的规模反映了其目的、风险水平和可用资源 认真管理职能部门可以持续按时地提供卓越的服务 M&E 的好处很明显，并且鉴于资源的可用性，其规模是适当的 建立的稳健系统具有弹性，不依赖于个人或际遇

1.3　什么是监督和评估系统?

<监督和评估系统的定义>

监督和评估系统是一套组织结构、管理流程、标准、战略、计划、指标、信息系统、报告渠道和问责制度，能够使国家、省市和其他机构有效地履行其监督和评估职能。除了这些正式的管理要素外，还有组织文化、能力和其他有利条件，这些条件将确定 M&E 职能部门的反馈是否影响组织决策、学习和服务提供。

<GWM&E 系统不是什么>

GWM&E 政策框架不会为南非政府带来单一的自动化 IT 系统，但会形成基于 IT 的电子系统运行的政策环境。GWM&E 框架寻求在公共部门组织内嵌入一个管理系统，该系统与其他内部管理系统（如规划、预算和报告系统）相结合。IT 软件和其他工具可能支持这种结合，当然也可能不支持。如果是这样的话，那么重点是系统的集成和互操作性。

<机构 M&E 系统与 GWM&E 系统的关系>

法定要求一个部门或市政府的会计主管或公共实体的首席执行官必须为该机构建立一个监督和评估系统。M&E 系统的主要用户将使用这些源系统来改进其规划和实施过程。GWM&E 系统中的其他利益相关者也将使用这些源系统中的数据和信息来规划国家、省和地方绩效的蓝图。这些二级用户可以使用派生的 IT 系统来整理和分析来自基层组织源系统的数据。

第二部分 政府监督和评估系统

2.1 系统概述

<GWM&E 系统的目标>

政府监督和评估系统旨在提供一个综合、全面的可在政府内部使用的 M&E 原则、实践和标准框架，并作为一个顶端信息系统发挥作用，该系统从框架中的组件系统中提取，为其用户提供有用的 M&E 产品。

<概览>

民主政府的第一届任期主要涉及将种族隔离国家从根本上改组为现代公共服务。第二届任期涉及政府系统和服务的协调和整合。第三届任期涉及若干战略优先事项，但其中的关键事项是如何提高效率以便实现飞速的发展。政府提高效率的方法之一是集中精力进行监督和评估，这是因为它能够帮助上下游改进政策、战略和计划，并提高绩效和强化积极影响。

M&E 的改进可以提高规划质量（通过将已完成事项与计划事项进行比较）和实施系统的效果（以便他们能够更好地记录所提供的服务和所取得的结果）。

<系统描述>

基于对输入部署、服务交付输出结果及其关联影响的分析进行批判性反思和管理行为，GWM&E 系统旨在明确事项的优先次序。

图 1 显示了 GWM&E 系统如何实现预期的结果，并梳理了治理过程和相关数据领域之间的关系。

<系统目标>

GWM&E 系统可以取得如下结果：

· 提高部门和直辖市内项目的绩效信息和分析质量（投入、产出和成果）。

· 通过《政府行动纲领》双月报、基于国家指标的年度发展报告等改进对政府范围内成果和效果的监督和评估。

· 部门和专题评估报告。

· 改进对省级增长和发展计划相关的成果和效果的监督和评估。

· 改善政府选定机构的 M&E 绩效。

· 通过一系列举措建设 M&E 能力和培养能够及时响应 M&E 调查结果的治理和决策文化。

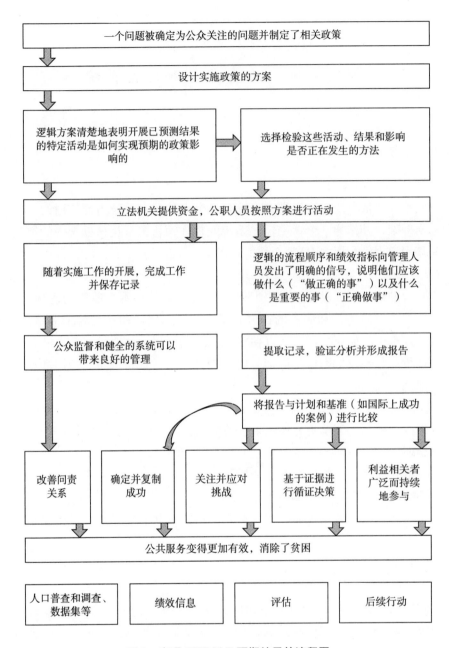

图 1　实现 GWM&E 预期结果的流程图

2.2　数据领域（Data Terrains）

<支撑 GWM&E 系统的三个领域>

政府出于监督与评估的目的，从三个数据领域中提取信息，每个数据领域都对应着专门的政策主题，描述了它们充分发挥作用所需的条件。

这三个领域及其对应政策如图 2 所示。

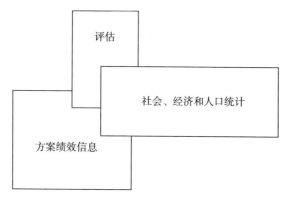

图2　三个数据领域及其对应政策

　　国家财政部于2007年5月发布了《方案绩效情况》的框架，南非政府统计局也已处于敲定南非统计质量框架（the South African Statistics Quality Framework，SASQAF）的结尾阶段。

　　本政策框架中的角色分配将详细说明利益相关者在每个数据领域的具体政策传播、实施和M&E中所承担的责任。每种类型M&E系统的标准将在其各自的政策文件中提出，并在正式采用之前由GWM&E工作组进行审议。每个数据领域的主要特征总结如下：

　　<方案绩效信息>

　　这一部分关注的是政府机构在履行其任务和执行政策过程中收集的信息。这将包括在省级战略及年度业绩计划和预算中收集的产出和成果信息，以及在地方综合发展计划、服务交付和预算执行计划中收集的产出和成果信息。

　　方案绩效信息框架的目的是：

　　·明确绩效信息的标准，并在适当情况下支持对非财务信息的定期审计。

　　·改进绩效信息管理所需的结构、体系和流程。

　　·定义绩效信息的角色和职责。

　　·及时、便捷、准确地公布绩效信息，督促对国会、省级立法机关、市议会和公众问责。

　　国家财政部是负责绩效信息的主要机构。这一领域的角色扮演者包括每一个需要建立合适的基本信息架构、系统和流程来管理其绩效信息的政府机构。

　　总统府、国家财政部、公共服务和行政部（DPSA）、省级和地方政府部门（DPLG）和其他各部门已经或正在开发衍生信息系统，并从这些系统中提取信息用于进行监督和评估。

　　<社会、经济和人口统计>

　　本部分主要关注南非统计局通过人口普查和其他调查收集的信息以及其他政府机构收集的统计数据。

　　在国家统计系统（NSS）中，SASQAF对"国家统计"和"官方统计"进行区分。国家统计数据是公共领域的统计数据，但统计负责人员（Statistics General）并未根据

《统计法》第 14.7（S）条认证为"官方"统计数据，其中包括调查问卷、从政府三大领域和其他国家机关收集到的登记在册的数据集。私立部门、研究机构和非政府组织也编制公共领域的统计数据，这些数据可能对政策制定或监督产生影响，这些也可以根据 SASQAF 和 NSS 进行评估。

为了将统计数据认证为"官方"数据，SASQAF 要求在评估数据之前必须满足以下三个条件：

· 数据统计机构应为 NSS 的成员。

· 统计信息应该满足用户的需求，而不仅仅是满足生产机构内部的需求。

· 统计数据应该属于可持续性统计数据的一部分，而不是一次性收集的数据。

达到基本标准后，便开始对数据进行评估。评估由统计负责人成立的数据质量评估团队进行，主要是根据先行申报和统计数据质量的八个维度两大方面进行评估。

前者将包括法律、制度环境、隐私权和机密性等因素，后者由相关性、准确性、及时性、可访问性等因素组成。在这些标准的基础上，统计数据被认为如下四类：

· 有质量的统计数据。

· 可接受的统计数据。

· 可能会被质疑的统计数据。

· 糟糕的统计数据。

有质量的统计数据有资格被指定为"官方统计"，但应由统计负责人在与数据生成机构负责人协商的基础上进行定期审核。

通过设定通用标准（如概念、定义、分类、方法和样本框架），SASQAF 的目标是在分散的统计数据生成系统中强化数据质量的维护，这将包括将南非统计局内部使用的标准化定义扩展应用到其他 M&E 利益相关者中。

南非统计局是该领域的领导机构，并将与每个能够收集更有价值的公共信息的政府机构合作。

<评估>

本部分的重点是规划、评估和传达政府方案和评估结果的标准、流程和技术。

总统府将制定评估框架、指导方针和支撑材料，以促进跨政府三个领域的评估系统顺利实施。本政策框架所附的实施计划提供了具体的细节。

评估框架旨在：

· 鼓励政府机构定期评估其方案。

· 就评估时应采用的一般方法提供指导。

· 公布评估结果。

负责该事项的机构是总统府，其他机构，如公共服务和行政部、公共服务委员会办公室、省级和地方政府部门（DPLG），主要负责地方层级的评估框架。

在最开始，政府主要关注监督过程，当能力构建完成时，政府机构将逐步注重评估。

第三部分　机构层面的监督和评估

3.1　连接 M&E 与其他管理系统

<概述>

自 1994 年以来，公共服务部门不断地进行改革。地方政府的主要抱怨之一是每年都要面对来自不同国家部门的新改革，这些改革往往没有与之前由其他部门领导的改革相结合。重要的是，GWM&E 的三个组成部分应与其他改革相结合，如中期支出框架、年度管理、人力资源规划，以及年度报告和监督，如公共管理观察方案（国家和省级）、IDPs 和机构绩效管理系统（市级）。

<监督与评估策略>

作为战略计划、年度绩效计划或 IDP 的组成部分，每个政府机构都必须正式采用 M&E 策略。

M&E 策略必须描述机构创建所遵循的方法并运行 M&E 系统，该系统能够持续产生可靠、准确的信息，并用于改善服务交付和治理。M&E 系统应与现有的管理决策系统相结合。M&E 战略将概述 M&E 调查结果将如何为战略和运营规划、预算制定和执行以及年度报告提供信息。

虽然每一个机构战略都必须侧重于监督和评估其自身的业绩和影响，但也应从整个部门的角度出发并建立能够从该角度汇报进展和挑战的能力。

M&E 策略应包含机构当前 M&E 系统的清单，描述其当前状态和如何改进，并阐述新 M&E 系统的计划方案。

M&E 战略的重要组成部分之一是能力建设计划，M&E 战略需要详细说明该机构将如何部署人力资源以发挥 M&E 职能，以及如何与其他利益相关者（如 SAMDI）联络以实现该能力建设计划。机构的 M&E 战略应包括本组织在准备对非财务信息进行审计时实施方案绩效信息框架的方法，以及实施 SASQAF 的标准（如果相关）。例如，方案绩效信息框架所涵盖的部分绩效信息可由该机构确定为"官方统计"认证的候选对象。

<M&E 结构、信息系统和流程>

组织不同，其适合的最佳 M&E 结构也不同，一些组织可能更喜欢集中化、专业化的 M&E 结构，而有些组织可能会倾向于将 M&E 职能分散到组织内部。

无论 M&E 的结构如何，重要的是它在组织内具有足够的可见性。对负有 M&E 系统管理职责的人员给予足够的权力，从而确保 M&E 调查结果能够为政策、规划决策以及资源分配提供信息。

在考虑通过购买电子系统以支持 M&E 运作时，必须考虑遵守 GWM&E 政策框架及其支持性框架。购买的电子系统应能够支持机构 M&E 战略的实施并与机构现有系统集成，能够与机构外部系统交换信息和数据。M&E 系统与电子系统的集成关系最好记录在机构的 IT 系统总规划中。同时，需要考虑软件和硬件（网络配置）的选择，这对系统管理员和用户开展全面的培训至关重要。

<M&E 与其他管理流程集成>

高效的 M&E 系统建立在良好计划和预算系统的基础上，并可以为这些系统提供有价值的反馈。M&E 流程与规划、预算、方案实施、项目管理、财务管理和报告流程之间的关系应明确界定。为了将个人绩效与机构 M&E 绩效联系起来，在 M&E 中承担的角色和职责应纳入到员工的工作描述和绩效协议中。人力资源方面，一是在构建奖励和表彰的制度框架时应考虑到 M&E 成果，二是采用适当的招聘策略来吸引稀缺的 M&E 技术人才，三是应将 M&E 培训纳入到机构技能发展战略中。此外，具有吸引力的人才留用策略对于最大限度地提高工作人员的连续性和保存机构记录也是至关重要的。

除了 M&E 系统的正式要素外，组织的非正式"文化"也是同样重要的。组织文化管理是否警惕、指责和轻视调查结果？还是会被视为一个能够公开地、批判性探讨问题和建设性反省的机会？这在很大程度上取决于各机构的高层领导所定的基调。没有绩效导向的管理文化，M&E 系统可能会沦落为表面的"勾选清单"，虽然有可能符合 GWM&E 政策框架的字面要求，但违背了 GWM&E 政策框架的初衷。

3.2 监督与评估的实践

<通过满足需求来建立要求>

如上所述，M&E 需要收集和利用信息及知识以加强问责制和提高服务交付效果。这一目标若要实现，必须做出明确、持续的努力以找出在问责制和服务交付方面用于改善政府绩效所需的信息，这需要同相关的关键角色定期进行个人磋商，并将调查结果反馈在机构 M&E 战略中。磋商相关的详细信息，如访谈日期和调查结果，也应附在 M&E 战略的附录中。

<中央存储库>

各机构的 M&E 策略应设立一个中央库，将 M&E 的输出存放在该库中以便各部门访问和了解 M&E 的输出，并鼓励其有效利用 M&E 的输出内容。中央存储库的核心应该是一个可靠且易于访问的研究列表以及可供各相关方使用的研究结果和建议。这些信息的流动可以通过互联网实现。

<跟进>

上述的 M&E 研究列表、调查结果和指导意见应用于定期核实已采取行动的后续进展以及 M&E 建议是否被采用。机构的会计人员应至少每三年向其执行机构和监督机构提交一份关于这一事项的报告。

<知识共享>

机构需要找到共享 M&E 过程中吸取知识经验的方法，可以通过部分省份中活跃的 M&E 论坛分享知识，当然也有其他方法，如举办相关论坛进行学习等。方法的选择应在 M&E 战略中注明，同时明确其与知识管理和学习策略的联系。

3.3　定义角色和职责

<职责>

角色	职责
立法者和议员	作为南非选民选出的代表，政府及其所有机构对立法机构和市政委员会负责。立法者和议员必须利用从 M&E 系统中获得的经验见解对其负责的机构进行公正和公开的监督
行政机关	应将 M&E 调查结果用于对机构绩效的政治监督，确保实现预期结果和影响，并向其负责的机构提供其详细的定期报告
会计人员和会计机构	对 M&E 信息的频率和质量以及生产和使用系统的规范性负责。需要确保能够对 M&E 调查结果采取及时的管理行动
项目经理、直线经理和其他官员	建立和维护 M&E 系统，特别是收集、分析、验证和使用数据及信息
指定的 M&E 部门	通过提供专业知识和支持以及支撑相关规划的服务需求确保 M&E 战略的实施

3.4　构建能力

<能力要求>

实施 M&E 战略所需的能力有两个方面：

·直线经理需要具备方案绩效信息框架所需的基础 M&E 技能。

·其他方面可能需要专业 M&E 技能协调，并确保质量。

创建一套基础技能的倡议应纳入机构的总体技能发展战略中。

在许多情况下，具备专业 M&E 技能需要专业的 M&E 部门，但该安排是由各个机构决定的。在机构的战略计划中需要明确提及如何安排专业 M&E 技能。

<构建 M&E 能力的目的>

能力构建计划应确保：

·M&E 的用户必须了解如何在其职责范围内整合 M&E 功能，以及如何反馈 M&E 结果。

·公共部门的 M&E 经理需要具备建立、管理和使用 M&E 系统的能力。

M&E 用户应能够评估通过 M&E 过程收集到的信息，并将此信息用于支撑管理措施，通过规划改进未来的计划。

M&E 经理应能够将 M&E 工作的各个相关组成部分（例如项目、计划和服务的输入、过程、活动、输出、结果和影响）联系在一起，以便形成一个完整的系统。M&E 经理还应能够管理系统，并使 M&E 工作人员能够从中获取数据以供决策。

政府内部的 M&E 工作人员应能运用循证方法收集和分析有关政府活动的数据。数据收集应以科学方法为基础，使用指标和其他可靠的测量方法等工具。这些数据应明确陈述政府在具体措施、服务、项目和方案方面的表现如何。

<能力建设措施>

每个机构都必须考虑一系列措施以在短期、中期和长期内建立能力。其中包括：

·适当招聘专业技能人才。这些不仅包括具备一般的 M&E 技能的人才，还包括具备具体行业专业知识的人才。

·对包括直线管理和 M&E 专家在内的员工进行培训。培训方式可包括取得高等教育机构的外部正式资格证书和内部定制课程。

·在职培训和指导。

·转化吸收学者、咨询顾问和其他外部人员的结构化技能。

·开办内部 M&E 论坛并构建外部学习网络。

能力建设计划必须首先考虑机构将如何设计 M&E 战略（尤其是对于该结构，M&E 是相对较新的职能），然后考虑实施该战略所需的技能。能力建设计划的后半段将比较现有能力与实施 M&E 战略所需的能力（根据分配的角色和职责，员工群体应具备哪些技能）。一旦发现差距，就可以确定各种能力建设备选方案并计算成本。此外，实施能力建设措施的时机可能会受到预算或工作人员技能限制的影响，机构应注意并谨慎应对这些风险。

<M&E 技能>

M&E 本质上是多学科的。为确保 M&E 遵守方法论的稳健性原则，数据和信息分析技能非常重要，同时为了 M&E 能够具有参与性、包容性和发展导向性，机构也需要重视沟通和人际交往技能。关键能力包括数据收集技能、统计分析、经济影响和计量分析、了解部门政策和实施模式、迅速参与 M&E 的技能、保证数据质量、减弱预算限制、性别和其他动态因素的影响等。

第四部分　实施 GWM&E 系统

4.1　机构安排

<机构安排>

在总统府领导下成立 GWM&E 工作组，团队最初由三个工作流程组成：

・原则和实践。

・信息和报告。

・评估。

工作组首先制定政策框架和确定利益攸关方的角色和责任，初步阶段所需的基础工作完成后，下一步将开办 M&E 协调论坛，这有助于促进更密切的合作和协调 M&E 各个功能。机构通过 M&E 协调论坛制定详细的实施计划，并在实施前就其内容进行磋商。此外，工作组还会监督每年详细计划的进展情况。

4.2 法律授权

<支持 GWM&E 角色和责任的法律授权>总统职位

《宪法》第 85 条要求总统和其他内阁成员（除特殊情况外）一起，通过制定和执行国家政策以及协调国家部门和行政部门的职能来行使行政权力。《宪法》要求政府在三大领域中共同努力，制定方案以改善贫困、发展缓慢、公民和社区边缘化的问题。总统在政府政策和方案的协调、监督、评估和沟通以及加快综合服务提供方面发挥着关键作用。总统府还旨在评估政府战略的执行情况，包括根据预期结果衡量其影响。

国家财政部

《宪法》第 215 条和第 216 条 1999 年《公共财政管理法》和 2003 年《市政财政管理法》等其他立法规定了国家财政部的任务。财政部在 GWM&E 框架制定中的工作职责是确保投入、活动、产出和结果等信息能够支持规划、预算、执行管理和问责报告，从而促进经济、提高效率、强化效果和公平性、加强透明度和控制支出。

统计局

统计局的任务（除特殊情况外）由《统计法》（1999 年第 6 号）、2002 年 1 月内阁立法会议以及 2004 年和 2005 年国情咨文规定。《统计法》第 14.6（a）、（b）和（c）条规定，统计负责人应就质量标准和标准的适用性向国家机关提出建议；第 14.7（a）和（b）条赋予统计负责人将其他国家机关编制的统计数字指定为"官方统计"的权力；第 14.8（a）和（b）条给予统计负责人对其他国家机关编制的国家统计数据质量发表意见的权利，并可公布其他部门的统计数据。

公共服务行政部（DPSA）

DPSA 的任务由《公共服务法》规定。该部门负责公共服务转型，以提高公共服务效能和改善治理情况。DPSA 是公共管理框架、业绩、知识管理和改善服务交付的管理人，也是治理和行政部门以及 GWM&E 工作组的联合主席。

省级和地方政府部门（DPLG）

《宪法》第 3 章和第 7 章以及其他立法，如 1998 年的《市政结构法》和 2000 年的《市政系统法》决定了 DPLG 的职责，其核心职能是制定有关各省和地方政府的国家政策和法律，监督其执行情况，并为其履行宪法和法律规定的任务提供支持。

南非管理发展研究所（SAMDI）

1994 年《公共服务法》第 2 章第 4（2）条规定了 SAMDI 的任务。研究所：

（a）在领导批准下提供培训或安排提供培训，并可对培训结果进行检查或测试；南非管理发展研究所可决定作为任命、晋升或调任公共服务人员的资格；

（b）通过考试的人员可要求其颁发文凭或证书，SAMDI 在制定 GWM&E 政策框架中扮演重要的能力建设角色。

公共服务委员办公室（OPSC）

OPSC 的授权来自《宪法》（1996）第 195 条和第 196 条。OPSC 负责调查、监督和评估公共服务部门的组织和行政工作，对已取得的成果或者政府方案进行评估。OPSC 还有义务在整个公共服务部门推广确保公共服务高效运转的措施，并促进树立《宪法》所规定的公共行政价值观和原则（如职业道德，效率，经济和有效地利用资源，无偏见、公平和合理的服务交付，透明度和问责制等）。

审计长

政府部门的年度报告，除特殊情况外，需要包括经审计的财务报表和方案执行情况报表。《公共审计法》（2004 年第 25 号）第 20（1）（c）条要求审计长就"被审计方预先确定的报告目标"发表意见或结论。在地方层面，2000 年《市政系统法》和 2003 年《市政财政管理法》也有类似的规定。

总理府

第 125（1）条将授予总理行政权力，总理与省级行政议员一起，通过制定和实施省级政策、在并行职能领域实施国家政策来行使这一权力，以协调各省级部门的职能。总理作为省级政府的政治首长，还负责执行《宪法》第 3 章关于合作政府的规定，总理办公室在制定和实施省级增长和发展计划方面发挥着重要的领导作用。

4.3 指导实施原则

<指导实施原则>

以下八项原则将指导关键利益相关者在其职责范围内制定详细的实施计划：

（1）实施计划应与先前的公共部门改革举措明确挂钩，这将帮助本政策框架所设想的 M&E 改进顺利进行，并补充和巩固先前改革的努力成果。

（2）GWM&E 框架应尽可能将三个领域的现有 M&E 计划纳入并合并，使它们与政府的总体目标保持一致。许多国家部门已率先在次国家范围内培养了监督和干预的文化氛围。实施 GWM&E 框架并非一帆风顺，应认识到这一点并以这些举措为基础，循序渐进地实施计划。

（3）每个利益相关者的角色和职责应该被明确定义，并与他们的任务相关联。南非公共服务部门的 M&E 资源极为有限，充分利用可用的稀缺资源以取得最佳效果、避免不必要的重复和关键措施的遗漏是非常重要的。当然，高效的协同努力也是至关重要的。

（4）实施计划应采用跨领域和跨部门的差异化方法。尽管政府的各个领域在促进政府整体绩效方面都有共同的利益和目标，但必须牢记，每个领域的运作环境都大不相同，各个机构或部门实施计划都必须对这些细微差别有所反应。

（5）应尽量减少整个政府的行政合规负担。执行的转折点必须与现有能力和中期能力建设挂钩。重叠的职责（例如在并行职能方面）往往会导致多条报告线。省政府部门和市政当局在向不同的利益相关者报告许多不同格式的基本相同信息时会产生大量合规成本。即便每个数据源都应有明确指定的所有者，精简报告流程和共享信息依旧是至关重要的。虽然 GWM&E 政策框架勾勒出所有公共部门汇聚的最终目的地，但必须始终记住，不同领域和不同地理区域的能力存在显著差异。虽然能力不应决定政府的长期规范理想，但必须将其纳入实施计划，并相应地进行风险管理。

（6）在 IT 系统能够支撑 M&E 系统的情况下，重点将放在系统集成和数据交换的便捷性上。

GWM&E 政策框架旨在将绩效纳入公共部门组织内，并与其他内部管理系统进行沟通。在本文中，系统一词是指支撑整个政府监督与评估实践的政策、战略、结构、流程、信息流和问责关系。在 IT 软件和其他工具可能支持也可能不支持的情况下，重点是系统集成和互操作性。

（7）监督以及统计标准的制定和执行是有效评估的重要先决条件。实施的顺序将首先集中于创造一种监督服务交付情况的文化，然后反馈到管理行动中。同时，按照统计标准实施干预措施，以使各部门的数据转化为官方数据。数据和信息质量的提高以及知识的创造将为更有效的评估策略奠定基础。

（8）根据特定的时间点定期实施审查计划。实施 GWM&E 政策框架无疑将是一个学习过程。毫无疑问，这将带来目前无法预料的实施挑战，需要能够应对这些挑战的机制，与利益相关者沟通交流并在需要时修改实施计划。

附录：监督和评估的关键概念

<政策、策略、方案和项目>

政策是对政府通过其工作而实现的目标和原因的陈述。策略是有关如何制定这些策略的顺序结构说明。方案（在预算范围之外）是高水平的、全局性的计划，显示了如何实施策略，显示了战略将如何实施。项目是在概念上相互联系的一系列具体活动，旨在取得能够实现方案目标的特定成果。

<结果导向的管理>

这种管理方法基于四大支柱：

· 确定战略目标，提供重要关注点；

· 阐明实现这些目标的预期结果，调整支撑这些预期目标的方案、过程和资源；

· 持续监督和评估绩效，将经验教训纳入未来规划；

· 改进成果问责制（方案是否对普通南非人的生活产生了影响）。

<循证决策>

以证据为基础的决策指的是系统将最佳可用证据系统地应用于方案评估以及管理和政策制定中。证据可以来自 GWM&E 系统中概述的三个数据领域中的任何一个：方案绩效信息、评估和普查数据/统计数据以及来自研究和本地社区的信息。

<数据、信息与知识>

数据是任何事实或数字。信息由上下文中呈现的数据组成，以便应用或使用。通过对信息之间的关系进行批判性思考和推理，信息便成为知识。当 M&E 提供信息而不是原始数据，并且能够发展为知识时，它们会更有用。

<基准>

通常以统计方式说明的现状描述，能够为未来绩效表现提供基准。

<绩效指标和审核方法>

绩效指标是预先确定的信号，表明已达到过程中的特定点或达到了结果。信号的性质将取决于所跟踪的内容，并且需要非常仔细地选择。在管理方面，指标是一个变量，用于评估与既定目标相关的结果的实施情况。

二

国家评估政策框架

前　言

正如我们在《改善政府绩效的绿皮书》中所说："民主转型为构建一个公民都有机会发挥才智、体力、社交和思想潜力的社会带来了希望。宪法在一定程度上描绘了这一愿景：每个公民都可以拥有住房、基础教育、医疗、食品和水以及社会保障。虽然这些权利随着时间的推移在现有资源范围内可以逐步实现，但愿景与现实之间的差距仍然很大。为了提高服务提供质量，我们必须用更少的资源做更多的事情。我们无法承受多余的和不必要的开支和腐败，物有所值是非常重要的。这一部分是为了提高我们的效率以及降低提供服务的单位成本。确保产出交付的成果在政治上被选择，是衡量政府是否有效的一个标准。我们需要在批判性自我反思的基础上做出真正改变，这意味着我们行为方式的改变，而不仅仅是对现有流程、系统和格式的表面调整。"

若要提高绩效，我们就必须反思我们正在做什么、我们要实现什么以及为什么会出现意想不到的结果。前进的道路上不能不犯错误，但是我们必须对我们的成功和错误进行评估和学习。没有这一点，我们就无法改进。

2005年内阁批准的政府监测和评估系统的政策框架描述了作为监测和评估系统基础的三个"数据领域"（Data Terrains），即方案执行信息，社会、经济和人口统计以及评估。虽然总统府是整个政府监测和评估系统的保管人，但国家财政部已经发布了《方案执况信息和统计框架》，南非也发布了《南非统计质量框架》以为前两个方面提供政策框架。这个国家评估政策框架包含了构成政府监测和评估系统的一系列政策。

我们已经为优先事项制定了计划，也正在监测这些计划的执行情况。但仅仅做到监测还不够，监测只会关注我们是否正在做计划做的事，但为了衡量计划是否产生了预期的效果以及造成这种效果的原因，我们需要对结果进行评估。评估涉及对因果关系、相关性、有效性、效率、资金价值和可持续性等问题的深入分析，我们需要根据评估的结果来改进我们的计划。

该政策框架为整个政府的评估奠定了基础，并让我们关注到重要的优先领域，这有助于形成持续改进服务的习惯。

我要感谢为这一政策框架的制定做出贡献的国家和省级部门的所有官员。我要特别感谢社会发展部和基础教育部以及公共服务委员会支持他们的评估专家成为编写本文件的核心团队的一部分。

柯林斯·查巴恩
绩效监测、评估和行政部长
2011年11月

政 策 概 要

国家评估政策框架（NEPF）是 2005 年内阁批准的政府监测和评估系统政策框架中引入的三个政策要素中的最后一个，其他两个要素是方案执行信息和统计数据质量。

该政策框架为政府最低限度的评估体系提供了基础，其主要目的是促进质量评估，通过反思什么是有效的、什么是无效的，并相应地改进干预措施，从而提高政府的效率和影响。该政策框架力求确保在规划、预算、组织改进、政策审查和正在进行的方案项目管理中使用可信和客观的评估证据，从而提高绩效。该政策框架为公共服务评估提供了一种通用语言。

该框架将评估定义为：

对公共政策、方案、项目、职能和组织的证据材料进行系统性的收集和客观的分析，从而评定关联性、绩效（效率和效果）、资金、影响力和可持续性，并指明前进道路。

评估可以总结为六种类型：分析评估、设计评估、实施评估、影响评估、经济评估和综合评估。这些评估可在干预之前、实施期间和实施之后这三个不同的阶段进行。

该框架的七个关键要素是：

1. 大型或战略性计划或者具有重大公共利益或关注项目必须至少每 5 年评估一次。目前框架关注的领域集中在政府的优先领域，主要包括卫生、犯罪、就业、农村发展和教育 5 个关键领域。

2. 为期三年的计划及年度国家和省级评估计划必须由内阁和省行政委员会制定和批准，具体地是由 DPME 和总理办公室制定。这些计划将确定要进行的最低限度的评估，在此基础上各部门可以自由进行额外评估。

3. 评估计划中所有评估结果（机密信息除外）必须公布在公共部门和 DPME 网站上。

4. 各部门必须根据评估时提出的建议改进计划，并对其执行情况进行监测。

5. 各部门将负责评估过程。DPME 和总理办公室及时地为国家和省级评估计划中的评估提供技术支持和质量监控。

6. PALAMA、大学和私营部门将提供适当的培训课程以加强评估能力。

7. DPME 将就政策框架的详细执行情况编写一系列指导方针和做法说明，详细阐述该制度的情况，并为评估制定质量标准。

实施概要

A 部分　引言

1. 背景

这一政策框架旨在解决利用评估改善政府方案效果的问题，与此同时提高政府透明度和问责制。虽然有些部门正在进行评估，但缺乏标准化和系统的方式来确保定期评估主要战略方案。

该框架旨在突出评估在决策和管理中的重要性，并将评估与规划和预算过程联系起来，从而提高所进行评估的质量和确保利用评估结果来改善绩效。该文档的主要目标人群是政治负责人、管理人员和政府工作人员。

评估的重点对象是政策、计划、方案和项目，而不是组织或个人。该框架认为政府的应用活动是渐进的，需要构建强大的能力进行评估。

本文档是国际上广泛研究政府评估体系的成果。在捐赠人的资助下考察团前往加拿大、英国、哥伦比亚、墨西哥、美国、印度尼西亚、马来西亚、新加坡和澳大利亚进行研究。此外，还整合了巴西、印度和智利政府评估框架的资料。

该框架的研究、考察和起草工作由新闻部、基础教育部、社会发展部、公共服务委员会和总理办公室代表组成的联合小组完成。此外，国家财政部资助并参与了一些实地调研。框架草案已分发给国家各部门和省级政府，并就草案举行了研讨会，最后将收到的意见纳入了草案中。

2. 为什么评估

评估的目的主要有如下四点：

· 改善绩效（学习评估）；

· 改善问责制；

· 形成什么有效和什么无效的研究知识；

· 改善决策。

3. 评估方法

评估的定义是：对公共政策、方案、项目、职能和组织的证据材料进行系统性的收集和客观的分析，从而评定关联性、绩效（效率和效果）、资金、影响力和可持续性，并指明前进道路。

评估根据预先存在的计划或战略意图提出问题。它旨在确定计划是否实现了其预期影响，并评估在计划下开展的活动与观察到的影响之间的因果关系。然而当计划不明确时，评估将难以开展。南非面临的挑战是计划的质量参差不齐，有时无法明确指出预期结果和影响以及如何衡量这些结果，所以难以对计划进行评估。因此，本政策框架还包括一个关于规划的关键原则的简要章节，应遵循这些原则以便有效地进行评估。

B 部分　进行评估

4. 评估的用途和类型

评估规划需要从评估对象（要评估的内容）、评估的用户、评估的目的、评估方式和方法等方面确定所需评估的类型。评估主要包括六种类型：诊断评估、设计评估、实施评估、经济评估、影响评估和综合评估。评估的重点将是大型、战略性或创新性、具有重大公共利益的干预措施，或者是否必须就决定方案是否可以继续进行作出决定。

5. 确保评估的可信性和质量

为了使评估具备可信性和有效性，评估必须是与决策相关的、及时的、不带任何偏见和包容的，并且能够通过研究验证的测试。

6. 评估过程

本部分介绍了评估的不同阶段：

·先行设计和设计，包括准备工作、制定职权范围、选择服务提供方和确保数据质量；

·实施，包括初始阶段、咨询/指导以及持续的管理和支持。

应该利用同行评审和检验过程来加强可信度，管理层必须根据评估的建议制定改进计划，并且将该计划传达给不同的受众。

C 部分　如何进行评估

7. 政府的制度化评估

各部门有责任将评估纳入其管理职能，并以此不断改进其业绩。他们需要：

·确保所有方案都有评估预算，并制订一个为期三年的计划；

·确保组织内有专门的人员负责评估工作。员工需要具备所需的技能，员工可能来自监测与评估单位、研究单位、政策单位或负责规划的部门；

·确保评估结果用于规划、预算决策以及一般决策过程，也就是说评估结果必须在管理会议上讨论并用于指导决策。

为期三年的评估计划和年度评估计划将在全国和省级以及国家各部门制定。确定了一组角色和职责，DPME 是系统的保管人。

确保质量的方法之一，特别是在产能有限的情况下，就是避免重新发明工具。DPME 将发布具体的指导说明和指导方针，制定评估标准以补充框架。捐助者资助评估也将遵循政策框架。为了使资源使用发挥到最大化，DPME 和总理办公室需要构建足够的技术能力从而在方法和质量方面支撑各部门。还可利用南非监测和评估协会（SAMEA）以及 DPME 的监测和评估学习网络建立评估实践论坛以使各部门进行沟通交流。此外，还可与类似国家（如墨西哥和哥伦比亚）以及专门从事评估的国际组织（包括 3ie 和世界银行）建立国际伙伴关系。

8. 跨政府评估的管理和协调

实施这一政策框架需要一个强有力的支持者（DPME），同时也需要政府的大力支持，并以在政府中存在的稀缺的评估技能为基础。政府设立了一个评估技术工作组以帮助新闻部在全国范围内推进评估工作。这包括具有评估能力的主要部门，包括部门（Sector Departments）、PSC、DPSA、国家财政部和审计部门。2012 年 1 月至 2015 年 3 月制定了一系列目标时间表，包括 2012~2013 年国家计划中的 10 项评估、2013~2014 年的 15 项评估和 2014~2015 年的 20 项评估。

A 部分　引言

1. 背景

1.1　政策框架的法律基础

《宪法》（第 195 条）规定，公共行政工作的原则是：

· 必须能够促进资源的高效、经济和有效利用；

· 公共行政必须以发展为导向；

· 公共行政是负有责任的；

· 必须通过向公众提供及时、可获取和准确的信息来提高透明度。

此外，《公共财政管理法》（PFMA，1999）、《公共服务法》（1994 年，经 2007 年第 30 号法案修订）和《市财政管理法》为有效管理公共政策和方案提供了法律依据，也为不同类型的评估提供了法律依据。

2005 年，内阁批准了政府监测和评估系统的政策框架，为南非监测和评估提供了总体框架。政策框架从 M&E 的三个领域中提取信息，每个领域都对应着政策的主题，描述了政策充分发挥作用所需的条件。国家财政部发布了方案执行信息框架，南非统计局也发布了南非统计质量框架，国家评估政策框架也就逐步形成了。

1.2　目的

该框架试图解决的总体问题是：

评估在政府中偶尔应用，没有充分为规划、决策和预算提供信息，因此我们错过了提高政府干预措施的相关性、有效性、效率、影响和可持续性的机会。

该框架旨在：

· 强调评估在决策和管理中的重要性；

· 在政府内部加强、推广评估的使用并使之制度化；

· 加强评估、决策、规划和预算之间的联系；

· 为政府的评估建立共同的语言和概念基础；

· 明确评估在其他绩效管理方面的工具作用；

· 从评估范围、制度化、标准、流程要求、技能要求、治理、融资和监督等方面确定评估职能；

·阐明公共机构与评估的关系；

·提高公共机构评估的质量；

·提高评估结果的转化利用率，从而提高绩效。

该框架规定了以下内容：

·对评估的共识；

·评估的体制框架；

·促进评估结果转化的机制。

该政策框架的目标群体是：

·政府的政治负责人、管理人员和工作人员需要将严谨的评估体系纳入其核心工作中；

·评估人员，如学者和其他服务提供方等；

·培训机构需要培养具有必要技能和能力的潜力的评估人员。

该框架分为三个部分：A. 确定方法和情境，B. 描述评估系统本身，C. 阐述如何进行评估。

2. 为什么要评估？

评估的四个主要目的是：

·提高绩效（学习评估）：旨在向方案负责人提供反馈。问题可能是：这是否是针对既定目标（相关性，符合目标方向）的正确干预措施？是投入、产出的最佳配比吗？是实现目标最有效的方式吗？

·改善问责制的评估：公共支出的去向是什么？这项支出能否产生重要影响？它能达到物有所值吗？

·评估积累的知识（用于研究）：增加关于公共政策或方案哪些有效和哪些无效的知识，能够使政府为未来的政策制定建立证据基础。

·决策：决策者、规划师和财务部门需要能够判断干预措施的优势或价值。干预措施（无论是政策、计划、方案或项目）是否成功——是否达到了其目标和目的？是否会影响预期受益人的生活？干预措施对不同人群的影响是否不同？是否存在意外后果？需要继续加强还是取消？

从评估中获得的一些潜在好处有：

·学习和反馈到政策和实施中；

·确保政策和管理决策是有依据的；

·更好地了解哪些方案是"物有所值"的；

·节省资金

·增进了解从而能够更好地克服体制瓶颈，以改善影响（调整政策和方案）。

最终引起的结果是：

·强化利用证据提高绩效的文化氛围；

·更好的政策和规划；

·更好地分配资源；

·尽量减少政策的负面意外后果；

·公众了解政府在做什么（公共职责）。

最后，这些措施将有助于更好地提供服务和实现政府目标。评估的价值在于它被用于改进绩效或为计划和预算决策提供信息。

3. 评估方法

3.1 评估的内涵

评估是应用研究的一个分支，它试图在特定的背景下确定因果关系。在本政策框架中，我们将评估定义为：

系统收集和客观分析有关公共政策、计划、项目、职能和组织的证据，从而评估相关性、绩效（效率和效果）、性价比、影响和可持续性，并建议前进的方向。

评估与监测不同：

监测包括以支持高效管理的方式不断收集、分析和报告数据。监测的目的是向管理人员定期（和实时）反馈执行进展情况和成果以及需要纠正的问题的早期信号。它通常根据计划或预期的绩效报告实际绩效（根据 GWMES 的政策框架改进）。

总而言之，监测关注的是计划的事情是否做对了，而评估关注的是我们是否做了正确的事情，我们是否是有效且高效的，是否做到了物有所值，以及我们如何做得更好。评估需要具备判断力，必须与设定目标或基准作比较。为了能够将产生影响的原因归因于干预措施，理想情况下，评估应包括一个反事实组（也就是未被政策干预的部分）。

虽然评估通常被视为只在干预结束时进行，应在干支预之前（有时称为事前评估）、干预期间（例如检查活动是否导致产出，产出是否产生结果）、干预完成后（事后评估）这三个不同的阶段进行不同形式的评估。这将在第 4 部分中进一步讨论。

GWMES 的政策框架有以下七项监测和评估指导原则：

·评估应以发展为导向，并应该解决政府和公民的关键发展重点。

·评估工作要讲道德、讲诚信。

·评估应该以应用为导向。

·评估方法应该是稳健的。

·评估应改善政府的透明度和问责制。

·评估必须以包容性和参与性的方式进行。

·评估必须能够习得知识。

3.2 如何将评估与相关活动进行比较

评估、监测和绩效审计之间没有严格的界限，表 1 列出了每项活动的核心要素和目标。

表1 基于结果的管理活动的范围

	活动	目标
检查/调查	检测错误的行为并验证信息	控制与合规
绩效审计	检查部门提供的绩效信息的有效性	问责、控制、合规
检测	根据计划持续跟踪进度并采取纠正措施	管理、问责、纠正措施
评估	系统收集和客观分析评估的相关性、绩效（效率和效果）、性价比、影响和可持续性等问题的依据，并建议前进的方向	学习、问责、提高绩效、告知政策、计划和预算
研究	通过观察现实来检验假设/命题	仅用于学习和研究的目的（无问责制），可以为政策提供信息

3.3 评估与计划之间的联系

如前所述，如果计划没有明确指出预期的结果和影响、如何实现这些结果和影响以及如何衡量这些结果，那么评估这些计划将更加困难。

一个高质量的计划应该包括对当前形势和正在发挥作用的力量进行诊断性分析，这些因素可能是变革的主要战略驱动力。高质量的计划还应该解释计划变更的逻辑模型或理论，换言之，解释活动、产出、结果和影响之间的因果机制（见图1）。它应该能够解释这样一个潜在的假设：如果我们按照建议去做，我们就能实现特定的目标。它还应明确阐释关于外部环境的假设。

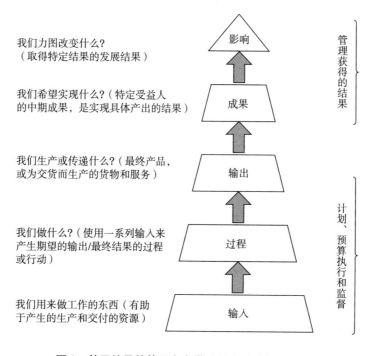

图1 基于结果的管理金字塔（国家财政部，2007）

评估的目的之一是通过提出以下问题来测试这个逻辑模型：

·是否实现了计划的成果和影响，这是否是由于未知因素的干预？（结果和影响指标的变化可能是由于其他因素造成的）

·为什么取得或没有取得这些成果和影响？

·计划中的活动和产出是否恰当？

·逻辑模型中的因果机制是否有效？逻辑模型中的假设成立吗？

计划应确定高质量的可测量指标，并在实施过程中加以监测。相应地，如果未能收集关于这些指标的基本信息，也未能在执行期间监测和记录指标的变化，评估工作将会变得困难。

为了进行评估，所有计划都应符合上述要求，包括长期国家愿景和发展计划、与选举周期一致的五年期国家和省级计划、成果交付协议、部门计划以及方案和项目计划。如果要实现政府的战略优先事项，那么这些优先事项在各级政府中、在各个计划中应该是可追踪的。换言之，计划中应该有一条"视线"。

B 部分　进行评估

4. 评估的用途和类型

4.1　引言

本节介绍了规划评估中要考虑的问题，然后介绍了一组主要的评估类型，还就何时应该在方案或政策周期内进行评估提供了指导建议。

在评估时需要考虑一些因素，包括：

·评估对象——待评估的内容（4.2）；

·评估的主要预期用户（4.3）；

·评估目的（4.4）；

·方式和方法（4.5）；

·提出问题的类型（4.6）；

·适合的评估类型（4.7）；

·重点关注的优先干预措施（4.8/4.9）。

4.2　分析单位或评估对象

分析单位或评估对象的范围包括政策、计划、方案、项目、组织或机构以及个人。但是在这个框架内，政策、计划、方案和项目是我们关注的重点。框架的后续版本可能包括组织评估。我们将发布实践说明或指南作为特定评估对象（例如政策评估或大型项目）的指南。

4.3　主要预期用户

在以应用为导向的评估中，重点应该放在主要的目标用户身上，并与他们一起学习和推进评估结果。在该框架中，主要目标用户将是各部门的管理人员，他们需要了解干预措施在实践中的运作方式、产生的结果和影响以及原因。

4.4　整理评估目的

表 2 列出了第 1 部分中建议的目的，并给出了一些相关的子目的。这有助于了解进行评估的特定原因是否更符合更广泛的目的。

表 2　评估研究的一些主要用途/目的

目的	使用原因或决定示例
改善政策	识别优势和劣势，改善变革理论产生的影响，提高质量和成本效益。局部调整政策模型
改进计划和项目	评估学习改进理论的变化和影响，识别优势和劣势，提高质量和成本效益。高效地管理和调整局部模型
加强问责制	评估影响，评估合规性/审计，加强透明度。问责制
产生知识	评估的有效性，推导工作原理，构建新理论和模型。告知政策
决策	评估影响，成本效益决策。决定一个项目的未来

4.5　方式和方法

评估需要一系列方法，该方法必须能够恰当地反映评估的目的。根据评估对象和评估问题，评估可以使用广泛的研究技术和数据源。但需要注意的是，评估必须是系统的、结构化的和客观的，必须使用合乎情理的技术来收集数据和提供可靠的数据来源，必须被允许提供给决策者使用，并且不能因为调查结果令人不安而保密。具体方法和方法的细节将在今后的实践说明中介绍。

4.6　评估问题

典型的评估问题可能包括：

·政策或计划是否有明确的目标和变革理论？（下文称为设计评估问题）

·提供服务的步骤是否高效？（下文称为实施评估问题）

·受益人的生活因计划或政策而发生了什么变化？（评估影响）

·该计划是否"物有所值"？（成本效益问题）

评估的一些关键问题是：

（a）相关性——政策、计划或项目的目标在多大程度上与政府不断变化的需求和优先事项相关？

（b）效率——各种资源投入如何经济地转化为有形商品、服务（产出）和成果？

（c）效果——在多大程度上取得了成果，在多大程度上政策、方案或项目的成果产出有助于实现其预期的目标？

（d）效用——政策、计划或项目的结果与目标人群的需求相比如何？

（e）可持续性——在计划结束后，预期积极的变化能在多大程度上持续下去？

4.7　我们将在政府内部推广的评估类型/类别

不同的国家用不同的术语来描述评估，这包括形成性评估和总结性评估的常用术语。根据不同的对象、目的和问题，下文提出了一套适用于南非政府的标准评估类型。

这套评估类型将投入、活动、产出、成果和影响联系起来，也用于国家财政部公布的方案执行信息管理框架中（见图2）。这将有助于开发通用语言和建立标准程序。表3总结了这些类型及其用途。

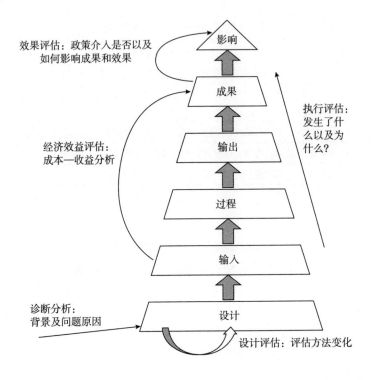

图 2　评估类型

表 3　政府评估类型概要

评估类型	涵盖内容	实施时间
诊断性评估	这是一种预备性研究（通常称为事前评估），目的是在干预前确定当前情况并为干预设计提供信息。它能够识别目前已知的问题、需要解决的问题和机会、原因和后果（包括干预不太可能实现的结果），以及不同政策选择可能产生的效果。这就使得在设计干预措施之前就可以起草改进的方式	在设计或规划之前的关键阶段
设计性评估	在计划之前、开始或在实施过程中通过分析变革理论、计划的内部逻辑和一致性观察变革理论是否正在奏效。这样可以快速利用辅助信息推广到所有新计划中。它还会评估指标和假设的质量	在干预措施设计完成后的第一年，也可能更晚的时候
实施评估	旨在评估干预措施的运作机制是否支持目标的实现，并了解原因。观测研究活动、产出和结果、资源使用和因果关系。实施评估建立在现有监测系统的基础上，在方案运作期间加以应用，从而提高业务过程的效率和效力。它还评估指标质量和假设。实施评估过程可能很快速，主要是利用辅助数据或者是广泛深入的实地调查	在干预期间一次或多次

续表

评估类型	涵盖内容	实施时间
影响评估	力图衡量可归因于特定干预措施的结果（和目标人群的福祉）的变化。其目的是向高级官员通报在何种程度上应继续进行干预，以及干预措施是否需要进行调整。这种评估是根据具体情况实施的	早期设计，早期实施基线，在关键阶段（如 3~5 年）检测影响
经济评估	经济评估考虑的是一项政策或方案的成本是否大于收益。经济评估的类型包括成本效益分析和成本收益分析。成本效益分析是指对实施和实施政策的成本进行评估，并将该金额与产生的结果联系起来，从而得出"每单位结果的成本"估计值（例如每增加一个就业人员的成本）；成本收益分析（CBA）是指进一步对结果的变化进行货币价值评估（例如增加一个就业人员的货币价值）	在任何阶段
综合评估	综合一系列评估的结果，以概括整个政府的调查结果，例如供应链管理等职能、部门或能力等交叉问题。DPME 将根据国家评估计划中的评估体系进行综合评估，并编制年度评估报告	在一系列评估完成后

4.8　新方案的评估

评估可以适用于新的方案，也可以适用于现有的方案。对于新的方案，首先要进行诊断性评估以了解情况并制定变更理论，并在规划完成后检测设计和变更理论是否奏效。

4.9　对现有方案的评估

原则上，所有方案和项目应每 5 年进行一次评估。但是实际上由于能力资源有限，评估是从大规模的干预措施开始的，并特别优先考虑 12 项结果中的前 5 项（卫生、教育、犯罪、农村发展和就业）。在确定评估优先级时要考虑的因素包括：

Ⅰ人口数量很大（例如超过 5 亿的兰特）或覆盖很大比例，并且已经 5 年没有进行过重大评估了。这个评估数量随着时间的推移减少。

Ⅱ具有战略意义，并且这些事项的成功至关重要。如果三年或三年以上未进行评估，则应进行实施评估。

Ⅲ创新的，需要从中获得学习。

Ⅳ具有重大公共利益，例如关键的一线服务。

Ⅴ任何对其设计有实际顾虑的项目都应进行设计评估。

Ⅵ需要不需要必须决定是否继续实施该方案。

对于Ⅰ或Ⅱ，如果没有进行正式的影响评估，则应计划进行一次评估。DPME 将制定一个为期三年的评估计划和年度评估计划，其中将涵盖上述Ⅰ~Ⅳ因素。各部门可以自由决定其他评估，其中很可能包括Ⅴ和Ⅵ。

5. 确保评估的可信和质量

必须使用评估结果。提高利用的可能性意味着评估应是可信的，并以适当的质量标准进行。可以通过关注评估的三个特性来提高评估的利用率：

·评估与决策应该具有相关性和及时性。通过在决策过程中及时寻求方案和政策中重要问题的答案提高评估质量。

·评估是公正的、包容的和合法的。加强合法性可以通过需要应用评估结果的利益相关者的参与来实现。利用同行评审和综合现有知识可以确保评估结果的公正性。

·当评估通过适合当前情况的研究验证测试时，评估是可信的。可以对评估进行不同程度的验证。在很大程度上，检验方式取决于问题和所需的回答时间表。在某些情况下，例如设计评估，仅面谈就足够了。对于影响评估，可能还需要一系列统计验证方法。

《非洲评估准则》进一步阐述了这些特性和其他质量评估的特点。在与这些特点互动时，需要考虑评估者与方案或政策之间的关系。评估权力的程度（如果评估是在内部进行的，则是最高的）与独立性和外部可信度的程度（如果是组织之外和政府之外的机构评估，则是最高的）之间的关系需要进行权衡。这导致了委托评估的不同选择：

·内部可以是指项目员工或相关组织；

·外部可以是指项目外部、组织外部或非政府组织；

·评估者可以是组织外部的，但在项目评估（从设计评估到影响评估）时需要与组织内部部门互动沟通。

这些术语也可以指评估的发起人——要求进行相关评估的人员（项目工作人员、组织本身或外部机构，如PSC）以及实际进行评估的人员。我们将"外部"代指组织外部。

表4显示了内部或外部发起和进行评估的不同类型。在大多数情况下，评估应该由内部发起，或者是由建立合作关系的外部机构（如DPME）发起。通过这种方式，评估的所有权得以保留，并且更有可能进行成功的评估。

评估也有可能由外部的评估机构（如PSC或DPME）的工作人员发起。此外，评估还存在一种混合模式，即评估是由部门内部和外部联合进行。

表4　内部/外部发起和实施评估

评估方	发起方	
	内部发起	外部发起
内部评估	在机构内部由负责方案的工作人员或其他相对独立的工作人员发起，以便及时反馈或学习	评估由外部机构（如总统府）以及要求进行内部评估以提高绩效的机构发起
外部评估	外部服务提供商或政府机构，以确保可信性，例如对项目的影响或实施进行评估	评估由外部机构（如总统府或PSC）发起并委托给外部服务提供商或政府机构
联合评估	由机构内部发起，但是外部专家给予协助以弥补机构内部可能缺乏关键专业知识，从而提高评估的可信度。这种方式往往成本较高	由主席团、PSC或成果交流论坛等外部机构发起的评估，力图确保对新的或复杂的方案进行一致性的评估

6. 评估过程

本部分概述了评估过程的不同阶段。需要注意的是，评估过程与产品同样重要，因为评估过程可以确保主要目标用户理解调查结果并致力于实施这些结果。事实上，如果这个过程是包容性的，那么在评估完成之前，预期用户很可能已经有了一些发现。

6.1 预设计和设计

质量评估的必要条件（虽然不是充分条件）是一个系统化的过程，这个过程需要确保评估客户、评估人员和评估对象（例如一个方案）能够正确理解评估，确保评估的重点是合理的，评估设计和实施是得当的，并还将以论坛的形式提供可信、可靠的评估信息。

6.1.1 准备

任何评估的准备工作都需要投入时间和精力。组织需要准确地决定为什么以及何时进行评估，这需要在规划的早期阶段开始确定，新的规划更应如此。许多情况下，评估准备应进行文献审查或研究总结工作，以确定存在哪些研究，并确定需要解决的关键问题。

6.1.2 制定职权范围

所有评估的职权范围至少应包括目标、范围、产品/交付品、方法或评估办法、评估小组和执行安排。职权范围应保持足够的灵活性，使评估小组能够确定收集和分析数据的最佳方法。由于职权范围涉及关于重点的战略选择，应由关键利益攸关方审查，包括 DPME 的评估部门。DPME 将制定一套标准职权范围以提供指导建议。

6.1.3 选择服务供应商

应适用特定部门供应链管理实践的法规和政策。就评估而言，在方法质量和研究能力至关重要的情况下，选择合适的服务提供者时不仅要考虑成本，还需要考虑其技术能力。DPME 将成立一个由经批准的评估人员组成的国家小组，服务提供者可以从该名单中选择，也可以从部门的供应商（供应商中可能拥有相关专家）中选择。

6.1.4 数据质量和可用性

数据质量直接影响分析人员反映数据所要描述的事实的能力。分析人员不能只看表面数据。在检查数据质量时，无论是一手数据还是二手数据，分析人员需要查看哪些（如果有的话）数据是恰当且可用的，以及这些数据在分析中的实际用途。评估过程没有数据是毫无意义的。应使用 SASQAF 标准（相关性、准确性、及时性、可获得性、可解释性、一致性、方法的稳健性和完整性）衡量数据的质量。

6.2 实施起始阶段

评估人员应在初始阶段决定评估对象和变更理论、范围、问题、方法、过程、报告、成本和付款方式。初始文件必须由项目负责人和指导小组批准。

咨询/指导小组

对于重大评估，必须成立咨询或指导小组。咨询小组提供技术支持、咨询意见和专门知识，而指导小组负责管理评估过程。咨询/指导小组的主席应由委托机构中评估小组的负责人担任。该小组主要由评估小组组长和可能受评估结果影响的其他相关利益相关者，例如其他政府部门、民间社会组织、捐助者以及有价值的国际组织或机构（如联合国）构成。指导小组的学者（若有）可以发挥同行评审的作用。

管理和支持

评估小组和评估指导委员会或组织团队之间应定期举行技术会议，以便应对未知的挑战。为了高级管理人员或政治负责人能够充分了解、参与和支持当下情况，评估小组应在会议中定期向高级管理人员或政治负责人介绍情况。

6.3 同行评审和验证过程

为确保外部机构评估的可信性，应该建立同行评审流程。流程包括同行部门和评估小组，研究评估过程和产品，以及使用条件已经建立到什么程度。建议由两名符合条件的人员担任评估审查员，并将其作为评估预算的一部分列入预算。评估审查员在部门会议上给出评估的反馈。

开展验证过程，在利益相关者的研讨会上共享初始报告的结论也是很有价值的。

6.4 建议及管理层的回应

在拟订建议期间，需要采取以下步骤：

·评估人员与用户一起起草建议，但有权指出用户不同意的调查结果和建议；

·用户分析评估报告的调查结果和建议；

·管理层对评估报告的调查结果和建议作出回应，管理层要么接受结果，要么指出不同意的地方并说明理由。

6.5 沟通结果

由于评估将为不同的利益相关者和受众传达不同的信息，因此有必要为不同的受众——政治受众、技术受众、受益者等拟定不同的文档。传达给政治负责人和管理人员的信息应该非常简洁，并能突出关键的评估问题、调查结果和建议。

需要做的一些具体事情：

·应用 1/3/25 规则——编制一份 1 页关键政策信息的政策摘要，一份 3 页的实施摘要以及一份 25 页的摘要报告（有可能是一份较长篇幅的评估报告）。很可能只有应用 1/3/25 规则的报告会被阅读；

·制定评估报告的传播战略，包括在相关网站上公布评估报告、编写评估宣传材料、与主要利益攸关方和媒体分享评估结果等；

·部门必须确保在其网站上公布完整的评估报告以及管理层的回应；

·评估报告和管理层回复的副本需要提交给 DPME，以便在 DPME 的网站上提交；

·副本应发送给评估过程中的合作伙伴。

请注意，在进行评估预算时，应考虑到沟通工作的成本。

6.6 后续跟进

评估是改善机构绩效、政策、方案和项目的积极工具。因此，对评估结果和建议采取后续行动是评估过程的一个关键阶段，而且评估过程的重点是促进评估结果的转化利用。

在评估报告完成和管理层回应之后，部门领导必须：

·根据评估结果，按照标准格式制定改进计划。该改进计划必须提交给省级总理办公室或者 DPME。

·采取必要的行动（如改变机构工作流程、政策或方案审查，修订执行战略，改变内部预算拨款）促进机构的运作或方案和项目的实施。

·监督改进计划的实施情况，每 3 个月向 DPME/总理办公室报告计划的实施进度。

·DPME 将向内阁和总理办公室报告国家/省计划的评估进展情况，包括后续行动。

·国家/省财政部将利用评估报告的调查结果和建议作为支撑预算过程的证据来源。

·各部门应在后续的规划和预算过程中应用评估结果。

C 部分　如何进行评估

7. 政府的制度化评估

7.1　评估计划

自 2012 年起，新闻部将制定经内阁批准的三年期国家评估计划和年度国家评估计划，包括各部门提出的重大战略性与创新性方案和政策（干预措施的优先级见 4.9）。到 2013 年底，总理办公室应在各省制定类似的评估计划，国家各部门也应如此，各部门可以选择自行进行其他评估。

7.2　角色和责任

各部门有责任将评估纳入其管理职能，以不断改进其绩效，他们需要：

·确保所有实施方案都有评估预算和一个为期 3 年的计划，确定评估类型和评估形式。

·确保组织内有专门的人员负责评估工作，并具备所需的技能。

·确保评估结果用于规划、预算决策和一般决策过程。因此，评估结果必须在管理会议上讨论，并用于指导决策。

在支撑评估系统的专家职能方面，主要参与者包括 DPME、财政部、DPSA、PALAMA 和审计局。

DPME 是政府监测和评估职能的保管人，DPME 设立了成果评估和研究部门以专注于评估工作。该职能包括：

·政府内部评估的领导和改善工作，包括制定政策、愿景和倡议；

·制定和公布适当的标准和准则；

·汇集评估和公布评估中产生的知识；

·评估过程和产品的质量保证；

·共同资助国家评估计划中的一些评估；

·能力建设和技术援助，确保开设适当的课程并向各部门提供技术援助；

·对照国家评估计划监测进展情况；

·对评估过程本身进行评估，以确保整个过程"物有所值"；

·向内阁报告评估进展情况。

总理办公室最终将在省级层面发挥类似作用，并根据需要获得 DPME 的支持。国家财政部在分配预算时必须确保"物有所值"。为此需要看到：

·评估计划和预算有依有据；

·进行了成本效益和成本收益分析，确保干预措施"物有所值"。

省级财政部门应在省级层面发挥类似作用。

DPSA 必须确保对公共服务绩效或结构提出质疑的评估结果得到解决。

PSC 在评估过程中独立于其他部门，直接向议会报告，是帮助提高评估质量和改善政府绩效的专业知识来源。

审计局是一个独立的机构，在绩效审计中扮演着重要角色，有助于确保数据的可靠性。

DCOG 负责地方政府的监测与评估。

PALAMA 负责在政府各部门制定监测与评估能力建设方案。

大学在评估中也扮演着重要的角色，它们可以为评估框架提供技能支撑，不仅包括专业的监测与评估课程，还包括公共管理、发展研究等课程。大学和其他研究机构也会派出评估人员协助评估，特别是在需要复杂研究方法的阶段（例如影响评估），大学会进行与评估密切相关的研究，并为评估过程提供研究信息。

南非监测与评估协会（SAMEA）是参与监测与评估的人员和组织的全国性协会。它们支持系统和能力的发展，并且是学习和信息共享的重要途径。

7.3　计划和评估预算

评估过程需要预算。评估成本通常为干预措施预算的 0.1%~5%，具体取决于项目规模（大型项目比例较小）。评估预算需要纳入年度预算和 MTEF 中，特别是在影响评估等需要较高成本的情况下尤其重要。评估成本还将取决于其复杂性。经常进行小规模评估并在实施过程中立即提供反馈，可能比进行大型评估更有用，特别是对于未来不明确的复杂干预措施。

7.4　标准化系统

标准化系统是确保质量的方法之一，特别是在产能有限的情况下，就是避免重新开发工具。DPME 将发布具体的评估指导说明和标准制定指南，以补充该框架。这些内容将包括以下要素：

·不同类型评估的标准化职权范围；

·供外部服务提供商评估的标准合同格式；

·促进评估的方案设计模型（逻辑模型）；

·方案运行规则的通用格式，以标准化方案运行模式；

·标准化评估过程以提高质量，例如使用初始报告和评估报告指南；

·改进方案指南；

·国家评估小组，可能有标准化的收费标准；

·储存评估期间产生的数据。

7.5　受资助的评估

捐助者资助了许多评估工作，然而并行系统的发展有可能会给政府能力带来巨大压力，因此捐助者也应使用该通用评估框架。

7.6　优化有限资源

政府和外部的评估能力有限。为了解决这个问题：

·DPME 和总理办公室构建足够的技术能力从而在方法和质量方面支撑各部门。

·评估可以外包给外部评估，使用经认可的小组。

·需要 PALAMA、大学和私人顾问提供短期课程，并确保课程涉及框架所需的技能。此外，由于大学开展研究工作时往往依赖有限的经验丰富和年长的白人研究人员，因此要筹集资金以用于协助能力发展，特别是建立一支经验丰富的黑人评估员队伍。

·利用南非监测和评估协会（SAMEA）及 DPME 的监测和评估学习网络建立评估实践论坛以使各部门进行沟通交流。

·与类似国家（如墨西哥和哥伦比亚）以及专门从事评估的国际组织（包括 3ie 和世界银行）建立国际伙伴关系。

8. 跨政府评估的管理和协调

8.1　评估技术小组

实施这一政策框架需要一个强有力的支持者（DPME），同时也需要政府的大力支持。政府可以设立一个评估技术工作组以帮助新闻部在全国范围内推进评估工作。具有评估能力的部门包括评估负责部门、PSC、DPSA、国家财政部和审计部门。

这批经验丰富的专业评估人员将定期开会，讨论国家评估计划、政策文件、技术准则和能力建设等问题。

8.2　政策框架的实施

政策框架若要大幅度提高评估的应用范围，必须分阶段处理。所设想的时间框架如表 5 所示。仅内阁批准的评估计划被要求必须使用该框架，各部门可保留其现有的评估框架，但应根据本政策框架中的方法加以审查。

表5　评估政策、制度和实施的时间表

年份	政策与制度	实施
2011~2012	内阁通过的评估政策框架 制定 3 年和年度评估计划 针对关键要素（包括任务大纲、合同和不同评估类型）制定的实践说明 在 DPME 中创建评估单元 支撑这种评估方法的 PALAMA 课程 评估人员能力一览表 DPME 中创建的评估小组 与国际伙伴商定的支持 内阁就方案和项目计划商定的最低标准	测试评估系统的四次委托评估 对 2006 年以来公共部门所有评估的审计 DPME 网站上存储的所有评估 评估技术小组开始发挥作用 本政策框架的传播过程 设计评估的能力发展过程

年份	政策与制度	实施
2012~2013	根据经验改进系统 为评估者制定的标准体系 与大学进行讨论，以采取这种评估方法	使用标准程序正在进行或开始进行的 10 项评估，其中至少 2 项是影响评估 至少 60%的评估建议得到实施 至少培训 200 人学习使用 PALAMA 材料 调整大学监测与评估课程
2013~2014	根据经验修改系统	使用标准程序正在进行或开始进行的 15 项评估，其中至少 4 项是影响评估 至少 70%的评估建议得到实施 至少培训 500 人学习使用 PALAMA 材料
2014~2015	根据经验修改系统	使用标准程序正在进行或开始进行的 20 项评估，其中至少 5 项是影响评估 至少 75%的评估建议得到实施 至少培训 500 人学习使用 PALAMA 材料 大学公共管理课程都使用改编材料 其他大学课程使用改编材料（如发展研究） 评估迄今为止所进行的评估的影响

8.3 确保质量

DPME 将负责确保高质量运行评估系统。为此，DPME 将：

·参与国家评估计划中的评估工作，例如审查任务大纲、审查提案中的方法、成为指导小组的一部分、审查评估文件并确保关键系统的运作顺畅；

·成立一个国家评估小组；

·确保为评估者制定和实施一套能力和标准；

·通过标准化程序和实践说明提供指导；

·对评估进行"元"评估。

8.4 评估的监测

DPME 将监测评估的进展情况，并确保评估可以衡量评估本身的作用。它将向内阁报告调查结果。

附　录

附表　术语表

成本效益分析	一种用于确定一个方案的经济效益的分析程序，用成本和产出之间的关系表示，通常用货币来衡量
反事实	在其他条件相同的情况下，如果不存在干预措施或实施其他政策举措，会发生什么情况
事前/前瞻性评估	事前评估是一个支持准备干预建议的过程。其目的是收集信息并进行分析，以帮助确定目标和实现目标，所使用的工具具有成本效益并可以进行可靠的后续评估
事后（或回顾性评估）	在计划或机构开始运作后评估质量，以建立优势和劣势
形成性评估	开展评估活动，以促进知识学习并提供计划改进的指导信息，尤其是在政策如何运作、为什么以及在什么条件下将发挥作用或已经发挥作用的方面
元分析	确定来自不同来源和研究的证据的总体平衡（通常以非量化的叙述形式表示）（请参阅统计元分析）
多标准分析	多标准分析指的是基于多个标准制定判断，这些标准可能没有统一的标度，并且在相对重要性上可能有所不同
计划理论（通常与下面的变革理论联系起来）	关于计划与预期社会效益相关的一系列假设，以及为实现其目标所需采用的战略和战术
公共支出跟踪调查（PETS）	评估资源是否传递给了预期受益者，以及评估是否带来更好的服务，可以与优质服务交付调查相结合
准实验	一种影响评估设计，在这种设计中，干预组和比较组是通过非随机分配的方式组成的
综合研究	一种确定已知的政策举措信息的方法，特别是政策举措已取得的影响及其在其他政策环境中实施所面临的挑战
统计元分析	结合类似研究的结果，对评估影响的累积统计估计进行汇总和生成
总结评估	进行评估活动从而对计划绩效的影响做出简要判断，例如判断达到了特定的目标
变革理论	一种描述计划变更过程的工具，从指导其设计的假设、计划的产出和结果到其力求实现的长期影响